普通高等院校经济管理类"十四五"应用型精品教材
【经济管理类专业基础课系列】

# 统计学原理
## PRINCIPLES OF STATISTICS

### 第3版

宫春子 刘卫东 刘宝 刘振东 编著

机械工业出版社
China Machine Press

# 图书在版编目（CIP）数据

统计学原理 / 宫春子等编著 . —3 版 . —北京：机械工业出版社，2020.11（2024.6 重印）
（普通高等院校经济管理类"十四五"应用型精品教材·经济管理类专业基础课系列）

ISBN 978-7-111-66680-6

I. 统… II. 宫… III. 统计学-高等学校-教材 IV. C8

中国版本图书馆 CIP 数据核字（2020）第 188215 号

统计学是一门关于如何收集、整理、分析数据，并进行数据推断和预测，从而正确认识现象总体数量方面的科学，是现代经济管理的重要工具。统计离不开数据，数据是统计的核心。近年来，统计方法在科学研究、宏观经济分析、金融保险、生产经营管理等经济分析和经营决策中的应用越来越广泛。本书根据应用型本科非统计专业统计学课程教学目标设计了内容体系。全书以统计数据收集、整理、分析和推断预测为核心，包括绪论、统计数据收集、统计数据整理、综合指标分析、抽样调查、假设检验、相关与回归分析、时间数列分析、统计指数分析、统计综合评价、Excel 在统计分析中的应用，共十一章。本书以"便于师生教学互动，提高学生学习兴趣和学习效率"为宗旨，以提高学生数据分析能力为目标，各章配有学习目标、主要学习内容、引例、同步思考、知识题、实务题、实训题等。同时，第一至十章章末还附有二维码，可扫描获得与各章相关的参考资料（包括单选、多选、判析题参考答案和统计学知识拓展）。此外，本书还配有网络教学资源包（包括章后比较详尽的习题参考答案、教学电子课件、模拟试题套题、在题库中自动组题自动判卷的考试系统等），供任课教师免费索取。

本书适合高等院校经济管理类非统计专业本科生阅读。

| | | | |
|---|---|---|---|
| 出版发行：机械工业出版社（北京市西城区百万庄大街 22 号 邮政编码：100037） | | | |
| 责任编辑：李晓敏 | | 责任校对：李秋荣 | |
| 印　　刷：河北鹏盛贤印刷有限公司 | | 版　　次：2024 年 6 月第 3 版第 13 次印刷 | |
| 开　　本：185mm×260mm　1/16 | | 印　　张：20.75 | |
| 书　　号：ISBN 978-7-111-66680-6 | | 定　　价：45.00 元 | |

客服电话：(010) 88361066　68326294

版权所有·侵权必究
封底无防伪标均为盗版

# Preface 前　言

统计学是一门关于如何收集、整理、分析数据，并进行数据推断和预测，从而正确认识现象总体数量方面的科学。统计学是现代经济管理的重要工具。在数字经济时代，"统计无处不有，统计无时不在"，作为数据的使用者，客观上要求其具有信息收集和数据解读能力、制表绘图能力、数据分析和预测能力。如今，统计分析方法在科学研究、宏观经济分析、金融保险、生产经营管理与决策中的应用越来越广泛，"数字不能说明一切，但没有数字却什么都不能说明"。为了适应我国应用型人才培养的需求，教育部将统计学确定为高等院校经济管理类各专业的核心基础课程，这在客观上要求有能满足应用型本科人才培养目标特点的"既体现统计学思想，培养学生统计学思维方式，又简明易懂，注重提高学生实际操作能力"的非统计专业需求的统计学教材。

《统计学原理》自 2014 年 3 月出版后，受到了广大应用型本科院校非统计专业师生的普遍欢迎和好评，为提高统计学课程人才培养质量做了有益尝试。第 1 版先后 6 次印刷，第 2 版先后 8 次印刷。但在教学实践中，我们感觉还有一些不足。在机械工业出版社华章分社的大力支持下，我们完成了《统计学原理》第 3 版的编写任务。与第 2 版教材相比，第 3 版在保持原教材特点和风格的基础上，在以下几个方面进行了改进和完善：

（1）理论体系更完整。一是增加了统计与统计学的产生和发展等内容，虽是简单介绍，但清晰易懂；二是增加了大数据的相关内容，明晰了大数据的概念，增加了实现大数据与政府统计深度融合的方法等内容；三是调整和完善了抽样估计方法和应用等内容；四是增加了建立非线性回归方程的方法等内容。相较于上版，本书构建的理论体系更完整。

（2）实用性更强。在确保理论体系完整的前提下，充分突出统计方法的实用性本质。比如，更新了 Excel 在统计分析中的应用案例，增加了 Excel 中统计类函数名称及功能等内容（见附录）；更新了统计图表的绘制方法；改进了标准化值的计算与分析等内容；增加了相关分析、工业企业综合评价指标等内容。另外，本书配有大量实例，给学生以启迪，以增强和提高学生对现实问题进行数据处理和数据分析的能力。

（3）针对性更强。为了满足应用型本科院校非统计专业人才培养目标的需要，本书注重对统计及统计分析方法运用的阐述，删减烦琐的公式推导内容，培养学生与统计学有关的基本专业知识和基本技能，以满足实际工作需要为目标，突出满足应用型本科院校非统计专业在基础课程上的目标要求。

（4）更方便教学。本书以"便于师生教学互动，提高学生学习兴趣和学习效率"为宗旨，把理论体系的严密性同教学上的简明通俗、由浅入深的灵活性有机地统一起来，在内容编排、概念阐释、图表配备、例题选择等方面符合课程教学法的要求。各章均配有学习目标、主要学习内容、引例、同步思考、知识题、实务题、实训题等，方便教学；同时，可扫描第一至十章章末的二维码获得与各章相关的参考资料（包括客观题参考答案和知识拓展内容），读者可以借此加深对统计知识的理解并掌握统计专业技能。此外，本书还配有网络教学资源包（包括章后比较详尽的习题参考答案、教学电子课件、模拟试题套题、从题库中自动组题自动判卷的考试系统等），供任课教师免费索取。

全书共十一章。宫春子编写第一章、第二章、第四章、第八章；刘卫东编写第七章、第九章、第十章；刘宝编写第三章、第十一章；刘振东编写第五章、第六章。最后，由南昌工学院财富管理学院宫春子教授对全书进行了总纂和定稿。

在本书的编写过程中，得到了许多专家学者、朋友，以及机械工业出版社编辑的大力支持和帮助，我们向他们表示感谢。此外，在编写过程中，我们也参考了一些同类教材和资料，在此向这些文献的作者致以诚挚的谢意！

由于编者学识水平有限，书中难免有疏漏和不妥之处，敬请各位专家不吝赐教，欢迎各位读者朋友批评指正。

编者

2020 年 6 月

# Suggestion 教学建议

统计学是一门关于如何收集、整理、分析数据，并进行数据推断和预测，从而正确认识现象总体数量方面的科学。通过本课程的学习，学生能够掌握统计学的基础理论和基本统计分析方法，同时也为经济类各专业学生学习后续课程打下了坚实的基础。本课程的教学旨在使学生达到基础理论扎实、基本分析方法熟练、动手和分析问题能力强、综合素质高的目标。

## 教学方式方法及手段建议

统计学是一门综合性很强的学科。学生既要有经济学修养，又要有数学基础，需要掌握的知识点和计算分析方法很多。为使教学达到预期效果，在以理论教学（即课堂讲授）为主的基础上，建议间或采用应用案例分析、启发式、探讨式等教学方式方法，引导学生分析问题和解决问题。在教学中，建议：一是坚持理论与实践相结合，在讲授统计基础理论和基本分析方法的同时，结合统计工作实务，培养学生的专业素养和专业技能；二是在系统讲授理论和基本分析方法的基础上，对各类分析方法进行聚类对比分析，明确其应用条件，突出应用；三是通过综合大作业，从调查方案的设计和问卷的设计，到数据信息的收集及Excel整理、图表的显示、统计指标的计算分析等，完成本课程的综合实验。通过本课程的教学，学生既学到统计专业知识，又为学习后续课程打下坚实的基础，同时亲历了统计实践。

## 课时分配建议(供参考)

| 序号 | 章节 | 教学内容 | 学习要点 | 课时安排 |
|---|---|---|---|---|
| 1 | 第一章 | 绪论 | 统计的含义和特点,统计的研究对象和研究方法;统计的工作过程和统计工作的作用;统计学的基本范畴 | 4 |
| 2 | 第二章 | 统计数据收集 | 统计数据收集的基本内容;统计数据收集的组织方式和技术方法;统计数据收集的方案设计和统计调查问卷的设计 | 4 |
| 3 | 第三章 | 统计数据整理 | 统计分组的基本内容;变量数列的编制;统计表的设计和统计图的绘制 | 6(包括Excel相应应用内容,以下同) |
| 4 | 第四章 | 综合指标分析 | 总量指标的基本内容;相对指标的含义、表现形式、特点和计算方法;平均指标的计算与应用;标志变异指标的计算与应用 | 8 |
| 5 | 第五章 | 抽样调查 | 抽样调查的基本内容;抽样平均误差的计算方法;对于总体参数的估计方法;必要样本容量的计算方法及应用 | 6 |
| 6 | 第六章 | 假设检验* | 假设检验的基本内容;假设检验的两类错误;总体方差的假设检验 | 4 |
| 7 | 第七章 | 相关与回归分析 | 相关关系与相关分析的基本内容,相关关系的判断;回归分析的内容及一元线性回归方程的建立,回归估计标准误差的计算;多元线性回归分析及非线性回归方程的建立方法*等 | 6 |
| 8 | 第八章 | 时间数列分析 | 时间数列分析的基本内容;时间数列的水平分析方法;时间数列的速度分析方法;长期趋势的分析方法 | 8 |
| 9 | 第九章 | 统计指数分析 | 统计指数的基本内容;综合指数和平均指数的编制方法;总量指标和平均指标指数体系的计算分析方法;统计指数在经济工作中的具体运用*等 | 6 |
| 10 | 第十章 | 统计综合评价* | 统计综合评价的基本内容;统计综合评价的评价指标的确定方法;统计综合评价各指标的同度量处理方法及权重的确定方法 | 4 |
| 11 | 第十一章 | Excel在统计分析中的应用 | 以Excel为工具进行统计描述与分析,包括统计数据整理、统计图形绘制、综合指标分析、参数估计、相关与回归分析、时间数列、统计指数分析等方面的具体应用 | 课时分布在各章中 |
| 12 | 合计 | | | 48~56 |

注:*表示这一章或这一节可以选修(或不讲授)。

# Contents 目 录

前　言
教学建议

## 第一章　绪论　/1

第一节　统计与统计学的产生和发展　/2
第二节　统计学的研究对象和研究方法　/5
第三节　统计的工作过程　/12
第四节　统计学的基本概念　/16
思考与练习　/21

## 第二章　统计数据收集　/24

第一节　统计数据的来源　/25
第二节　统计调查方案的设计　/35
第三节　统计调查问卷的设计　/37
第四节　统计数据的质量　/46
思考与练习　/49

## 第三章　统计数据整理　/52

第一节　统计数据整理的基本内容　/53
第二节　统计分组　/58
第三节　分配数列　/64

第四节　统计数据的显示　/69
思考与练习　/78

## 第四章　综合指标分析　/83

第一节　总量指标　/84
第二节　相对指标　/89
第三节　平均指标　/96
第四节　标志变异指标　/114
思考与练习　/123

## 第五章　抽样调查　/129

第一节　抽样调查的基本内容　/130
第二节　抽样误差　/135
第三节　参数估计　/142
第四节　样本容量的确定　/147
第五节　抽样的组织方式　/149
思考与练习　/156

## 第六章　假设检验*　/160

第一节　假设检验的基本内容　/161

第二节　总体均值与成数的假设检验 / 164
第三节　总体方差的假设检验 / 169
思考与练习 / 171

## 第七章　相关与回归分析 / 175

第一节　相关分析的基本内容 / 176
第二节　相关关系的测定 / 179
第三节　回归分析的基本内容 / 185
第四节　一元线性回归分析 / 188
第五节　多元线性回归方程及非线性回归方程的建立* / 195
思考与练习 / 198

## 第八章　时间数列分析 / 203

第一节　时间数列分析的基本内容 / 204
第二节　时间数列的水平分析 / 208
第三节　时间数列的速度分析 / 214
第四节　时间数列的长期趋势分析 / 220
思考与练习 / 232

## 第九章　统计指数分析 / 237

第一节　统计指数分析的基本内容 / 238
第二节　综合指数 / 241
第三节　平均指数 / 246
第四节　指数体系及因素分析 / 249
第五节　几种常用的经济指数* / 258
思考与练习 / 264

## 第十章　统计综合评价* / 268

第一节　统计综合评价的基本内容 / 269
第二节　统计综合评价指标体系 / 272
第三节　评价指标权重的确定方法 / 276
第四节　评价指标的同度量处理方法 / 279
第五节　评价指标的综合方法 / 282
思考与练习 / 285

## 第十一章　Excel在统计分析中的应用 / 289

实验一　Excel在统计数据处理中的功能概述 / 289
实验二　Excel在统计整理中的应用 / 291
实验三　Excel在数据描述中的应用 / 295
实验四　Excel在参数估计中的应用 / 298
实验五　Excel在相关分析和回归分析中的应用 / 302
实验六　Excel在时间数列分析中的应用 / 307
实验七　Excel在指数分析中的应用 / 309
实验八　Excel在统计综合评价中的应用 / 312

附录A　正态分布概率表 / 316

附录B　$t$分布表 / 318

附录C　Excel统计函数 / 321

参考文献 / 324

# 第一章

# 绪　论

## 📖 学习目标

①了解统计学的产生和发展、统计学科的种类及统计学的性质；②明晰统计工作过程，明晰统计学的研究对象和研究方法；③掌握统计及统计学的含义、特点和作用；④熟练掌握统计学中常用的统计总体、总体单位、标志、指标、变量、变量值等基本概念；⑤明晰统计总体与总体单位、品质标志与数量标志、连续变量与离散变量、标志与指标的区别与联系。

## 💡 主要学习内容

本章主要阐释了统计的含义和统计研究的特点；统计学的研究对象和研究方法；统计的工作过程；统计学中的基本概念，如统计总体、总体单位、标志、变异、统计指标、统计指标体系、标志的分类、标志与指标的区别与联系等。

## 📋 引　例

### 数字无言，却最有说服力

"学者不能离开统计而治学，政治家不能离开统计而施政，事业家不能离开统计而执业。"

——经济学家，马寅初

"计算机与统计学就是人工智能。""多年来，好多诺贝尔经济学奖获得者大多使用的是统计学。""我们要进入大数据时代,大数据时代干啥,就是统计。"

——华为创始人、总裁,任正非

"现代公司在许多方面是根据统计来行事的。"

——美国杜邦公司总经理,理查德

"在许多与经济学有关的学科中,统计学特别重要。"

——美国经济学家,保罗·萨缪尔森

"统计思维总有一天会像读和写一样,成为一个有效率公民的必备能力。"

——英国作家、历史学家,韦尔斯

## 第一节 统计与统计学的产生和发展

统计作为一种社会实践活动,是为了适应社会政治经济的发展和国家管理的需要而产生和发展起来的。统计实践活动已有近五千年的历史,而统计学或统计理论则是在长期的统计实践活动基础上形成和发展起来的,只有300多年的历史。了解统计及统计学的起源及发展过程,对我们了解统计学的研究对象和统计学的性质、学习统计理论和统计方法、提高统计理论和实践水平都十分必要。

### 一、统计实践的产生与发展

统计实践几乎是随着人类的生产活动同步产生和发展起来的。统计实践萌芽于古代奴隶社会,当时的统治阶级为了治理国家,常常要进行征税、征兵、征劳役等统治活动,因此需要了解社会的基本情况,统计便由此产生了。我国早在距今4 000多年前的夏朝,就有了人口与土地在数值上的记载。当时全国分为九州,人口有1 355万。世界上,在古埃及、古希腊、古罗马的历史中,也有类似的记载。古埃及在公元前3000年时就已经有了人口、居民财产统计。这些都是原始形态的统计,也即统计雏形。

进入封建社会后,随着人类社会生产的发展,统计的范围逐渐由人口、土地扩展到社会经济生活的各个方面。但由于自给自足的自然经济占主导地位,长期的封建生产关系阻碍了社会生产力的发展,而经济落后相应也阻碍了统计实践的发展。统计实践的广泛发展始于资本主义社会。17世纪以来,资本主义国家由于工、商、农、贸、交通不断发展,统计实践从国家管理领域扩展到社会经济活动的许多领域。从18世纪起,各资本主义国家先后设立了专业的统计机关,收集各方面的统计资料,定期或不定期地举行人口、工业、农业、贸易、交通等调查,出版统计刊物,建立国际统计组织,召开国际统计会议。

## 二、西方统计思想的形成与发展

统计学作为一门科学,其形成过程大体可分为古典统计学时期、近代统计学时期和现代统计学时期。

### (一) 古典统计学时期

17世纪中叶至18世纪是统计学形成初期,当时有政治算术学派、国势学派两大学派。其中,政治算术学派有统计学之实但无统计学之名,国势学派有统计学之名但无统计学之实。

政治算术学派的创始人是英国人威廉·配第。配第首先提出了用数量方法科学地研究社会经济现象——政治算术,他的名著《政治算术》(1676年)就介绍了数字和统计学方法。在序言中,配第明确指出:"我进行了这项工作,所使用的方法在目前还不常见。因为与只使用比较初级和最高级的词语以及单纯做思维的论证相反,我采用了这样的方法:用数字、重量和尺度等词汇来表示展望和论旨。这些都是真实的,即使不真实,也不会有明显的错误。"他在研究社会经济现象的规律时还应用推算法、分组法,编制原始数据的图表,计算一系列的总量指标、相对指标和平均指标。配第是最早估算国民收入的人,但是配第始终没有用"统计学"三个字。所以,政治算术学派是有统计学之实但无统计学之名。

国势学派的创始人是德国人赫尔曼·康令,康令开始定期地、系统地用对比的方法,讲述国家比较方面的知识,不仅讲述事实,而且试图探讨事实的因果关系,他把这门课程叫"欧洲最近国势学","国势学"由此产生。因为当时康令的学说在学术界影响很大,德国大学的许多教授都称赞并追随康令的学术思想,而且把这门课程定名为"统计学",故开始有了"统计学"这个名称。但是国势学派只是对各国情况做一般性的比较记载,如"某国人口众多""土地辽阔"之类,而没有进行数量研究和描述。所以,国势学派是有统计学之名但无统计学之实。

### (二) 近代统计学时期

18世纪末至19世纪末是近代统计学时期,在这个时期,各种学派的学术观点已经形成,并且形成了两个主要学派,即数理统计学派和社会统计学派。

**1. 数理统计学派**

18世纪,概率理论日渐成熟,这为统计学的发展奠定了基础。19世纪中叶,概率论被引入统计学中,从而形成了数理统计学派。数理统计学派的奠基人是比利时的阿道夫·凯特勒。凯特勒在他的《社会物理学》中将古典概率论引入统计学中,使统计学进入了一个新的发展阶段。凯特勒认为概率论是适用于政治及道德科学中的以观察与计数为基础的方法,并依此方法对自然现象和社会现象的规律性进行观察,认为要促进科学的发展,就必须更多地应用数学。总之,凯特勒把概率论引入统计学中,为数理统计学的形成与发展奠定了基础。

#### 2. 社会统计学派

社会统计学派诞生于 19 世纪后半叶，创始人是德国的经济学家、统计学家克尼斯，以及恩格尔、乔治·冯·梅尔等人。他们融合了国势学派与政治算术学派的观点，在学科性质上认为统计学是一门社会科学，是研究社会现象变动原因和规律性的实质性科学，并以此与数理统计学派通用方法相对立。社会统计学派在统计对象上认为，统计学是研究总体，而不是研究个别现象的，并且认为由于社会现象的复杂性和整体性，只有对总体进行大量观察和分析，研究其内在联系，才能解释现象内在规律性。这是社会统计学派的实质性科学的显著特点。

### （三）现代统计学时期

20 世纪至今为现代统计学时期，其标志是推断统计学的问世。1907 年，英国人戈塞特提出了小样本统计量理论，丰富了抽样分布理论，为统计推断奠定了基础。英国科学家弗朗西斯·高尔顿提出了相关与回归思想，并给出了计算相关系数的明确公式。英国统计学者卡尔·皮尔逊发展了拟合优度检验，还给出了卡方统计量及其极限分布理论。波兰学者奈曼创立了区间估计理论，并与皮尔逊一同发展了假设检验理论。

总之，统计学大致经过以上三个发展阶段后，理论不断丰富、不断完善。目前，统计学越来越多地吸收数学方法，也越来越多地向其他学科领域渗透，形成了各种以统计学为基础的边缘学科。随着统计学应用日益广泛和深入，在计算机技术的大力支撑下，统计学的功效越来越广泛，作用越来越强劲。

## 三、我国统计发展简况

新中国成立前，我国统计工作一度十分落后，基本照抄、照搬西方统计理论，传播的主要是数理统计学派的观点。

新中国成立后，我国在学习苏联统计工作经验的同时，引进了苏联的统计学，即社会经济统计学。数理统计遭到批判和抛弃。在 1978 年党的十一届三中全会后，学术界百花齐放，百家争鸣，数理统计又重新受到人们的关注和重视。统计学者突破了狭隘观念的桎梏，认为社会经济统计学、数理统计学和自然科技方面的统计学都是独立的统计学科，三者可以同时并存、互相借鉴、共同发展，形成了大统计观念。

总之，随着大统计体系的建立，统计学作为一门独立的学科，其运用已经渗透到自然科学和社会科学的各个领域。统计科学工作者在总结我国统计实践经验的同时，不断吸收世界各国统计科学发展的成果，使我国现阶段统计学发展有三个明显的趋势：一是统计学依赖和吸收的数学理论更多；二是以统计学为基础的边缘学科不断形成；三是与计算机技术相结合，借助大数据平台，统计学的应用范围更广，统计学的作用更强大。

### 🔑 同步思考 1-1

1. 统计学是怎样产生和发展起来的？各个发展阶段的代表人物是谁？有哪些标志性成果？

2.怎样理解大统计观念？现阶段统计学发展有怎样明显的趋势？

## 第二节　统计学的研究对象和研究方法

### 一、统计的含义

在日常生活中，人们经常会接触到"统计"这一术语。一提到统计，人们首先想到的就是具体的统计工作。的确，统计工作是统计，却不是统计的全部。实际上，"统计"一词已被人们赋予了多种含义，在不同场合、不同的语言环境中有多种不同的解释。简而言之，统计是人们认识客观世界总体数量变动关系和变化规律的一种活动，它包括三层含义，即统计工作、统计资料和统计学。

统计工作，即统计实践，是指对社会经济现象数量方面进行收集、整理、分析和提供数字资料工作的总称。例如，银行的统计科每月要编制项目报表，这个过程就是统计工作；又如，我国进行人口普查时的方案设计、入户登记、数据汇总、分析总结和资料公布等一系列过程都是统计工作。在统计国家或地区的人口总量时，也分类统计男性人口、女性人口、老年人口、中青年人口、儿童人口等，这样可使人口数据更全面、完整，为国家或地区制定与人口相关的各项方针政策提供依据。在我国，几乎各级政府机构都有统计部门（如统计局），其职能主要是从事统计数据的收集、整理和分析工作。统计工作可以简称为统计。

统计资料，即统计数据，是统计工作的成果，是统计工作活动过程所取得的反映国民经济和社会现象及其发展过程的数字资料，以及与之相关的其他资料的总称。它包括原始资料和经过整理、分析形成的统计分析报告。例如，企业各车间的统计台账和人口普查时初次登记的资料是原始资料。统计公报、全国房地产市场调查分析报告等现实和历史资料是次级资料。统计资料的表现形式有统计表、统计图、统计分析报告、统计公报和统计年鉴等。统计资料也可简称为统计。

统计学，即统计理论，作为一门科学，是随着统计活动的不断发展和统计实践经验的日益丰富应运而生的。关于统计学的定义，已出版的国内外统计学教科书或相关图书中有多种表述，比如以下几种。

（1）《大不列颠百科全书》：统计学是收集、分析、表述和解释数据的科学（2010）。

（2）David R. Anderson 等（商务与经济统计.北京：机械工业出版社，2006）：统计学是收集、分析、表述和解释数据的艺术和科学。

（3）吴喜之（统计学，从数据到结论.北京：中国统计出版社，2004）：统计学是用以收集数据、分析数据和由数据得出结论的一组概念、原则和方法。

（4）Douglas A. Lind, et al（商务与经济统计技术.易丹辉，等译.北京：中国人民大学出版社，2005）：统计学是对数据收集、组织、展示、分析和解释，从而帮助做出更为有效、科学的决策。

（5）曾五一，肖红叶（统计学导论.北京：科学出版社，2006）：统计学是有关如何测定、收集、整理、归纳、分析反映客观现象总体数量的数据，以便给出正确认识的方法论科学。

（6）贾俊平（统计学.北京：中国人民大学出版社，2006）：统计学是收集、处理、分析、解释数据并从数据中得出结论的科学。

（7）向蓉美（统计学导论.成都：西南财经大学出版社，2017）：统计学，是一门收集数据、表现数据、分析数据、解释数据，从而认识现象数量规律、帮助人们更有效地进行决策的方法论科学。

（8）李金昌，苏为华（统计学.北京：机械工业出版社，2019）：统计学是关于如何收集、整理和分析统计数据的科学。

综合上述几种关于统计学的定义，本书将统计学的含义概括为：统计学是一门关于数据信息采集、处理、辨识、分析和推断的方法论科学。当然，统计学也可简称为统计。

总之，统计是人们认识客观世界总体数量变动关系和变动规律活动的总称，是人们认识客观世界的一种有力工具。统计的三种含义之间既有联系也有区别。统计资料是统计工作的成果；统计学是统计工作和统计资料的理论概括，统计学形成的理论又指导统计工作的有效进行，即统计工作一方面受统计理论的指导，另一方面又检验统计理论是否正确，并推动和促进统计理论向前发展。统计学与统计资料存在密切关系，统计学阐述的统计方法来源于对统计资料的研究，离开了统计资料，统计方法甚至统计学就失去了存在的意义。统计学与统计工作、统计资料之间的关系表明：统计理论来源于统计实践，反过来又为统计实践服务，统计理论与统计实践是辩证统一的关系。如图1-1所示。

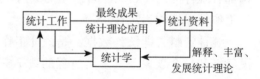

图1-1 统计学与统计工作、统计资料之间的关系

## 二、统计学的研究对象及其特点

### （一）统计学的研究对象

统计学按其研究对象包括的内容划分，可以分为广义统计学和狭义统计学。广义统计学以社会现象、经济现象、自然现象的数量方面作为其研究对象。广义统计学既不属于社会科学，也不属于自然科学，它是一门跨学科的、独立的通用方法论科学。狭义统计学是指社会经济统计学、数理统计学等。本书阐述狭义统计学中的社会经济统计学，本书所涉及的统计工作也是指社会经济统计工作。

社会经济统计学的研究对象是大量的社会经济现象总体的数量方面，即研究社会经济现象总体的数量特征和数量关系。

统计学在研究社会经济现象时，首先从定性研究开始，然后进行定量分析，最后达到认识社会现象的本质、特征或规律，这就是质—量—质的统计研究过程和方法。

### （二）统计学研究对象的特点

统计学研究对象的特点主要体现在五个方面，如图1-2所示。

**1. 数量性**

统计学的研究对象是大量社会经济现象的总体数量方面,包括社会经济现象数量方面的规模、水平、结构、速度、平均水平、平均发展速度以及数量关系、数量界限等。例如,2018 年,全国居民人均可支配收入 28 228 元,比上年增长 8.7%,扣除价格因素,实际增长 6.5%。按全国居民五等份收入分组,低收入组人均可支配收入 6 440 元,中等偏下组人均可支配收入 14 361 元,中等收入组人均可支配收入 23 189 元,中等偏上收入组人均可支配收入 36 471 元,高收入组人均可支配收入 70 640 元。<sup>○</sup>所有这些指标都是从数量方面反映现象发展变化情况的。统计的这一数量性特点将统计学与其他实质性社会科学,如历史学、哲学、财政学等区分开来,也将统计调查研究活动与那些以非数量性为主的调查研究活动,如社会、法律、考古活动等区分开来。

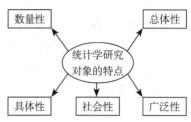

图 1-2　统计学研究对象的特点

统计学研究的是大量社会经济现象的总体数量方面,但我们应该注意到,统计的定量研究是以定性研究为前提建立的。例如,要想知道国内生产总值是多少,必须认清什么是国内生产总值,国内生产总值与国民生产总值、社会总产值有何区别,等等。因此,统计不是单纯地研究社会经济现象的数量方面,而是在质与量的密切联系中研究现象的数量方面。定性研究是基础,定量研究是目标。而质—量—质是一个完整的统计研究过程。

**2. 总体性**

统计工作研究的是总体的数量特征,而非个体数量表现。因此,只有把大量的个体数量资料经过汇总、综合,才能表现出总体数量特征。从总体上研究现象的数量方面,是统计学的重要特点。因为社会经济现象是各种社会规律相互交错作用的结果,所以会呈现出一种复杂多变的情景。统计对社会经济现象总体数量方面的调查研究是从个体到总体的,即必须对足够大量的个体(这些个体都表现为一定的差别、差异)进行登记、整理和综合,使它过渡到总体的数量方面,从而把握社会现象的总规模、总水平及其总发展变化趋势。例如,我国每十年进行一次的人口普查要从登记每个人的具体情况入手,但调查目的不是了解每个人的具体生活状况,而是要准确地查清我国人口在数量、地区分布、构成和素质方面的变化,为科学制定国民经济和社会发展战略与规划,安排人民的物质、文化生活等提供可靠的资料。总之,统计研究最终要得到反映总体数量的指标,但统计工作是从研究个体开始的。只有从个体开始,才能对总体进行分析研究。

**3. 具体性**

统计工作研究的总体数量是一个有具体时间、具体地点、具体条件限定下的数量。如果单说"28 228 元"这个数字没有任何意义,但如果说 2018 年,全国居民人均可支

---

○ 《2018 年国民经济和社会发展统计公报》,2019 年 2 月 28 日。

配收入 28 228 元，比上年增长 8.7%，扣除价格因素，实际增长 6.5%，[⊖] 这就是统计中所说的具体数量。因此，具体性是指在时间、地点、空间三方面都有明确的规定。

应该指出的是，虽然统计工作研究具体的数量，但为了进行复杂的定量分析，我们还需要借助抽象的数学模型和数理统计方法，并遵循数学规则。因此，统计工作具体的数量研究需要密切联系抽象的数学方法，以抽象方法为手段，以具体数量为目的，体现统计工作中具体和抽象的辩证关系。

4. 社会性

统计学的研究对象是人类社会活动的过程和结果。人类的社会活动都是有意识、有目的的活动，各种活动中都包含了人与人之间的关系，除了随机现象，还存在许多确定性的因素。由于统计工作存在明显的社会性，各国政府都很重视统计工作的开展。因此，我们特别强调要克服统计工作中的主观随意性，抑制任意夸大或缩小统计数字、歪曲反映事实等现象出现。我们既要承认统计是为一定政治集团服务的工具，具有明显的社会性，又要注意统计是对实际情况的反映，具有强烈的客观性。因此，从事统计工作的人员一定要加强职业道德修养，实事求是，客观准确地反映社会经济现象。同时，必须强化统计法治建设。

5. **广泛性**

统计学研究的数量方面是所有社会经济现象的数量方面。统计学既研究生产关系，又研究生产关系与生产力之间的关系；既研究经济基础，又研究经济基础与上层建筑之间的关系。同时，统计学还研究生产、流通、分配、使用等社会再生产的全过程，以及社会、政治、经济、文化、教育等全部社会经济现象的数量方面。

统计学的研究目的是认识客观事物的规律性，而为了达到研究目的，就需要运用各种统计方法。因此，统计学的性质可被概括为：统计学是研究如何收集数据、整理数据和分析数据，以便做出正确推断的方法论科学。

## 三、统计学的分科及与其他学科的关系

统计学是从研究社会经济现象开始，逐渐趋于成熟，成为一门研究客观事物总体数量方面的方法论科学。这里所指的方法论包括指导统计活动的原理和原则、统计核算和分析方法。这些方法是在统计实践中产生的，再经过理论概括，反过来用于指导统计实践，为统计工作服务。人们通过对客观事物中各种数量关系的研究来认识客观事物发展的规律性。值得特别注意的是，统计学在研究社会经济规律现象时，首先从定性研究开始，然后进行定量分析，最后达到认识客观现象的本质、特征或规律，这就是质—量—质的统计研究过程和方法。由于统计学的研究对象既存在于自然领域也存在于社会领域，因此统计学是一门具有跨学科性质、有较高概括程度和较大适用范围的一般方法论学科。

按照统计方法的类型，统计学可分为描述统计学和推断统计学；按照统计方法研究

---

⊖ 《2018 年国民经济和社会发展统计公报》，2019 年 2 月 28 日。

和统计方法应用的程度，统计学可分为理论统计学和应用统计学。

### （一）统计学的分科

#### 1. 描述统计学和推断统计学

描述统计学是对统计总体数量特征的表现及其变化加以记录、测量和显示，并通过综合、概括和分析反映客观现象变动的规律性。描述统计的内容包括统计数据的收集方法、数据的加工处理和显示方法、数据分布特征的概括和分析方法等。例如，2019年，经初步核算，上半年国内生产总值450 933亿元，按可比价格计算，同比增长6.3%。其中，第一产业增加值23 207亿元，同比增长3.0%；第二产业增加值179 984亿元，同比增长5.8%；第三产业增加值247 743亿元，增长7.0%。⊖通过这些数字资料可以看出我国国民经济的总体运行情况。

推断统计学是研究如何根据样本数据去推断总体数量特征的方法，它是指在对样本数量进行数量描述的基础上，对总体未知的数量特征做出概率表述上的推断。例如，对一批出口板栗罐头进行产品质量检验，不能每一瓶都检验，只能抽取一部分进行检测，只要抽样合理，就可以根据抽检结果来估计和推断全部出口产品的质量。由于数据来源于概率抽样，因此推断统计学的各种推算方法和推断结果的合理性与可靠程度都是以概率论为基础的。

#### 2. 理论统计学和应用统计学

统计学自身的发展沿着两个不同的方向，形成了理论统计学和应用统计学。

理论统计学是论述统计学的基本理论、原理和统计方法的一门方法论科学。它集社会经济统计方法与数理统计方法之大成，既适用于社会经济现象的数量观察和研究，也适用于自然现象的数量观测和推断。理论统计学是统计学科的基础，理论统计学的特点是计量不计质，它具有通用方法论的理学性质。

应用统计学论述的是如何从所研究的领域或专门问题出发，根据研究对象的性质采用适当的统计方法去解决实际问题。应用统计学不仅要进行定量分析，还需要进行定性分析。它总是先从现象的质量分析中获得需要考察的指标，建立指标体系，然后采集数据，进行数据处理，并结合对现象的定性分析，得出符合客观现实的结论作为行动决策的依据。所以应用统计学需要相关专业实质性科学的理论做指导，它通常具有边缘交叉和复合型学科的性质。

由上可知，理论统计学以方法论为中心，建立统计方法体系；而应用统计学以问题为中心，应用统计方法解决实际问题。在统计学科的发展上，理论统计学和应用统计学是相互促进、共同提高的。

### （二）统计与其他学科的关系

统计学是一门具有跨学科性质、有较高概括程度和较大适用范围的一般方法论学科。因此，统计学与其他学科的联系非常紧密。

---

⊖ 国家统计局网站，2019年7月15日。

统计学与数学的关系十分密切。因为数学与统计学都是研究数量规律的，都要利用各种公式进行运算。现代统计学中运用了大量的数学理论与数学方法。数学中的概率论研究随机现象的数量关系和变化规律，它从数量方面体现了偶然与必然、个别与一般、局部与整体的辩证关系，为统计学提供了数量分析的理论基础。数学分析的方法适用于一切数量分析，当然也包括统计的数量分析。从某种意义上说，统计学中的理论统计学以抽象的数量为研究对象，计量不计质，其大部分内容也可以看作是数学的一个分支。但数学与统计学有本质的区别。从研究对象上看，数学撇开了具体的研究对象，以最一般的形式研究数量的空间变化。而统计学，特别是应用统计学则总是紧密联系客观对象，研究其数量的变化趋势和变化规律，得出规律性的结论，为决策提供事实依据。从研究方法上看，数学主要是应用逻辑推理和演绎论证方法，从严格的定义、假设的命题、给定的条件出发，去推证有关结论。统计学研究方法，本质上是归纳的方法，即根据实验或调查观察到的大量数据来归纳判断总体的情况。

统计学中的应用统计学与相关的实质性学科，如经济学等，有密切的联系。因为统计学是进行经济研究不可或缺的重要工具，所以经济学对经济现象及其发展变化规律进行研究时，除了要做规范性的理论分析和定性分析外，还要进行实证的数量分析。由于社会经济现象具有特殊性，对其数量规律的认识只能通过统计观测来进行。因此，无论是宏观经济还是微观经济，都要用到大量的统计方法。当然，应用统计学也离不开相关的经济学等学科。不仅统计指标的设定离不开实质性学科的指导，就连应用统计方法在很大程度上也会受所研究对象性质的影响。通常实质性的学科提出问题，统计学随之给出相应的方法。总之，应用统计学与相关的实质性学科既有联系又有区别，二者相互促进、共同发展。统计学的分科如图1-3所示。

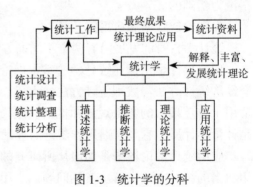

图1-3　统计学的分科

## 四、统计学的研究方法

统计学研究现象的性质和特点决定着统计学的研究方法。统计学的基本研究方法有大量观察法、统计分组法、综合指标法、归纳推断法和统计模型法。如图1-4所示。

### （一）大量观察法

大量观察法是指对要研究对象的全部或足够多的单位进行观察的方法，是统计的基本方法。统计要研究现象总体的数量特征，而社会经济现象是受各种因素影响的。因此，只选择其中一部分单位进行观察，观察的结果往往不足以代表总体的一般特征，只有对总体的全部或足够多的单位进行观察并加以分析，才可以使现象中的非本质和偶

图1-4　统计学的研究方法

然因素相互抵消，从而反映现象总体的数量特征。例如，2018年，全年货物进出口总额305 050亿元，比上年增长9.7%。其中，出口164 177亿元，增长7.1%；进口140 874亿元，增长12.9%。对"一带一路"沿线国家进出口总额83 657亿元，比上年增长13.3%。其中，出口46 478亿元，增长7.9%；进口37 179亿元，增长20.9%。[○]

大量观察法是统计调查阶段应该遵循的基本方法，可以在全面调查，如统计报表、普查中使用；也可以在非全面调查，如重点调查、抽样调查中使用。应该指出的是，大量观察法是统计调查阶段应遵循的法则，但调查中也可以对个别单位进行深入调查，如典型调查等是对大量观察的总体进行补充，以便深入细致地说明社会经济现象。

### (二) 统计分组法

统计分组法是根据统计研究的目的和任务，按照一定的标志，将总体划分成不同的类型或组的一种统计研究方法。统计在分组时，通常是同类相聚、异类相分，以便进行汇总和总体内部结构分析，从而达到正确运用指标来表明事物本质与规律的目的。统计分组法主要适用于统计整理阶段，但在统计调查、统计分析等阶段，也都有自己独特的意义。因此，统计分组法既是统计调查研究中的一种基本方法，也是统计分析中的一种重要方法。

### (三) 综合指标法

综合指标法是指通过计算各种综合指标，研究和说明现象本质的综合数量特征。它是统计分析的基本方法之一。常用的综合指标主要有总量指标、相对指标、平均指标等。统计分析中其他各种统计方法，如时间数列分析、统计指数分析、相关与回归分析等都是以综合指标为基础的。综合指标法主要应用于统计分析工作阶段。

### (四) 归纳推断法

归纳推断法也称统计推断法，它是以一定的置信度，根据样本数据来推断总体数量特征的一种方法。在统计研究中，我们所观察的单位常常是部分单位或少数单位，而要判断的总体对象的范围却是很大的。这就需要根据样本资料，对全部总体数量的特征做出具有一定置信度的判断。随着市场调查在市场经济中发挥越来越重要的作用，归纳推断法也越来越被广泛重视，并成为统计研究的基本方法。

### (五) 统计模型法

统计模型法是指根据一定的经济理论和假设条件，通过建立数学模型，模拟现实经济现象相关关系的一种研究方法。利用这一方法可以了解当某一现象变动时，另一相关现象会随之发生怎样的变动，并测定相关现象之间的影响程度、影响方向、未来趋势等。

---

[○]《2018年国民经济和社会发展统计公报》，2019年2月28日。

### 同步思考 1-2

1. 什么是统计？怎样理解统计研究对象的数量性？统计上的数量与数学上的数量有什么不同？总体数量特征与个体数量特征之间有什么关系？
2. 大量观察法是统计的基本方法。统计研究时为什么要对研究对象的全部或足够多的单位进行观察？

## 第三节 统计的工作过程

### 一、统计的任务和基本职能

#### （一）统计的任务

统计是认识客观世界的手段，是国家、各级政府和企业进行经济管理的重要工具，是对国民经济和社会运行状况进行监督的有效手段。为了科学、有效地组织统计工作，保障统计资料的真实性、准确性、完整性和及时性，发挥统计在了解国情国力、服务经济社会发展中的重要作用，促进社会主义现代化建设事业发展，国家制定了《中华人民共和国统计法》，并于 2010 年 1 月 1 日施行。该法规定："统计的基本任务是对经济社会发展情况进行统计调查、统计分析，提供统计资料和统计咨询意见，实行统计监督。"与之相适应，统计的具体任务是调查整理社会经济活动的各种数字资料，并在此基础上，对社会经济活动过程及结果进行主观与客观、横向与纵向、静态与动态的综合分析，提供信息产品，判断社会活动的运行状态，提出相应的咨询意见，监督社会经济活动的运行过程，为国民经济宏观调控、企业经营管理和科学研究提供客观依据。

为了完成统计的工作任务，统计工作必须做到"准确、公正、及时、方便"，这是衡量统计工作质量的重要标准。

#### （二）统计的基本职能

统计的基本职能是信息职能、咨询职能和监督职能。

**1. 信息职能**

统计信息职能是指统计具有信息服务的功能，即统计通过系统地收集、整理和分析，得到统计资料，在统计资料的基础上再经过反复提炼筛选，提供大量有价值的、以数量描述为基本特征的统计信息，为社会服务。

**2. 咨询职能**

统计咨询职能是指统计具有提供咨询建议和对策方案的服务功能，也就是指统计部门利用所掌握的大量统计信息资源，经过进一步的分析、综合、判断，为宏观和微观决策、科学管理提供咨询建议和对策方案。统计咨询分为有偿咨询和无偿咨询两种。统计咨询应更多地走向市场。

**3. 监督职能**

统计监督职能是指统计具有揭示社会经济运行中的偏差，促使社会经济运行不偏离正常轨道的功能。统计部门以定量检查、经济监测、预警指标体系等为手段，揭示社会经济决策及其执行过程中的偏差，使社会经济决策及其执行过程按客观规律进行。

统计信息职能、统计咨询职能和统计监督职能是相互联系、相辅相成的。收集和提供统计信息是统计最基本的职能，统计信息职能的完成是统计咨询职能和统计监督职能实现的前提、基础和保证；而统计咨询职能是统计信息职能的延续和深化；统计监督职能的最终实现又是对统计信息职能、统计咨询职能的促进。总之，统计的三种职能相辅相成、相互作用，构成了一个有机整体，故又被称为整体功能。

## 二、统计工作的四个阶段

统计工作是对社会经济现象总体数量进行的一种调查研究活动，也是对事物的表面、本质及其规律的认识活动。这一活动是由浅入深的序列过程，一般来说，整个过程可以概括为统计设计、统计调查、统计整理、统计分析四个阶段。

### （一）统计设计

统计设计是统计工作的第一个阶段，它是指根据统计研究对象的性质和研究目的，对统计工作的各个环节和各个方面进行统筹安排。统计设计的结果表现为各种统计设计方案，如统计指标与统计指标体系、分类目录、统计报表制度、调查方案、汇总或整理方案等。

统计设计包括对统计活动的全过程设计和单项设计两个方面。对统计活动的全过程设计是指针对一项统计研究任务，对收集、整理、分析数据的工作全过程所做的设计。单项设计是指对收集、整理、分析数据的某一个环节所做的进一步设计。对统计活动各个方面的设计，主要指的是统计研究对象的各个组成部分，它们是统计工作横向的方面。例如，工业企业统计包括工业企业经营的内部条件和外部条件，人力、物资、资金等生产要素，生产、供应、销售等生产经营环节。再比如，整个社会经济统计包括人口、环境、资源等社会发展的环境条件；物质资料的生产、分配、流通、消费的扩大再生产过程；政治、文化、教育、科学、卫生、体育等社会活动；人民的物质和文化生活状况；国际及其他各国的经济和社会状况。

对统计各个环节的设计，主要是指统计工作实际进行时的各个阶段，它们是统计工作纵向的方面。这些阶段包括：统计资料的收集；统计资料的汇总整理；统计分析；统计资料的提供、保存、公布，等等。

### （二）统计调查

统计调查也称数据收集，它是统计工作过程的第二个阶段。统计调查是根据统计研究对象和研究目的的要求，采用科学的调查方法，有组织、有计划地向客观实际收集统计资料的工作过程。统计调查的方式方法主要有统计报表制度、普查、抽样调查、重点调查、典型调查等。这一阶段是统计实践活动的开始，属于表层和感性认识阶段。但因为统计是要用数字说话的，而统计数字来源于统计调查，因此，"没有调查就没有发言权"。统计调查属于定量认识阶段，它的工作质量如何，直接关系和影响到以后各阶段的工作质量。

### (三) 统计整理

统计整理是指按照一定的目的和要求对统计调查收集到的大量零乱的资料进行科学的加工和分类，使之系统化、条理化，成为能够说明总体特征的综合资料。统计调查阶段收集的资料既丰富也零乱，既大量也粗糙。因此，需要统计整理去粗取精、去伪存真，使大量丰富的资料条理化、系统化。这一阶段是对事物由表层认识到深层认识的联结点，对统计分析的质量有举足轻重的作用，是一个承上启下的中间环节。

### (四) 统计分析

统计分析是在统计整理的基础上，对统计资料进行多种多样的定量和定性分析或评价、论证，由表及里、由浅入深、由此及彼，做出科学的结论，达到认识事物本质和规律的目的。这一阶段是认识活动上升为深层次和理性认识的研究阶段。

通过统计整理和统计分析，我们可以得到许多有用的统计资料。统计资料的提供并不意味着统计研究的终结。统计的目的在于认识客观世界的规律。对于已经公布的统计资料需要加以积累，同时可以进行进一步的加工，结合相关实质性学科的理论知识去进行分析和利用，从而更好地将统计数据和统计方法应用于相关领域中，使统计更好地发挥信息、咨询、监督的职能。

总之，统计工作的四个阶段是一个统一体，无论哪个环节出了偏差，都会背离统计认识活动的规律，造成歪曲反映事物，如图1-5所示。统计调查出现偏差，会直接影响统计整理的质量和统计分析结果的正确性；统计分析出现偏差，会造成统计调查和统计整理两个阶段前功尽弃。统计工作各个阶段的工作质量和效果是密切相关的，因此，要注意它们之间的衔接和协调。

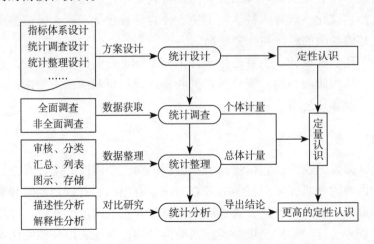

图1-5 统计研究过程框架

需要指出的是，也有学者认为统计工作过程除了以上四个工作阶段以外，还包括统计预测和决策阶段、统计信息披露和保管阶段。应该说这两个方面的工作的确都是统计工作的重要内容，因为整个统计工作绝不能仅仅满足于对统计数字的简单加工和初步分析，统计工作的一个重要内容是要利用过去和现在的资料对现象的长期趋势做出判断和预测，并以此作为国家或企业决策的依据。统计的职能是信息职能、咨询职能和监督职能，因此，统计信息的披露和保管都是统计工作不可或缺的组成部分。

### 三、统计在经济管理中的应用

统计学是一门应用性很强的学科。统计学为适应社会实践的发展需要而产生和发展，并随着社会的发展不断完善，反过来，社会实践又不断丰富和发展了统计科学。统计学在经济分析、财务会计、市场营销、科学管理、科学研究等方面都发挥着重要的作用。

**1. 经济分析**

在当今的经济生活中，判断和认识经济形势及未来的走向，是政府、企业和家庭进行决策的基础和前提。对经济形势的分析和判断依赖于有关统计信息与统计方法。例如，微观经济领域的专家需要使用统计方法为决策者提供生产、消费和定价方面的预测；宏观经济领域的专家既可以利用统计方法描述居民家庭收入分布状况，也可以对经济变量（如通货膨胀率、失业率、居民家庭人均收入水平等指标）的未来水平进行分析和预测，还可以对变量（如消费与可支配收入）之间的关系进行研究。

**2. 财务会计**

财务会计主要以报表的形式来传达信息。一些上市公司出于对管理层能力考核的需要、对业绩披露的需要、对个人收益的需要，常常对所披露的会计信息造假，而财务造假又是比较隐蔽的。因此，上市公司必须有独立的外部审计机构来审计财务报表，以评价这些报表的合法性。统计抽样对选择合适的样本单位（如账目）进行审计有很重要的作用。例如，假设一会计师事务所要确定某上市公司资产负债表上的应收账款金额是否属实，不能对全部账户一一进行核实，而可以按统计抽样技术对抽中的少数样本单位进行核实，并通过样本的准确与否来推断资产负债表中应收账款金额的真实性。

**3. 市场营销**

在信息社会中，企业获得的信息量非常大，往往要注重情报信息的收集、处理、分析，为正确决策提供建设性意见。而统计信息和其他信息，如情报信息、商品信息等结合在一起，揭示了事物在特定时间特定方面的数量特征。用统计方法对这些信息进行大数据分析，也就是帮助企业对事物进行定量、定性分析，从而做出正确的决策。例如，企业市场营销部门运用统计学方法来估计喜爱某种商品的顾客比例，以及他们为什么喜欢该种商品，用何种广告能让更多的人知道、喜欢、购买该种商品等，进而增强企业竞争力，提高企业的经济效益。

**4. 科学管理**

效率及效益是以尽可能少的投入获得尽可能多的回报。要提高效率和效益，离不开科学的管理，统计数据是管理的重要基础。例如，生产定额的制定，既要使人们有可能完成，又要出效率，那么先进算术平均数便不失为一种好方法。又比如，由于影响产品数量和质量的因素很多，要用主成分分析方法找出主要因素、最佳水平和最佳状态，并进行科学的监督和控制。再比如，在企业的财务管理、人事管理、经济管理中，统计都发挥了重要的作用。

### 5. 科学研究

科学研究的任务是提示客观事物的规律性，而科学研究的方法大多是先根据若干观察或实验资料提出某种假设或猜想，然后通过各种途径进行观察或通过实验加以验证，统计理论和方法就是这种科学研究的通用方法。因为统计学理论和方法一方面有助于集中并提取观察实验中最本质的东西，从而有助于提供较正确的假说或猜想；另一方面，它又能指导研究人员安排进一步的观察和实验，以判定提出的猜想或假说是否正确。例如，在医学界，人们利用统计方法研究疾病的原因或影响因素，判断药物或医疗方案是否正确；在生物学界，人们用统计方法研究基因分离定律、基因自由组合定律、基因稳定性定律等基因规律；在心理学界，人们用统计方法分析特定刺激的心理效应；在经济学界，人们用统计方法研究经济运行状况及宏观、微观决策的正确与否，以及政策、决策的监督执行和计划的调整。可以说，几乎所有的科学研究领域都离不开统计学。

总之，统计无处不在，统计无时不有。只要准确、科学、充分地应用统计，统计就能发挥出强大的作用。

### 同步思考 1-3

1. 怎样理解"统计无处不在，统计无时不有"？试举身边三例统计事项。
2. 统计职能有哪些？怎样理解统计职能、统计应用之间的关系？实践中怎样才能更好地发挥统计职能的作用？

## 第四节　统计学的基本概念

统计是关于数据的科学，统计要研究社会经济现象总体的数量特征，那么统计总体就是统计学的基本范畴，而统计总体又是由总体单位构成的，总体单位通过许多标志来表现它的特征，其中数量标志可汇总成统计指标，各种相关联的指标构成指标体系。因此，统计总体、总体单位、标志、变量、统计指标、指标体系等就是统计学的基本范畴。弄清这些基本范畴，有助于把握统计的基本内涵。

### 一、统计总体和总体单位

#### （一）统计总体

统计总体简称总体，它是根据一定目的确定的所要研究事物的全体。它是由客观存在的、具有某种共同性质的许多个别事物构成的整体。例如，我们要研究全国城镇居民的收支情况，就以全国城镇居民作为一个总体。有了这个总体，我们就可以研究全国城镇居民的各种数量特征，例如人均收入、人均消费等。

统计总体的范围随着统计研究目的不同范围可大可小，如上例中，统计总体可以是某市所有的城镇居民家庭，也可以是某区或全省乃至全国所有的城镇居民家庭。

统计总体必须同时具有同质性、大量性和变异性的特点。

同质性是形成统计总体的一个必要条件，是总体的一个重要特征。所谓同质性是指构成统计总体的每个单位在某一方面必须具有共同的属性。它是根据统计的研究目的确定的。研究目的不同，所确定的总体也不同，其同质性的意义也随之变化。例如，研究城镇居民的生活状况，所有城镇居民户构成了统计总体，农民户就不在统计范围之列，所有的城镇居民户在这一点上都是同质的。如果研究的是城镇居民贫困户的生活状况，那么贫困线下的城镇居民户则构成统计总体，贫困线下的城镇居民户在这一点上都是同质的，而贫困线上的城镇居民户就是非同质的了。

大量性是指总体中应包括足够多的个别事物，因为每个个别事物常常可能受偶然因素的影响，表现出各种各样的差异。因此，少数个别事物的特征往往不能说明总体的特征，只有研究多数单位形成的总体，才能使偶然因素的作用相互抵消，从而显示出事物的本质特征。

变异性是指构成总体的每个个别单位在某一方面性质是相同的，但在其他方面必定有差异。例如，同是某股份制企业的职工，也有工种、工资、工龄、文化程度等方面的差异。统计研究实质上就是研究总体各单位某种品质或数量变异的程度、趋势等，从而寻找出规律性。

## （二）总体单位

总体单位简称单位，是构成统计总体的每个个别事物，是各项统计特征的承担者。根据统计研究目的不同，总体单位可以是人或物，可以是企业单位或地区、部门，也可以是时间、重量或长度等。有时总体单位以自然计量单位表示，如设备以"台"表示，产品以"件"表示等。有时总体单位以物理计量单位表示，如时间用小时、分、秒表示，重量用吨、千克、克表示，长度用米、厘米、毫米表示，面积用平方千米、平方米表示等。例如，某市每个股份制企业就是全市股份企业总数这个统计总体的总体单位，每个工业企业的每台设备则是该市工业企业设备总量这个总体的一个基本单位，即总体单位。

总体和总体单位的概念是相对而言的，会随着研究目和总体范围的不同而发生变化。同一研究对象在一种情况下是总体，在另一种情况下可能就变成总体单位了。例如，要研究全国人口情况时，全国为总体，每个人是总体单位；而要研究全国各省的人口情况时，全国为总体，各省为总体单位；同样，要研究某省各县人口状况时，该省变成了总体，而各县又成了总体单位。

需要指出的是，一个总体所包含的总体单位数可以是无限的、无法一一计数的，称为无限总体，如连续大量生产的某种小件产品中，总产量是无限的；也可以是有限的，可以一一计数的，称为有限总体，如我国人口总数虽多达14亿，但总归是有限的、可以计数的。区分无限总体和有限总体是确定科学调查研究方法的前提条件。通常，我们对于无限总体无法进行全面调查，只能进行非全面调查；对于有限总体，既可进行全面调查，也可进行非全面调查。

## 二、标志和变量

### （一）标志

标志也称标识，是说明总体单位属性或特征的名称。每个总体单位从不同的角度和要求观察，可以有多个属性特征。标志依附于总体单位，总体单位是标志的直接承担者。例如，每个工人都具有性别、工种、文化程度、技术等级、年龄、工龄、工资等属性和特征，这些就是工人作为总体单位的标志。标志的具体表现是标志名称之后所表明的属性或数值。统计研究从登记标志状况开始，并通过对标志特征进行综合，反映出总体的数量特征。

标志有不同的种类。按说明现象的性质不同，标志可分为品质标志和数量标志。品质标志表明了单位属性方面的特征，品质标志的表现只能用文字、语言来描述。例如，某工人的性别是"男"，民族是"汉族"，则"性别"和"民族"是品质标志的名称，"男"和"汉族"是品质标志属性的具体表现。数量标志是表明总体单位数量方面特征的，用各种不同的数值表示。例如，某职工的年龄30岁，这里的"年龄"是数量标志名称，"30岁"是数量标志的具体表现，也称标志值或变量值。

标志按变异情况可以分为不变标志和可变标志。当一个标志在各个单位的具体表现都相同时，这个标志被称为不变标志；当一个标志在各单位的具体表现不完全相同时，如"性别"，有的表现为"男"，有的表现为"女"，再如"身高"，有的表现为"1.76米"或"1.80米"，也有的表现为"1.62米"等，那么这个标志被称为可变标志。在划分统计总体时，可以选定某一标志的具体表现，把它固定下来，把所有具备这种标志的表现都结合在一起，形成一个统计总体。所谓统计总体的同质性，实际上就是统计总体中的各个单位都具有某一共同的标志表现。

无论是品质标志还是数量标志，当它们在总体各单位中表现不完全相同时，就被称为变异。变异性也是统计总体必须同时具备的三个特征之一，是统计研究的前提。

### （二）变量和变量值

变量是统计中常用的重要概念。变量是对可变化的量而言的。统计中的变量是指可变的数量标志。变量的数值表现就是变量值或标志值。例如，工人的身高和年龄不会每个人都相同，那么，"年龄"和"身高"是数量标志的名称，也即变量，而"年龄"和"身高"这些数量标志的具体表现数值，比如，"32岁""42岁"以及"1.68米""1.76米"等就是标志值，也称变量值。

按变量值是否具有连续性，又分为连续变量和离散变量两种。连续变量的数值是连续不断的，相邻两值之间可作无限分割、无限取值，既可用整数表示，也可用小数表示。如以重量、长度、面积等物理单位计量的都是连续变量。连续变量的数值要用测量或计算的方法取得。离散变量是指相邻两值只能以整数位断开，只能以整数表示。如人数、企业数、设备台数等都只能按整数计算，有了小数则令人觉得不可思议。离散变量的数值只能用计数的方法取得。

## 三、统计指标和指标体系

### （一）统计指标

统计指标简称指标，是反映社会经济现象总体某一综合数量特征的范畴，由指标名称和指标数值两部分构成。指标名称反映了现象所属的一定的社会或经济范畴，指标数值反映了现象在具体环境下达到的规模、水平及比例关系。例如，2017年，全国共有博物馆4 721个，比1978年增加4 372个，增长12.5倍，年均增长6.9%；2017年，全国共有公共图书馆3 166个，比1978年增加1 948个，增长1.6倍，年均增长2.5%。[注]

统计指标一般具有三个特点：①数量性，即统计指标都是用数字表示的。②综合性，即统计指标是总体单位同质数量综合的结果。③具体性，即统计指标是现象在不同时间、地点、条件下的具体反映。如上例中的"博物馆4 721个"，"4 721个"体现了数量性，也体现了综合性，即2017年我国文化事业建设不断加强，文化产业发展成绩显著。

统计指标可以按不同的研究目的进行分类。统计指标按其反映时间特点不同，可分为时点指标和时期指标。时点指标是指反映现象在某一时点上的数值表现。例如，人口数、黄金储备量等；时期指标是指反映现象在某一时期内的数量表现，例如，产值、产量等。有关这两类指标的特点、计算等，我们在时间序列分析中还将做详细论述。

统计指标按其反映总体特征不同，可分为数量指标和质量指标。数量指标是反映总体规模大小、水平高低的指标，一般以绝对数表示。例如，人口总数、企业总数、职工总数、工资总额、国内生产总值、商品流转额、商品进出口总额等；质量指标是指反映总体的强度、密度、效果等指标，一般用相对数和平均数表示。例如，劳动生产率、职工平均工资、人口密度、工人出勤率、流动比率、速动比率等。

统计指标按其作用和表现形式不同，可分为总量指标、相对指标和平均指标。总量指标是反映现象总体规模、水平的指标，如工资总额、产品产量、销售额、利润总额等。相对指标是两个有联系的总量指标进行对比的结果，用来说明现象总体的结构、发展程度、比例、强度、密度等，如产品的优质品率、平均增长率、人口密度等。平均指标是按总体内各单位某一数量标志值计算的反映总体一般水平的指标，如平均工资、工人劳动生产率等。

### （二）标志与统计指标的关系

标志与统计指标之间既有区别又有联系。

二者的区别主要表现为：①指标是说明总体特征的，而标志是说明总体单位特征的。②指标都是用数字表示的，而标志既可用数字表示，也可以用文字表示。

---

[注] 国家统计局网站，2018年9月13日。

二者的联系主要表现为：①指标数值都是由总体单位的数量标志值汇总而来的。②指标与数量标志存在一定的变换关系，随着研究目的的变化，总体和总体单位发生了变化，指标和标志也会发生相应的变化。例如，如果我们要研究的是全国工业企业情况，则各企业的职工人数、固定资产、工业增加值等都是总体单位（即各个企业）的标志，而如果研究目的变成研究某一企业的职工状况，则该企业变成一个总体，企业职工人数变成了统计指标，每个职工的文化程度、技术等级、性别、年龄等成为标志。

统计总体、总体单位、标志、统计指标等基本概念之间的关系如图1-6所示。

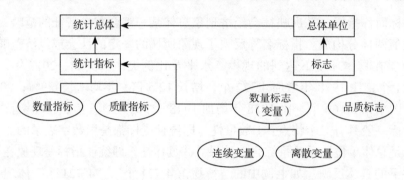

图1-6　各基本概念之间的关系

### （三）统计指标体系

单个统计指标只反映总体的某个数量特征，说明现象某一侧面的情况。但客观现象是错综复杂的，要反映其全貌，描述现象发展的全过程，只靠单个统计指标是不够的，需要设立统计指标体系。统计指标体系是由一系列相互联系的统计指标组成的有机整体，用以反映所研究现象各方面相互依存、相互制约的关系。例如，为了反映工业企业生产经营的全貌，需要设立产量、产值、品种、质量、职工人数、劳动生产率、工资总额、原材料、设备、财务成本等多项指标，组成工业企业统计指标体系。指标体系的设置不但是客观现象的反映，而且是人们对客观认识的结果。随着客观形势的发展变化以及实践经验和理论研究的积累，指标体系也将不断改进更新，逐步完善。

**1. 统计指标体系的形式**

由于社会经济现象本身多种多样，指标体系的联系形式也不同，归纳起来主要有以下三种。

（1）和的联系形式。例如，国内生产总值＝固定资产折旧＋劳动者报酬＋生产税净额＋营业盈余，反映总值与各因素和的联系。

（2）积的联系形式。例如，商品销售额＝销售价格×销售数量，反映总额与各因素积的联系。

（3）因素关系的联系形式。例如，在工业企业考核的八项经济指标中，人、财、物、产、销、存等各方面关系交互运动的结果。此时指标之间不存在或无必要采用数学运算形式来反映它们之间的联系，而是一种相互补充的因素关系。

**2. 统计指标体系的种类**

统计指标体系按其考核范围不同，可分为宏观统计指标体系、中观统计指标体系和微观统计指标体系。宏观统计指标体系反映整个社会、经济和社会科技情况；中观统计指标体系反映各个地区和各个部门、行业的社会、经济和社会科技情况；微观统计指标体系反映企业、事业单位的生产经营或工作运行情况。

统计指标体系按其功能不同，可分为描述性指标体系、评价性指标体系和决策性指标体系。描述性指标体系主要反映社会经济现象的现状、运行过程和结果；评价性指标体系主要是比较、判断社会经济现象的运行结果是否正常；决策性指标体系是为了保证社会、经济、科技等方面有序、协调地发展。

上述统计指标体系的形式和种类等都有其自身的特点，实际工作中可以根据统计研究目的选择运用或结合运用，以充分发挥统计的信息、咨询和监督的整体功能。

**3. 建立统计指标体系的原则**

建立一套完整、科学的统计指标体系，用以全面、综合反映现象的状态时，应该遵循客观性、科学性、可行性、预见性原则。指标体系的建立，不但要遵循现象之间内在的客观联系，还要考虑获取资料是否可能以及指标体系的设置是否可行；不但要考虑指标体系是否能反映实际问题，还要使新设立的指标体系具有一定的超前性，以便更好地适应不断变化的需要。

## 同步思考 1-4

1. 标志是说明总体单位特征的名称。其中，品质标志不能用数值表示，数量标志只能用数值表示。那么，文化程度是品质标志还是数量标志？试以一个班同学为例，分别列举三个不变标志和可变标志。
2. 统计指标是反映现象总体数量特征的概念及数值。统计指标由指标名称、指标数值、空间范围、时间范围、计量单位、计算方法六要素构成。那么，国内生产总值 246 619 亿元，这个指标完整吗？还缺少哪几个要素？应该怎样明确？

## 思考与练习

● 知识题

**1. 单项选择题**

（1）下列属于品质标志的是　　　　　　　　　　　　　　　　　　　　（　　）
　　A. 企业的固定资产总额　　　　　B. 企业经济类型
　　C. 企业纳税额　　　　　　　　　D. 企业职工数

（2）某班学生统计学考试的成绩分别是 68 分、80 分、95 分，这三个数字是（　　）
　　A. 指标　　　　B. 标志　　　　C. 变量　　　　D. 标志值

（3）商业企业的商品销售额、职工人数是　　　　　　　　　　　　　　（　　）
　　A. 连续变量　　　　　　B. 前者是连续变量，后者是离散变量
　　C. 离散变量　　　　　　D. 前者是离散变量，后者连续是变量

（4）某地区有 30 家制鞋企业，要研究它们的产品生产情况，不能作为指标是（　　）

A. 企业名称　　　　　　　　　B. 企业数
C. 30家企业的皮鞋总产量　　　D. 所有企业生产皮鞋的合格率

（5）在统计的三层含义中，统计学与统计活动的关系是　　　　　　　（　　）
A. 过程与成果关系　　　　　　B. 理论与实践的关系
C. 本质与内容的关系　　　　　D. 无关系

2. 多项选择题

（1）下列属于数量标志的是　　　　　　　　　　　　　　　　　　　（　　）
A. 企业的平均劳动生产率　　　B. 企业职工的文化程度
C. 企业的所属部门　　　　　　D. 企业现有设备台数
E. 企业管理人员数

（2）社会经济统计工作的特点，可概括为　　　　　　　　　　　　　（　　）
A. 数量性　　　B. 同质性　　　C. 总体性
D. 具体性　　　E. 社会性

（3）社会经济统计的职能，包括　　　　　　　　　　　　　　　　　（　　）
A. 信息职能　　B. 核算职能　　C. 咨询职能
D. 监督职能　　E. 预测职能

（4）下列变量中属于离散变量的有　　　　　　　　　　　　　　　　（　　）
A. 车床台数　　B. 学生人数　　C. 耕地面积
D. 粮食产量　　E. 汽车产量

（5）下列变量中属于连续变量的有　　　　　　　　　　　　　　　　（　　）
A. 棉花产量　　B. 植树株数　　C. 机器台数
D. 人均年收入　E. 鸡场养鸡数

3. 判析题

（1）统计指标是客观事实的具体反映，不具有抽象性。（　　）
（2）统计学与统计工作是理论与实践的关系。（　　）
（3）数量指标是由数量标志值汇总来的，质量指标是由品质标志汇总来的。（　　）
（4）所有的统计指标和可变的数量标志都是变量。（　　）
（5）品质标志和质量指标一般不能用数值表示。（　　）

4. 简答题

（1）什么是统计？简述统计工作、统计资料、统计学三者之间的关系。
（2）什么是总体？什么是总体单位？总体与个体有什么关系？
（3）什么是标志？什么是指标？二者有什么联系与区别？
（4）统计研究常用的方法有哪几种？为什么要用大量观察法？
（5）统计的基本职能是什么？简述统计信息职能、咨询职能和监督职能三者之间的关系。

● **实务题**

为了研究某学校教职工的工资情况，根据此目的，明确下列概念
（1）总体是　　　　　　　　　　　　　　　　　　　　　　　　　　（　　）

A. 该学校　　　　　　　　　　　B. 该学校全部职工
　　C. 该学校职工的工资　　　　　　D. 该学校职工人数
（2）总体单位是　　　　　　　　　　　　　　　　　　　　　　（　　）
　　A. 该学校　　　　　　　　　　　B. 该学校全部职工
　　C. 每一个教职工　　　　　　　　D. 该学校职工工资的总额
（3）标志是　　　　　　　　　　　　　　　　　　　　　　　　（　　）
　　A. 该学校的职工人数　　　　　　B. 学校的工资金额
　　C. 每个职工的工资　　　　　　　D. 每个职工的平均工资
（4）指标是　　　　　　　　　　　　　　　　　　　　　　　　（　　）
　　A. 该学校的教职工人数　　　　　B. 该学校教职工的平均工资
　　C. 该学校的教职工的工资金额　　D. 每个教职工的工资额

● **实训题**

**实训一**

（1）实训目的：通过本题练习，熟悉各种统计基本概念。

（2）实训资料：某企业为了解一车间职工的人数、日产量和各组总日产量的关系，调查了2019年12月份该企业职工人数和产量情况，经过分组、汇总和计算，得到如下统计表。

**某企业一车间职工人数及产量资料**

| 按日产量分组（件） | 工人数 | 各组日产量（件） |
| --- | --- | --- |
| 15～25 | 2 | 40 |
| 25～35 | 15 | 450 |
| 35～45 | 20 | 800 |
| 45以上 | 3 | 150 |
| 合计 | 40 | 1 440 |

（3）实训要求：在上述资料中，总体是什么？总体单位是什么？什么是总体单位的数量标志？什么是总体单位的品质标志？本例中反映总体数量特征的指标有哪几个？

**实训二**

（1）实训目的：通过本题练习，加深对总体、总体单位、品质标志、数量标志、数量指标、质量指标的认识。

（2）实训资料和要求：要调查某商店销售的全部电视机情况，试指出总体、总体单位是什么？试举出若干品质标志、数量标志、数量指标、质量指标。

本章部分习题参考答案及知识拓展可扫右侧二维码获得。

# 第二章

# 统计数据收集

### 📖 学习目标

①了解统计数据收集的意义;②熟练掌握统计数据收集的方式方法;③熟练掌握统计调查方案编制的内容;④熟练掌握统计调查问卷设计的方法;⑤明晰控制和缩小统计调查误差的方法。

### 💡 主要学习内容

本章主要阐释了:统计数据收集的含义;对统计数据收集的相关要求;统计数据收集的组织方式;统计数据收集的技术方法;统计数据收集的方案设计和统计调查问卷的设计方法。

### 📋 引 例

#### 农业普查数据

为摸清"三农"基本情况,查清"三农"新发展新变化,国务院组织开展了第三次全国农业普查。这次普查的标准时点为 2016 年 12 月 31 日,时期资料为 2016 年度。普查对象包括农业经营户、居住在农村有确权(承包)土地或拥有农业生产资料的户、农业经营单位、村民委员会、乡镇人民政府。普查主要内容是农业生产能力及其产出、农村基础设施及其基本社会服务和农民生活条件等。农业普查采用全面调查的方法,由普查员对所有普查对象进行逐个查点和填报。

第三次全国农业普查共调查了 31 925 个乡镇，其中乡 11 081 个，镇 20 844 个；596 450 个村，其中 556 264 个村委会，40 186 个涉农居委会；317 万个自然村；15 万个 2006 年后新建的农村居民定居点。

农村基本公共服务情况：2016 年末，96.8% 的乡镇有图书馆、文化站，11.9% 的乡镇有剧场、影剧院。16.6% 的乡镇有体育场馆，70.6% 的乡镇有公园及休闲健身广场，59.2% 的村有体育健身场所。96.5% 的乡镇有幼儿园、托儿所，98.0% 的乡镇有小学，32.3% 的村有幼儿园、托儿所。99.9% 的乡镇有医疗卫生机构，98.4% 的乡镇有执业（助理）医师，66.8% 的乡镇有社会福利收养性单位，81.9% 的村有卫生室。

资料来源：《第三次全国农业普查主要数据公报》，国家统计局 2017-12-16。

## 第一节 统计数据的来源

统计数据主要是通过统计调查取得的。那么，什么是统计调查？统计调查有什么要求？统计调查有哪些方式方法？

### 一、统计调查的含义和要求

统计调查是根据统计研究的目的和要求，采用科学的调查方法，有计划、有组织地向客体实际收集各项统计数据资料的工作过程。统计调查既是收集统计数据资料、获得感性认识的重要阶段，也是进行统计整理、统计分析的基础环节。

统计调查收集到的数据资料主要有两种：一是原始资料，二是次级资料。

原始资料，也称第一手资料、初级资料，是指为研究某个问题，通过直接调查，向调查对象收集尚需进一步加工整理的、说明个体情况的统计资料。

次级资料是指已经经过一定的加工整理，由个体过渡到总体，能够说明总体情况的统计资料。例如，统计年鉴、统计公告、各种文献资料等公开出版物。

原始资料和次级资料是有一定联系的。任何次级资料都是通过对原始资料进行整理后形成的。例如，为了掌握全国企业职工情况，国家统计局通过基本单位统计收集到全国工业企业职工情况，对于该基本单位统计而言，每个工业企业职工情况即为原始资料。通过基本单位统计，将全国工业企业职工情况汇总，得到整理后的统计资料。如果我们需要研究全国工业企业职工人数与工业增加值的关系，可以查阅统计部门发布的全国工业企业职工情况，那么这份数据资料在本次研究中就成了次级资料。

统计调查要求做到准确、及时、全面。

所谓准确，是指调查资料要客观地反映现象的实际情况。这就要求被调查者依照《中华人民共和国统计法》和国家的规定，实事求是地报送统计资料，不允许虚报、瞒报、拒报和伪造篡改，同时，统计机构和人员也要依法独立行使职权，保证统计调查、统计报告、统计监督的地位不受侵犯，以确保党和国家掌握国民经济和社会发展的真实情况，充分发挥统计的服务和监督职能。

所谓及时,是指各报告单位要及时完成各项调查的上报任务,从时间上满足各部门对统计资料的要求。一项统计任务的完成是许多单位共同努力的结果,任何一个报告单位不按规定的时间提供资料,都会影响全面的综合工作,耽误整个统计工作的开展。

所谓全面,是指资料要完整。它包括两方面含义:一方面,是调查单位的完整性;另一方面,是调查项目的完整性。调查单位的完整性是指按规定需要报送统计资料的单位,都必须准确及时地上报统计资料,不能有遗漏和重复;调查项目的完整性是指每个调查单位都必须按照统计调查的内容,一项不漏地报送统计资料。只有这样,才能使资料全面、准确地反映现象的实际情况。

## 二、统计调查的种类

从不同的角度看,统计调查有不同的分类方式。

### 1. 按调查对象包括的范围不同分为全面调查和非全面调查

(1) 全面调查。全面调查是指对调查对象中的所有调查单位一一进行调查,无一遗漏的调查方式。全面调查包括普查和全面统计报表。

(2) 非全面调查。非全面调查是指只对调查对象中的一部分单位进行调查。非全面调查包括重点调查、抽样调查和典型调查。

全面调查的资料比较详细、完整,但需要大量的人力、物力和财力,而且有些情况下也无法进行全面调查,或没有必要进行全面调查。在这种情况下,就需要进行非全面调查,一方面可以节省人力、物力和财力,另一方面也可以解决有些现象无法进行全面调查或没有必要进行全面调查的问题。例如,要对某大学新生性别比调查,可以进行全面调查,即所有新同学都调查;也可以进行非全面调查,即只对其中的一个学院或一个专业的新生进行性别比调查。

### 2. 按调查登记的时间是否连续分为经常性调查和一次性调查

(1) 经常性调查。经常性调查是指随着调查对象的不断变化而连续不断进行调查登记的调查方式。例如,某企业针对销售收入的调查、针对销售成本的调查等,就是每天或每月都进行的。

(2) 一次性调查。一次性调查是间隔很长一段时间(通常为一年以上)并对调查现象进行调查登记的调查方式。比如人口普查、经济普查等。通常,我国的人口普查每10年进行一次,经济普查每5年进行一次。

### 3. 按调查的组织方式分为统计报表及统计推算和专门调查

统计报表及统计推算将在后文详细阐述,专门调查包括普查、抽样调查、重点调查和典型调查。

总之,由于统计调查内容的复杂性,针对不同的调查对象和不同的调查目的,统计调查有不同的方式,概括起来如图 2-1 所示。

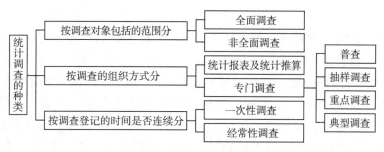

图 2-1 统计调查的种类

## 三、统计数据收集方式

社会经济现象是错综复杂的，统计数据收集的目的也是多种多样的。因此，根据统计数据收集的目的和要求，以及统计数据收集对象的特点，统计数据收集方式主要有三种，即统计调查方式、实验方式和大数据方式。

### （一）统计调查方式

我国的统计调查方法体系是：建立以必要的周期性普查为基础，以经常性的抽样调查为主体，同时辅之以全面统计报表、重点调查和科学的统计推算综合运用的统计调查方法体系。统计调查数据来源按组织形式分主要有六种：普查、抽样调查、重点调查、典型调查、统计报表和统计推算。

1. 普查

（1）普查的含义和特点。普查是指根据统计研究特定目的和任务而专门组织的一次性的、大规模的全面调查，主要用于收集某些不能或不适宜用定期全面调查报表收集的信息资料，调查对象通常属于一定时点的社会经济现象总量。目前，我国进行的普查主要有人口普查、农业普查、经济普查等。普查工作常使用普查表。例如，我国第六次全国人口普查表，如表 2-1 所示。

表 2-1 人口普查表

本户 省 市 县 乡 村组
住址___自治区___市___街道___居委会___居民小组（街巷___号）

| 姓名 | 与户主关系 | 性别 | 年龄 | 民族 | 常住人口登记状况 | 文化程度 | 行业 | 职业 | 不在业人口状况 | 婚姻状况 | 生育和存活子女总数 | 上年生育状况 |
|---|---|---|---|---|---|---|---|---|---|---|---|---|
| 1 | 2 | 3 | 4 | 5 | 6 | 7 | 8 | 9 | 10 | 11 | 12 | 13 |
|  |  |  |  |  |  |  |  |  |  |  |  |  |

普查主要有三个特点：一是普查比任何其他调查方式、方法所取得的资料更全面、更系统、更准确可靠，这也是普查的优点；二是普查主要调查在特定时点上的社会经济现象总体的数量，有时也可以反映一定时期的现象；三是普查需要动用较多的人力、物力、财力，需要较长的时间，组织工作较为繁重，这也是普查的不足。

（2）普查的组织原则。普查是一次性的全面调查，涉及面广，工作量大，需要动员很多人力、物力和财力。根据普查工作的特点，在组织普查时，必须遵守以下几个基本原则。

一是必须规定统一的时点，即统计资料所属的标准时间。其目的就是尽量避免重复和遗漏。二是在普查范围内的各调查单位应同时进行登记，方法步调要保持一致，并力求在尽可能短的时间内完成，以保证资料的准确性和时效性。三是普查项目统一规定后，不得任意改变或增减，以便综合汇总。在时间上，性质相同的普查的各次调查项目要尽可能保持相对稳定，以便将历次调查资料进行比较和分析。例如，第七次全国人口普查的标准时点为2020年11月1日0时。2020年11月1日0时以后出生的人不登记；2020年11月1日0时以后死亡的人仍要登记普查表短表或普查表长表。2020年11月1日0时以后发生迁移的人，仍在原住地登记。

普查和统计报表虽然都是全面调查，但两者是有区别的。统计报表属于经常性调查，报表的内容主要是经常调查的项目；而普查属于一次性调查，主要用于调查有关国情国力的重要资料在一定时点状态下的数量。有些社会现象不可能也不需要进行经常调查，但又需要掌握比较全面的统计资料，就要进行普查。普查比一般调查规模要大，而且调查内容详细，可以得到完整的统计资料，统计报表则不可能像普查那样掌握如此详尽的全面资料。

（3）普查的组织形式。普查的组织形式有两种：一种是专门建立普查机构，配备专门人员，对调查单位进行调查，如人口普查；另一种是利用调查单位的原始记录和核算资料，结合清库盘点，由原有的调查机构、单位自行填报调查表格。

目前我国的普查主要包括：人口普查逢"0"年进行，每10年进行一次；经济普查逢"3、8"年进行，每5年进行一次；农业普查逢"6"年进行，每10年进行一次。

**2. 抽样调查**

（1）抽样调查的含义和特点。抽样调查也是一种非全面调查，它是按照随机原则，从被调查对象中抽取一部分单位组成样本，对样本进行调查，并根据样本的资料去推断总体数量特征的调查方式。

抽样调查方法作为调查的主要形式，有三个特点：第一，样本的抽取是按随机原则确定的；第二，抽样调查的目的是利用样本指标去推断总体参数；第三，用样本指标推断总体参数时，具有一定的概率保证，保证其误差不超过一定的范围。

（2）抽样调查的组织形式。抽样调查根据调查对象的特点，可以对总体采取简单随机抽样、类型抽样、整群抽样、机械抽样以及多阶段抽样的方式抽取样本。

抽样调查在统计调查体系中应用很广。关于抽样调查的具体理论和方法，将在第五章中详细讨论。

**3. 重点调查**

（1）重点调查的含义和作用。重点调查是为了解社会现象的基本情况而组织的，是对重点单位进行的一种非全面调查。它是从所要调查的全部单位中选择一部分重点单位进行调查，借以从数量上说明总体的基本情况。所谓重点单位，是指这些单位在全部总体中虽然数目不多，所占比重不大，但就调查的标志值来说，却在总量中占有很大的比重。通过对这部分重点单位的调查，可以从数量上说明整个总体在该标志总量方面的基本情况。

如果重点调查的重点单位是客观存在的,则调查单位易于确定,它的选择很少受主观因素的影响。重点调查由于调查单位较少,调查的项目和指标可以多一些,了解的情况也可以详细一些。重点调查可适用于存在重点单位,并且调查任务只要求掌握总体基本情况的调查。例如,通过调查首钢、包钢、攀钢、武钢等几个大型钢铁生产基地,就可以了解我国钢铁生产的基本情况,而不必对所有钢铁企业都进行调查。

(2)重点单位的选择。进行重点调查,关键是要选择好重点单位。选择重点单位,主要考虑三个因素:一是重点单位的多少,要根据调查任务而定。一般来说,选择出的单位应尽可能少些,而其标志值在总体中所占的比重应尽可能大些。其基本标准是所选出的重点单位的标志值,必须能够反映所研究总体的基本情况。二是选择重点单位时,要针对不同问题、不同时间来确定重点单位。在某一时期、某一任务下其是重点单位,在另一时期、另一任务下可能不是重点单位。三是选中的单位应是管理健全、统计基础工作较好的单位。

### 4. 典型调查

(1)典型调查的含义和特点。典型调查是根据调查的目的和任务,在对调查对象进行初步分析研究的基础上,有意识地选取具有代表性的或有典型意义的单位进行深入的调查研究,反映被研究对象特征和发展变化的一种调查方式。典型调查可以对问题进行深入分析,可以了解事物发生发展的全过程及同各方面的联系,特别是有利于研究新情况、新问题。典型调查还可以弥补全面调查和其他非全面调查的不足。

典型调查有两个特点:第一,典型调查是对有意识地选择的调查单位进行的调查,因此,容易受人的主观意志的影响;第二,典型调查可以估计总体,但是不能对其估计结果做出具有一定概率把握程度的判断。

(2)典型单位的选择。选择典型单位通常是根据调查的目的,参照调查对象和典型单位有关资料与情况来确定的。选择典型单位时,要反对主观片面,确保选中的单位具有充分的代表性和典型意义。例如,为了研究改革的典型,就要选择有创新实践的事物作为典型;为了总结先进经验,就应选择先进作为典型;为了总结教训,就应选择后进作为典型;如果在研究总体的一般情况或一般规律,就要选择一般作为典型。

### 5. 统计报表

(1)统计报表的含义和特点。统计报表是按照国家统一规定的表格形式、统一的报送程序和报送时间,自上而下统一布置,自下而上逐级提供统计资料的一种调查方式。

统计报表有三个特点:第一,基层单位可以利用统计报表的资料,对生产、经营活动进行科学管理。在统计报表的实施范围内,从基层单位的填报,经过部门、地区以及全国的综合汇总,各部门、地区可以得到管辖范围内的统计资料,从而得以经常了解本部门、本地区经济和社会发展情况;第二,统计报表的调查项目相对稳定,又是定期进行,有利于经常收集和积累资料,可以进行动态比较,研究经济建设和社会发展变化的规律性;第三,统计报表所反映的基础资料是编制经济和社会发展计划、检查计划的执行情况的基本依据。统计报表为我国宏观经济管理提供了及时、准确的信息。

(2)统计报表制度的内容。统计报表制度是指对统计报表内容的一系列规定,以及必须遵守的制度。统计报表制度的内容包括以下几条。

1）报表目录。它是由应报送的统计报表名称、填报单位、调查对象的统计范围，以及报送程序等说明组成的一览表。

2）表式。它是由国家统计部门根据研究的任务与目的专门设计制定的统计报表表格，用于收集统计资料，是统计报表制度的主体。

3）报表说明。它是对统计报表的统计范围、指标等做出的规定，具体如下所示。

填报范围：指统计报表的范围，规定每种统计报表的报告单位和填报单位、各级统计部门与主管部门的范围等。

指标解释：对列入统计报表中的口径、计算方法以及其他有关问题进行具体说明。

分类目标：有关统计报表主栏中应进行填报的有关项目的分类。

其他有关事项的规定：除了上述各项规定以外的一些注意事项，如报送日期、报送方式、报送份数、报送程序等。

**6. 统计推算**

统计推算，是以已掌握的各种统计数据为基础，根据事物之间的内在联系和发展规律，对被研究现象数量特征做出估算和测算的一种间接统计调查方式。

统计推算具有较强的假定性，推算的过程实际上也是统计分析的过程。统计推算的方法主要有前提推算法、进度推算法、比例推算法、因素推算法、平衡推算法、插值推算法和回归推算法等。

**（二）实验方式**

实验方式，也称实验法，是将自然科学中的实验求证理论移植到市场调查中来，在给定的条件下，对市场经济活动的某些内容及其变化加以实际验证、调查分析，从而获得市场资料。

实验法的应用范围非常广，凡是某一种商品需改变包装、设计、价格和广告策略时都可应用。根据实验的场所不同，实验法可分为在室内进行的室内实验法和在市场或外部进行的市场实验法。室内实验法可用于广告认知的实验等，比如，在同日的同类型报纸中，版面大小不同，分别刊登A、B两种广告，然后将其散发给读者，测定其反应结果。市场实验法可用于消费者需要调查等。再比如，企业让消费者免费使用新产品，以得到消费者对新产品看法的资料。根据调查目的的不同，实验法可分为研究性实验和应用性实验。研究性实验是以提示实验对象本质及其发展规律为主要目的的实验，通过多次实验，对某种理论进行证实；应用性实验则是以解决实际问题为目的的实验。例如，某企业为了扩大其产品的市场占有率，将产品的装潢做改进，把样品投入市场，检验其是否能起到促销作用。在统计调查中，还可设置一些场景，调查职工的态度，如心理素质、公益心、社会责任感等内容。

实验法不仅能揭示事物之间的相互关系，而且能揭示事物之间的因果关系。实验调查所得结论具有较强的说服力，在实验对象、实验环境等实验要素大致相同的情况下，不管由谁来实验，也不管在何时、何地实验，实验的过程和结果都会重复出现。实验法有利于探索解决问题的具体途径，但该方法也有时效性差、非实验过程对实验过程有影响等局限性。

常用的实验设计有完全随机实验、随机区组试验、拉丁方试验和正交实验等方式。

## (三) 大数据方式

大数据是一种新技术、新资源，它影响和改变着人们的生产生活、社会治理的思维方式，大数据引领新一轮科技革命的浪潮正在向各区域、各领域快速渗透，数字竞争力已经成为国家综合竞争力的重要内容。大数据时代，"人们的指尖每敲击一下键盘，就自动上传为互联网海量数据的一部分；媒体的每一条新闻，都成为时代数据的一部分。用信息刻录时代，为社会留痕，也续存梦想"。因此，大数据方式，也是数据收集的重要方式。

大数据方式，是指利用各种大数据资源采集、选用所需数据的一种方式。例如，在网络平台中采用搜索方式选取信息、利用爬虫技术收集数据等，这两种方式，也可以被称为"无中生有"数据收集方式。当然，大数据方式在一定意义上更是"优中选优"数据收集方式。例如，假如关注股票，又假如关注整个家用电器行业的股票，那么，可以看每一只股票的涨跌，也可以先将42只家电股票分成几组：老牌龙头公司，比如美的集团、格力电器和TCL集团等；成长性公司，比如苏泊尔集团、九阳股份公司等。然后，观察每组股票的涨跌数据和每只股票的涨跌数据，可初步断定：苏泊尔集团或美的集团的股票有可能是家电类板块走势较强的股票。因此，可以有针对性地跟踪和观察苏泊尔集团或美的集团股票长期涨跌数据。这种方式在一定意义上可以称为"优中选优"方式。

从数据产生的途径和渠道上看，大数据可以分为社交网络数据、人机交换数据和机器感应数据。社交网络数据，是在社交网络平台上人与人交流所产生的数据。例如，邮件、短信、微信、各种专门交友平台数据等。人机交换数据，是指人与电脑、手机或其他机器设备信息交换所产生的数据，包括各种搜索数据、推送数据、记录数据等。机器感应数据，是指利用机器设备自动记录的各种数据。比如，监控记录数据、车载记录数据、自动化仪器记录数据等。

从数据的功能上看，大数据可以分为交易型数据、流程型数据和交互型数据。交易型数据，是指在各种交易活动中产生的数据。例如，网络交易数据、超市购物记录数据等。流程型数据，是指系统内管理流程中所产生的数据。例如，一个单位内部的信息推送、文件传输所产生的数据。交互型数据，是指在人与人、人与物、物与物的交流交互过程中产生的数据。

需要特别指出：网络大数据在大数据中占有特殊的分量。网络数据按类型又可分为自媒体数据、官方媒体数据和日志数据。而要实现大数据与政府统计深度融合，需要做到五点。一是整合传统统计数据资源。整合各类普查、常规调查和专项调查等数据，打破专业壁垒和信息孤岛，实现数据共享和深度开发。二是汇聚外部大数据资源。按照统计业务需求及未来发展，对部门数据、互联网数据等大数据进行收集、挖掘与分析，为政府统计提供及时、有益的补充和验证，丰富数据产品，拓展服务范围。三是改革、完善统计业务流程。通过云计算实现技术革新，改变传统统计工作的方式方法，逐步实现统计设计，数据收集、整理、存储、分析、发布等统计生产流程再造，进一步提升统计工作的质量、效率、水平。四是强化大数据应用创新。五是推动数据共享，让更多的人使用更多的数据，及时分享成果，让数据更多地发挥作用。

总之，随着信息化程度的不断提高和数据存储能力的不断提升，要加快推动统计数据收集方式向充分利用电子化行政记录、企业生产经营记录和大数据转变，扩大大数据在统计数据评估中的应用，加强大数据分析监测，利用大数据技术及时跟踪了解社会统计需求，监测网络舆情，改进数据发布内容和方式，完善数据解读机制和方法，提升统计数据传播力。大数据将成为统计数据越来越重要的来源，大数据方式也将成为统计数据收集的主要方式。

## 四、统计数据资料的收集方法

统计数据资料的收集方法主要有询问调查法、观察法、文献研究法和网上调查法等。

### （一）询问调查法

询问调查法是调查者通过与被调查者直接或间接接触以获取数据的一种方法。询问调查法具体包括访谈调查、邮寄调查、电话调查、计算机辅助调查、座谈会、个别深度访谈等。

**1. 访谈调查**

访谈调查是调查者与被调查者通过面对面交谈，从而获得资料的调查方法。

访谈调查根据不同的调查对象，分为三种类型：一是入户调查，二是座谈会，三是当事人或知情者个别采访。

访谈有标准式和非标准式两种。标准式访谈又称结构式访谈，它是指按照调查人员事先设计好的有固定格式的标准化问卷有顺序地依次提问，并由受访者做出回答，填入调查问卷中（关于问卷设计问题将在本章第二节详述）。非标准式访谈是指调查人员只给一个题目或量纲，由调查人员和受访者自由交谈，以获得所需要的数据资料。

访谈调查有五个特点：一是访谈调查可以将收集数据和了解实际情况相结合；二是访谈调查的回答率比较高；三是访谈调查的数据比较准确；四是访谈调查可使用较复杂的调查问卷；五是访谈调查成本相对较高，周期也较长。

**2. 邮寄调查**

邮寄调查是通过邮寄或其他方式将调查问卷送至被调查者处，由被调查者填写，然后将调查问卷寄回或投放到指定收集地点的方法。

邮寄调查是一种标准化调查，其特点是调查者和被调查者没有直接的语言沟通，信息的传递完全依赖于问卷。

邮寄调查的基本程序：在设计好调查问卷的基础上，先在小范围内进行预调查，以检查调查问卷是否存在问题，以便纠正，然后选择一定的方式将问卷发放下去，进行正式调查，再将问卷回收并进行处理和分析。

邮寄调查的特点：一是邮寄调查的成本相对较低，可以节省时间和人力；二是邮寄调查可以避免主观偏见，减少人为的误差；三是邮寄调查的回收率较低；四是邮寄调查不便于调查人员指导填写调查问卷。

**3. 电话调查**

电话调查是调查人员利用电话与受访者进行沟通，从而获得调查数据的一种调查方法。

电话调查可以按照事先设计好的调查问卷进行调查，也可以针对某一专门问题进行电话采访。电话调查的调查问题要明确，问题数量不宜过多。

电话调查的特点：第一，电话调查相比传统调查时效快、费用低；第二，电话调查的受访者需有电话且有电话沟通的意愿；第三，电话调查的调查时间不能过长；第四，电话调查人员无法出示调查说明、照片、图表等背景资料。

**4. 计算机辅助调查**

计算机辅助调查是指在电话调查时，调查的问卷、答案都借助计算机来显示，整个调查的过程，包括电话拨号、调查记录、数据处理等都借助计算机来完成。

随着计算机的普及，计算机辅助调查的应用也越来越广泛，并已经开发出各种计算机辅助电话调查系统（CATIS）。该系统使电话调查更加便利和快捷，使调查质量得到了很大提高。目前，该系统正朝着简单化方向发展，调查的问卷直接显示在荧屏上，可将计算机屏幕上显示的问题读给受访者，并将受访者的回答输入计算机，从而极大地提高调查效率。

**5. 座谈会**

座谈会也称集体访谈法，是将被调查者集中在某一调查现场，让其对调查的问卷发表意见，从而获得数据的调查方法。

通过座谈会，调查人员可以从被调查者那里获得所需要的定性资料，这些被调查者与调查主题有某种程度上的关系。为了获得数据资料，调查人员通过严格的甄别程序选取少数被调查者，围绕调查主题，以一种非正式的、比较自由的方式进行讨论。这种调查方式适用于收集与研究课题有密切关系的少数人员的倾向和意见。参加座谈会的人员不宜过多，通常以6~10人为宜，并且是调查主题方面的专家或有经验的人员。

座谈会有两个特点：一是座谈会的调查方式取决于主持人的习惯和爱好；二是座谈会调查的资料比较深入，也比较广泛。

**6. 个别深度访谈**

个别深度访谈是一种一次只有一名受访者参加的特殊的定性研究方法。

个别深度访谈意味着不断深入到受访者的思想中，努力发掘其行为的真实动机。个别深度访谈是一种无结构的个人访谈，调查人员运用大量的追问技巧，尽可能让受访者自由发挥，表达他的想法和感受。个别深度访谈适用于动机研究，发掘受访者非表面化的深层意见。市场调查研究经常采用这种方法。

## （二）观察法

观察法是指调查者根据一定的研究目的、研究提纲或观察表，深入现场，以公开或者隐蔽的身份观察调查对象的态度、行为等情况，并形成记录资料的一种收集信息的方法。

观察法可以获得大量、真实的第一手资料，是获得研究认识，以及发现问题、研究问题产生原因的重要途径，能最大可能地保证所收集资料的准确性。观察法不要求被调查者具有配合调查的语言表达能力或文字表达能力，因此适用面比较宽。此外，观察法还有资料可靠性高、简便易行、灵活性强的优点。但观察法只能观察到外部的行为，不能说明内在的动机。观察行为受时间和空间的限制，且被观察者有时难免受到一定程度的干扰而不能完全处于自然状态。

总之，应用观察法需扬长避短，尽量减少观察误差。同时，观察法需要较多的人力、物力和时间。观察一般用眼睛、耳朵等感觉器官去感知观察对象。由于人们的感觉器官有一定的局限性，所以观察者往往要借助各种现代化的仪器和手段，如照相机、录音机、显微录像机等来辅助观察。

### （三）文献研究法

文献研究法也是常用的一种统计方法，是指通过第二手资料来收集信息、了解情况。文献是前人调查研究的成果，主要来源有：出版物、政府和社会团体的档案、个人文献三类。

#### 1. 出版物

出版物包括公开出版的书籍、杂志、报刊和内部发行简报等各种印刷材料。这类文献数量多、内容系统、便于查找；但由于多为已经加工过的第二手资料，有时很容易受到原文作者主观因素的影响。

#### 2. 政府和社会团体的档案

政府和社会团体的档案包括文件、统计材料、会议记录、大事记等。这类材料比较原始，真实可靠，研究价值很大，但得到这些材料一般不太容易，有些也不能公开引用。

#### 3. 个人文献

个人文献包括私人信件、日记、笔记、账目、契约、回忆录及其他形式的个人资料，这类材料一般真实可靠，研究价值很大，但得到这些材料必须合法合规，并需征得个人同意。

### （四）网上调查法

网上调查最早起源于20世纪90年代，起步虽晚，但发展很迅速。有些调查只能借助网络进行，大数据时代的到来，使网上调查的应用越来越广泛。

网上调查法有优点也有不足。其优点主要为：一是组织简单，执行便利，辐射范围广；二是网上调查速度快，信息反馈及时；三是匿名性较好，对于一些不愿在公开场合讨论的敏感性问题，在网上可以畅所欲言；四是费用低，简单易行，不受时间和空间的限制，不需要任何复杂的设备。网上调查法的不足主要表现在：一是只能进行定量调查，无法进行定性调查；二是网络的安全性不容忽视，真实性受质疑，调查结果的可靠性受被调查者影响大，不合作的态度会降低研究效度；三是网民的代表性存在不准确性，无法深入调查；四是被调查对象难以限制，针对性不强。

统计数据资料收集方法如图 2-2 所示。

### 同步思考 2-1

1. 统计数据收集的资料只是原始资料吗？如果不是，还有哪种资料？举例说明。
2. 什么是一次性调查，它是只调查一次以后就不再进行调查了吗？为什么要进行一次性调查？哪些调查适宜用一次性调查？
3. 为什么说大数据方式是数据收集的重要方式？你是怎样理解大数据的？
4. 统计调查有哪几种方式，它们之间有什么区别？

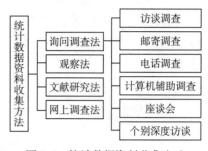

图 2-2　统计数据资料收集方法

## 第二节　统计调查方案的设计

统计数据收集是一项复杂严谨的工作，必须有计划、有组织地进行，这就需要在收集数据之前制订一个周密的方案，以保证整个数据收集工作顺利完成。

统计调查方案是一个工作计划书，它是指导整个统计调查过程的纲领性文献。一个完整的调查方案通常包括确定调查目的，确定调查对象、调查单位和填报单位，确定调查项目和调查表，确定调查时间和调查期限，确定调查的组织方式和技术方法，确定调查的组织实施计划等方面的内容。

### 一、确定调查目的

调查目的是本次调查所要达到的目标，是调查的意义和任务。调查目的决定了调查的对象、调查的内容和采用的调查方法等。因此，如果调查目的不明确，就无法确定向谁调查、调查什么、用什么方法进行调查。制订一个调查方案，首先要明确调查目的。例如，对农村经济状况进行调查，既可以从农业生产方面来研究，也可以从农民的消费方面来考虑，还可以从农产品生产成本等方面来考虑。因此，调查目的应尽可能规定得具体、明确，突出中心，否则，调查获得的资料可能并不是需要的，而需要了解的情况又得不到充分的反映。

### 二、确定调查对象、调查单位和填报单位

有了明确规定的调查目的，就可以确定调查对象。调查对象即向谁收集调查资料，它是由许多性质相同的调查单位组成的整体。调查单位是构成调查对象的每个单位，它是调查标志的承担者。填报单位是负责上报调查资料的单位。调查单位和填报单位有时候一致，有时候不一致。例如，要想了解某市工业企业的经济效益，则该市的工业企业

为调查对象，而每个工业企业就是调查单位，填报单位也是每个工业企业。如果了解一个市的汽车状况，那么汽车为调查单位，拥有汽车的单位或个人则是填报单位。

明确调查对象和调查单位，其目的是确定向谁进行调查的问题，只有正确地确定了调查对象，才能划清所要研究的总体界限，这对保证调查资料的准确性和有用性十分重要。

### 三、确定调查项目和调查表

调查项目是指需要向调查单位了解的内容，也就是能说明调查单位特征的有关标志。它由调查目的、调查任务以及调查对象的性质和特点所决定。调查项目是由品质标志和数量标志所构成的标志体系。通俗地说，调查项目就是一份在调查过程中应该获得答案的各种问题的清单。

调查项目的确定，要以调查目的和任务为依据，同时也要考虑到调查对象的特点。在拟定调查项目时，要注意以下三个问题：第一，所选择的项目必须是能够取得确切资料的。对于不必要或者需要但没有可能取得资料的项目，就不应该设置调查项目。第二，调查的每个项目都应该有确切的含义和统一的解释，以免调查人员或被调查者按自己的不同理解进行回答，使调查结果没有统一的答案。第三，各个调查项目之间要尽可能做到相互联系、彼此衔接，以便从整体上了解现象间的相互关系，也便于有关项目相互核对，提高调查质量。

调查表是将调查项目按照一定的顺序排列起来所形成的表格。调查项目一般都是用调查表来反映的。使用调查表可以为下一阶段的统计整理提供极大的便利。

调查表一般有单一表和一览表两种形式。单一表是每个调查单位填写一份，可以容纳较多的项目；一览表是把许多单位情况列在一张表上，便于对比计算和核对，在调查项目不多时较为简便，但在项目较多的情况下不太适用。

为了保证填报调查表的科学性，必须附有简明扼要的填表说明和项目解释。填表说明用来提示填表时应注意的事项，项目解释则是为了说明调查表中某些标志的含义，包括指标范围、计算方法等。填表说明和项目解释必须依据国家制定的统一标准，以保证统计调查中采用的指标含义、计算方法、分类目录和统计编码等方面的标准化，这是填报人员必须遵守的准则。

### 四、确定调查时间和调查期限

统计调查应规定调查时间和调查期限。调查时间是调查资料所属的时间，如果调查的是时期现象，则调查时间是资料所反映的起讫时间；如果调查的是时点现象，则调查时间是一个统一的标准时间。

调查期限是指调查工作的起止时间，包括收集资料和报送资料的整个工作所需要的时间。统计调查的及时性要求，就是调查期限要按规定的时间进行。

调查时间和调查期限是不一致的，有时调查时间比调查期限长，有时调查时间比调查期限短。例如，在 2019 年 1 月调查一个企业 2016～2018 年上缴的利税总额，这项调查的资料所属时间为 2016 年 1 月 1 日～2018 年 12 月 31 日；调查期限为 2019 年 1 月，即从 2019 年 1 月 1 日起，至 2019 年 1 月 31 日止。

### 五、确定调查的组织方式和技术方法

调查的组织方式，也是数据资料的来源方式，主要包括普查、抽样调查、重点调查、典型调查、统计报表、统计推算，我们在确定调查方案时，要对其加以规定，当然，在一次调查中也可以同时采用多种调查的方式。

调查技术方法是指收集资料的具体方法，包括询问调查法、观察法、文献研究法和网上调查法等。我们在确定调查方案时，也要对其加以规定，当然，在一次调查中也可以同时采用多种技术方法。

### 六、确定调查的组织实施计划

在调查方案中，还需要研究确定调查的组织实施计划，使调查工作的进行在组织上、措施上得到保证。

组织实施计划包括明确调查机构、调查地点等问题，此外，在调查的组织工作中，对于调查前的准备工作，包括宣传教育、调查人员培训、文件印刷、调查资料报送办法、调查经费的预算和开支办法、提供或公布调查结果的时间等，都应该做具体规定。

对于大规模的统计调查，所制订的调查方案往往需要做试点调查，通过试点调查，检验调查方案是否切实可行，以便加以修改和补充。此外，还要积累实施调查方案的经验，提高调查人员的业务技能，圆满完成调查任务。

### 🔑 同步思考 2-2

1. 为什么在第七次人口普查中，将调查的时间确定在 2020 年 11 月 1 日 0 时，这意味着半夜进行入户调查吗？
2. 怎样理解调查单位和填报单位的关系？试举三例加以说明。

## 第三节　统计调查问卷的设计

### 一、统计调查问卷的含义和特点

问卷调查，是统计调查常用的一种方法。它是调查者运用统一设计的问卷向被调查者了解情况或征询意见的一种方法，统计调查问卷分为自填式问卷和当面访谈问卷两种。

自填式问卷是一种标准化访谈，根据发送方式又可分为：报刊问卷、邮寄问卷、发送问卷、网上问卷四种形式。

自填式问卷调查的优点：一是被调查者可以不受其他因素的影响，如实表达自己的意见，尤其是敏感性问题的调查往往可以得到较为可靠的资料；二是由于使用标准化词语，每个被调查者面对的都是完全相同的问题，因而不存在调查人员对问卷的主观随意解释和诱导，避免了调查人员的偏见。

自填式问卷调查的不足：一是如果问卷填写的答案含糊不清或被调查者对某些问题拒绝回答，是难以补救的；二是无法知道被调查者是否独立完成问卷及回答问题的环境，从而影响对问卷质量的判断。

当面访谈问卷调查的优点：一是能够对调查过程加以控制，从而提高调查结果的可靠程度，同理，回答率也较高；二是可以对调查资料的效率与信度进行评估。

当面访谈问卷调查有优于自填式问卷调查的优点，也有一些不足，主要为：第一，当面访谈问卷调查的费用大大高于自填式问卷调查；第二，当面访谈问卷调查所花费的时间也大大长于自填式问卷调查；第三，由于上述两方面的影响，采用当面访谈问卷调查收集调查资料，其调查的范围和规模往往受到局限；第四，对于某些较敏感问题，采用当面访谈问卷调查的效果也往往不如自填式问卷调查。这是因为自填式问卷调查具有很好的匿名性，可以减轻被调查者的心理压力和思想顾虑。

## 二、统计调查问卷的基本结构

一份统计调查问卷从结构上可以细分为统计调查问卷的标题、统计调查问卷说明、填写要求、调查甄别内容、调查主题内容、编码、被访者基本情况（背景资料）和结束语八个部分，其中调查主题内容是调查问卷最核心的内容。

### 1. 统计调查问卷的标题

统计调查问卷的标题是对调查主题的高度概括，即调查表的总标题，一般位于统计调查问卷表上端中央。确定的标题要简明扼要，能激发回答者的兴趣。标题的作用一是对某项调查起到画龙点睛的作用；二是能够使调查者和被调查者对所要调查的内容有大致的了解。

标题不宜采用如"统计调查问卷"这样的标题，它既不能说明主题，又容易使调查者因不清楚要调查什么而产生排斥心理，使其不愿回答甚至拒绝回答，导致调查不能完成。通常要求标题具体化。例如，大学生就业心理调查问卷、网络媒介广告调查问卷等。

### 2. 统计调查问卷说明

统计调查问卷说明又被称为前言或引言，它一般是对调查的目的、意义及有关事项进行的说明。其主要作用是通过阐明调查的目的和意义，消除被调查者的顾虑，引起被调查者的兴趣，争取被调查者的支持和合作。统计调查问卷说明的主要内容包括：调查的目的、意义；对被调查者的希望和要求；统计调查问卷调查的匿名性和保密原则；回复的时间、地点、方式以及主办调查的单位、组织或个人的身份等。统计调查问卷说明的语气要谦虚、诚恳、平易近人，文字要简练、准确、有可读性。一个小规模的调查，问卷说明可以简约些。例如，一份大学校风抽样调查问卷的前言如下所示。

同学：

你好！

为了进一步提高我校的教学质量，加强学校的校风建设，也为了迎接本科教学评估，我们特组织了本次调查活动。希望你认真填写下列问题，谢谢合作。

### 3. 填写要求

填写要求又称填表说明，是对填表的要求、方法、注意事项等总的说明，一般是以文字和符号形式对要作答的题目提出要求，也可以单独进行统一说明，并放在统计调查问卷说明之前或正式调查问题之前。通常比较大型的问卷调查有单独的填写说明，一般小型问卷这部分内容大都简要归并至问候语中，或分散在问题的题干后面。

填写要求一般是针对某些较特殊的问题所做出的特定指示，比如"可选多个答案""请按重要程度进行排序"等。总之，统计调查问卷中的每个有可能使被调查者不清楚、不明白、难理解的地方，一切有可能成为被调查者回答统计调查问卷有障碍的地方，都需要给予某种指导，而对于编写指导语来说，最主要的标准就是要简明易懂。

### 4. 调查甄别内容

调查甄别内容是指通过设计甄别问题，先对被调查者进行过滤，筛选不符合条件的被调查者，然后得到满足条件的调查对象，使调查得到的结果更加真实可信。

例如，对小米手机使用者调查手机使用情况，首先被调查者必须拥有小米手机或使用过小米手机。在调查统计调查问卷中应设计甄别问题："您有小米手机或使用过小米手机吗？"如果没有，那就没必要进一步调查了。一些特殊调查可以设甄别问题，没有特殊项目的调查，通常可以不设甄别问题。

### 5. 调查主题内容

调查主题内容由调查问题与答案两部分构成，是调查问卷中最重要的部分，问题与答案设计的好坏直接影响整个调查目的的实现和调查任务的完成。关于调查主题内容，本节后续内容会详述。

### 6. 编码

编码是指把统计调查问卷中的问题与答案用数字代码所表示。它是实现计算机数据处理的中介和桥梁。编码既可以在设计统计调查问卷时就同时编好，称为前编码，也可以在调查完成后再进行编码，称为后编码。在实际调查中，研究者大多采用前编码，因此前编码也成了统计调查问卷中的一部分。例如，调查的第一个问题编码为001，调查的第二个问题编码为002；第一个问题的备选答案用 A、B、C、D 或（1）、（2）、（3）、（4）表示。

### 7. 被访者基本情况（背景资料）

该部分主要说明被调查者的一些主要特征，包括被调查者的性别、民族、职业、收入、文化程度、婚姻状况、家庭人口等。有的统计调查问卷还要求填写被调查者的姓名、地址、联系电话等。如果被调查者是单位，还需填写单位名称、地址、负责人、主管部门、职工人数和固定资产等情况。这些内容哪些应列入统计调查问卷，需要根据调查目的和要求而定。

#### 8. 结束语

结束语设在统计调查问卷的最后，通常可以是简短的几句话，对被调查者的合作表示真诚的感谢；也可以顺便征询一下对统计调查问卷设计和问卷调查本身有何感受等；更常见的内容还包括调查员的姓名、访谈时间等。

### 三、调查问卷问题的设计

统计调查问卷的主体是问题与答案，这部分设计的好坏将直接关系到统计调查问卷设计质量的高低。

#### （一）问题设计的类型

问题通常可设计为开放型问题和封闭型问题两大类。

##### 1. 开放型问题的设计

开放型问题是指没有向被调查者提供备选答案的问题，这类问题使被调查者可以自由地、不受限制地使用自己的评议或提供精确的数字来回答问题。

开放型问题的形式主要有以下两种：

（1）填空题。这种问题的答案没有事先给定，而是给出空格，让被调查者根据自己的实际情况填写。例如：

您喜欢的洗发水是
①_____ ②_____ ③_____ ④_____
您的年龄是_____
您公司每月的销售额是_____

（2）自由回答题。自由回答题是由调查人员提出问题，不给出备选答案，由被调查者自由回答的问题。这是开放型问题最为常见的形式，故开放型问题又称自由型问题。例如：

您对攀比购买心理行为怎样看？
您购买××品牌小轿车的主要原因是什么？

开放型问题的优点是：被调查者有机会进行自我表达或详细描述，有利于发挥被调查者的主动性和想象力，因此，开放型问题所得的资料往往比较主动、具体、信息量大。开放型问题特别适合在询问那些潜在答案很多、答案比较复杂，或者尚未弄清各种可能答案的问题，尤其是想了解客户的真实呼声，探求其建设性的意见和建议时使用；也适用于指标的变化范围很大，又想弄清准确的数据时。需要指出的是，一项调查中不能过多使用开放型问题，如果开放型问题过多，被调查者通常不愿意合作。

##### 2. 封闭型问题的设计

封闭型问题是指调查者事先已经设计好了问题及问题的各种可能答案，被调查者只能从备选答案中选择一个或几个现成的答案。常见的有二项选择法、多项选择法、排序法、评定法等。

（1）二项选择法。它是设计封闭型问题最简单的一种方法，指提出来的问题只有两个备选答案供被调查者选择。备选答案通常可以用"是"与"否"、"有"与"无"、"好"与"坏"等来描述，这两个备选答案是对立、互斥的，被调查者的回答非此即彼，没有更多的选择。例如：

您用过小米手机吗？（在选项□内画√）
① 用过 □　　　　② 没用过 □

这种提问方法便于被调查者选择，而且易于统计分析。但由于问题中两个备选答案的性质不同，调查者只能知道被调查者的一种态度或一种状况，不能弄清形成这种态度或状况的原因，也无法把握被调查者对答案的认同程度，因而这种方法常常需要其他形式的询问作为补充，才能使提问更深入，使对问题的回答更明朗。

（2）多项选择法。它是指对所提出的问题事先提供两个以上的备选答案，被调查者可从备选答案中任选一项或多项。只选择一项答案的叫单项选择，适用于答案相互排斥的情况。例如：

您认为影响学习成绩的最主要因素是？（　　）
① 出勤率　　　　② 听课效率　　　　③ 学习基础
④ 讲课效果　　　⑤ 学习环境　　　　⑥ 其他（请注明）_____

如果被调查者可以在备选答案中选择两项或两项以上的答案叫多项选择，适用于答案互相不排斥的情况。在这类多项选择题中，由于所选择的备选答案不一定能恰当地表达出被调查者的所有看法，所以一般将最后一个备选答案设为"其他"，以便使被调查者能够有机会表达出自己的真实看法和实际情况。对多项选择题答案的选择一般没有个数限制，但有时为了便于统计，也可要求被调查者最多可以从备选答案中选择三项或者不超过指定的项数。例如：

您选择××品牌电冰箱的主要原因是什么？（在选择项□内画√）
① 制冷快 □　　　② 容量大 □　　　③ 价格便宜 □
④ 维修方便 □　　⑤ 外观漂亮 □　　⑥ 别人推荐 □
⑦ 噪声小 □　　　⑧ 售后服务好 □　⑨ 其他 □

从以上示例中可知，多项选择法比起二项选择法在强制性选择上有所缓和，答案有一定的范围，也比较便于统计处理。但是运用这种方法时，设计者应考虑三种情况的正确处理：一是要考虑到全部可能出现的结果，以及答案可能出现的重复和遗漏；二是要考虑备选答案的个数，一般应控制在八个左右，因为答案较多，一方面使被调查者无从选择，或产生厌烦，另一方面当样本量有限时，易使选择出的答案结果分散，缺乏说服力；三是要注意备选答案的排列顺序，因为有的被调查者往往喜欢选择第一个答案，从而使调查结果产生偏差。

（3）排序法。它要求被调查者根据问题中的答案，按自己的偏好程度判断所列答案的重要程度，并按顺序排列出答案。例如：

请按有效性大小的顺序将您寻找工作的一些途径进行排序,您认为最有效的途径标上"1",其次标上"2",依次类推。
① 邮寄个人简历 □    ② 在报纸或杂志上登广告 □    ③ 政府就业中心 □
④ 与朋友商量 □      ⑤ 私人安置服务 □            ⑥ 与雇主直接联系 □
⑦ 网络求职 □        ⑧ 其他(请注明)_____

对这类问题也可以采取让被调查者打分的形式来完成。比如,设定每个品牌商品应得的最高分为100分,最低分为0分,被调查者认为该品牌商品应得多少分,就在相应的空格填上自己打的分数。最后把每一品牌被调查者所打的分数进行平均,如果是70分以上,说明较受喜欢,30~40分说明一般,30分以下说明不受欢迎。

排序法便于被调查者对其意向、动机、感觉做出评价和比较性的表达,也便于调查者对调查结果进行统计处理。

(4)评定法。如果调查的目的是对某一事物的若干特征进行程度比较,则可先将特征与反映特征的重要程度进行排列,然后由被调查者从中选择;或直接将特征与反映特征的重要程度排列成表格,并赋予分值,由被调查者从中选择答案。即评定法可用表格表示,也可不用表格表示。用文字表示的,例如:

您对某品牌洗发水的喜欢程度如何?(　　)
① 特别喜欢    ② 喜欢    ③ 一般
④ 不喜欢      ⑤ 特别不喜欢

用表格表示的如下所示。

您认为某品牌的啤酒与您认为最好的啤酒相比(在您同意的程度上画√):

| 特征 | 理想 | 较理想 | 一般 | 不太理想 | 不理想 |
|---|---|---|---|---|---|
| 口味 | 5 | 4 | 3 | 2 | 1 |
| 泡沫 | 5 | 4 | 3 | 2 | 1 |
| 清醇 | 5 | 4 | 3 | 2 | 1 |
| 包装 | 5 | 4 | 3 | 2 | 1 |
| 价格 | 5 | 4 | 3 | 2 | 1 |
| 购买方便 | 5 | 4 | 3 | 2 | 1 |

在构造应该评定的等级时,必须考虑两个问题:一是要考虑特征应该有多少个选项。选项可以少至2个,也可以多至10个,例如从"一点儿不重要"到"特别重要"来划分等级。二是要考虑选项中是否包括中性选项,如"既不是不满意,也不是满意"。因为被调查者有选择中性选项的倾向。例如:

请问您对我公司提供的客户服务的满意程度如何?(　　)
① 非常满意    ② 满意    ③ 一般
④ 不满意      ⑤ 非常不满意

## （二）问题设计时应遵循的原则

### 1. 问题的内容

（1）问题不能太多。在问卷调查中，被调查者通常都是义务来回答调查问卷内容的，如果问题设计得太多，会造成被调查者产生反感心理，不愿意回答，回收率低，使调查问卷无法完成。

（2）内容要单一。在问卷设计时，要注意一个问题只能有一个询问内容，不能同时问两个或两个以上的问题，这样会使被调查者难以回答，也会导致在问卷整理时出现麻烦。例如，您的年龄和性别？在这一问题中既问了"年龄"，又问了"性别"，这就属于一个问题中询问了多个内容。

### 2. 问题的语言

（1）语言要通俗。问题应是被调查者有能力回答的，要避免提问被调查者不了解的问题。例如，用"促销效果""分销渠道""消费时间特征"等术语，涉及这些术语的问题对某些被调查者来说就是模棱两可、含混不清的，使被调查者难以理解，不易接受。

（2）语言要规范。提问问题时语言要简单易懂，少用"一般、经常、很多"等词。例如，您经常上网吗？这就是一种让人很难回答的问题，因为经常对于不同的人来说，其含义是不同的，有的人天天上网谓之经常，有人一个月上网十次也谓之经常，有人认为一个月上网五次也算是经常了，所以这种问题很难回答。这样的问题可以问：您平均一天上网几小时？

### 3. 问题的表达

（1）不能设计断定式的问题。例如，"您一天抽多少支烟？"这就是一种断定式的问题，被调查者可能根本不抽烟，就会造成无法回答。正确的方法是：在这个问题前加一个过滤性问题，"您抽烟吗？"如果回答"是"，则继续提问"您一天抽多少支烟？"如果回答"否"，则结束提问。

（2）不能直接提禁忌性或敏感性问题。禁忌性或敏感性问题包括各地风俗和民族习惯中忌讳的问题，也包括涉及个人利害关系的问题和个人隐私问题。例如，"您在考试中作弊过吗？"这涉及个人的利害关系，直接这样问，得到的答案通常不会反映客观事实。

敏感问题调查的处理方法：一是释疑法，即在问题前面写一段消除顾虑的文字，或在调查表的引言中写明会替被调查者严格保密，并说明将采取的保密措施。二是假定法，用一个假定条件句作前提，然后询问被访者的看法。三是转移法，把本应由被调查者根据自己的实际情况回答的问题转移到由被调查者根据他人情况来阐述自己的想法。

（3）不能设置有诱导性或倾向性的问题。诱导性问题是指在提出的问题中，暗示出了调查者的观点和态度，使被调查者有跟着这种倾向来回答问题的可能。例如，"专家认为，被动吸烟会影响学习成绩，您同意吗？"这就是一种诱导性问题，问题中已经暗示了调查者认为被动吸烟会影响学习成绩，所以这个问题可能会使被调查者也跟着这样认为。

### 4. 问题的排列顺序

（1）要先简后繁，即简单问题放在前面，复杂问题放在后面。

（2）要先易后难，即封闭型问题放在前面，开放型问题放在后面；事实性问题放在前面，意见性和解释性问题放在后面。

（3）注意问题的逻辑顺序，比如时间顺序：先过去，后现在，再将来。

## 四、调查问卷答案的设计

### （一）调查问卷答案设计的种类

答案设计的种类主要有是非式、多项式、顺位式、程度评价式四种。

#### 1. 是非式

是非式也称是否式、二项式等，这类型的问题只让被调查者在两个可能的答案中选择一个，最常见的是在"是"与"否"、"有"与"无"、"好"与"坏"中选择。例如：

您的性别？（　　）

A. 男　　　　B. 女

是非式问题容易回答，便于统计整理和分析，适用于询问简单的事实或意见。

#### 2. 多项式

多项式是指问题有三个或三个以上的备选答案。根据要选择答案多少的不同，分为单项选择、多项选择和限制选择三种方式。

（1）单项选择式。单项选择式是要求被调查者在备选答案中选择其中的一项。例如：

您最喜欢的手机品牌是？（　　）

A. 三星　　　B. 诺基亚　　　C. 苹果　　　D. 华为　　　E. 其他

这里有五个备选答案，只需要在其中选择一项即可。

（2）多项选择式。多项选择式要求被调查者在所给出的备选答案中选出自己认为正确的答案，数量不受限制。例如：

您在购买手机时，主要考虑的因素有哪些？（　　）

A. 功能　　B. 款式　　C. 价格　　D. 品牌　　E. 售后服务　　F. 其他

这里可以选择两个或两个以上的答案，不限定选择数量。

（3）限制选择式。限制选择式主要是要求被调查者在所给出的多个答案中选择调查者规定数量的答案。例如：

您在购买手机时，主要考虑的因素有哪些？（选择其中三项）（　　）

A. 功能　　B. 款式　　C. 价格　　D. 品牌　　E. 售后服务　　F. 其他

被调查者根据调查者的要求，在备选答案中选择其中的三个答案即可。

### 3. 顺位式

顺位式是指问题备选答案有多个，但要求被调查者将备选答案按重要程度等排出顺序。例如：

您在购买手机时，主要考虑的因素有哪些？（按重要程度排序，将A、B、C、D、E、F写在括号内）（　　　）

A. 功能　　　B. 款式　　　C. 价格　　　D. 品牌　　　E. 售后服务　　　F. 其他

### 4. 程度评价式

程度评价式是将答案按照强度或程度分成若干等级依次排列，由被调查者选择其中一种的回答方式。这种回答方式适用于表示意见、态度、情感等强烈程度的问题。常用的词语有"同意""满意""喜欢""赞成"等。例如：

您对政府的工作作风是否满意？（　　　）

A. 非常满意　　　B. 满意　　　C. 一般　　　D. 不满意　　　E. 非常不满意

被调查者在五个备选答案中选择其中一项即可。

## （二）调查问卷答案设计时应遵循的原则

### 1. 所列答案应包括所有可能的回答

如果不能将所有答案包含在内，就有可能出现有的被调查者没有备选答案可选，无法回答。如果答案过多，无法罗列所有的可能答案，可将不太重要的答案用"其他"来代替。例如：

您在购买手机时，主要考虑哪些因素？（选择其中三项）（　　　）

A. 功能　　　B. 款式　　　C. 价格　　　D. 品牌　　　E. 售后服务　　　F. 其他

### 2. 不同答案之间不能相互包含

如果问题答案之间相互包含，就会造成被调查者在回答问题时产生疑惑，无法选择。例如：

您喜欢哪项体育运动？（　　　）

A. 游泳　　　B. 跑步　　　C. 球类　　　D. 足球　　　E. 篮球

F. 田径　　　G. 跳高　　　H. 其他

这里的球类包括足球和篮球，田径包括跳高，这样的答案就属于包含性的答案。

### 3. 答案的表达必须简单明确、标准规范

答案要简单明确、标准规范、符合通用标准和惯例。在答案中，不要使用方言等非标准语言，也尽量不使用晦涩难懂的术语，要使被调查者容易理解问题答案的意思。例如：

您买山地车是因为（　　　）

A. 经济条件允许　　B. 显摆、嘚瑟　　C. 锻炼身体
D. 上下班速度快　　E. 气派、赶时髦　　F. 其他（具体写出）＿＿＿＿

这里的"显摆、嘚瑟"就是方言，正确用法应该用标准词"摆阔、炫耀"。

**4. 每项答案应有明显的填答标记**

常见的填答标记有 A、□、（ ）、[ ] 等，其回答方式如打"√"或"×"或涂黑等。

### 同步思考 2-3

1. 在撰写调查问卷的说明部分时应注意什么问题？
2. 什么是调查问卷中的敏感性问题？如果遇到要了解敏感性问题时应该如何处理？试举例说明。

## 第四节　统计数据的质量

统计调查是统计工作的基础环节，在调查过程中所得到的原始资料，其质量直接影响最终成果的质量。如果在收集原始资料时出现差错，又不能及时更正，那么以后无论怎样整理这些资料，这些差错都将影响最后结论的正确性和可靠性。

统计数据误差是指统计调查所得到的数字与调查对象实际数量之间的差异，即调查所得的数量大于或小于调查对象实际数量的差额。

### 一、统计数据的误差种类

统计调查数据分析中，由于各种原因，会存在这样或那样的数据误差。

**1. 按调查误差产生原因分为登记性误差和代表性误差**

（1）登记性误差是指在调查过程中，由于调查者或被调查者的个人因素所造成的误差。调查者所造成的登记性误差主要有：调查方案中有关规定或解释不明确导致的填报错误、抄录错误、汇总错误等。被调查者造成的登记性误差主要有：由人为因素干扰形成的有意少报或虚报调查数据，这种误差在统计调查中应予以特别重视。从理论上说，登记性误差是可以控制的，但其误差大小无法确定，即不可以测算。

（2）代表性误差主要是指在用样本数据推断总体特征时所产生的误差。代表性误差也有两种：一种是系统性偏差，这种偏差是由于在抽取样本时没有遵守随机原则，调查者有意识地选取具有某种特征的单位组成样本，造成样本数值偏高或偏低，从而在估算总体时，使总体的数值偏高或偏低；另一种是抽样误差，这种误差是在遵守随机原则抽取样本的前提下，由于样本结构和总体结构不一致造成了样本统计量与总体参数不一致。抽样误差可以计算，却无法消除。

**2. 按调查误差的性质分为空间误差、时间误差、方法误差和人为误差**

（1）空间误差是指统计调查范围所产生的误差，包括重复或遗漏统计调查单位、跨区域统计等造成的误差。

（2）时间误差是指统计调查对象因时期或时点界定不准确所产生的误差。例如，企业核算时间不能满足统计部门的报表制度要求而估报所产生的误差；延长或缩短时期所产生的误差；时期错位产生的误差等。

（3）方法误差是因使用特定的统计调查方法所产生的误差。如抽样调查中的代表性误差（抽样平均误差），它是指采用抽样调查方法中的随机样本（非全面单位）来推算总体所产生的误差平均值。要缩小代表性误差，可以扩大样本量或优化调查组织方法。又如统计部门因人力、物力和财力等资源不足，致使报送渠道不畅通，统计调查不到位，推算方法不科学、不规范所产生的误差。

（4）人为误差是指在统计设计、调查、整理汇总和推算等过程中因人为过错产生的误差。人为误差是统计误差中产生因素最多的一类，它又分为度量性误差、知识性误差、态度性误差和干扰性误差。度量性误差是指统计指标因计量或者从生产量到价值量换算所产生的误差；知识性误差是指统计人员因统计知识不够，对统计指标的含义不理解或理解错误所产生的误差；态度性误差是指统计人员因对统计工作不负责而随意填报统计数据所产生的误差，包括乱报、漏填或不按规定的计量单位填报等；干扰性误差是指统计对象或统计部门受某种利益驱动而虚报、漏报或捏造统计数据所形成的误差。

**3. 按工作环节分为源头误差、中间环节误差和最终误差**

源头误差在有些场合也叫调查误差或登记误差，它是指填报单位或申报者所产生的误差；中间环节误差是指统计调查数据在逐级上报过程中所产生的误差，存在于加工整理、汇总和推算等环节；最终误差是指下级各基层数据汇总数或用规范的方法得到的推算数与最终数之间的差异。按工作环节划分的统计误差类别是相对的，中间环节误差在不同的场合有可能是源头误差，也可能是最终误差。

## 二、统计数据的质量标准

统计数据的真实、准确、完整和及时是整个统计工作的灵魂。统计数据的质量要求主要包括两个方面：一个是数据的信度要求，另一个是数据的效度要求。

统计数据的信度是指数据可信程度方面的要求，即数据的时效性、可靠性、准确性要求。这一要求意味着统计调查所得到的数据一定要符合实际情况，反映事物的本来面貌。

统计数据的效度是指反映客观事物的统计数据是否有效，即统计数据是否有用的要求。统计数据不仅要求准确，同时也需要保证其有用；没有用的数据，即使再准确，也无法达到统计研究的目的。

统计数据的信度和效度具体体现在以下几个方面：①精确性，即最低的抽样误差或随机误差；②准确性，即最小的非抽样误差或偏差；③关联性，即满足用户决策、管理和研究的需要；④及时性，即在最短的时间里取得并公布数据；⑤一致性，即保证时间序列的可比性；⑥最低成本，即在满足以上标准的前提下，以最经济的方式取得数据。

人们对统计数据质量的要求越来越高。当我们为某一需要收集统计数据时，在调查方案的设计、数据的收集、数据的处理与分析各个环节中，都应保证数据的质量，以便得出切合实际的客观结论。

除了信度和效度两方面的要求外,还要考虑节省费用、降低成本。效度和信度是评价统计数据质量不可分割的两个方面。信度低的统计数据是有误差的虚假信息,即使效度再高,也无济于事,甚至还会导致相反的结论,造成决策上的失误;而信度高但效度低的数据也是无用的数据,或是价值不大的信息,无法达到研究的目的。因此,在进行统计分析研究时,既要考虑信度的问题,同时也要考虑效度的问题,只有同时保证统计数据的信度和效度,才能保证统计研究目的的实现。

## 三、统计数据误差的控制

统计数据质量的好坏直接影响统计分析结论的准确性与真实性。为了确保统计数据的质量,在数据的收集、整理和分析等各阶段都应尽可能地减少误差。

在统计调查中,大多有质量控制的要求。比如,在《全国经济普查条例》中,第五章第二十八条就明确规定:"地方各级经济普查机构应当根据国务院经济普查领导小组办公室的统一规定,建立经济普查数据质量控制岗位责任制,并对经济普查实施中的每个环节实行质量控制和检查验收。"在第二十九条中又明确规定:"国务院经济普查领导小组办公室统一组织经济普查数据的质量抽查工作,抽查结果作为评估全国及各地区经济普查数据质量的主要依据。"

统计数据误差的控制,主要是针对登记性误差及系统性偏差的控制。其控制的具体办法有以下几种。

一是制订科学的调查方案。要正确、周密地制订统计调查方案。调查过程是一项系统工程,事先必须进行周密设计,包括明确调查对象的范围,说明调查项目的具体含义和计算方法,确定合理的调查方式方法,规定合适的时间、地点等,以使调查人员或填报人员有统一的依据。

二是要切实抓好调查方案的实施工作。重视对调查人员的挑选和管理,重视现场调查工作,抓实各个环节的操作,达到操作规范化,确保各地调查执行方案统一、数据统计口径一致;选择合理的资料收集方法,做到科学抽样和选典;要建立现场登记数据质量评估标准,进行调查过程的检查与监控;要加强对调查资料的审核,发现差错要及时纠正;强化调查结果并进行检验、评估等。

三是做好统计基础工作。加强对统计人员的业务培训,提高统计人员的素质;健全原始记录,完善统计台账和内部报表,确保资料来源可靠;建立奖励优秀现场调查人员的制度。

四是依法行政、依法统计。从建立健全统计法制入手,教育统计人员严格执行统计法,坚持原则,同一切弄虚作假行为做斗争,维护统计数字的真实性。要加大统计执法力度,严惩弄虚作假行为,维护统计工作严肃性,逐步建立全社会的统计诚信体系。

此外,对代表性误差,还可以通过严格按照随机原则抽样、扩大样本数等方法减少代表性误差。

## 同步思考 2-4

1. 什么是数据的信度和效度？怎样提高数据的信度和效度？
2. 什么是登记性误差？什么是代表性误差？应该怎样控制统计调查误差？

## 思考与练习

● 知识题

1. 单项选择题

（1）重点调查中的重点单位，是指　　　　　　　　　　　　　　　　　　　（　　）
　　A. 处于较好状态的单位
　　B. 单位人数最多的单位
　　C. 企业规模较大的单位
　　D. 单位数虽少，但标志值占总体绝大比重的单位

（2）按调查的组织形式分，统计调查可分为　　　　　　　　　　　　　　　（　　）
　　A. 全面调查和非全面调查　　　　B. 连续调查和不连续调查
　　C. 统计报表和专门调查　　　　　D. 重点调查和典型调查

（3）对百货商店工作人员进行普查，调查对象是　　　　　　　　　　　　　（　　）
　　A. 各百货商店　　　　　　　　　B. 各百货商店的全体工作人员
　　C. 一个百货商店　　　　　　　　D. 每位工作人员

（4）某省人口普查中，调查单位是　　　　　　　　　　　　　　　　　　　（　　）
　　A. 全省人口　　　　　　　　　　B. 全省每一个人
　　C. 每一户　　　　　　　　　　　D. 每人工资

（5）调查单位与报告单位的关系是　　　　　　　　　　　　　　　　　　　（　　）
　　A. 二者是一致的　　　　　　　　B. 二者有时是一致的
　　C. 二者没有关系　　　　　　　　D. 调查单位大于报告单位

2. 多项选择题

（1）通过调查武钢、攀钢、首钢、宝钢等几个大型钢铁基地来了解钢铁生产情况，这种调查属于　　　　　　　　　　　　　　　　　　　　　　　　　　　　　　（　　）
　　A. 典型调查　　B. 重点调查　　C. 抽样调查
　　D. 普查　　　　E. 非全面调查

（2）下列调查中，调查单位与报告单位一致的有　　　　　　　　　　　　　（　　）
　　A. 企业设备调查　　B. 工业企业现状调查　　　　C. 农村耕地调查
　　D. 人口普查　　　　E. 抽样调查

（3）专门调查按收集资料单位确定的方法，可以分为　　　　　　　　　　　（　　）
　　A. 采访法　　　　　B. 抽样调查法　　　C. 直接观察法
　　D. 典型调查法　　　E. 报告法

（4）统计调查问卷封闭式的答案设计类型包括　　　　　　　　　　　　　　（　　）

A. 是非式     B. 多项式     C. 顺位式
D. 相关式     E. 开放式

（5）下列情况调查，其调查单位与报告单位不一致的有 （　　）
A. 职工出勤率调查     B. 职工人数与工资调查
C. 工业产品产量与产值调查     D. 工业企业设备调查
E. 商业网点调查

### 3. 判析题

（1）抽样调查是很科学的调查方式方法，它适用于完成任何调查任务。（　　）
（2）我国的人口普查每10年进行一次，因此，它是一种经常性调查方式。（　　）
（3）调查时间是指可以开始调查工作的时间。（　　）
（4）在实际调查中，调查对象中的每个单位既是调查单位也是报告单位。（　　）
（5）对全国各大型钢铁生产基地的生产情况进行调查，以掌握我国钢铁生产的基本情况，这种调查属于非全面调查中的重点调查。（　　）

### 4. 简答题

（1）数据收集的方式有哪些？为什么说大数据是数据收集的重要方式？怎样实现大数据与政府统计深度融合？

（2）结合以下所列情况讨论哪些适合用全面调查，哪些适合用抽样调查或其他调查方法，并说明理由：
    A. 研究居住在某城市的所有居民的食品消费结构；
    B. 调查一个县各村的粮食播种面积和全县生猪的存栏头数；
    C. 为进行治疗，调查一地区小学生中患沙眼的人数；
    D. 调查一地区结核病的发病率；
    E. 估计一个水库中草鱼的数量；
    F. 某企业想了解其产品在市场的占有率；
    G. 调查一个县中小学教师月平均工资。

（3）什么是普查？普查有什么特点？在我国的统计调查体系中普查占有什么地位？

（4）与典型调查、重点调查相比，抽样调查的概念与特点是什么？

（5）统计数据误差有几种，其控制误差的措施有哪些？

● **实务题**

1. 要调查国有企业职工的工种、工龄、文化程度等，下列哪种说法正确？为什么？
    A. 报告单位是每个职工
    B. 报告单位是每个企业
    C. 调查单位和报告单位都是每个企业
    D. 报告单位是文化程度
    E. 调查单位是每个职工，报告单位是每个企业

2. 某体育公司为了生产出适合人们的体育用品，扩大其销售额，设计了一份调查问卷，其中包括以下问题及答案。请根据所学过的知识，判断其是否存在问题。

（1）您用过的体育品牌有
   A. 耐克　　B. 阿迪达斯
（2）您喜欢的体育项目有
   A. 篮球　　B. 足球　　　　C. 游泳　　　　D. 自由泳　　　E. 跳水
（3）您的年龄和性别是什么？
（4）您经常去看体育比赛吗？

● **实训题**

**实训一**

（1）实训目的：通过本题的练习，掌握统计调查方案的设计。
（2）实训资料：健康问题一直是人们非常重视的问题，尤其是在人们生活水平提高以后，人们更加重视健康问题。但目前人们对保持身体更加健康的科学方法却掌握很少，尤其是一些健康方面的细节问题，都不是很清楚。因此，掌握人们目前对健康问题的态度、掌握保持健康的方法，对提高人们的健康意识、提高全民健康水平有着非常重要的作用。
（3）实训要求：根据上述目的，设计一份调查方案。

**实训二**

（1）实训目的：通过本题的练习，掌握调查问卷的设计方法。
（2）实训资料：见实训一。
（3）实训要求：根据实训一设计的调查方案的相关要求，设计一份调查问卷。

本章部分习题参考答案及知识拓展可扫右侧二维码获得。

# 第三章

# 统计数据整理

## 学习目标

①了解统计数据整理的含义和步骤；②掌握分配数列的种类和统计分组的基本理论，能根据已有的原始资料进行科学合理的统计分组；③了解统计表的分类和结构，能运用统计汇总技术进行统计数据汇总，编制出汇总表；④掌握编制统计表的方法，能设计统计表（包括分组表、复合表以及宾词的简单设计和复合设计）；⑤掌握绘制统计图的方法。

## 主要学习内容

本章主要阐释了统计数据整理的基本内容；统计分组的含义、作用、方法；变量分配数列的编制；统计表的编制、统计图的绘制等。

## 引例 1

### 归类整理：我国出境旅游人数和境外旅游支出居世界第一位

1995 年，我国出境旅游人数为 0.05 亿人次；2017 年，我国出境旅游人数为 1.43 亿人次，年均增长 17%。1995 年，我国出境旅游人数居世界第 17 位，2013 年首次跃居世界第 1 位，2014~2017 年稳居世界第 1 位，是全球最大的出境游市场。

1995 年，我国出境旅游支出居世界第 25 位，2013 年居世界第 2 位，2014~2016 年稳居世界第 1 位。1995 年，我国出境旅游支出额为 37 亿美元；2017 年，我国出境旅游支出额为 2 577 亿美元，比 1995 年增加了 2 540 亿美元，增长了 68.6 倍。1995 年，我国入境旅游人数居世界第 7 位，2013～2017 年稳居世界第 4 位。2018 年，我国国际旅游收入达 1 271 亿美元，比 2017 年增长 3.0%。

资料来源：《新中国成立 70 周年经济社会发展成就系列报告之二十三》，国家统计局，2019-08-29.

## 引例 2

### 数据会说话

一切以数据说话，成为当今或者未来互联网发展的趋势。比如，访问量来源、用户停留时间、页面访问数等网站数据监测指标提供了非常标准和精准的原始数据。将统计数据归类并整理分析，通常可为网站科学运营提供指导和参考。

截至 2020 年 3 月，我国网民规模达 9.04 亿，互联网普及率达 64.5%，较 2018 年底提升 4.9 个百分点，全年新增网民 7 508 万人。我国手机网民规模达 8.97 亿，网民通过手机接入互联网的比例高达 99.3%。2020 年，互联网覆盖范围进一步扩大，贫困地区网络基础设施"最后一公里"逐步打通，"数字鸿沟"加快融合，移动流量资费大幅下降，跨省"漫游"成为历史，居民入网门槛进一步降低，信息交流效率得到提升。

资料来源：《第 45 次中国互联网发展状况统计报告》，2020 年 4 月。

## 第一节 统计数据整理的基本内容

统计数据整理是统计工作过程中的重要环节，它是统计调查与统计分析的中间环节，具有承前启后的作用。

### 一、统计数据整理的含义和作用

统计数据整理是按照统计研究的要求，对调查所收集到的初始数据进行审核、分组、汇总，使之条理化、系统化，变成能反映总体综合数量特征的工作过程。例如，由人口普查得到的原始资料是说明每个居民的性别、年龄、民族、职业等标志的具体表现，而统计研究的目的是了解人口总体的特征。因此，只有将这些原始资料进行分类和综合，才能得到全国男女人口总数，分民族、分地区的男女人口总数等说明人口总体特征的数字资料。

广义的统计数据整理还包括系统地积累原始资料，并根据其他分析需要对加工整理过的统计资料进行再加工。

统计数据整理是整个统计工作和研究过程的中间环节，是对社会经济现象的认识从感性上升到理性的过渡阶段。统计数据整理既是统计调查阶段的继续和深入，又是统计分析的基础，它具有承前启后的作用。统计调查所收集到的资料只有通过科学的审核、分类、汇总等整理工作，才能使统计在认识过程中实现由个别到总体、由特殊到一般、由现象到本质、由感性到理性的转化，才能从整体上反映出事物的数量特征。否则统计调查所得的资料再丰富、再完备，其作用也发挥不出来，统计调查就变得徒劳无益，统计分析也将无法进行。

## 二、统计数据整理的原则和步骤

### （一）统计数据整理的原则

对统计数据进行加工整理，要遵循以下几个原则。

一是要分清现象的质与量。事物和现象具有品质与数量两个方面的属性。品质是说明根本特征或属性的，具有稳定性；数量则用各种不同的数值表示，具有易变性。在对统计资料进行加工整理时，要根据研究的目的和调查对象的特点，区分并把握事物质的方面和量的方面的特征及其差别程度。

二是要把握事物的全貌。事物和现象的特征是多方面的，每个方面的特征对于了解这一事物都有一定的作用，不能只顾一方面而忽视另一方面。对统计资料进行整理，就要研究事物的全貌，描绘事物的整个发展过程，揭示事物的总体特征和规律性。

三是要抓住现象的本质特征。对特定的事物和现象来说，一般有一个或几个方面的特征是基本的、关键性的，能表现事物的本质；而其余特征可能只有辅助、补充的意义。统计数据整理必须在对事物和现象进行深入研究的基础上，对统计资料进行加工整理，以抓住最基本、最关键的特征。

### （二）统计数据整理的步骤

统计数据整理是一项精细、科学的工作，需要有组织、有计划地进行。统计数据整理的全过程包括审核和检查统计资料、统计数据的预处理、统计分组与汇总、编制统计表或绘制统计图、统计资料的积累保管和公布五个环节，需要按照一定的步骤进行。在进行统计数据整理之前，还应先设计和编制统计数据整理方案，对调查中收集到的资料进行整理，对如何进行统计分组、采用哪些汇总指标等问题，形成统计数据整理方案。其中，审核和检查统计资料、统计数据的预处理都是整理的前提，统计分组是统计数据整理的基础，统计汇总是统计数据整理的中心，编制统计表或绘制统计图则是统计数据整理的结果。各个环节相互联结，共同构成了统计数据整理的工作过程。其中，统计分组、统计汇总、编制统计表和绘制统计图是统计数据整理的基本方法。统计数据整理的步骤如图 3-1 表示。

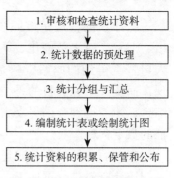

图 3-1　统计数据整理的步骤

## 三、统计数据的计量尺度

统计数据是总体单位标志或统计指标的具体数量表现。要对客观现象进行计量，首先必须弄清数据的计量尺度。人们根据对研究对象计量的不同精确程度，将统计数据的计量尺度由低到高、由粗略到精确分为四个层次，即定类尺度、定序尺度、定距尺度和定比尺度。

定类尺度，是最粗略、计量层次最低的计量尺度。它是按照客观现象的某种属性对其进行分类。使用的数值通常只是作为某种分类的代码，并不反映其类别的优劣、量的大小或顺序。例如，学生按专业分为统计学、金融学、会计学等，并用"1"代表统计学，用"2"代表金融学，用"3"代表会计学等。定类尺度的主要数学特征是"="或"≠"。在统计处理中，对于不同的类别，虽然可以计算单位数，但它不代表第一类的一个单位可以相当于第二类的几个单位。

定序尺度，是对客观现象各类之间的等级差或顺序差的一种测度。定序型数据具有内在固有大小或高低顺序，但它又不同于定距型数据，一般可以用数值或字符表示。例如，职称变量可以有初级、中级和高级三个取值，可以分别用1、2、3等表示，年龄段变量可以有老、中、青三个取值，分别用A、B、C表示等。这里无论是数值型的1、2、3还是字符型的A、B、C，都有顺序或大小之分，但数据之间是不等距的。因为初级和中级职称之间的差距与中级和高级职称之间的差距是不相等的。定序尺度的主要数学特征是"<"或">"。

定距尺度，也称等距尺度或区间尺度，是一种不仅能将变量（社会现象）区分类别和等级，而且可以确定变量之间的数量差别和间隔距离的方法。定距尺度不但可以用数表示现象各类别的不同和顺序或大小的差异，而且可以用确切的数值反映现象在量上的差异。定距尺度使用的计量单位有实物单位（自然单位或物理单位）、价值单位。反映现象规模水平的数据通常以定距尺度计量，例如，销售量、销售额、利润额、财政收入等都以定距尺度为计量尺度。定距尺度的主要数学特征是"+"或"–"。在统计总量指标时通常都是用定距尺度来计量的，见表3-1归纳中的举例。

定比尺度，又称比率尺度或比较水平，也称比例尺度或等比尺度，是一种除具有上述三种尺度的全部性质之外，还有测量不同变量（社会现象）之间的比例或比率关系的方法。定比尺度是在定距尺度的基础上，确定相应的比较基数，然后将两种相关的数进行对比从而形成相对数（或平均数），用来反映现象的结构、比重、速度、密度等数量关系。例如，将一个企业职工的工资总额与该企业的职工人数对比，计算出平均工资，并以平均工资反映该企业职工的平均收入情况。定比尺度的主要数学特征是"×"或"÷"。定比尺度在统计对比分析中应用十分广泛。

统计数据的四种计量尺度比较如表3-1所示。

表3-1 计量尺度比较

| 测定层次 | 特征 | 运算功能 | 举例 |
|---|---|---|---|
| 定类尺度 | 分类 | 计数 | 按人口性别分男、女两类；按产品是否合格分为合格、不合格两类；按洲别分亚洲、欧洲、非洲、大洋洲等 |
| 定序尺度 | 分类<br>排序 | 计数<br>排序 | 按年龄分为幼年、少年、青年、中年、壮年、老年等（由低至高） |
| 定距尺度 | 分类<br>排序<br>有基本测量单位 | 计数<br>排序<br>加减运算 | 30℃和20℃之间相差10℃，–30℃和–20℃之间也是相差10℃ |
| 定比尺度 | 分类<br>排序<br>有基本测量单位<br>有绝对零点 | 计数<br>排序<br>加减运算<br>乘除运算 | 用加、减、乘、除等数学运算反映现象的结构、比重、速度、密度等数量关系和计量结果 |

总之，标志及统计指标的具体数量表现都是统计数据，统计数据是统计实践活动所取得的成果，也是开展统计分析的基础。统计数据的计量尺度、表现形式等纷繁复杂，而统计正是通过对纷繁复杂数据的收集、整理和分析来认识现象发展的趋势和规律性的。

## 四、统计数据的预处理

### （一）初级数据资料的审核

对于初级数据资料，应该主要对数据资料的完整性、正确性和及时性进行审核。

**完整性审核**：主要看调查单位或填报单位是否齐全；规定的项目是否都有答案；应报资料的份数是否符合规定。

**正确性审核**：主要检查所填报的资料是否准确可靠。常用的审核方法有两种：一是逻辑检查，即首先从理论上或常识上检查资料是否有悖常理，有无不切实际或不符合逻辑的地方。比如，在一张调查表中，年龄是 12 岁，职业是大学教师，其中应该有一处是错误的。又比如，若在某劳动密集型行业的报表中，企业规模为小型，而职工人数为 20 000 人，其中也必定有一处错误。其次是检查各项目之间有无相互矛盾的地方。例如，企业的净产值大于同期总产值就是明显的逻辑错误。二是计算检查，即检查各项指标的计算口径、计量单位是否符合规定，并通过各种计算方法来检查各指标间的数字是否相互衔接。例如，期初数加本期增加数减本期减少数等于期末数，而如若本期增加数多于本期减少数，期末数却没有期初数多，就一定是在哪个环节出现了差错，就要复查。

**及时性审核**：保证统计资料的及时性也是一个全局性问题。及时性要求各报告单位及时完成各项调查的上报任务，从时间上满足各部门对统计资料的要求。一项统计任务的完成是许多单位共同努力奋斗的结果，任何一个报告单位若不能按规定的时间提供资料，就会影响全面的综合工作，令整个统计工作贻误。因此，保证统计调查的及时性要求各报告单位增强全局观念，认真遵守统计制度和统计纪律。及时性审核主要是检查所填报资料的所属时间、数据形成和提供等方面的时效性。

### （二）次级数据资料的审核

对于次级数据资料，在完整性和准确性审核的基础上，要突出审核资料的适用性和时效性。在审核资料的适用性时，由于第二手资料可以来自多种渠道，有些资料可能是为特定目的通过专门调查取得的，或已经按特定目的要求做了加工整理。对于使用者来说，首先应该弄清资料的来源、资料的统计口径以及有关的背景资料，以便判断资料的可靠程度、确定这些资料是否符合分析研究的需要，以及是否需要重新加工整理等，不能盲目生搬硬套。也可以从指标间的相互关系以及指标的变动趋势来检查它的正确性。对不能满足现在的要求、缺漏或有疑问的资料，要进行有科学根据的推算、弥补和修正。

对时效性较强的问题，应对资料的时效性进行审核，因为所取得的资料如果过于滞后，就失去了研究意义。一般来说，应尽可能使用最新的统计数据资料。数据资料经过审核后,确认适合实际需要,才有必要做进一步加工整理。

### (三) 数据资料审核后的订正

数据资料审核后的订正,主要是指发现有迟报、漏报和缺项等情况,要及时催报、补报;如有不正确之处,则应分不同情况做如下处理。

一是对可以肯定的一般错误可代为更正,并通知原报单位。

二是对可疑之数或无法代为更正的错误,应要求原单位复查更正。

三是如果所发现的差错在其他单位也可能发生时,应将错误情况通报所有单位,以免发生类似错误。

四是对于严重的错误,应发还重新填报,并查明发生错误的原因,若属于违法行为,则应依法严肃处理。

以上处理方式主要适合统计报表等通过报告法获取的资料。若是用访谈调查法获取资料,方案要尽可能介绍详细、明确,并力争获得被调查者的全力支持;若是用问卷调查法,则必须在现场发现才能予以订正。

## 五、统计数据资料的筛选

统计数据资料的筛选,就是在所收集到的资料中找出符合条件的资料,或者删除不符合特定条件的资料。

对审核过程中发现的错误,应尽可能予以订正。调查结束后,当发现数据资料中有的错误无法进行订正时,或者发现有的数据资料不符合调查要求而又无法弥补时,就要对数据资料进行筛选。数据资料筛选包括两方面的内容:一是将某些不符合要求的数据资料或者有明显错误的数据资料予以剔除;二是将符合某种特定条件的数据筛选出来,对不符合特定条件要求的数据资料予以剔除。

## 六、统计数据资料的排序

统计数据资料的排序是指按一定顺序将数据资料排列,以便研究者通过查阅资料发现一些明显的特征或趋势,找到解决问题的线索。排序也有助于对数据资料检查纠错,为统计归类或分组等提供依据。在某些场合,排序本身就是分析目的之一。例如,世界500强企业排行榜、中国500强企业排行榜、纳税大户排行榜等,通过这些信息,经营者不仅可以了解自己企业所处的位置,清楚自己的差距,还可以了解到竞争对手的状况,从而有效制定企业的发展规划和战略目标。

排序时,对于定类资料,如果是字母型资料,排序有升序和降序之分,但人们习惯上更愿意使用升序排列,即由小到大排序,因为升序与字母的自然排列相同;如果是汉字型资料,排序方式很多,比如按汉字的首位拼音排序,或按笔画排序,其中也有按笔画多少的升序和降序排列。交替运用不同方式排列,在汉字型资料的检查纠错过程中十分有用。

在数值型资料中，定距资料和定比资料通常有递增和递减两种排序。设一组资料为 $X_1$, $X_2$, …, $X_N$，递增排序后可表示为 $X_1 < X_2 < … < X_N$，递减排序后可表示为 $X_1 > X_2 > … > X_N$。

排序后的资料称为顺序统计量，无论是品质资料还是数据型资料，排序均可借助计算机升键和降键完成。

### 同步思考 3-1

1. 为什么要进行统计数据整理？资料审核的完整性、正确性与及时性发生矛盾时应该怎样处理？
2. 如果收集到了所属地区 58 家工业企业的纳税额数据资料，进行统计数据整理时可用哪几种方式排序？最理想的数据排序方式是哪种？为什么？
3. 什么是定类尺度、定序尺度、定距尺度和定比尺度？如果用一班期末统计学成绩与二班进行比较，这种方法属于哪一种数据计量尺度？

## 第二节 统计分组

统计分组是统计整理的基本内容。统计分组必须先对所研究现象的本质做全面深入的分析，才能确定所研究现象类型的属性及其内部差别。

### 一、统计分组的含义和作用

#### （一）统计分组的含义

统计分组是根据统计研究目的和客观现象的内在特点，按某个标志（或几个标志）把被研究总体划分为若干个不同性质的组。例如，某企业 150 名职工按"学历"这一标志分为硕士及以上、本科、专科及以下三组。

统计分组的对象是总体。统计分组标志可以是品质标志，也可以是数量标志。从分组的性质来看，分组兼有"分"和"合"双重含义。对于现象总体而言是"分"，即把总体分为性质相异的若干部分；对于单位而言又是"合"，即把性质相同的许多单位结合为一组。对于分组标志而言是"分"，即按分组标志将不同的标志表现分为若干组；而对于其他标志而言是"合"，即在一个组内的各单位即使其他标志表现不相同，也只能结合在一组。由此可见，选择一种分组方法，突出了一种差异，显示了一种矛盾，必然同时掩盖了其他差异，忽略了其他矛盾。不同的分组方法可能得出不同的结论。

#### （二）统计分组的作用

统计分组的作用主要体现在以下几个方面。

**1. 凸显社会经济现象的规律**

统计调查得到的资料往往是零星的、分散的，统计分组可以使资料系统化，从而凸显统计调查资料中隐藏的规律。例如，某企业对 36 个工人进行技能测试，成绩以百分制计算，结果如下（单位：分）。

```
92  45  84  85  86  72  75  71  66
81  97  81  67  81  54  79  90  96
70  60  91  65  76  71  76  86  85
89  65  57  83  81  78  85  71  66
```

根据以上资料无法对该企业工人的技能水平进行具体分析，因此需对这些资料进行分组整理，如表3-2所示。

通过上述分组及数据情况，可以看出工人测试成绩和基本情况：最低是45分，最高是97分，其中，测试成绩80~90分的工人数最多，占33.33%，低分（低于60分）和高分（高于90分）的人数都较少，分别占总人数的8.33%和13.89%。这样，就基本上可以看出该企业工人技能水平的规律。

表3-2 某企业工人的技能测试情况分组表

| 按测试成绩分组（分） | 工人数 |
| --- | --- |
| 60以下 | 3 |
| 60~70 | 6 |
| 70~80 | 10 |
| 80~90 | 12 |
| 90以上 | 5 |
| 合计 | 36 |

**2. 划分社会经济现象的类型**

统计分组的根本作用是区分现象之间质的差别。社会经济现象是复杂多样的，不同的社会经济现象具有不同的矛盾和规律。统计在研究现象总体数量方面时，只有从区分事物质的差别入手，在认识不同社会经济现象特殊性的基础上，才能在事物的普遍联系中正确把握现象总体的规律性。例如，企业按照所有制形式，可以分为国有企业、集体企业和其他经济类型企业。又如，按经济活动性质不同，将国民经济行业划分为第一产业、第二产业、第三产业。将社会经济总体划分为若干类型，是统计分组中最典型的例子之一。

**3. 反映社会经济现象的内部结构，揭示事物的本质特征**

在统计分组的基础上，可以进一步计算总体内部各部分所占的比重，从而揭示总体的内部结构，反映总体与部分、部分与部分之间的区别与联系，还可以通过比较总体内部构成的动态变化，揭示现象发展变化的过程和规律。例如，2018年某省货物运输周转量如表3-3所示。

表3-3 2018年某省货物运输周转量资料

| 运输方式 | 货运周转量（亿吨） | 比重（%） |
| --- | --- | --- |
| 铁路 | 14 575 | 31.92 |
| 公路 | 24 860 | 54.45 |
| 水运 | 6 180 | 13.54 |
| 民航 | 44 | 0.09 |
| 合计 | 45 659 | 100.0 |

通过表3-3的数据可知该地区各种运输方式所承担的周转量及所占的比重。

**4. 分析现象之间的相互依存关系**

社会经济现象是相互联系、相互依存和相互制约的。分组可使我们了解现象间的数量依存关系。如产品产量与单位成本关系，作物的施肥量与产量关系等。再比如，某企业各产品广告费用与销售额相关情况如表3-4所示。

表 3-4　广告费用与销售额相关情况　　　　　　（单位：万元）

| 序号 | 年广告投入 $X$ | 月销售额 $Y$ |
| --- | --- | --- |
| 1 | 12.5 | 120.6 |
| 2 | 15.4 | 122.9 |
| 3 | 23.2 | 133.9 |
| 4 | 26.4 | 150.1 |
| 5 | 33.5 | 200.5 |
| 6 | 34.4 | 210.2 |
| 7 | 39.4 | 250.1 |
| 8 | 45.2 | 251.9 |
| 合计 | 230.0 | 1 440.2 |

从上表资料可以看出广告费用与销售额有紧密的关系，广告费用越高，销售额越多。

## 二、统计分组的原则、标志选择和种类

### （一）统计分组的原则

进行统计分组，必须遵循一定的原则。统计分组的原则主要包括科学性原则、穷尽原则和互斥性原则。

**1. 科学性原则**

科学性原则是指统计分组要根据研究目的选择能够反映事物本质特征的分组标志，以凸显社会经济现象间存在的差异性。

**2. 穷尽原则**

穷尽原则也称完整性原则，是指在分组后要保证总体的每个个体都有组可归，没有遗漏。这就要求进行分组时要列出所有可能的组别，将所有个体都包含进去。

**3. 互斥原则**

互斥原则是指在特定的分组标志下，总体中的任何一个单位都只能归属于某一组，而不能同时归属于两组或更多组。这就要求进行分组时要划分清楚组限，不能模棱两可。例如，如果问你喜欢哪项体育运动，选项有游泳、跑步、球类、足球、篮球、田径、跳高、其他等，选项设计就有问题，因为球类包括足球和篮球，田径包括跳高，这样的答案就属于包含性的答案，没有互斥性。

### （二）统计分组标志的选择

正确选择分组标志和划分各组界限，是统计分组的关键。

分组标志是指统计分组时划分资料的标准或依据。任何事物都有许多标志，确定一个分组标志，必然突出总体单位在该标志上的差异而掩盖了各单位在其他标志上的差异。选择分组标志是统计分组的核心。选择的分组标志不同，说明的问题和由此得出的结论也不同。分组标志选择不当，分组结果就不能正确反映总体的性质特征。因此，正

确选择分组标志是统计分组的关键。在选择分组标志时，必须遵循以下原则。

**1. 根据统计研究的目的和任务来选择分组标志**

总体中每个总体单位都有多个标志，有些标志对某一问题至关重要，而对另一个问题又无关紧要。同一研究总体，研究目的不同，分组标志的选择也不同。因此，选择什么标志作为分组标志，要依据统计研究目的而定。例如，在某市工业企业这一个总体中，每个工业企业是总体单位，工业企业有所有制、总产值、职工人数、流动资金、固定资产等许多标志，如果研究目的是分析企业规模大小与企业经济效益的关系，就要选择总产值或职工人数作为分组标志；如果要研究工业企业不同经济类型的构成，就要选择所有制这一标志作为分组标志。

**2. 要选择最能反映事物本质特征的标志**

在同一研究目的和要求下，往往有许多标志可供选择。有些标志是根本性的、主要的标志，能够反映事物的本质特征，有些标志则是非本质的、次要的标志。我们应根据研究问题的需要，力求选择最能反映现象本质的主要标志。例如，在研究居民收入水平高低情况时，可供选择的标志有家庭总收入、家庭可支配收入、家庭人均收入、家庭人均可支配收入等。然而最能综合反映居民收入水平高低的是家庭人均可支配收入这一标志。再比如，在研究职工的生活水平时，可以选用职工的工资水平作为分组标志，也可以选用职工家庭的人均收入作为分组标志。由于职工赡养的人口数差异很大，而且很多职工存在工资外收入，因此，选择职工工资水平作为分组标志不能真正反映职工的生活水平，应选用职工家庭人均收入作为分组标志。

**3. 要根据现象所处的具体历史条件或经济条件选择分组标志**

社会是不断发展的，历史条件和经济条件也在不断发生变化。同一分组标志在某一时期、某个条件下适用，而在另一时期、另一条件下不一定适用。例如，国家统计局关于印发《统计上大中小微型企业划分办法（2017）》的通知（国统字〔2017〕213号）规定，餐饮业按从业人员和营业收入两个标准划分企业规模，其中，大型、中型和小型企业必须同时满足下列指标的下限，否则下划一档；微型企业只须满足所列指标中的一项即可。具体标准为：大型企业，从业人员≥300人，营业收入≥10 000万元；中型企业，从业人员在100～300人，营业收入在2 000万～10 000万元；小型企业，从业人员在10～100人，营业收入在100万～2 000万元；微型企业，从业人员少于10人，营业收入低于100万元。但在1997年，国家统计局对餐饮业企业规模是按营业额和资产额两个指标划分的，而且按规模将餐饮企业只分为大、中、小型三类，其中，大型企业的营业额在5 000万元以上，小型企业的营业额在200万元以下。由上可知，无论是划分标准，还是指标要求数额，两个标准都有很大差别。因此，历史条件和经济条件发生了变化，分组标志也会发生变化。

**（三）统计分组的种类**

统计分组可以按照不同标志进行分类。分组标志选择是否得当，关系到能否正确反映总体数量特征及其变化规律。按分组的作用或目的不同，主要有以下几种：

**1. 按分组标志的性质不同，可以分为按品质标志分组和按数量标志分组**

按品质标志分组，是指选择反映总体单位属性差异的品质标志作为分组标志，将总体划分为若干性质不同的组。有些品质分组比较简单，分组标志一经确定，组的名称和组数也随之确定，例如，人口按性别分为男、女两组。有些品质分组还取决于统计分析对分组层次的要求。例如，我国把社会经济各部门划分为第一产业、第二产业和第三产业，第一产业还可细分为农业、林业、畜牧业和渔业等，这种类别繁多的分组又被称为分类。对于这类问题，统计工作中采用统一的分类标准。这样的具体规定分类（组）标准为统计数据整理提供了统一的依据。此外，企业按经济类型分组，人口按民族分组，大学生按性别、专业分组等。这种分组可以反映总体的构成和不同属性事物在总体中的地位和作用。

按数量标志分组，是指选择反映总体单位数量差异的数量标志作为分组标志，将总体划分成若干数量各异的组。例如，企业按生产能力、劳动生产率分组，商店按商品流转额、职工人数分组，人口按年龄、身高分组等。这种分组的目的在于通过事物在数量上的差异来反映事物在性质上的差别。按数量标志分组，应注意两个问题：一是分组时各组数量界限的确定必须能反映事物质的差别；二是应根据被研究现象总体的数量特征，采用适当的分组形式，确定相宜的组距、组限。

上述分组如图 3-2 所示。

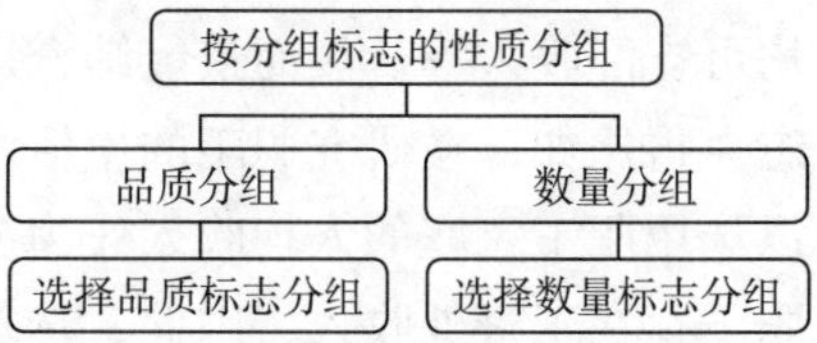

图 3-2 统计分组标志的性质

**2. 按统计分组标志的多少，可分为简单分组、复合分组和平行分组**

简单分组就是对研究现象（总体）按一个标志进行分组，它只能从某一方面说明和反映事物的分布状况与内部结构。例如，国内生产总值按产业分为第一产业、第二产业、第三产业三组；货运量按运输方式分为铁路运输、公路运输、水路运输、航空运输与管道运输等五组。许多简单分组从不同角度说明同一个总体，就构成了一个平行的分组体系。

复合分组就是对总体按两个或两个以上的标志进行重叠式分组，即先按一个标志分组，在此基础上再按第二个标志分成小组，再层叠地按第三个标志分成更小的组。例如，我国 2018 年年末全部金融机构本外币存贷款余额及其增长速度情况分组如表 3-5 所示。

表 3-5 2018 年年末全部金融机构本外币存贷款余额及其增长速度

| 指　标 | 年末数（亿元） | 比上年末增长（%） |
| --- | --- | --- |
| 各项存款 | 1 825 158 | 7.8 |
| 　其中：境内住户存款 | 724 439 | 11.1 |
| 　　　其中：人民币 | 716 038 | 11.2 |
| 　　境内非金融企业存款 | 589 105 | 3.1 |
| 各项贷款 | 1 417 516 | 12.9 |
| 　其中：境内短期贷款 | 443 200 | 7.8 |
| 　　　境内中长期贷款 | 854 571 | 13.8 |

资料来源：《2018 年国民经济和社会发展统计公报》，国家统计局，2019 年 2 月 28 日。

又比如，对某地区国内生产总值先按三次产业分组，之后对各产业按行业分组，再对各行业按经济类型分组，最终形成的复合分组体系如表 3-6 所示。

复合分组的优点是从对同一现象的层层分组和分组标志的联系中，更深入全面地研究总体各个方面的内部结构。但是，采用复合分组时，组数会随着分组标志的增加而成倍增加，使每组包括的单位数相应减少，处理不好就会很烦琐，不利于分析问题。因此，不能滥用复合分组，尤其不宜采用过多的标志进行复合分组，也不宜对较小总体进行复合分组。

表 3-6 某地区国内生产总值统计情况

| 产业 | 产值（亿元） | 比重（%） |
| --- | --- | --- |
| 第一产业 | 600 | 10.00 |
| 第二产业 | 2 400 | 40.00 |
| 工业 | 1 100 | 45.83 |
| 国有工业 | 600 | 54.55 |
| 非国有工业 | 500 | 45.45 |
| 建筑业 | 1 300 | 54.17 |
| 第三产业 | 3 000 | 50.00 |
| 合计 | 6 000 | 100.00 |

平行分组就是对同一总体同时选择两个或两个以上的标志分别进行简单分组，然后并列在一起。其分组相互独立而不重叠。

上述分组如图 3-3 所示。

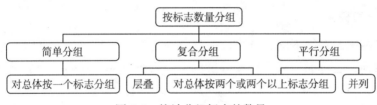

图 3-3 统计分组标志的数量

### 3. 按分组的作用和任务不同，可分为类型分组、结构分组和分析分组

把复杂的现象总体划分为若干不同性质的部分，就是类型分组。例如，我国全社会消费品零售额分为国有及国有控股商业零售额、集体商业零售额、私营及个体商业零售额和其他类型商业零售额。

在对总体分组的基础上计算出各组占总体的比重，借此研究总体各部分的结构，就是结构分组。例如，学生考试成绩分优、良、中、及格、不及格五部分，计算出各部分的比重可以反映出老师教及学生学的状态。

为研究现象之间的依存关系而进行的分组被称为分析分组。例如，为研究工人的劳动生产率与产值之间、商品流通费用率与商品销售额之间的依存关系，就要按分析分组法来研究。

### 🔑 同步思考 3-2

1. 统计分组时为什么一定要遵循穷尽原则和互斥原则？如果对班级同学使用的化妆品品牌进行调查，应该怎样做到"穷尽"？
2. 什么是按品质标志分组？什么是按数量标志分组？怎样选择统计分组标志才科学？

# 第三节 分配数列

## 一、分配数列的基本内容

### （一）分配数列的概念

分配数列也称频数分布或分布数列，它是将总体按某一标志分组，并依次列出每个组的单位数，从而形成总体单位在各组中的分布。分布在各个组的单位数也称频数、次数，各组频数与总频数之比称为频率或比率。

### （二）分配数列的构成要素

分配数列有两个构成要素：一个是总体按某标志所分的组，另一个是各组所出现的单位数，即频数，亦称次数。就变量数列而言，总体按数量标志分组，分组标志在各组中有不同的数量表现，形成标志值数列，亦称变量，一般用 $x$ 表示；频数（次数）一般用 $f$ 表示。

### （三）分配数列的种类

根据分组标志的特征不同，分配数列可分为两类：按品质标志分组所形成的数列称为品质分配数列，也称品质数列；按数量标志分组所形成的数列称为变量分配数列，也称变量数列。

**1. 品质分配数列**

品质分配数列是指按品质标志分组所形成的分配数列，简称品质数列。它是用来观察总体中不同属性单位在各组中分配状况的。品质分配数列如表 3-7 所示。

表 3-7 某高校 2019 年年底在职教师职称分布数列

| 教师按职称分组 | 人数 | 比重（%） |
|---|---|---|
| 教授 | 120 | 12.00 |
| 副教授 | 380 | 38.00 |
| 讲师 | 280 | 28.00 |
| 助教 | 210 | 21.00 |
| 其他教师 | 10 | 1.00 |
| 合计 | 1 000 | 100.00 |

**2. 变量分配数列**

变量分配数列是指按数量标志分组所形成的分配数列，简称变量数列。变量数列可以反映总体中各组间的数量差异和结构状况。

按变量是否连续以及数目多少不同，变量数列可分为以下几种，如图 3-4 所示。

离散型变量可以编制单项式变量数列，也可以编制组距式（等距或异距）变量数列；连续型变量只能编制等距式或异距式变量数列。

（1）单项式变量数列。单项式变量数列是指每个组仅有一个变量值作为分组标志值所形成的数列，通常适用于离散变量值不多且变量变动范围不大的情况。例如，家庭人口分组情况如表 3-8 所示。

变量数列
- 离散型
  - 单项式
  - 组距式
    - 等距式
    - 异距式
- 连续型
  - 等距式
  - 异距式

图 3-4 变量分配数列的种类

（2）组距式变量数列。组距式变量数列是指以变量的一定变化区间作为分组标志而形成的数列，它通常适用于变量值多且变动范围较大的情况。例如，居民居住水平情况按人均居住面积分组可分为：10 平方米以下，10～20 平方米，20～30 平方米，30 平方米及以上等 4 组。组距式变量数列可采用间断组距式分组和连续组距式分组。

表 3-8　单项式变量数列

| 家庭人口数 | 户数 |
| --- | --- |
| 2 | 200 |
| 3 | 6 900 |
| 4 | 1 500 |
| 5 | 500 |
| 6 | 150 |
| 合计 | 9 250 |

在组距式分组中，每组包含许多变量值，每组变量值中，其最小值为下限，最大值为上限。组距是上下限之间的距离，相邻两组的界限称为组限。凡是组限不相连的，称为间断组距式分组。例如，工人按看管机器台数分组，分为 10～19，20～29，30～39，40～49 等 4 组。凡是组限相连（或相重叠的），即以同一数值作为相邻两组共同的界限，称为连续组距式分组。例如，工人按工时定额完成程度分组分为 90%～100%，100%～110%，110%～120% 等组。

连续型变量只能采用连续组距式分组。在连续组距式分组中，存在以同一数值作为相邻两组共同的界限，根据统计分组必须遵循"互斥原则"；通常凡是总体某一单位的变量值是相邻两组的界限值，这一单位归入作为下限值的那一组内，即所谓"上限不在内"原则。如学生按成绩分组，把 70 分的学生归入 70～80 分一组内，把 80 分的学生归入 80～90 分一组内。

此外，组距式变量数列还可采用等距分组与异距分组。

（1）等距分组就是标志值在各组保持相等的组距，即各组的标志值变动都限于相同的范围。凡是在标志值变动比较均匀的情况下，都可采用等距分组。等距分组有很多好处，它便于计算，便于绘制统计图。等距数列如表 3-9 所示。

（2）异距分组是指各组的组距不都相等。异距分组通常适用于如下几种场合。

第一，标志值分布很不均匀的场合。

第二，标志值相等的量具有不同意义的场合。

例如，生命的每一个月对于新生婴儿和对于成年人而言是大不一样的，此时若按年龄分组进行人口疾病研究，应采用异距式分组。

第三，标志值按一定比例发展变化的场合。

异距数列如表 3-10 所示。

表 3-9　某厂工人日产量分布等距数列

| 按日产量分组（件） | 人数 |
| --- | --- |
| 60～80 | 4 |
| 80～100 | 20 |
| 100～120 | 60 |
| 120～140 | 26 |
| 140～160 | 10 |
| 合计 | 120 |

表 3-10　某高校 2019 年年底在职教师年龄分布异距数列

| 教师按年龄分组 | 人数 | 比重（%） |
| --- | --- | --- |
| 30 岁以下 | 120 | 12.00 |
| 30～45 岁 | 312 | 31.20 |
| 45～55 岁 | 328 | 32.80 |
| 55 岁以上 | 240 | 24.00 |
| 合计 | 1 000 | 100.00 |

## 二、组距式分配数列中相关指标的计算

### (一) 组距

组距是指在组距式分组中上下限之间的距离。连续组距分组的组距计算公式是：

$$组距 = 本组上限 - 本组下限$$

间断式分组的组距大小的计算，采用如下公式：

$$组距 = 本组上限 - 前组上限$$
$$= 本组下限 - 前组下限$$

### (二) 组中值

进行组距式分组，组中值的计算十分重要。组中值是上下限之间的中点数值，它代表着各组变量的一般水平。组距式分组使各单位的具体标志值看不见了，取而代之的是变量值变动的范围，但在许多场合，仅仅了解这些变量值的变化范围还远远不够，为了便于分析，还要计算组中值。

组中值的计算需要根据各组的情况而定，对于"闭口组"，即一组中既有上限值又有下限值的组，组中值的计算公式为：

$$组中值 = \frac{上限 + 下限}{2}$$

在计算平均指标或进行其他统计分析时，常以组中值来代表各组标志值的平均水平。当各组标志值均匀分布时，组中值代表各组标志值水平的代表性就高。因此，分组时应尽可能使组内各单位标志值分布均匀。

有时候，连续型变量按离散型变量表示，组距数列的编制采取相邻组限不重叠的形式，组中值的确定应考虑到连续型变量自身的特点。年龄就是比较典型的例子，它实质上是连续型变量，习惯用整数表示。例如，大学生按年龄分为17~19岁、20~22岁两组，则组距是3岁，组中值分别为18.5岁和21.5岁。因为第一组应包括19岁又不到20岁的大学生，所以上限应视为20岁。同理，第二组上限应视为23岁。

对于"开口组"，即一组中或缺少下限值或缺少上限值的组，其组中值的计算公式为：

$$缺少下限的开口组组中值 = 该组的上限值 - \frac{邻组组距}{2}$$

$$缺少上限的开口组组中值 = 该组的下限值 + \frac{邻组组距}{2}$$

### (三) 频率、频数密度与频率密度

**1. 频率**

频率是指各组频数与总体单位总和之比，它反映了各组频数的大小对总体所起作用的相对强度。计算公式如下：

$$频率 = \frac{f_i}{\sum f_i}$$

式中 $f_i$——第 $i$ 组频数。

通过对总体各单位分组而形成变量数列，显示了各单位标志值在各组间的分布状况，从而使杂乱无章的原始数据显示出一定的规律性。频率有两个性质：一是任何频率都是介于0和1之间的一个分数；二是各组频率之和等于1，即100%。

**2.频数密度与频率密度**

对于异距分组，由于各组次数的多少还受组距不同的影响，所以各组的频数可能会随着组距的扩大而增加，随着组距的缩小而减少。为消除异距分组所造成的这种影响，需计算频数密度（或称次数密度）或频率密度，频数密度与频率密度的计算公式如下：

$$频数密度 = \frac{频数}{组距}$$

$$频率密度 = \frac{频率}{组距}$$

各组频数密度与各组组距乘积之和等于总体单位数，各组频率密度与各组组距乘积之和等于1。

**（四）累积频数与累积频率**

累积频数（或频率）可以是向上累积频数（或频率），也可以是向下累积频数（或频率）。计算向上累积频数（或频率）分布，其方法是先列出各组的上限，然后由标志值低的组向标志值高的组依次累积。向上累积频数表明某组上限以下的各组单位数之和是多少，向上累积频率表明某组上限以下的各组单位数之和占总体单位数的比重。计算向下累积频数（或频率）分布，其方法是先列出各组的下限，然后由标志值高的组向标志值低的组依次累计。向下累积频数表明某组下限以上的各组单位数之和是多少，向下累积频率表明某组下限以上的各组单位数之和占总体单位数的比重。累积频数分布具有如下两个特点：一是第一组的累积频数等于第一组本身的频数；二是最后一组的累积频数等于总体单位数。累积频率同样也具有两个特点：一是第一组的累积频率等于第一组本身的频率；二是最后一组的累积频率等于1或100%。

现以某区工业企业有关产值资料为例，计算各相关指标，如表3-11所示。

表3-11 某区工业企业有关产值资料

| 产值（万元） | 企业数（个） | 组中值（万元） | 频率（%） | 累积频数（个） | | 累积频率（%） | |
|---|---|---|---|---|---|---|---|
| | | | | 向上累积 | 向下累积 | 向上累积 | 向下累积 |
| 50以下 | 12 | 25 | 6 | 12 | 200 | 6 | 100 |
| 50~100 | 20 | 75 | 10 | 32 | 188 | 16 | 94 |
| 100~200 | 38 | 150 | 19 | 70 | 168 | 35 | 84 |
| 200~600 | 80 | 400 | 40 | 150 | 130 | 75 | 65 |
| 600~800 | 40 | 700 | 20 | 190 | 50 | 95 | 25 |
| 800以上 | 10 | 900 | 5 | 200 | 10 | 100 | 5 |
| 合计 | 200 | — | 100 | — | — | — | — |

利用"开口组"的组中值计算公式计算组中值是有假定条件的。假设各组中的变量值变化是均匀的,但实际各组内的变量值变化不一定都是均匀的。因此,以组中值代替变量值有一定的假设性,它不一定是真实值,而只是一个近似值。

### 三、变量分配数列的编制

编制变量分配数列,主要目的是反映总体的分布特征,并进一步研究总体的构成及变化规律等,而频数和频率是反映分配数列分布特征的。因此,分配数列编制的好与坏关键要看其能否反映总体的分布特征,即要看各组频数与频率的分配是否符合客观规律。

变量分配数列的编制是比较复杂的,下面以一个实例说明变量分配数列的编制方法。

例如,对某车间 40 名工人日加工零件数(单位:件)调查结果如下所示。

68　50　84　76　70　88　80　74　86　70
74　71　90　58　87　62　72　96　68　94
66　86　76　84　64　73　63　92　58　68
79　79　78　78　80　86　66　54　56　86

这些资料是比较零乱的,不能直接反映出总体的分布特征,因此要对其进行加工整理,形成分配数列,以反映总体的分布特征。

第一,将原始资料顺序排列,确定变量值的变动范围。可以用计算机排序,也可以人工找出极大值和极小值,得知其波动幅度在 50~96 件之间,差距为:96-50 = 46(件)。工人日加工零件数大多数在 70~90 件之间,偏低或偏高的情况都很少。

第二,确定组数和组距(这往往靠经验确定)。组距的大小直接关系到组数的多少,组距大,组数就少;组距小,组数就多。美国学者斯特杰斯创用了一个"斯特杰斯经验公式",即:

$$n = 1 + 3.3 \lg N$$

$$d = \frac{R}{n} = \frac{x_{max} - x_{min}}{1 + 3.3 \lg N}$$

式中　$n$ ——组数;

　　　$N$ ——总体单位数;

　　　$d$ ——组距;

　　　$R$ ——全距,即最大变量值 $x_{max}$ 与最小变量值 $x_{min}$ 之差。

也可以用经验确定。如上例中工人日加工零件数的变动幅度较大,如果采用单项式分组,则组数过多,不足以反映总体不同性质组成部分的分布特征,因此可以考虑用组距式分组。组数的确定要根据研究现象的具体情况而定。对工人日加工零件数的分析主要是看日加工零件数的集中情况,因为总数是 40 人,可将其分成 5 组。

第三,确定组限。日加工零件数虽然是连续型变量,但习惯上用离散型变量的表示方法,即采用偶数作为组限,并且采用重复组限的形式。确定组限时应注意,最低组的下限要小于或等于最小变量值，最高组的上限应大于最大变量值。

第四，统计各组频数，计算各组比率。根据组距、组数及组限，将各变量值从最小组开始排列，按组归类，编制成组距式数列，形成统计表。

根据所确定的组数、组距及组限，可将 40 名工人的日加工零件数编制成分配数列，如表 3-12 所示。

表 3-12　40 名工人日加工零件数分配数列

| 日加工零件数（件） | 人数 | 组中值（件） | 各组比率（%） |
| --- | --- | --- | --- |
| 50～60 | 5 | 55 | 12.5 |
| 60～70 | 7 | 65 | 17.5 |
| 70～80 | 13 | 75 | 32.5 |
| 80～90 | 11 | 85 | 27.5 |
| 90～100 | 4 | 95 | 10.0 |
| 合计 | 40 | — | 100.00 |

从这个分配数列中我们可以看出，这 40 名工人的日加工零件数是"两头小，中间大"的分布，是符合工人日加工零件数这一变化规律的，反映了总体的分布特征。

### 同步思考 3-3

1. 什么是组中值？怎样计算组中值？为什么要计算组中值？计算组中值的假设条件是什么？
2. 变量分配数列由哪几个要素构成？任何情况下都可以编制单项式变量数列、等距数列、异距数列吗？

## 第四节　统计数据的显示

统计数据主要有三种显示形式：一是用文字来说明；二是用统计表来表述；三是用统计图来显示。用文字说明部分，我们前面已经做了一些介绍，这里我们侧重介绍统计表的制作和统计图的绘制。

### 一、统计表

#### （一）统计表的概念和作用

统计表是统计用数字说话的一种最常用的形式。统计调查得来的原始资料经过汇总整理后，得出一些系统化的统计资料，将其按一定顺序填列在一定的表格内，这个表格就是统计表。

统计表是统计数据最基本的显示形式。其主要作用有四：一是能够系统地组织和合理地安排大量数字资料，能使其系统化和条理化，给读者以明确清晰的阅读体验；二是通过合理地排列统计资料，便于读者比较对照，发现现象的规律性；三是便于汇总和审核,也便于计算和分析;四是利用统计表便于检查数字的完整性和正确性。

## (二)统计表的结构

**1. 按表的形式分为总标题、横行标题、纵栏标题和数字资料四部分**

从统计表的形式上看,统计表由总标题、分标题(横行标题、纵栏标题)和数字资料组成,如表 3-13 所示。

总标题是表的名称,它表明统计表所要反映的统计资料的内容。通常放在统计表上端中央。

横行标题是统计表中各横行的名称,它表明统计总体及各组成部分,是统计表所要说明的对象,一般放在表的左方。

纵栏标题是统计表中各纵栏的名称,它表明总体数量特征的指标名称,一般放在统计表的上部。

数字资料是统计表格中的数字,每个数字都由横行标题和纵栏标题限定。

表 3-13  2019 年国内生产总值

| 产业类别 | 增加值(亿元) | 占国内生产总值的比重(%) | 比 2018 年增长(%) |
|---|---|---|---|
| 第一产业 | 70 466.7 | 7.14 | 3.1 |
| 第二产业 | 386 165.3 | 38.97 | 5.7 |
| 第三产业 | 534 233.1 | 53.89 | 6.9 |
| 合　计 | 990 865.1 | 100 | 6.1 |

**2. 按表的内容分为主词和宾词两部分**

从统计表的内容上看,统计表由主词和宾词两部分构成。主词是统计表要说明的总体、总体的分组和有关单位的名称。通常情况下,主词列在表的左方,构成横行标题的内容。宾词是用来描述主词的数字资料,通常列在表的右方,构成纵栏标题的内容。

## (三)统计表的种类

统计表按主词是否分组及分组标志的多少,可分为简单表、分组表和复合表三种。

**1. 简单表**

简单表是对主词未经任何分组的统计表。简单表分两种情况:一种是将总体单位按空间顺序排列,以反映总体单位的具体情况;另一种是将说明总体特征的数字资料按时间先后顺序排列,以反映现象在不同时间上的发展状况和发展趋势,如表 3-14 所示。

表 3-14　某地区 2014~2018 年各季度某种商品销售量资料　　　（单位：万件）

| 年份 | 第一季度 | 第二季度 | 第三季度 | 第四季度 |
|---|---|---|---|---|
| 2014 | 10 | 12 | 20 | 8 |
| 2015 | 12 | 15 | 16 | 10 |
| 2016 | 11 | 16 | 15 | 8 |
| 2017 | 10 | 12 | 14 | 8 |
| 2018 | 12 | 14 | 15 | 9 |

**2. 分组表**

分组表是指将主词按一个标志进行分组形成的统计表。分组表可以反映现象的不同特征，也可用来反映总体内部结构，如表 3-15 所示。

表 3-15　甲、乙两组工人日工资资料

| 工资（元） | 工人数 | |
|---|---|---|
|  | 甲组 | 乙组 |
| 50~100 | 3 | 3 |
| 100~150 | 8 | 3 |
| 150~200 | 6 | 7 |
| 200~250 | 2 | 5 |
| 250~300 | 1 | 2 |
| 合计 | 20 | 20 |

**3. 复合表**

复合表是指将主词按两个或两个以上标志进行复合分组形成的统计表。在一定分析任务要求下，复合表可以把更多的标志结合起来，以便更深入地分析社会经济现象的规律性，如表 3-16 所示。

表 3-16　某地区 2018 年工业净产值和职工人数资料

| 项　目 | 净产值（万元） | 年底职工人数 |
|---|---|---|
| 一、国有 | 2 315 | 6 825 |
| 　1. 大型 | 995 | 1 360 |
| 　2. 中型 | 880 | 4 480 |
| 　3. 小型 | 440 | 985 |
| 二、集体 | 1 720 | 2 210 |
| 　1. 大型 | 740 | 740 |
| 　2. 中型 | 530 | 1 030 |
| 　3. 小型 | 450 | 440 |
| 合计 | 4 035 | 9 035 |

**（四）统计表的编制规则**

编制统计表总的要求是：简练、明确、实用、美观、便于比较。统计表的编制应注意如下事项。

第一，统计表的总标题、横行标题、纵栏标题应简明扼要，以简练且准确的文字表述统计资料的内容、资料所属的空间和时间范围。

第二，表中主词各行和宾词各栏，一般按先局部后总体的原则排列，即先列出项目后列总计，在没有必要列出所有项目时，可先列出总计，然后列出一部分重要项目。

第三，如果表中栏次较多，通常要加以编号。主词栏和计量栏通常可用＜甲＞、＜乙＞等标明，而宾词栏可用（1）、（2）、（3）等标明。表中各栏如有计算上的钩稽关系，可同时标明。如（3）＝（2）÷（1），表明第（3）栏的数据是由第（2）栏的数据除以第（1）栏的数据得到的。合计栏的设置：统计表各纵列若需合计时，一般应将合计列在最后一行，各横行若需要合计时，可将合计列在最后一栏。

第四，表中数据应对准位数，填写整齐。当数字为零或数值太小而忽略不计时，要写上零；当缺乏某项资料时，用符号"…"表示；当不应有数时，用符号"—"表示。即统计表中不能有空格。

第五，统计表中必须注明计量单位。如各行有不同的计量单位，可专设计量单位一栏；纵栏的计量单位可标写在纵栏标题的下面；如各纵栏计量单位一致，可将其标在表的右上方。

第六，统计表的上下端应以粗线绘制，表内纵横线以细线绘制。表格的左右两端一般不画线，采用"开口式"。

第七，必要时，应在统计表下方注明表中某些资料的来源或某些指标的计算方法、计算口径等。

## 二、统计图

### （一）统计图的概念和意义

用来表现统计数据的各种几何图形，具体事物的形象、符号和地图都叫统计图。统计图是统计数据的另一种表现形式，它可以从数量方面来表示研究对象的规模、水平、结构、发展趋势和比例关系。俗话说"一图解千文"，图形的影响力往往胜过冗长的文字叙述，易为一般人理解和接受。统计图具有生动活泼、鲜明醒目和见图知意的特点。因此，绘制统计图也是统计数据整理的一项重要内容。

常用的统计图有条形图、直方图、折线图、曲线图、圆形图、环形图、雷达图、茎叶图、箱线图、象形图等。

### （二）绘制统计图的原则

第一，统计图必须准确地反映客观真实的情况。统计图与一般的美术图不同，它是实际统计资料的反映，因而图形必须力求准确。要避免由于绘制技术的粗糙而发生差错；还要避免由于表现方法不恰当而引起读者的错觉。

第二，统计图应力求简明扼要，通俗易懂。统计图越简单、越明白，就越符合图示的目的。因此，选用立体图形、复杂图形要慎重。若遇到复杂的对象，可以分别绘制几种简单图形，而不宜将其混于一个图形中。

第三，统计图应当主题突出。每个统计图须有一个明晰、完整的标题，其字句应能反映该图的主题，并应指明所反映对象的时间和空间限制。

第四，要根据资料的性质和绘图目的选择恰当的统计图形。

第五，应将统计资料随图形一并列明，作为研究的依据。

### （三）绘制统计图的步骤

一是确定制图目的，收集和选择资料。对已有的资料要加以选择，决定取舍；对没有的资料要重新收集；要注意做好资料的审查核对工作。二是决定图形。根据制图目的和资料的性质决定图形。三是对资料进行加工计算。根据绘图需要，计算出资料与图形尺寸之间的比例以及实际的绘图尺寸（长度、角度、面积等），绘制草图。四是核对无误后，用墨色正式绘制图形。

### （四）常用的几种统计图

#### 1. 条形图

条形图是用宽度相同条形的高度或长度来表示统计指标数值的大小。条形图可以横置或纵置，纵置时也叫柱形图。条形图根据表现资料的内容可分为单式条形图和复式条形图。单式条形图反映统计对象某一指标的变化情况。例如，2018年8月29日，由全国工商联发布的2018中国民营企业500强榜单正式出炉。按所属地域情况，中国民营企业500强分布如下：东部396家；东北9家；中部43家；西部52家。根据以上信息可绘制单式条形图，如图3-5所示。（操作方法请参见本书第十一章中"实验二　Excel在统计整理中的应用"）

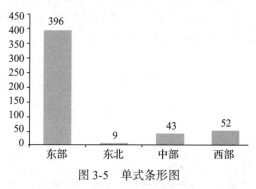

图3-5　单式条形图

复式条形图是由两个或两个以上条形合为一组，再将若干组条形并列在同一图上的条形图。复式条形图可以反映统计对象的两个或多个指标的变化情况。例如，兴隆、中盛两家超市出售的各种水果资料如图3-6所示。

#### 2. 直方图

直方图是用矩形的宽度和高度来表示频数分布的图形。在平面直角坐标中，横轴表示数据分组，纵轴表示频数或频率，这样各组与相应的频数或频率就形成了一个矩形，即直方图。例如，根据表3-14中甲组工人日工资情况绘制成直方图，如图3-7所示。

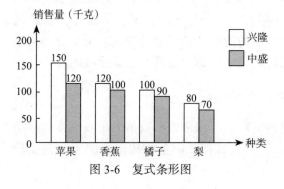

图3-6　复式条形图

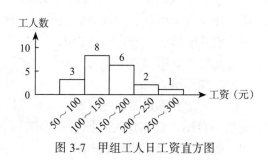

图3-7　甲组工人日工资直方图

直方图和条形图不同，条形图是用条形的高度或长度来表示各类别数量的，其宽度（表示类别）是固定的，直方图是用面积表示数量的；直方图各矩形通常是连续排列的，条形图则是分开排列的。

### 3. 折线图

折线图也称频数多边形图，在直方图的基础上把直方图顶部的中点（组中值）用直线连接起来，再把原来的直方图抹掉就是折线图。需要注意的是，折线图的两个终点要与横轴相交。具体的做法是将第一个矩形顶部中点通过竖边中点（该频数一半的位置）延长至横轴。最后一个矩形顶部中点通过竖边中点（该频数一半的位置）延长至横轴。这样才会使折线图下所围成的面积与直方图的面积相等，从而使二者所表示的频数分布一致。根据图 3-7 甲组工人日工资直方图绘制折线图，如图 3-8 所示。

### 4. 曲线图

曲线图就是在坐标平面上，以曲线的升降来表示被研究现象变动状况的一种图形。根据统计数据的性质和作用，曲线图可分为动态曲线图、分布曲线图和相关曲线图。

动态曲线图是以曲线说明现象动态的图形。绘制时，一般以横轴表示时间，纵轴表示某一统计指标。例如，已知 1984~2016 年各届奥运会中国代表团的金牌总数，绘制动态曲线图，如图 3-9 所示。

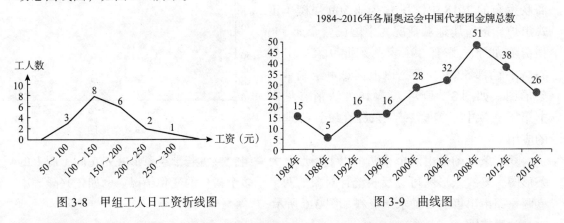

图 3-8　甲组工人日工资折线图　　　　图 3-9　曲线图

分布曲线图是指表明总体单位分布情况的图形。在绘制折线图时，数据所分的组数越多，组距就会越小。这时所绘制的折线图就会越来越光滑，逐渐形成一条平滑的曲线，这就是频数分布曲线。分布曲线在统计学中有着十分广泛的应用，是描述各种统计量和分布规律的有效方法。具体内容详见本节"（五）频（次）数分布图的类型"。

相关曲线图是指以曲线表示现象之间依存关系的一种图形，又称为依存关系曲线图，主要用于反映某种现象受到另一种现象影响的情况。如父母的身高对子女身高的影响、农业中施肥量与亩产的关系、日均学习时间与成绩的关系等。相关曲线的具体内容可参考第七章第二节"相关关系的测定"。

### 5. 圆形图

圆形图又称饼图，是以圆的面积或圆内各扇形的面积来表示数值大小或总体内部结构的一种图。根据作用不同，圆形图可分为圆形比较图、圆形结构图和圆形结构比较图。我们主要介绍圆形结构图。

圆形结构图以整个圆形的面积来代表一个完整的总体，而以圆内的各个扇形来显示总体的各个组成部分，因此又叫扇形结构图。它适用于分组个数较少的情况。选取我国2018年国内生产总值构成数据（单位：亿元）绘制圆形结构图，如图3-10所示。

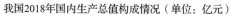

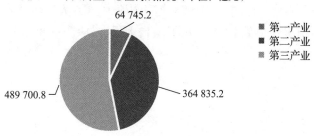

图 3-10　圆形结构图

### 6. 环形图

环形图中间有一个"空洞"，总体中的每部分数据用环中的一段来表示。环形图可以同时绘制多个总体的数据系列，每个数据系列为一个环，可以显示多个总体各部分占总体的相应比例，从而有利于进行比较研究。例如，甲、乙两个班级对某门课程的教学评价资料如表3-17所示，据此资料绘制环形图如图3-11所示。

表 3-17　课程教学情况评价表

| 班级 | 很不满意 | 不满意 | 一般 | 满意 | 很满意 |
| --- | --- | --- | --- | --- | --- |
| 甲 | 5% | 10% | 30% | 45% | 10% |
| 乙 | 3% | 10% | 27% | 40% | 20% |

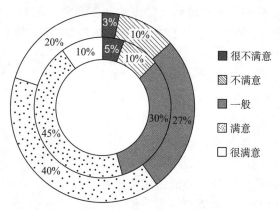

图 3-11　课程教学情况评价环形图

### 7. 雷达图

雷达图也称蜘蛛图、蛛网图、星状图、极区图，是一种以二维形式展示多维数据的图形。雷达图从中心点出发，辐射出多条坐标轴（至少大于三条），每份多维数据在每一维度上的数值都占用一条坐标轴，并和相邻坐标轴上的数据点连接起来，形成一个不规则的多边形。如果将相邻坐标轴上的刻度点也连接起来以便读取数值，整个图形便形似蜘蛛网或雷达仪表盘，因此而得名。

雷达图是专门用来进行多指标体系比较分析的专业图表。从雷达图中可以看出指标的实际值与参照值的偏离程度，从而为分析者提供有益的信息。雷达图一般用于成绩展示、效果对比量化、多维数据对比等。例如，某公司对相关职员进行了质量控制培训，培训前后分别对个人能力、改进意识、解决问题能力、团队精神及质量控制知识进行了测定，根据测定的结果绘制雷达图，如图3-12所示，从图中可以清晰地判断出培训的效果是很明显的。

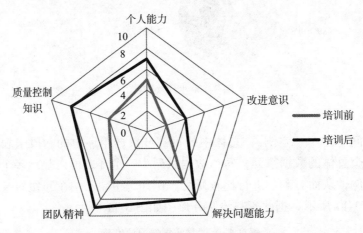

图3-12　培训前后测试结果对比雷达图

**8. 茎叶图**

茎叶图是由"茎"和"叶"两部分组成。通过茎叶图可以反映原始数据的分布情况及数据的离散情况，比如分布是否对称、数据是否集中、是否有离群点等。绘制茎叶图时，先把一个数字分成两部分，将最后一位作为叶，而将其他的高位数字作为茎。

例如，某车间共有30名工人，其日产量资料如下（单位：件）。

41　52　46　59　32　40　40　55　61　75
15　31　51　49　60　31　65　69　16　34
89　79　57　46　11　24　71　45　22　85

根据以上数据，绘制茎叶图，如图3-13所示：

茎叶图类似于横置的直方图，但两者又有不同。茎叶图既能给出数据的分布状况，又能给出一个原始数据，从而保留了原始数据的信息，一般适用于小批量数据；直方图能够反映定性变量取值的分布，但不能保留原始的数据信息，通常适用于大批量数据。

| 频数 | 茎 | 叶 |
|---|---|---|
| 3 | 1 | 1 5 6 |
| 2 | 2 | 2 4 |
| 4 | 3 | 1 1 2 4 |
| 7 | 4 | 0 0 1 5 6 6 9 |
| 5 | 5 | 1 2 5 7 9 |
| 4 | 6 | 0 1 5 9 |
| 3 | 7 | 1 5 9 |
| 2 | 8 | 5 9 |
| 茎的宽度：10 | | 每片叶：1个样本 |

图3-13　30名工人日产量的茎叶图

**9. 箱线图**

箱线图又称盒形图，是一种含有丰富信息的统计图，主要用来反映原始数据的分布特征。它由一组数据的最大值、最小值、中位数和上下四分位数共5个特征值组成。与茎叶图相比，箱线图不能反映出每一个原始数据的信息，但提供了简明有效的视图。根据茎叶图的数据利用统计软件SPSS绘制箱线图，如图3-14所示。

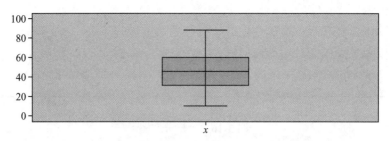

图 3-14　30 名工人日产量的箱线图

**10. 象形图**

象形图是利用形象画来表明统计资料的图形。它给人以直观感觉，其主要作用是比较现象在不同时间、不同地区和不同条件下的水平、速度、比例、计划完成情况等数值的大小。比如，随机抽取 200 名过路人，测得其血型情况，绘制统计象形图，如图 3-15 所示。

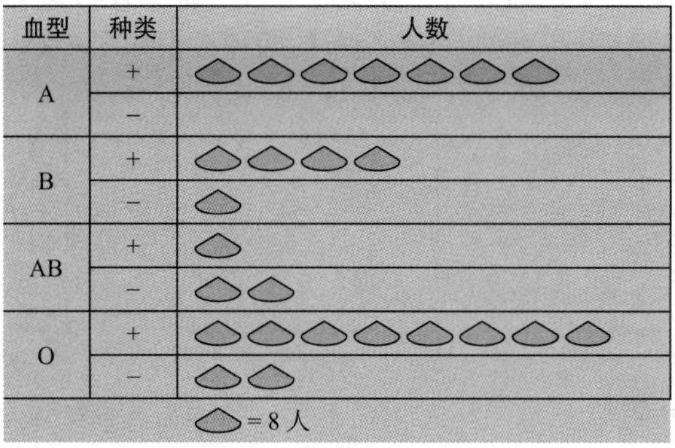

图 3-15　200 名过路人的血型情况象形图

## （五）频（次）数分布图的类型

利用统计图的形式对社会现象的数量分布特征进行描述，可以直观地显示不同类型现象的分布特征。

各种不同性质的社会经济现象次数分布的类型，概括起来大致有三种类型：钟形分布、U 形分布和 J 形分布。

**1. 钟形分布**

钟形分布的特征是"两头低，中间高"，即中间的变量值分布次数多，靠近两边的变量值分布的次数少，其曲线图宛如一口古钟，如图 3-16 所示。

如图 3-16a 所示，其分布特征是以变量的平均数为对称轴，左右两侧对称，两侧变量值分布的次数随着与其平均值距离的增大而渐次减少。在统计学中，称这种分布为正态分布。图 3-16b、3-16c 为非对称分布，它们各有不同方向的偏态。图 3-16b 曲线是右偏分布，图 3-16c 曲线是左偏分布。在客观实际中，许多社会现象总体的分布都趋于正态分布，如农作物单位面积产量的分布、零件公差的分布、商品市场价格的分布等。

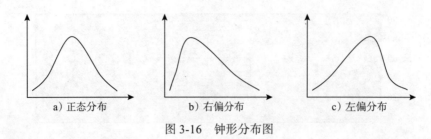

图 3-16 钟形分布图

### 2. U 形分布

U 形分布的形状与钟形分布相反，靠近中间的变量值分布次数少，靠近两端的变量值分布次数多，形成"两头高，中间低"的 U 形分布。例如人口按年龄死亡率的分布，人口总体中，幼儿和老年人死亡率高，而中青年死亡率低。图 3-17 是 U 形分布图。

### 3. J 形分布

J 形分布有两种类型，一种是正 J 形分布，即次数随变量的增大而增多，经济学中的供给曲线属于该分布类型；另一种是反 J 形分布，即次数随着变量的增大而减少，经济学中的需求曲线属于该分布类型。J 形分布的两种类型如图 3-18 所示。

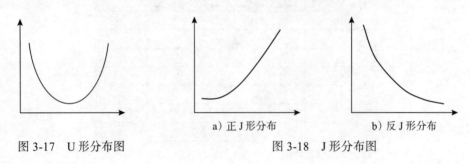

图 3-17 U 形分布图　　　　图 3-18 J 形分布图

### 同步思考 3-4

有一句很形象、很经典的话：文字不如数字，数字不如表格，表格不如图示。这是说统计图表更直观。以统计表为例，统计表能够系统地组织和合理地安排大量数字资料，能使其系统化和条理化，便于汇总和审核，便于计算和分析，便于检查数字的完整性和正确性。那么，当我们进行数据汇总时，选择用简单表、分组表和复合表要以什么为原则？试调查一下班里同学本学期的月电话费支出情况，并用合适的统计表和统计图来显示。

## 思考与练习

● 知识题

1. 单项选择题

（1）某局对其所属企业销售计划完成百分比采用如下分组，请指出哪项是正确的（　　）
    A. 80%～89%，90%～99%，100%～109%，110% 以上
    B. 95% 以下，95%～105%，105%～115%，115%～125%
    C. 90% 以下，90%～100%，100%～110%，110% 以上

D. 85%以下，85%~95%，95%~105%，105%~115%

（2）对职工的生活水平状况进行分组研究，正确地选择分组标志应当用　　（　　）
　　A. 职工家庭成员平均月收入额　　　B. 职工人均月收入额
　　C. 职工月工资总额　　　　　　　　D. 职工的人均月岗位津贴及奖金

（3）组距数列中的上限一般是指　　　　　　　　　　　　　　　　　　　（　　）
　　A. 本组变量的最大值　　　　　　　B. 本组变量的最小值
　　C. 总体内变量的最大值　　　　　　D. 总体内变量的最小值

（4）组距和组数是组距数列中的一对基本要素。当变量的全距一定时，组距和组数（　　）
　　A. 不相关　　　　　　　　　　　　B. 关系不确定
　　C. 有正向关系　　　　　　　　　　D. 有反向关系

（5）某连续变量数列，其末组为开口组，下限为200，又知其邻组的组中值为170，则末组组中值为　　　　　　　　　　　　　　　　　　　　　　　　　　　　　　（　　）
　　A. 260　　　　　　　　　　　　　　B. 215
　　C. 230　　　　　　　　　　　　　　D. 185

## 2. 多项选择题

（1）下述分组中从统计分组体系看属于复合分组体系的是　　　　　　　（　　）
　　A. 对工人分别按性别和工资级别分组
　　B. 对企业分别按产值和行业分组
　　C. 先按某标志分组，再按另一标志重叠分组
　　D. 对不同行业的企业分别按产值分组
　　E. 对工人先做性别分组，在此基础上按工资级别分组

（2）统计分组是　　　　　　　　　　　　　　　　　　　　　　　　　（　　）
　　A. 在统计总体内进行的一种定性分类　　B. 在统计总体内进行的一种定量分类
　　C. 将同一总体划分为不同性质的组　　　D. 将不同的总体划分为性质不同的组
　　E. 把总体划分为一个个性质不同的、范围更小的总体

（3）在次数分配数列中　　　　　　　　　　　　　　　　　　　　　　（　　）
　　A. 总次数一定，频数和频率成反比
　　B. 各组的频数之和等于100
　　C. 各组的频率大于0，频率之和等于1
　　D. 频数越小，则该组的标志值所起的作用越小
　　E. 频率又称为次数

（4）某厂100名工人按工资额分为800元以下、800~1 000元、1 000~1 200元、1 200~1 400元、1 400元以上等五个组。这一分组　　　　　　　　　　　　　　（　　）
　　A. 是等距分组　　　　　　　　　　B. 分组标志是连续型变量
　　C. 末组组中值为1 500　　　　　　　D. 相邻的组限是重叠的
　　E. 某职工工资为1 000元，应计在"800~1 000元"组内

（5）统计分组的重要作用在于　　　　　　　　　　　　　　　　　　（　　）
　　A. 反映总体的基本情况　　　　　　B. 说明总体单位的数量特征

C. 反映现象的内部结构　　　　　D. 区分社会经济现象的类型
E. 研究现象之间的数量依存关系

3. 判析题
（1）复合分组就是选择两个或两个以上的分组标志对同一总体进行的并列分组。（　　）
（2）异距数列是各组组距不完全相等的组距数列。（　　）
（3）统计分组的关键是选择分组标志和划分各组界限。（　　）
（4）简单分组涉及总体的某一个标志，复合分组则涉及总体的两个以上标志，因此，将两个简单分组排列起来，就是复合分组。（　　）
（5）根据数量标志下的各变量值，很容易就能判断出现象性质上的差异。（　　）

4. 简答题
（1）什么是统计分组？统计分组有什么作用？举例说明研究人口结构时怎样进行分组？
（2）汇总前应该怎样控制数据误差？
（3）什么是组中值？怎样计算组中值？以组中值代替变量值的前提是什么？
（4）什么是简单分组、复合分组、平行分组？复合分组、平行分组各有什么优点？
（5）选择统计分组标志应该注意哪些问题？

● **实务题**

1. 某企业工人日产量统计资料如右表所示。

| 日产量（件） | 工人数 |
| --- | --- |
| 0～60 | 6 |
| 60～70 | 12 |
| 70～80 | 12 |
| 80～90 | 14 |
| 90～100 | 15 |
| 100～110 | 18 |
| 110～120 | 22 |
| 120～130 | 8 |
| 合计 | 107 |

（1）各组工人数中（　　）
　　A. 包括日产量等于下限的人数
　　B. 包括日产量等于上限的人数
　　C. 日产量等于上限、下限的人数均包括
　　D. 日产量等于上限、下限的人数均不包括
（2）上述变量数列中变量是指（　　）
　　A. 日产量　　　　　　　　B. 工人数
　　C. 日产量的具体数值　　　D. 工人数的具体数值
（3）各组频率为（　　）
　　A. 6,12,12,14,15,18,22,8
　　B. 0.42,0.85,0.85,1.00,0.14,0.17,0.21,0.07
　　C. 0.06,0.11,0.11,0.13,0.14,0.17,0.21,0.07
　　D. 55,65,75,85,95,105,115,125
（4）上述变量数列属于（　　）
　　A. 单项式数列　　　　　　B. 组距数列
　　C. 连续变量数列　　　　　D. 等距数列

2. 什么是"穷尽原则"？什么是"互斥原则"？若对一些企业按计划完成程度不同分为三组：第一组为80%～100%，第二组为100%～120%，第三组为120%以上。以下分组哪几个是正确的？（　　）

A. 若将上述各组组别及次数依次排列，就是变量分布数列
B. 该数列的变量属于连续型变量，所以相邻组的组限必须是重复组限
C. 此类数列只能是等距数列，不可能采用异距数列
D. 各组的上限分别为80%、100%、120%，某企业计划完成100%应归第二组
E. 各组的下限分别为80%、100%、120%，某企业计划完成100%应归第二组

● **实训题**

**实训一**

（1）实训目的：通过本题的练习，掌握统计分组的基本方法。
（2）实训资料：某班20名女同学按百分制数学成绩（单位：分）如下。
　　62　56　84　95　76　67　74　80　90　62
　　67　76　85　89　88　71　87　88　81　51
（3）实训要求：按不及格、及格、中等、良好、优秀五个等级（即以50～60分、60～70分、70～80分、80～90分、90分以上）进行分组整理。

**实训二**

（1）实训目的：通过本题的练习，掌握统计数据整理的基本方法和统计汇总的基本计算方法。
（2）实训资料：对产品生产过程进行质量控制，抽取50个电子元件调查其耐用时数（单位：小时），具体资料如下。
　　1 180　1 010　1 230　1 100　1 180　1 580　1 210　1 460　1 170　1 080
　　1 050　1 100　1 070　1 370　1 200　1 630　1 250　1 360　1 270　1 420
　　　800　1 030　　870　1 150　1 410　1 170　1 230　1 260　1 380　1 510
　　1 010　　860　　810　1 130　1 140　1 190　1 260　1 350　　930　1 420
　　1 080　　880　1 050　1 250　1 160　1 320　1 380　1 310　1 250　1 270
（3）实训要求：对上述资料采用等距分组，分为8组，组距为100，以800为第一组下限。整理出50个电子元件耐用时数资料表，并计算出频数和频率。

**实训三**

（1）实训目的：通过本题的练习，掌握统计数据整理的基本方法和统计汇总的基本计算方法。
（2）实训资料：某班40名同学统计学期末成绩（单位：分）如下。
　　68　72　84　56　70　51　86　93
　　95　73　78　82　87　86　64　75
　　78　74　74　77　85　82　63　74
　　79　80　97　78　92　71　71　84
　　86　75　76　68　75　76　82　66
（3）实训要求：对上述资料采用等距分组，分为5组，组距为10，以60以下为第一组。整理出40名同学成绩数据表，并计算出组中值、频数和频率。

## 实训四

（1）实训目的：通过本题的练习，掌握统计数据整理的基本方法和统计汇总的基本计算方法。

（2）实训资料：某区工业企业有关产值资料如下表所示。

| 产值（万元） | 企业数（个） | 频率（%） | 累积频数（个） | | 累积频率（%） | | 组中值（万元） |
| --- | --- | --- | --- | --- | --- | --- | --- |
| | | | 向上累积 | 向下累积 | 向上累积 | 向下累积 | |
| 40以下 | 10 | | | | | | |
| 40~80 | 40 | | | | | | |
| 80~120 | 100 | | | | | | |
| 120~160 | 190 | | | | | | |
| 160~200 | 50 | | | | | | |
| 200以上 | 10 | | | | | | |
| 合计 | 400 | | | | | | |

（3）实训要求：根据表中资料计算组中值、频率、累积频数、累积频率。

本章部分习题参考答案及知识拓展可扫右侧二维码获得。

# 第四章

# 综合指标分析

## 学习目标

①掌握总量指标、相对指标、平均指标的含义、特点、分类；②理解总体总量与标志总量、时期指标与时点指标的区别；③熟练掌握六种相对指标的概念、特点、表现形式、计算方法和应用条件；④理解平均指标和标志变异指标的辩证关系；⑤掌握算术平均数、调和平均数、中位数、众数、全距、平均差、方差、标准差、离散系数的计算方法和应用条件；⑥理解权数的作用，能区别平均数和强度相对数；⑦掌握计算平均指标和标志变异指标应注意的问题。

## 主要学习内容

本章阐述了现象总量描述的含义、种类以及总量指标的计算方法；数据对比描述的含义、应用原则，以及各种对比描述指标的概念、表现形式、特点和计算方法；平均指标的含义与计算，标志变异指标的作用、计算与应用。具体包括：①总量指标、相对指标、平均指标的概念和分类；②时期指标和时点指标的区别；③六种相对指标的计算与分析；④算术平均数与调和平均数的计算与分析；⑤中位数与众数的含义及计算；⑥全距、平均差、方差、标准差、标准差系数的含义及应用；⑦应用平均指标和标志变异指标应注意的问题。

## 引例 1

### 百分比和百分点的应用

百分数也称百分比，是相对指标最常用的一种表现形式。它是将对比的基数抽象化为 100 而计算出来的相对数，用"%"表示。百分点是指不同时期以百分数形式表示的相对指标（如速度、指数、构成等）的变动幅度。但在实际应用中，百分数和百分点常被混淆，比如以下情况。

**错误之一**：股票交易印花税从 3‰ 下降至 1‰，降幅为 2‰。2008 年 4 月 24 日，经国务院批准，证券（股票）交易印花税税率由 3‰ 下降至 1‰（即从千分之三调整为千分之一）。当时，有新闻媒体居然解读为"降幅达 2‰"，这显然是一个低级错误。正确的表达应该是："降幅为 2 个千分点"，或者可以表述为"降幅达 0.2 个百分点"。

**错误之二**：一年期房贷款利率从 5% 下调至 4.75%，调低了 0.25%。2015 年 10 月 24 日央行降息后一年至三年贷款利率由 2015 年 8 月 26 日的 5% 降至 4.75%。这一条消息被有的媒体错误地表述为"调低了 0.25%"。正确的表述有两种：一是可以表述为"调低了 0.25 个百分点"，二是可以表述为"调低了 25 个基点"。

资料来源：《咬文嚼字》经典短文。

## 引例 2

### 平均指标是极重要的指标，但应用是有条件的

平均数是极重要的指标，但平均数是有局限性的，有时"平均值"也会给人错误印象。比如，有一个成人在一条平均深度只有 1.2 米的河中淹死了，而成人的身高一般都会超过 1.5 米。那么，为什么一条平均深度只有 1.2 米的河却会淹死人？原因是这条河不同位置深浅不同，这个人是在一个 2 米多深的陷坑处沉下去的。所以，平均值虽然有广泛的应用，但应用平均数也是有条件的。

资料来源：《趣说统计》经典短文。

## 第一节　总量指标

总量指标是一定社会经济范畴的具体数量表现，具有一定的质的规定性。社会经济统计的每一个总量指标都是一定社会经济范畴的具体数量表现，科学地理解社会经济统计总量指标的内涵、作用、种类，正确计算出社会经济总量指标具有重要的意义。

### 一、总量指标的含义和作用

#### （一）总量指标的含义

总量指标也称绝对指标、绝对数，是反映现象总体在一定时间、地点条件下的总规模、总水平的综合指标。例如，2018 年，我国研究生教育招生 85.8 万人，在学研究生 273.1 万人，毕业生 60.4 万人。普通本专科招生 791.0 万人，在校生 2 831.0 万人，毕业生 753.3 万人。⊖ 上述指标都是总量指标。此外，需要指出的是，有时总量指标还可

---

⊖ 《2018 年国民经济和社会发展统计公报》，2019 年 2 月 28 日。

以表现为总量之间的绝对差数。

总量指标与其他种类指标相比有两个特征：一是只有有限总体才能计算总量指标；二是总量指标数值的大小与总体范围的大小密切相关，总量指标的多与少随总体范围的大小而增减。

### （二）总量指标的作用

总量指标在统计实践和统计理论中都具有十分重要的作用，具体表现在三个方面。

**1. 总量指标是反映国情国力的基本指标**

如果要分析国民经济形势，必须了解反映国民经济发展状况的各项主要总量指标。例如，要了解一个国家的国情、国力和国民经济基本情况，就必须掌握该国的人口总数、土地面积、国民生产总值、国民收入等总量指标。同样，要了解一个上市公司的财务状况，就必须了解该公司的固定资产总值、年利税总额、工业增加值、生产能力、资产负债总额等总量指标。

**2. 总量指标是进行经济管理的主要依据**

进行经济管理必须做到"心中有数"，这个数就是总量指标。在经济管理实践中，各决策层对计划的编制、检查，都必须依据经济发展的总量指标。

**3. 总量指标是计算相对指标和平均指标的基础**

总量指标只是反映一定时空状态下社会经济现象的总量和规模，要对社会经济现象进一步深入地认识，还需要从比例、速度、一般水平等方面分析，这就需要计算一系列相对指标和平均指标。而总量指标数字准确与否直接影响到相对数和平均数的准确性，从而直接影响统计分析的效果。

## 二、总量指标的种类

总量指标从不同角度有不同的分类。一般来说，通常可以按所描述的总体内容不同分类、按计量单位不同分类、按所反映的总体时间状况不同进行分类，如图4-1所示。

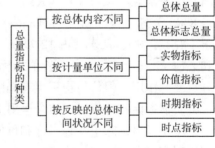

图 4-1　总量指标的种类

### （一）按所描述的总体内容不同分为总体总量和总体标志总量

总体总量，即总体单位总量，反映一个总体内包含了多少个总体单位数，说明总体本身规模的大小。例如企业数、学校数等。总体标志总量是总体各单位某种数量标志值的总和，是说明总体数量特征的总规模和总水平。例如总产量、总产值、工资总额、利税总额等。

总体单位总量与总体标志总量不是固定不变的，而是随研究目的和研究对象不同而发生变化的。例如，我们要研究某市工业企业的基本情况，那么该市全部工业企业就是总体，每家工业企业是总体单位，工业企业数是总体单位总量，全部工业企业的职工人数是总体标志总量。但是如果我们要研究全市工业企业职工状况，那么全部工业企业职工人数就是总体单位总量了，职工的工资总额就是总体标志总量。显然，全部工业企业职工人数，相对"全部工业企业"总体而言是总体标志总量，而相对"全部工业企业职工"总体而言就成了总体单位总量。

### （二）按计量单位不同分为实物指标和价值指标

实物指标是直接体现事物使用价值或现象具体内容的绝对指标。根据事物的属性和特点，要采用不同的实物计量单位。实物单位包括自然单位、度量衡单位、标准实物单位、双重单位和复合单位。例如，2018年，全年国内游客55.4亿人次，比上年增长10.8%；国内旅游收入51 278亿元，增长12.3%。入境游客14 120万人次，增长1.2%。其中，国际旅游收入1 271亿美元，增长3.0%。国内居民出境16 199万人次，增长13.5%。[①]

实物指标能较直观地反映事物的数量，被广泛应用于编制计划、检查计划执行情况等经济管理实践中。但由于实物单位种类纷繁，不同计量单位的事物或即使是同一计量单位的不同事物，通常也不能直接加总。因此，以实物单位计量的实物指标综合性差，不能用于反映复杂现象的总规模、总水平和总速度。

价值指标是用货币单位来计量事物数量大小的统计指标。货币单位是用货币作为度量社会财富或劳动成果的一种计量单位，如我国用人民币元、美国用美元、德国用欧元、日本用日元等。不同的国家一般有自己的货币名称和货币单位。以货币单位来度量事物的数量，能使无法直接相加的经济现象的数量过渡到可以加总的状态，从而综合地说明具有不同使用价值的经济现象的总规模、总水平和总速度。例如，2018年，全国共投入研究与试验发展（R&D）经费19 677.9亿元，比上年增加2 071.8亿元，增长11.8%。分地区看，研究与试验发展经费投入超过千亿元的省（市）有6个，分别为广东（占13.7%）、江苏（占12.7%）、北京（占9.5%）、山东（占8.4%）、浙江（占7.3%）和上海（占6.9%）。[②]由于价值指标具有广泛的综合性，因此，它在统计核算中具有十分重要的作用。但价值指标也有局限性，它不能直观地反映事物的数量，所以在实践中常将实物指标和价值指标结合运用。

需要指出，除了实物指标和价值指标外，有时也用劳动单位如工日、工时等来计量劳动时间的长短，这类指标也称劳动量指标，它一般是用来反映各种产品所消耗的劳动总量，主要用于编制和检查基层企业生产作业计划，以及为实行劳动定额管理提供依据。

### （三）按反映总体时间状况不同分为时期指标和时点指标

**1. 时期指标**

时期指标是反映现象在一段时间内发生的总量，其数值是通过对一定时期内事物的数量进行连续登记并累计加总得到的。例如，一定时期内（日、月、年等）的产品产量、

---

[①] 《2018年国民经济和社会发展统计公报》，2019年2月28日。
[②] 《2018年全国科技经费投入统计公报》，2019年8月30日。

产值、商品销售额、工资总额等。时期指标有三个特点:其一,指标具有可加性,即可以进行纵向的累计。纵向累计结果表明在更长一段时期内事物发展过程的总数量,而横向累计的结果通常只是表明在某一时期更大范围内的总数量。其二,指标数值的大小与其所属的时期长短有直接关系。通常时期越长,指标数值越大,时期越短,指标数值越小。例如,年销售额要大于月销售额,月产量要多于日产量。其三,指标数值可以连续计数取得,因为它的每一个数值都是表明现象在某一段时期内发生的总量。例如,一个月的销售额是一个月中每天销售额的总和。

### 2. 时点指标

时点指标是反映事物总体在某一时点上(瞬间)的数量状态。其数值是通过对事物在某一时点上的数量进行登记得到的。例如,人口数、企业数、商品库存数、流动资金占用额等。时点指标也有三个特点:其一,指标通常不具有纵向可加性,但同一性质的时点指标在同一时点上可横向累计。例如,不能将某企业全年各月初或月末的职工人数相加作为本年度该企业的全部职工人数,以反映企业的规模,但可以将企业各车间同期的月初或月末人数相加。其二,指标数值的大小与时间间隔的长短没有直接关系。例如,某企业年末某种产品的库存数不一定大于年初库存数;全年的流动资金平均占用额也不一定大于一月份的流动资金平均占用额。其三,指标数值一般是间断统计取得的。因为时点指标通常变化不大,所以不需要随时登记。此外,因为时点指标实际上是一个存量指标,不能纵向累计,所以通常间断计数。

正确理解时期指标与时点指标的特点,有助于正确计算序时平均数等动态分析指标。

## 三、总量指标的计算

### (一) 总量指标的计算方法

总量指标的计算方法有两种,一是直接计量法;二是推算与估算法,如图 4-2 所示。

### 1. 直接计量法

直接计量法是通过对研究对象的直接计数、测量、汇总等而得到的,是总量指标最主要的计算方法。

### 2. 推算与估算法

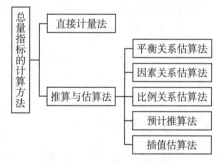

图 4-2 总量指标的计算方法

推算与估算法是指当研究对象不能或不必直接计量时,采用推算与估算法来得到总量指标。推算与估算法主要有五种。

(1) 平衡关系估算法。平衡关系估算法是利用现象之间的平衡关系来估计某一未知总量指标的方法。例如,企业某产品产量月末库存指标可以通过平衡关系式求得:

$$月末库存量 = 月初库存量 + 本月新入库产品量 - 本月出库产品量$$

(2) 因素关系估算法。因素关系估算法是利用现象的内部影响因素来推算某一总量指标的方法。例如，纳税额＝产品销售额×税率；总产量＝职工人数×劳动生产率；产品原材料消耗总额＝产量×单位产品原材料消耗量×单位原材料价格等。

（3）比例关系估算法。比例关系估算法是指当估算某一地区、某一时期或某种指标时，可利用相类似的另一地区或不同时期等的同类指标的比例关系来计算的方法。例如，在某一地区国民生产总值中，"折旧"大约为20%，若已知另一类似地区的国民生产总值为200亿元，则其中的折旧大约为40（=200×20%）亿元。

（4）预计推算法。预计推算法是一种根据过去和现在的情况来推测未来某项指标值的方法。例如，某企业1月份产值为1 000万元，若其他条件不变，第一季度产值应为3 000万元左右。

（5）插值估算法。插值估算法是一种插值补全的方法。在统计分析时，我们常常会遇到一个数列缺少某一项或几项资料的情况，这时通常可以利用插值法来估算这些缺项。例如，利用平均发展速度补全时间数列，通过定性分析得到某一指标等，关于具体怎样推算，我们将在时间数列分析、相关分析章节中分别再做详细介绍。

## （二）计算总量指标时应注意的问题

第一，必须明确各项总量指标的含义、范围，分清它与有关指标的界限。例如，在考察国民生产总值、国民收入等指标时，只有明确它们各自的含义与范围，才能正确运用这些指标进行分析。

第二，不同种类的实物总量指标数值不能加总，只有同类现象才能计算实物总量。而同类性是由事物的性质决定的。例如，石油产量与电视机产量显然不能加总，而同为农作物的小麦产量与棉花产量也不可混为一谈。再比如，钢材和水泥的性质不同，就不能将它们混在一起计算实物总量，但是原煤、原油、天然气、水电等各种不同的燃料由于使用价值相同，可以折算为标准燃料计算总量，在统计粮食总产量时，稻谷、小麦、玉米、高粱、谷子和豆类的产量也可以直接相加。

第三，对于同一个总量指标，在不同的时间、地点、单位进行计量时，其计量单位应一致，以便对比和分析。

## 🔑 同步思考 4-1

1. 时期指标和时点指标具有不同的经济意义，在实际工作中将二者区分开来十分重要。那么，工业总产值、产品销售额、年末商品库存量、年内人口出生数、工资总额、在校生人数、累计毕业生人数，这些指标哪些是时期指标，哪些是时点指标？

2. 计算总量指标时应注意哪些问题？如果已知在某超市零售总额中，团体消费历年都占总消费额的10%左右，那么，已知2019年该超市的零售总额是1 200万元，利用总量指标推算方法可以推算出该年团体总消费额是多少？这种推算方法属于何种推算方法？请再列举三例。

## 第二节 相对指标

总量指标是表明现象所达到的总规模、总水平和工作总量的。而社会经济现象是相互联系的,要深入了解事物的状况,就必须在计算总量指标的基础上进行对比分析,计算出各种相对指标,对经济现象进行更深入的描述和分析。

### 一、相对指标的含义和表现形式

#### (一)相对指标的含义

相对指标是质量指标的一种表现形式。它是通过两个有联系的统计指标对比而得到的比值或比率,其具体数值表现为相对数。例如,2018 年,全国共投入研究与试验发展(R&D)经费 19 677.9 亿元。其中,基础研究经费 1 090.4 亿元,所占比重为 5.5%;应用研究经费 2 190.9 亿元,所占比重为 11.1%;试验发展经费 16 396.7 亿元,所占比重为 83.3%。[1]

相对指标具有重要的作用,概括起来有以下两点。第一,利用相对指标可以综合反映事物之间的数量关系,说明现象的比率、构成、速度、密度、普遍程度等,从而能更深刻地反映现象的实质。例如,2019 年,全国实物商品网上零售额为 85 239 亿元,同比增长 19.5%,这一情况反映了网上销售的特点和发展状况。第二,相对指标将现象在绝对数方面的具体差异抽象化,使原来不能直接用总量指标对比的现象找到了直接对比的基础。例如,有甲、乙两个企业,甲企业是生产建筑材料的,乙企业是生产家电的,由于企业规模不同、生产产品和经营不同,我们不能根据两个企业的生产水平直接评价它们经营的好坏,但如果我们计算它们各自的人均利税额、固定资产利税率、产值利润率等相对指标,就使它们有了共同的比较基础,从而能够进行比较和评价了。

#### (二)相对指标的表现形式

相对指标的数值有两种表现形式,一种是有名数,另一种是无名数。

有名数是将对比的分子指标和分母指标的计量单位结合使用,以表明事物的密度、普遍程度和强度等。如表明住房状况用平方米/人表示,表明平均每人分摊粮食产量情况用千克/人表示等。

无名数是一种抽象化的数值,一般分为系数、倍数、成数、百分数、千分数等。

系数或倍数是将对比的基数作为 1。两个数值对比,其分子与分母数值相差不多时,可用系数表示。如固定资产磨损系数、工资等级系数、结构比例系数等。反之,分子数值与分母数值相差很大时,则常用倍数表示。例如,2015 年,我国全年研究生教育招生 64.5 万人,普通本专科招生 737.8 万人;[2] 2018 年,我国全年研究生教育招生 85.8 万人,普通本专科招生 791.0 万人。[3] 2018 年研究生教育招生比 2015 年增长 33.02%,是

---

[1] 《2018 年全国科技经费投入统计公报》,2019 年 8 月 30 日。
[2] 《2015 年国民经济和社会发展统计公报》,2016 年 2 月 29 日。
[3] 《2018 年国民经济和社会发展统计公报》,2019 年 2 月 28 日。

2015 年的 1.33 倍；2018 年普通本专科招生比 2015 年增长 7.21%，是 2015 年的 1.07 倍。

成数是将对比的基数定为 10。例如，粮食产量增长一成，则为增长 1/10。农产量估计或统计时一般用成数。

百分数是将对比的基数定为 100。它是相对指标中最常用的一种表现形式。当相对指标中的分子数值和分母数值比较接近时，通常采用百分数表示，1/100 用"1%"表示。千分数是将对比的基数定为 1 000。它适用于对比的分子数值比分母数值小得多的情况。如人口自然增长率、死亡率等，用 1/1 000 或"1‰"表示。

## 二、相对指标的种类和计算

相对指标是两个有联系的指标相比而求得的。根据研究目的和研究任务不同，根据对比基础的差别，相对指标通常可以分为六种，即结构相对指标、比例相对指标、比较相对指标、强度相对指标、计划完成相对指标、动态相对指标等，如图 4-3 所示。

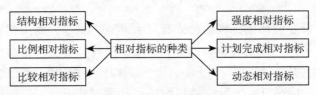

图 4-3　相对指标的种类

### （一）结构相对指标

社会经济现象是一个有机联系的总体，它由许多部分组成。人们认识总体，不只要了解其总量，更重要的是认识其内部构成状况，分析构成总体各部分占总体的比重，以揭示事物的性质及其由量变到质变的过程。结构相对指标是利用分组法，将总体区分为不同特征的各部分，用某一部分数值与总体总数值进行对比而求得的比重或比率，用来反映总体的内部结构是否合理。其计算公式为：

$$结构相对指标 = \frac{总体中某一部分指标数值}{总体总数值} \times 100\%$$

例如，2019 年，全年国内生产总值 990 865.1 亿元。其中，第一产业增加值 70 466.7 亿元，第二产业增加值 386 165.3 亿元，第三产业增加值 534 233.1 亿元。⊖ 如表 4-1 所示。

表 4-1　结构相对指标计算表

| 产业类别 | 增加值（亿元） | 比重（%） |
| --- | --- | --- |
| 第一产业 | 70 466.7 | 7.14 |
| 第二产业 | 386 165.3 | 38.97 |
| 第三产业 | 534 233.1 | 53.89 |
| 合计 | 990 865.1 | 100 |

---

⊖ 国家统计局网站。

再比如，2010年，我国第六次人口普查资料表明，除港澳台地区外，我国31个省、自治区、直辖市和现役军人的人口中，男性人口为686 852 572人，占51.27%；女性人口为652 872 280人，占48.73%。[1]

需要特别强调指出的是，在结构相对指标中，各组比重之和应等于100%。

结构相对指标具有重要的作用，概括起来主要有两个方面。一是通过计算结构相对指标，可以认识事物内部构成状况及发展变化趋势。二是利用结构相对指标，可以衡量和评价各构成部分是否合理科学。例如，计算产品的合格率、设备完好率、能源有效利用率等指标可以从不同侧面说明企业的生产经营状况。再比如，通过成本构成的分析，可以发现薄弱环节，采取措施降低成本等。

### （二）比例相对指标

总体内部各个组成部分之间存在着一定的联系，并在客观上保持着适当的比例。比例相对指标是利用分组法，将总体区分成性质不同的各部分，以这一部分数值与另一部分数值进行对比而得出的比重或比率。采用比例相对指标可以分析总体范围内各局部、各分组间的比例关系和协调平衡状况，表明总体内部的比例关系是否合理。其计算公式为：

$$比例相对指标 = \frac{总体中某一部分数值}{总体中另一部分数值}$$

比例相对指标可以用百分数表示，也可以用一比几或几比几的形式表示。例如，2019年，第一产业增加值70 466.7亿元，第二产业增加值386 165.3亿元，第三产业增加值534 233.1亿元。那么，第一产业与第三产业增加值之比是0.132∶1；反之，第三产业与第一产业增加值之比是7.581∶1。

比例相对指标与结构相对指标都是在对总体进行分析的基础上产生的。比例相对指标也有反映总体结构的作用，它所反映的比例关系属于结构性的比例，这种指标的作用同结构相对指标相同，只是对比的方法不同。结构相对指标是部分与总体的数值之比，而比例相对指标是总体内部各部分之间数值之比。比例相对指标的分子与分母有的可以互换，而在结构相对指标中却不能。在实际工作中，这两种方法常常结合使用。

### （三）比较相对指标

在同一时期内同类事物不同，总体由于所处的空间条件不同，发展状况也不一样，要了解它们之间的差异程度，就需要将不同空间条件下的同类事物进行对比。所谓不同空间条件就是指它既可以进行不同国家、地区、部门单位的比较，还可以与标准水平或平均水平进行比较。比较相对指标是将两个同一时期、不同单位之间同类指标之比所得到的指标用来反映某一同类现象在同一时期内各单位发展的不平衡程度，以表明同类事物在不同条件下的数量对比关系。其计算公式为：

---

[1]《2010年第六次全国人口普查主要数据公报》，2011年4月28日。

$$比较相对指标 = \frac{某一现象指标数值}{同期另一同类现象指标数值} \times 100\%$$

式中分子与分母现象所属统计指标的含义、口径、计算方法和计量单位必须一致。比较相对指标一般用百分数或倍数表示。

例如，有两个生产同类产品的工业企业，甲企业全员劳动生产率为 18 000 元/人/年，乙企业全员劳动生产率为 20 000 元/人/年，则两个企业的全员劳动生产率的比较指标为：

$$甲企业是乙企业的 \frac{18\,000}{20\,000} \times 100\% = 90\%$$

$$乙企业是甲企业的 \frac{20\,000}{18\,000} \times 100\% = 111.11\%$$

计算比较相对指标时，作为比较基数的分母可取不同的对象。一般有两种情况：其一，比较标准是一般对象。如上例，分子分母是两个不同的空间，这时分子分母的位置可以互换。其二，比较标准（基数）典型化。例如，将本单位产品的质量、成本、单耗等各项技术经济指标都与国家规定的水平比较，与同行业的先进水平比较，与国际先进水平比较等，此时分子分母的位置不能互换。

比较相对指标可以用总量指标进行对比，也可以用相对指标或平均指标进行对比。但由于总量指标容易受总体范围大小的影响，因此，计算比较相对指标时，采用相对指标或平均指标进行比较更合理。

利用比较相对指标，可以显示出某种现象在各地区、各单位之间先进与落后的差距，有利于分析原因、改进工作、提高效率和效益。在实际的经济工作中，常常将各地区、各企业的经济指标与先进水平（同行业先进水平、国际先进水平）进行比较，从而清晰地反映出现象之间的差异，为提高管理水平提供依据。

### （四）强度相对指标

社会经济现象之间的数量对比关系，不仅表现在总体的内部组成部分之间、同一事物在不同时间和空间的对比上，还表现在两个有联系的不同事物之间的对比关系上。强度相对指标是不属于同一总体的两个性质不同但相互间有联系的总量指标对比的比值，是用来反映现象的强度、密度，以及普遍程度、利用程度的综合指标。其计算公式为：

$$强度相对指标 = \frac{某一总体总量指标}{另一有联系的总体总量指标}$$

强度相对指标与其他相对指标根本不同的特点在于，它不是同类现象指标的对比。例如，据国家统计局《2018 年国民经济和社会发展统计公报》显示，2018 年末我国共有医疗卫生机构 100.4 万个，医疗卫生机构床位 845 万张（其中医院 656 万张，乡镇卫生院 134 万张）。2018 年末我国（不包括港澳台地区的统计数据）总人口 139 538 万人，那么，每万人拥有的医疗床位数为：8 450 000/139 538=60.56（张）；或者，每张医疗床位数可服务的人数约为：139 538/845≈165（人）。

有两点需要特别强调指出：一是强度相对指标以双重计量单位表示，是一种复名数。例如，人口密度（人/平方米）、人均粮食产量（千克/人）、万人拥有在校大学生数（人/万人）等都是有双重计量单位的，但也有本身是强度相对指标却没有计量单位的，如人口自然增长率、商品流通费用率等，虽然也是强度相对指标，但通常用百分数表示。二是强度相对指标有正指标与逆指标之分。正指标是指标值越大越好的指标。如每万人拥有的商业网点数、每万人拥有的医院床位数等，此类指标数值越大，反映居民生活水平越高。逆指标是指标值越小越好的指标。如恩格尔系数、就业者负担人数等，此类指标数值越小，说明居民生活水平越高。

此外，强度相对指标虽然也含有平均的意思（如按全国人口总数分摊的国内生产总值），在表现形式上类似统计平均数，但二者是有区别的。统计平均数（算术平均数）是指同一总体的标志总量之比，反映同质总体内各单位标志值的一般水平；而强度相对指标是两个不同性质的总体总量之比，反映两个不同总体总量之间的联系密度或强度。在讲述平均指标时我们还会强调二者的区别。

### （五）计划完成相对指标

计划完成相对指标也称计划完成相对数，是以现象在某一段时间内的实际完成数与计划数之比，用来检查、监督计划执行的程度，一般用百分数表示。其计算公式为：

$$计划完成相对指标 = \frac{实际完成数}{计划数} \times 100\%$$

根据计划任务数的表现形式不同，计划完成相对指标的计算可分两种情况。

#### 1. 计划数为总量指标

当计划数为总量指标时，计划完成相对指标可用于计划完成程度检查或计划进度检查。其计算公式为：

$$计划完成相对指标 = \frac{实际完成（累计）数}{计划数} \times 100\%$$

例如，某企业2019年各季度营业收入计划完成程度有关资料如表4-2所示。

表4-2 计划完成程度计算表

| 季度 | 计划收入额（万元） | 实际收入额（万元） | 计划完成程度（%） | 计划进度（%） |
|---|---|---|---|---|
| 第一季度 | 1 200 | 1 200 | 100.00 | 24 |
| 第二季度 | 1 200 | 1 500 | 125.00 | 54 |
| 第三季度 | 1 300 | 1 250 | 96.15 | 79 |
| 第四季度 | 1 300 | 1 450 | 111.54 | 108 |
| 合计/最终完成程度 | 5 000 | 5 400 | 108 | — |

计划进度检查主要看时间过半，完成任务是否过半，若有距离应早组织人力物力，确保按时完成计划。

对计划完成程度的评价，实际完成数超过计划数好还是低于计划数好，要根据计划指标的性质和内容确定。通常正指标，如产值、利税额、产量、销售额等指标超额

100%,说明计划完成情况较好。逆指标如单位成本、费用总额等指标,小于 100% 为超额完成计划。

当计划数是平均指标时,其计划完成程度检查与计划数是总量指标基本相同。

**2. 计划数为相对指标**

当计划数为相对指标,即用"增长了""提高了"或"降低了""减少了"的百分比表示时,其计划检查分增长计划完成程度检查和降低计划完成程度检查两种,计算公式为:

$$增长计划完成程度 = \frac{1+X_实}{1+X_计} \times 100\%$$

$$降低计划完成程度 = \frac{1-X_实}{1-X_计} \times 100\%$$

上述计算公式表明,计划完成相对指标不能直接用实际提高或降低的百分比除以计划提高或降低的百分比,而应把原有的基数(以上期实际水平为 100%)包括在内。

例如,某企业计划 2019 年人均利税额比上年提高 3%,实际提高 6%,则计划完成情况为:

$$计划完成程度 = \frac{1+6\%}{1+3\%} \times 100\% = 102.91\%$$

即完成计划的 102.91%,超额 2.91% 完成计划。

再如,某企业计划 2019 年 A 产品单位成本比上年降低 6%,实际降低 3%,则计划完成情况为:

$$计划完成程度 = \frac{1-3\%}{1-6\%} \times 100\% = 103.19\%$$

即仅完成计划的 96.81%,比计划少完成 3.19%。

计划完成相对指标主要用来检查监督计划执行情况,分析计划完成或未完成的原因。在实际工作中,常常把计划完成相对指标和分组法结合运用,用以说明组间计划完成程度是否均衡,从而有利于深入分析问题、解决问题。

## (六)动态相对指标

动态相对指标又称动态相对数,是两个同类指标在不同时期内的对比,用来反映现象发展变化的程度,并据以推测现象变化的趋势。动态相对指标一般用百分数或倍数表示,分子分母不能互换。其计算公式为:

$$动态相对指标 = \frac{报告期水平}{基期水平} \times 100\%$$

式中,作为对比标准的时期称为基期,而用来与基期进行比较的称为报告期,有时也称为计算期。动态相对指标的计算结果用百分数或倍数表式,用来反映现象在不同时期的发展程度、发展速度等。

例如,我国近年来快递业务量增加很快,其业务量与发展速度如表 4-3 所示:

表 4-3 我国 2014~2018 年快递业务量及发展速度计算表

| 年份 | 快递量（亿件） | 发展速度（以上年为基数，%） |
| --- | --- | --- |
| 2014 | 139.6 | — |
| 2015 | 206.7 | 148.1 |
| 2016 | 312.8 | 151.3 |
| 2017 | 400.7 | 128.1 |
| 2018 | 507.11 | 126.6 |

动态相对指标在统计分析中应用十分广泛，本书在"时间数列分析"一章中再做详细阐述。

## 三、应用相对指标时应注意的问题

相对指标是进行现象对比描述分析的重要手段，要使相对指标在对比描述分析中能深刻地揭示现象间的固有关系，在分析应用中必须坚持可比性原则、相对指标与总量指标结合运用原则、各种相对指标结合运用原则。

### （一）分子和分母要具有可比性

由于相对指标是两个有联系的指标数值之比，因此要使对比的结果有现实意义，就必须使相对比的指标具有可比性。所谓可比性是指两个对比指标所表明的经济内容，包括总体范围、计算方法、计量单位必须可比。只有这样，计算的结果才符合统计分析的研究要求。而如果两个对比的指标没有可比性，对比结果不仅不能正确反映社会经济现象之间的数量对比关系，反而会得出错误的结论。例如，世界各国产业划分标准不同，我国在第一产业中不包括采掘工业，而很多国家把采掘工业划入第一产业范围中。这样，就不能把我国与这些国家的产业增加值直接对比。再比如，我们不能用 2016 年以当年价格计算的工业增加值对比 2015 年以可比价格计算的工业增加值来说明工业的发展情况，因为两者采用的价格是不同的。此外，在商业中，某些商品的销售量有旺季和淡季之分，在选择对比基数时也应注意区分淡季和旺季。

### （二）相对指标要与总量指标结合运用

无论是哪一种统计指标，都有自身的优势和局限性。总量指标能够反映现象的总规模和总水平，却不能反映现象之间的差别程度；相对指标便于反映现象之间的差异及变化程度，却不便于反映现象的绝对数量差别。因此，只有将相对指标和总量指标结合运用，才能对社会经济现象有全面的认识。例如，有甲、乙两家企业，甲企业当年利润为 8 860 万元，比上年增长 5.9%；乙企业当年利润为 188 万元，比上年增长 8.6%。这时不能仅以增长速度为依据，说明增长 8.6% 的乙企业优于增长 5.9% 的甲企业，因为这两家企业规模有很大的差异，每增长一个百分点所对应的绝对额不同。

此外，需要特别指出的是，若两个对比的绝对数值较小，通常不适宜用计算相对指标来分析。例如,若检验某个品牌的两种产品,其中一种产品合格,一种产品不合格,不能说产品合格率为 50%。再比如,一个偏僻山村小学一年级共有 5 名学生,有 3 名学生感冒了,不能说有 60% 感冒了。基数太小时,不适合用百分比。

### (三)各种相对指标要结合运用

每种相对指标只能说明现象的某一侧面。把不同相对指标结合起来有助于较全面地分析问题、认识问题。考察一个企业的经营状况,不仅要看其计划完成情况,而且要看各品种的结构情况以及与其他企业的效益比较等,只有这样才能对一个企业的经营状况做出全面、准确的评价。

在研究企业的经营效果时,我们不仅要看总产值、产品产量、销售收入、利税总额等总量指标,还要结合企业的投入,观察产值利税率、资金利税率等相对指标,客观反映企业的经济效益。同时,我们还需要将这些指标与企业的计划任务相比较,检查企业计划任务的执行情况;利用动态相对指标,将当期指标数值与企业过去的同类指标数值进行纵向对比,可以总结经验和成绩,寻找事物发展变化的规律;通过计算各个比较相对的指标,能够实现与其他同类企业的横向对比,发现自己的差距和不足,及时采取措施,迎头赶上。

此外,还应注意以下四个问题:其一,除结构相对指标外,其余几种相对指标不能简单相加;其二,除比较、比例、强度相对指标外,其他相对指标的分子分母不能互换;其三,除强度相对指标有计量单位外,其他几种相对指标习惯上均以百分数表示;其四,计算强度相对指标时,一定要注意分子与分母两指标间的联系,无联系的指标不能计算强度相对指标。

### 🔑 同步思考 4-2

1. 甲企业销售额计划实际完成程度为 126%,集团给了奖励;乙企业 A 产品单位成本计划实际完成程度为 95%,集团也给了奖励。这是为什么?
2. 某企业计划 A 产品单位成本 2019 年第一季度比上年第四季度降低 6%,计划执行结果是降低了 10%,A 产品单位成本计划完成程度指标是多少?如果计划 A 产品销售收入比上年提高 6%,实际提高了 5%,计划完成程度指标又是多少?
3. 在六种相对指标中,属于同一总体内部之间对比的相对指标有哪几种?根据研究目的的不同,分子分母可以互换的指标有哪几种?
4. 为什么计算相对指标时要与总量指标结合运用?试举三例加以说明。

## 第三节 平均指标

数据的总量描述和对比描述,只是反映现象的总体规模、相对水平和总体单位在各组的分布情况,并没有反映数据的分布规律和分布的一般水平。因此,若要对总体单位在各组分布状况进行全面深刻的认识,还要对现象的集中趋势进行测度。

## 一、平均指标的含义、特点、作用和种类

### （一）平均指标的含义

平均指标又称平均数，是统计分析中最常用的统计指标之一。它是反映社会经济现象总体单位某一数量标志值一般水平的综合指标。由于总体各单位的数量标志客观上存在着差异，所以需要找出一个将数量差异抽象化，代表各单位一般数量水平的指标。同时，由于总体各单位又具有同质性，各单位的标志在数量上的差异总是有一定范围的，所以可以找到一个能够代表一般水平的指标反映总体的数量特征。平均指标就是将总体各单位某一数量标志值差异抽象化，反映现象在一定时间、地点条件下所达到的一般水平。例如，平均工资、平均成绩、平均收入、平均成本、平均价格等。

### （二）平均指标的特点

平均指标是总体分布的特征值之一。它反映了总体分布的集中趋势。平均指标有三个特点：一是同质性，即总体内各单位的性质是相同的。二是抽象性，即总体内各同质单位虽然存在数量差异，但在计算平均数时并不考虑这种差异，即把这种差异平均化了。三是代表性，即尽管各总体单位的标志值大小不一，但我们可以用平均指标值来代表所有标志值。

### （三）平均指标的作用

一是平均指标可以消除因总体范围不同而带来的总体数量差异，从而使不同的总体具有可比性。例如，由于播种面积不同，不同地区水稻总产量不便直接对比，若计算水稻平均亩产量，就可以比较和判断不同地区水稻生产水平的高低。

二是同一总体在不同时间上的平均指标可以反映现象总体的发展变化趋势。例如，研究对比不同时期的职工平均工资，就可以正确反映职工工资水平的变化趋势和变化规律。

三是利用平均指标可以分析现象之间的依存关系。例如，将耕地按施肥量等标志分组，在此基础上计算各组的农作物收获率，就可以反映出施肥量与收获率之间的依存关系。再比如，商业企业规模的大小和商品流通费用率之间存在依存关系，可以反映商品销售额的增减和平均商品流通费用率升降之间的依存关系。再比如，在抽样调查时，可以利用样本资料得到的样本平均数来估计推断全部总体的特征值等。

四是平均指标可以作为制定生产定额的重要依据。制定定额是经济责任制的重要内容，在计算出平均指标的基础上再计算出先进平均数，是科学制定生产定额的依据。先进平均数有利于调动职工的积极性，提高劳动生产效率。

### （四）平均指标的种类

#### 1. 平均指标按其反映的时间状况不同分为静态平均数和动态平均数

静态平均数反映现象在同一时间范围内总体各单位某一数量标志的一般水平。动态平均数，也称序时平均数，反映某一现象某一指标值在不同时间上的一般水平。本章主

要介绍静态平均数。

**2. 平均指标按计算方法不同分为算术平均数、调和平均数、几何平均数、众数和中位数**

算术平均数、调和平均数、几何平均数是根据分布数列中各单位的标志值计算得到的,称为数值平均数;众数和中位数是根据分布数列中标志值所处的位置来确定的,称为位置平均数。各种平均指标的计算方法不同,指标的含义、应用条件有别,但它们都是总体各单位数量标志值的一般水平,都反映了现象某一数量标志值的集中趋势。平均指标的种类如图4-4所示。

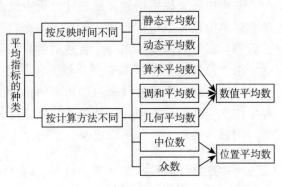

图4-4 平均指标的种类

## 二、平均指标的计算

平均指标的计算从大类上看主要有两类,一类是数值平均数的计算,另一类是位置平均数的计算。数值平均数主要有算术平均数、调和平均数、几何平均数三种;位置平均数主要包括中位数、众数、四分位数、十分位数、百分位数等。计算数值平均数时通常每个原始数据的大小都会对算术平均数、调和平均数和几何平均数的大小产生影响。这样,假如原始数据中有个别极大或极小值,就会使平均数出现不正常的偏大或偏小情况。位置平均数则是对数值平均数的补充,因为并不是每一个数值都被纳入位置平均数的计算的,因此客观上避免了个别极端值对平均数造成的不合理影响。

### (一) 算术平均数

算术平均数是集中趋势指标中最重要的一种,一般不特别说明时,所提到的"平均指标""平均数""集中趋势指标"均是指算术平均数。其一般计算公式为:

$$算术平均数 = \frac{总体标志总量}{总体单位总量}$$

使用这一基本公式时应该注意公式中分子与分母的口径必须保持一致,即各个标志值与各单位之间必须具有一一对应关系,属于同一总体,否则计算出的指标便失去了意义,这也正是平均指标与强度相对指标的不同之处。强度相对指标虽然也是两个总量指标之比,但分子分母各属不同的总体,它们之间没有直接的依存关系。以此为标准,人均粮食消费量是平均指标,人均粮食产量则是强度相对指标。

在统计实践工作中有许多研究总体,总体的标志总量等于总体各单位某一数量标志值的总和。例如,各个职工工资的总和就形成了工资总额,各个工人劳动生产率的总和就形成了总产量,各单位面积收获量的总和就形成了总收获量。而算术平均数的计算方法正好与现象之间的这种数量关系相适应,因此算术平均数的基本公式应用十分广泛。

由于掌握的资料不同，算术平均数有简单算术平均数和加权算术平均数之分。

**1. 简单算术平均数**

简单算术平均数适用于未分组的分配数列，它是将总体各单位同类标志值直接汇总，然后与总体单位总数相除而得到的。如果我们掌握了总体各单位标志值或标志总量和总体单位总量资料，就可以直接用上式计算平均数。简单算术平均数的计算公式为：

$$\bar{x} = \frac{x_1 + x_2 + \cdots + x_n}{n} \text{ 或简写为 } \bar{x} = \frac{\sum x}{n}$$

式中　$\bar{x}$——算术平均数；

　　　$x$——各单位的标志值，也称变量值；

　　　$n$——总体单位总数；

　　　$\sum$——求和符号。

上式仅以标志值直接计算平均数，在一定程度上体现了总体各单位对平均数的影响作用处于均等的地位，换言之，在求平均数时赋予了各标志值的权数为1。

例如，某企业一车间甲班有6名工人，其日产量分别为：110、121、140、130、119、100，则6名工人的平均日产量为：

$$\bar{x} = \frac{\sum x}{n} = \frac{110 + 121 + 140 + 130 + 119 + 100}{6} = 120 \text{（件/人）}$$

**2. 加权算术平均数**

当变量值已经分组，且各标志值出现的次数不相同，即资料中被平均的变量值（也即标志值）重复出现时，如某个变量值 $x$ 重复出现 $f$ 次，而各变量值出现的次数又不同，就要对各变量值 $x$ 分别乘以其次数 $f$。用这种方法计算的平均数，称为加权算术平均数。其计算公式为：

$$\bar{x} = \frac{x_1 f_1 + x_2 f_2 + \cdots + x_n f_n}{\sum f}$$

或简写为

$$\bar{x} = \frac{\sum xf}{\sum f} = \sum x \cdot \frac{f}{\sum f}$$

式中　$f$——分配到各组中的次数，在算术平均数中称为权数；

　　　$\dfrac{f}{\sum f}$——各组次数占总次数的比重。

由公式可以看出，$\bar{x}$ 的大小不仅受到变量值 $x$ 大小的影响，而且受各组次数 $f$ 的影响。当然 $x$ 和 $f$ 对 $\bar{x}$ 的影响不是同等的。$x$ 的大小对 $\bar{x}$ 起关键性作用，决定 $\bar{x}$ 的高低；$f$ 的多少（或 $\dfrac{f}{\sum f}$ 的大小）则起权衡轻重的作用，只能使 $\bar{x}$ 的水平略高或略低一些。考虑权数 $f$ 的影响作用而计算的平均数称为加权算术平均数。

（1）由单项式变量数列计算加权算术平均数。例如，把某车间有 40 名职工每天生产某种零件的数量编制成单项式变量数列如表 4-4 所示。

表 4-4　单项式变量数列加权算术平均数计算表

| 按日产量分组 $x$（件） | 工人数 $f$ | 各组日产量 $xf$（件） |
| --- | --- | --- |
| 20 | 2 | 40 |
| 30 | 15 | 450 |
| 40 | 20 | 800 |
| 50 | 3 | 150 |
| 合计 | 40 | 1 440 |

根据表中资料，计算平均日产量为：

$$\bar{x} = \frac{\sum xf}{\sum f} = \frac{1\,440}{40} = 36\,（件）$$

由加权算术平均数的计算公式可知，平均数的大小，不仅取决于总体各单位变量值的大小，而且也受各单位变量值重复出现次数多少的影响。如上例，若第 4 组不是 50 件，而是 70 件，其他条件不变，平均数就是 37.5 件了。同样，若上例第 4 组 50 件出现的次数不是 3 次，而是 10 次，其他条件不变，则平均数就变成 44.75 件了。因此，次数 $f$（或 $\frac{f}{\sum f}$）对平均数的大小具有权衡轻重的作用。

由上可以看出，算术平均数的大小受两个因素的影响：一是各组变量值 $x$ 的大小；二是各组次数 $f$ 的多少（或 $\frac{f}{\sum f}$ 的大小）。

当然，如果各组次数完全相同，则 $f$ 对各组变量值产生同等的影响，它不再起权衡轻重的作用，这时，加权算术平均数就等于前述的简单算术平均数了。所以，简单算术平均数是加权算术平均数的一个特例。

（2）由组距式变量数列计算加权算术平均数。如果所给资料为组距式变量数列，则各组的标志值 $x$ 应是每组的组平均数，但计算各组平均数往往资料不足，一般用其组中值来代替 $x$。当然，组中值与组平均数之间存在着误差（排除各组内标志值均匀分布），所以组中值仅是平均数的近似值。如果我们所掌握的资料不是单项式变量数列资料，而是组距式变量数列资料，计算算术平均数的方法与上述方法基本相同，只是先要计算出各组的组中值 $\left(\frac{上限+下限}{2}\right)$，然后以各组组中值代替该组变量值 $x$ 来计算。以组中值代替各组变量值计算算术平均数，是以假定各组内的变量值均匀分布为前提，而实际分布也许并不均匀，那么以组中值代替变量 $x$ 计算的结果与实际情况可能会有一点偏差，因此平均数只是近似值。

例如，某商场食品部工人日销售额资料及其计算如表 4-5 所示。

表 4-5  某商场食品部工人日销售额资料及其资料

| 按日销售额分组（元） | 职工人数 $f$ | 组中值 $x$（元） | 各组日销售额 $xf$（元） |
|---|---|---|---|
| 200～240 | 2 | 220 | 440 |
| 240～300 | 10 | 270 | 2 700 |
| 300～360 | 8 | 330 | 2 640 |
| 合计 | 20 | — | 5 780 |

计算公式为：

$$\bar{x} = \frac{\sum xf}{\sum f} = \frac{5\,780}{20} = 289（元）$$

在用组距式变量数列计算加权算术平均数时，如果数列中出现开口组，则该组组中值的计算应视邻组组距来处理。算术平均数是在社会和自然领域中应用十分广泛的一种平均数，许多统计分析指标，如离中趋势的测度、时间数列分析、平均指标指数等都将运用算术平均数进行更深入的分析。

计算加权算术平均数会遇到权数的选择问题。对于分配数列，一般来说，次数就是权数，但对于用相对数或平均数计算加权算术平均数，则往往不一样。

例如，某公司 30 个商店某月商品销售额计划完成程度如表 4-6 所示。

表 4-6  商品销售额计划完成程度检查表

| 按计划完成程度分组（%） | 组中值 $x$（%） | 商店数（个） | 计划销售额 $f$（万元） | 实际销售额 $xf$（万元） |
|---|---|---|---|---|
| 90 以下 | 85 | 2 | 300 | 255 |
| 90～100 | 95 | 6 | 1 500 | 1 425 |
| 100～110 | 105 | 10 | 2 200 | 2 310 |
| 110～120 | 115 | 8 | 2 000 | 2 300 |
| 120 以上 | 125 | 4 | 1 000 | 1 250 |
| 合计 | — | 30 | 7 000 | 7 540 |

$$\bar{x} = \frac{\sum xf}{\sum f} = \frac{7\,540}{7\,000} = 107.71\%$$

如用商店数作权数，则：

$$\bar{x} = \frac{\sum xf}{\sum f} = \frac{0.85 \times 2 + 0.95 \times 6 + 1.05 \times 10 + 1.15 \times 8 + 1.25 \times 4}{2 + 6 + 10 + 8 + 4} = 107\%$$

本例是计算平均完成销售计划程度，用计划销售额作权数还是用商店数作权数，两者的计算结果是不同的，这是值得慎重考虑的问题。选择商店数作权数是不合理的，因为各商店的销售额大小不同；而选用计划销售额作权数，才符合计划完成程度相对指标的性质，分母是计划销售额，分子是实际销售额。

**3. 应用算术平均数应注意的问题**

在计算和应用算术平均数时，应注意以下几个问题。

一是计算平均指标的社会经济现象必须是同质的。社会经济现象的同质性是计算平均指标的前提条件和基本原则。所谓同质性，就是被研究现象总体的各单位在被平均的标志上性质相同，特别是社会生产关系相同。否则，把不同性质的事物混在一起计算平均数，必将歪曲事实真相，得出错误结论，构成虚假的平均数，有可能使平均数掩盖现象的本质差别。例如，不能不分性别计算入学大学生的平均身高；不能把粮食作物和经济作物混同计算平均单位面积产量；不能把城镇职工的工资收入与农民的家庭收入混同计算所谓平均收入等。

二是要用组平均数补充说明总平均数。一方面，根据同质总体计算的总平均数，可以综合反映现象总体的一般水平，但另一方面，却把各单位的数量差异抽象化了，因而也容易掩盖事物的矛盾。为了深入研究现象总体的特征和规律性，需要将总体按有关标志分组，然后计算组平均数，并用组平均数来补充说明总平均数。

例如，甲、乙两个车间工人的生产情况资料如表4-7所示。

表4-7 甲、乙两车间工人劳动生产率的比较

| 人员类别 | 甲车间 | | | | 乙车间 | | | |
|---|---|---|---|---|---|---|---|---|
| | 人数 | 各类人员占总人数比重（%） | 总产量（件） | 劳动生产率（件/人） | 人数 | 各类人员占总人数比重（%） | 总产量（件） | 劳动生产率（件/人） |
| 技术工 | 90 | 37.50 | 18 000 | 200 | 600 | 75 | 108 000 | 180 |
| 学徒工 | 150 | 62.50 | 18 000 | 120 | 200 | 25 | 22 000 | 110 |
| 合计 | 240 | 100 | 36 000 | 150 | 800 | 100 | 130 000 | 162.50 |

从表4-7中的总平均数来看，甲车间每人平均生产150件，而乙车间每人平均生产162.50件，乙车间高于甲车间。但从组平均数来看，情况正相反，乙车间不论技术工还是学徒工的劳动生产率都低于甲车间。这种总平均数和组平均数不一致的现象，完全是由于甲车间劳动生产率高的工人所占比重小造成的（甲车间占37.5%，乙车间占75%），所以，虽然甲车间各组劳动生产率较高，但仍使全车间的劳动生产率低于乙车间。而乙车间虽然各组劳动生产率较甲车间低，但由于学徒工所占比重小，从而使全车间的劳动生产率反而较甲车间高。

由此可见，总平均数受两个因素的影响：一个是被平均的标志值水平；一个是总体结构。其中每一个因素的变动都会影响总平均数的变动。因此，需要用组平均数补充说明总平均数。

三是计算算术平均数时应与变量数列和典型事例相结合。在平均分析中，由于统计平均数抽象了总体各单位标志值的差异，所以反映的是总体各单位变量值的一般水平。因此，对于低于平均数或优于平均数的各总体单位分布情况，如果只采用平均指标是无法使其得到反映的。如果结合变量数列或典型事例进行研究，就可以揭示总体各单位的具体分布情况，从而补充说明总平均数。例如，某地区30个企业2020年产值计划完成情况如表4-8所示。

表4-8 某地区30个企业2020年产值计划完成情况

| 计划完成程度 $x$（%） | 企业数（个） | 计划产值 $f$（万元） | 实际产值 $xf$（万元） |
|---|---|---|---|
| 90 | 3 | 400 | 360 |
| 100 | 10 | 2 000 | 2 000 |
| 110 | 12 | 3 000 | 3 300 |
| 120 | 5 | 600 | 720 |
| 合计 | 30 | 6 000 | 6 380 |

其平均计划完成程度为：

$$\bar{x} = \frac{\sum xf}{\sum f} = \frac{6\,380}{6\,000} = 106.33\%$$

从总平均数上看，该地区 30 个企业平均产值计划完成程度为 106.33%，即平均超额完成计划 6.33%。但结合变量数列可以看出尚有 3 个企业属于未完成计划的单位，占企业总数的 10%，是该地区落后的消极方面；而优于平均水平的 17 个企业，占企业总数的 56.67%。通过以上变量数列，就可以使平均分析更加具体化了。

四是算术平均数要与标志变异指标结合运用。算术平均数要与标志变异指标分别从不同角度反映总体现象的特征。算术平均数反映了分配数列中变量的集中趋势，标志变异指标则说明了分配数列中变量的离散程度。在计算算术平均数的基础上，结合利用标志变异指标，可以综合反映总体综合特征。应用算术平均数应注意的问题如图 4-5 所示。关于标志变异指标的含义及计算和应用，我们将在本章第四节再详述。

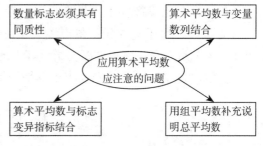

图 4-5　应用算术平均数应注意的问题

**4. 算术平均数的主要数学性质**

算术平均数有很多数学性质，这里只介绍其中两个主要性质。

（1）变量数列中各个标志值与算术平均数的离差之和等于零，即：

$$\sum(x-\bar{x}) = 0 \quad \text{或} \quad \sum(x-\bar{x})f = 0$$

（2）变量数列中各标志值与算术平均数的离差平方和最小。也就是说，变量数列中各标志值对其他任意数的离差平方之和都大于变量数列中各标志值对算术平均数的离差平方之和，即：

$$\sum(x-\bar{x})^2 = \text{最小值} \quad \text{或} \quad \sum(x-\bar{x})^2 f = \text{最小值}$$

算术平均数的这个性质刻画的事实是：变量值以均值为中心波动，波动过程中形成偏差的平方和为最小。这个性质为度量变量值的偏差程度奠定了基础，也从另一个角度说明算术平均数是反映整个变量数列集中趋势最优良的代表值。

## （二）调和平均数

调和平均数也称倒数平均数，是被研究对象中各单位标志值倒数的算术平均数的倒数，因而与算术平均数一样，由于掌握的资料不同，所以可分为简单调和平均数和加权调和平均数。

**1. 简单调和平均数**

简单调和平均数的计算由调和平均数的定义可以导出。具体步骤为：

第一步，先计算各变量值的倒数，即 $\frac{1}{x}$；

第二步，计算上述各变量值倒数的算术平均数，即 $\dfrac{\sum\dfrac{1}{x}}{n}$；

第三步，计算算术平均数的倒数，即 $\dfrac{n}{\sum\dfrac{1}{x}}$，这就是调和平均数的计算公式。

若我们用字母 $\bar{X}_H$ 代表调和平均数，则调和平均数的计算公式为：

$$\bar{X}_H = \dfrac{n}{\sum\dfrac{1}{x}}$$

例如，某水果商在水果批发市场批发香水梨时，每千克 5 元。假设某客人早市买 1 元钱香水梨，每千克 5 元；午市买 1 元钱香水梨，每千克 6 元；晚市买 1 元钱香水梨，每千克 4.5 元。问：该水果商卖给该客人的香水梨是否赚钱了？

要解决这个问题，首先要求出其平均单价，那么其平均单价为：

$$\bar{X}_H = \dfrac{n}{\sum\dfrac{1}{x}} = \dfrac{3}{\dfrac{1}{5}+\dfrac{1}{6}+\dfrac{1}{4.5}} = 5.09（元）$$

平均单价大于批发价，所以该水果商是赚钱的。

### 2. 加权调和平均数

如果我们用 $m$ 代表各组变量值总量，即各组变量值 $x$ 与各组变量值次数 $f$ 的乘积（$m = xf$），则加权调和平均数的计算公式可以写成：

$$\bar{X}_H = \dfrac{\sum m}{\sum\dfrac{m}{x}}$$

式中　$\bar{X}_H$ ——调和平均数；

　　　$x$ ——变量值；

　　　$m$ ——各组的变量值，$m = xf$。

例如，某水果商在水果批发市场批发香水梨时，每千克 5 元。假设某客人早市买 2 元钱香水梨，每千克 5 元；午市买 1 元钱香水梨，每千克 6 元；晚市买 3 元钱香水梨，每千克 4.5 元。问：该水果商卖给该客人的香水梨是否赚钱了？

平均单价为：该水果商卖给该客人的香水梨是否赚钱了？

$$\bar{X}_H = \dfrac{\sum m}{\sum\dfrac{m}{x}}$$

$$= \dfrac{2+1+3}{\dfrac{2}{5}+\dfrac{1}{6}+\dfrac{3}{4.5}} = \dfrac{6}{1.23} = 4.86（元）$$

平均单价小于批发价，所以该水果商是不赚钱的。

以上阐述的调和平均数的定义和计算公式是调和平均数的原意，但在经济实践中很少有倒数内容的经济现象。因此，实际上调和平均数只是在计算平均数的过程中，由于掌握的资料不能直接使用算术平均数公式，就借用调和平均数形式计算平均数。从这个意义上说，调和平均数形式上是调和平均，实质上仍是算术平均，这里的调和平均本质上是算术平均的变形而已。统计实践中经常使用的是加权调和平均数。

### 3. 由平均数计算调和平均数

例如，某企业一季度 A 产品等级及销售量资料如表 4-9 所示。

表 4-9　算术平均数计算表

| 商品等级 | 价格 $x$（元/千克） | 销售量 $f$（千克） | 销售额 $m$（元） |
|---|---|---|---|
| 一等 | 1.30 | 5 000 | 6 500 |
| 二等 | 1.20 | 10 000 | 12 000 |
| 三等 | 1.10 | 5 000 | 5 500 |
| 合计 | — | 20 000 | 24 000 |

————已知资料———— ——计算栏——

这里，我们已知价格和销售量的资料，可以采用加权算术平均数的方法计算其平均价格，即：

$$\bar{x} = \frac{\sum xf}{\sum f} = \frac{24\,000}{20\,000} = 1.2 \text{（元）}$$

如果掌握的是采购单价和采购金额资料，如表 4-10 所示，则应使用加权调和平均数公式来计算其平均采购单价。

表 4-10　调和平均数计算表

| 商品等级 | 价格 $x$（元/千克） | 销售额 $m$（元） | 销售量 $f = m/x$（千克） |
|---|---|---|---|
| 一等 | 1.30 | 6 500 | 5 000 |
| 二等 | 1.20 | 12 000 | 10 000 |
| 三等 | 1.10 | 5 500 | 5 000 |
| 合计 | — | 24 000 | 20 000 |

————已知资料———— ——计算栏——

这里，我们已知单价和销售额资料，可以采用加权调和平均数方法计算其平均价格，即：

$$\bar{X}_H = \frac{\sum m}{\sum \dfrac{m}{x}} = \frac{24\,000}{20\,000} = 1.2 \text{（元）}$$

由上述计算可以看出按加权算术平均数方法和用调和平均数方法计算的结果是一样的，所以在计算过程中，算术平均数法是以采购量（基本公式中的分母）为权数，调和平均数法是以采购金额（基本公式中的分子）为权数的。当我们面对一种经济现象时，究竟采用哪种计算方法，要视所掌握的资料而定。通常已知基本公式的分母资料时，用算术平均数法；已知基本公式中的分子资料时，用调和平均数法。

### 4. 由相对数计算调和平均数

以计划完成程度相对指标为例，当掌握的资料为实际完成数时，求平均计划完成程度，应采用加权调和平均数计算；当掌握的资料为计划数时，应以计划数作为权数，采用加权算术平均数计算。例如，某公司三个分部 2020 年计划销售收入和实际销售收入以及计划完成情况如表 4-11 所示，求平均计划完成程度。

表 4-11  某公司计划完成资料及计算表

| 部门 | 计划完成程度 $x$（%） | 计划收入 $f$（万元） | 实际收入 $xf$（万元） |
| --- | --- | --- | --- |
| 一部 | 102 | 300 | 306.0 |
| 二部 | 107 | 260 | 278.2 |
| 三部 | 109 | 240 | 261.6 |
| 合计 | — | 800 | 845.8 |

平均计划完成程度为：

$$\bar{x} = \frac{\sum xf}{\sum f} = \frac{845.8}{800} = 105.73\%$$

如果掌握的资料是实际数，而不是计划数，就不能用加权算术平均数公式计算，应以实际收入为权数的加权调和平均数公式计算，如表 4-12 所示。

表 4-12  某企业计划完成资料及计算表

| 部门 | 计划完成程度 $x$（%） | 实际收入 $m$（万元） | 计划收入 $m/x$（万元） |
| --- | --- | --- | --- |
| 一部 | 102 | 306.0 | 300 |
| 二部 | 107 | 278.2 | 260 |
| 三部 | 109 | 261.6 | 240 |
| 合计 | — | 845.8 | 800 |

由表 4-12 中资料计算平均计划完成程度为：

$$\overline{X}_H = \frac{\sum m}{\sum \frac{m}{x}} = \frac{845.8}{800} = 105.73\%$$

由上述计算可以看出，当我们计算平均数时，要判断在什么情况下采用算术平均数，在什么情况下采用调和平均数，关键是要以平均数的基本公式为依据。当我们掌握的权数资料是基本公式中的分母数值时，可直接采用加权算术平均数形式；当我们掌握的权数资料是基本公式中的分子数值时，则要采用调和平均数形式。

需要指出的是，如果数列中有一个标志值等于零，则不能计算调和平均数。此外，调和平均数作为一个数值平均数，与算术平均数一样，易受所有标志值的影响，但相较算术平均数，调和平均数受极大值或极小值的影响要小一些。

### （三）几何平均数

几何平均数是 $n$ 个变量值连乘积的 $n$ 次方根。它主要应用于那些变量值是相对数，且这些变量值连乘有意义的情况。例如，连续生产的产品合格率、连续销售的本利率、连续储蓄的本利率和连续比较的环比发展速度等，都可以采用几何平均法求得其平均指标。因此，几何平均数主要应用于计算平均比率和平均速度。

几何平均数也有简单几何平均数和加权几何平均数之分。

**1. 简单几何平均数**

简单几何平均数适用于资料未分组的情况,其计算公式为:

$$\bar{X}_G = \sqrt[n]{x_1 \cdot x_2 \cdots x_n} = \sqrt[n]{\prod x}$$

式中　$\bar{X}_G$——几何平均数;
　　　$x$——变量值;
　　　$n$——变量值个数;
　　　$\prod$——连乘符号。

例如,某产品需经三个车间加工,已知第一个车间加工合格品率为92%,第二个车间加工合格品率为95%,第三个车间加工合格率为90%,求三个车间平均加工合格品率。

由于产品是由三个车间连续加工完成的,第二个车间加工的是第一个车间完工的合格品,第三个车间加工的又是第二个车间完工的合格品。因此,三个车间总合格品率是三个车间相应合格品率的连乘积,求平均加工合格品率就不能采用算术平均法:(92%+95%+90%)/3=92.33%,而应用几何平均法求三个车间的平均加工合格品率。

$$\bar{X}_G = \sqrt[n]{\prod x} = \sqrt[3]{92\% \times 95\% \times 90\%} = 92.31\%$$

**2. 加权几何平均数**

加权几何平均数适用于资料已分组的情况,其计算公式为:

$$\bar{X}_G = \sqrt[\sum f]{x_1^{f_1} \cdot x_2^{f_2} \cdots x_n^{f_n}} = \sqrt[\sum f]{\prod x^f}$$

式中　$f$——各个变量值的次数,即权数。

例如,某地区2015～2017年三年粮食产量年平均发展速度为103%,2018～2019年两年粮食产量平均发展速度为105%,则2015～2019年这5年粮食产量年平均发展速度为:

$$\bar{X}_G = \sqrt[\sum f]{\prod x^f} = \sqrt[5]{1.03^3 \times 1.05^2} = 103.8\%$$

需要指出的是,当应用几何平均数分析经济现象时,必须注意经济现象本身的特点:一是只有当标志总量表现为各标志值(变量值)的连乘积时,才适合采用几何平均数方法计算;二是如果数列中有一个标志值等于零或负值,就不能计算几何平均数;三是几何平均数受极端值的影响要比算术平均数和调和平均数小,因此几何平均数比较稳健。

关于用几何平均数计算平均发展速度的相关问题,我们将在时间数列分析一章中再详细阐述。

## 同步思考 4-3

1. 简单算术平均数与加权算术平均数有什么不同?为什么与其说是权数影响了平均数的大小,不如说是各组次数比重影响了平均数的大小?
2. 平均数反映了同类总体某一数量标志值的一般水平。平均指标与强度相对指标有什么异同?在人均粮食产量、人均粮食消费量、平均每个工人生产产量、平均每个工人月收入、人均住房面积这五个指标中,哪个是平均指标,哪个是强度相对指标?

## (四) 众数

众数是总体中出现次数最多的变量值,它是位置平均数,能直观地说明客观现象分配中的集中趋势。在实际工作中,有时要利用众数代替算术平均数来说明社会经济现象的一般水平。例如,集贸市场上某种商品一天的价格可能早、午、晚或大宗、小量交易中有几次变化,其中多次成交的那一个价格就是众数。再比如,在大批量生产的女式衬衣中,有多种尺码,其中中号是销量最多的尺码,那么中号就是众数,它代表女式衬衣尺码的一般水平,适合大量生产,而其余尺码生产量可相应少一些,这样才能满足市场上大部分消费者的需要。

如果总体中出现次数最多的变量值不是一个,而是两个,就叫作复众数。

众数的存在是有前提条件的,只有当总体的单位数较多,各标志值的次数分配又有明显集中趋势时才存在众数;如果总体单位数很少,即使次数分配较集中,那么计算出来的众数意义也不大;如果总体单位数较多,但次数分配不集中,即各单位的标志值在总体中出现的比重较均匀,那么也不存在众数。

### 1. 根据单项式数列计算众数

由单项式数列确定众数的方法很简单,观察次数,出现次数最多的那个变量值就是众数。

例如,某商店某月女式衬衣销售情况如表4-13所示。

在全部销售量500套中,尺码100的销售了200套,占总量的40.00%,因为其销售量最多,销售比重最大,因此,所对应的100就是众数。

表4-13 女式衬衣销售资料

| 尺码 | 销售量(套) | 比重(%) |
| --- | --- | --- |
| 85 | 5 | 1.00 |
| 90 | 25 | 5.00 |
| 95 | 40 | 8.00 |
| 100 | 200 | 40.00 |
| 105 | 120 | 24.00 |
| 110 | 80 | 16.00 |
| 115 | 20 | 4.00 |
| 120 | 10 | 2.00 |
| 合计 | 500 | 100.00 |

### 2. 根据组距式数列计算众数

由组距式数列确定众数,其方法也是观察次数,但究竟哪个具体值是众数,要分两步确定。首先根据最多次数确定众数所在组;其次,用比例插值法推算众数的近似值。其计算公式如下。

下限公式:
$$M_o = L + \frac{\Delta_1}{\Delta_1 + \Delta_2} \cdot d$$

上限公式:
$$M_o = U - \frac{\Delta_2}{\Delta_1 + \Delta_2} \cdot d$$

式中 $M_o$——众数;

$U$、$L$——众数组的上、下限值;

$d$——众数组里的组距;

$\Delta_1$——众数组次数与前一组次数之差;

$\Delta_2$——众数组次数与后一组次数之差。

众数的上限公式和下限公式是等价的,用这两个公式计算的结果是相同的,在具体计算中一般只采用下限公式。

现以某机械加工厂职工加工零件数分组资料为例，说明众数的计算，如表 4-14 所示。

表 4-14　某机械加工厂职工加工零件数资料

| 按零件数分组（件） | 职工人数 | 比重（%） |
|---|---|---|
| 40~60 | 40 | 10 |
| 60~80 | 80 | 20 |
| 80~100 | 160 | 40 |
| 100~120 | 100 | 25 |
| 120~140 | 20 | 5 |
| 合计 | 400 | 100 |

第一步，找到众数组，即选择哪一组的人数最多。很显然，80~100 这一组的人数最多，为 160 人。

第二步，用比例插值法确定具体众数值。将表 4-14 的资料代入计算众数的公式进行计算。

上限公式：

$$M_o = U - \frac{\Delta_2}{\Delta_1 + \Delta_2} \cdot d = 100 - \frac{160-100}{(160-80)+(160-100)} \times 20 = 91.43（件）$$

下限公式：

$$M_o = L + \frac{\Delta_1}{\Delta_1 + \Delta_2} \cdot d = 80 + \frac{160-80}{(160-80)+(160-100)} \times 20 = 91.43（件）$$

由此可见，用两个计算公式计算的结果是相同的。因此，在计算组距式数列的众数时，只需要选择两个公式中的一个就可以了。没有特殊说明的话，不需要用两个公式计算。同时，从上面的计算可知，众数的数值要受到众数所在组相邻两组次数多少的影响。当众数组前一组次数大于众数所在组后一组次数时，众数接近众数组的下限；反之，当众数组前一组次数小于众数所在组后一组次数时，众数接近众数组的上限；而当众数所在组前后两组次数相等或当该数列次数呈对称分布时，众数所在组的组中值就是众数。

通过以上计算可以看出，众数是一个位置平均数，由于它只考虑总体分布中最频繁出现的变量值，不受极端值和开口组数值的影响，因此更具有代表性。还需要说明的是，众数是一个不容易确定的平均指标，当一个数列没有明显的集中趋势而趋于均匀分布时，则不存在众数。此外，当变量数列是不等距分组时，众数的位置也不好确定。

## （五）中位数

中位数是指将被研究总体各单位的标志值按大小顺序排列后处于中间位置的那个变量值，通常用 $M_e$ 表示。它不受极端值的影响，在总体标志值差异很大时，具有较强的代表性。例如，在社会成员收入水平悬殊的地方，用中位数比用算术平均数计算平均收入更能反映收入的一般水平。又如，计算一组小学生的平均身高，可以不逐一测量每个人的身高再加总计算平均数，而可以按身高排队，那么处于中间位置的那个同学的身高就是该组同学的平均身高。此外，在工业产品质量检查等方面也常用中位数。

计算中位数的关键是确定中位数的位次，再找到或计算出这个位次的变量值。由于所掌握的资料不同，确定中位数的方法也有别。

根据所掌握资料的不同，中位数的计算方法分为由未分组资料计算中位数和由分组资料计算中位数两种。

**1. 由未分组资料计算中位数**

设总体单位数（即数列项数）为 $n$。对未分组数据资料，需先将各变量值按大小顺序排列，并按公式 $\dfrac{n+1}{2}$ 确定中位数的位置。

（1）当 $n$ 为奇数时，中位数 $M_e$ 就是居于中间位置的那个标志值。

例如，设有 9 个工人生产某种产品，其日产量件数按大小顺序排列为 6、7、7、7、8、9、9、10、14。处于中间位置第 5 位的那个标志值为 8，即中位数 $M_e = 8$（件）。

（2）当 $n$ 为偶数时，中位数是处于中间位置的那两个标志值的算术平均数。

例如，设有 10 个工人生产某种产品，其日产量件数按大小顺序排列为 6、7、7、7、8、9、9、10、14、18。中间位置在第 5 个标志值 8 与第 6 个标志值 9 之间，此时的中位数为这两个数值的算术平均数，即 $M_e = \dfrac{8+9}{2} = 8.5$（件）。

**2. 由分组资料计算中位数**

根据已分组的变量数列资料计算中位数，应先计算各组累积次数，然后依据公式确定中位数的位次。累积可由最低组开始，也可由最高组开始。由于变量数列有单项式变量数列和组距式变量数列之分，因此确定中位数的方法也不一样。

（1）由单项式数列确定中位数。根据单项式数列资料确定中位数与根据未分组资料确定中位数的方法基本一致。它是先计算各组的累积次数（或频数），再确定中位数的位置。中位数的项次依然是 $\dfrac{n+1}{2}$ 或 $\dfrac{\sum f+1}{2}$。因为是分组数列，所以要先将各组次数累积，并对照累积次数（或频数）确定中位数。

例如，某企业工人日产量分组资料如表 4-15 所示。

中位数的位置为 $\dfrac{50+1}{2} = 25.5$，$13 < 25.5 < 39$，说明中位数位于第 25 名与第 26 名工人之间，根据累积次数可确定中位数在第三组，第三组的变量值为 90 件，故中位数 $M_e = 90$（件）。

表 4-15　日产量分组资料

| 日产量（件） | 人数 | 向上累积次数 | 向下累积次数 |
|---|---|---|---|
| 80 | 5 | 5 | 50 |
| 85 | 8 | 13 | 45 |
| 90 | 26 | 39 | 37 |
| 95 | 9 | 48 | 11 |
| 100 | 2 | 50 | 2 |
| 合计 | 50 | — | — |

（2）由组距式数列确定中位数。根据组距式数列资料确定中位数需要经过以下两个步骤。

首先，确定中位数所在的位置组，根据累积次数按 $\dfrac{\sum f}{2}$ 求得中位数所在组，原本分子应该是 $(\sum f + 1)$，但当 $\sum f$ 很大时，式中的 1 常忽略不计。

其次，根据与中位数所在组的次数来计算向上或向下的累积次数及计算公式，来近似地确定中位数的数值。然后假定中位数所在组的变量值均匀分布在该组下限到该组上限的组距区间内，即可运用比例插值法推算出中位数的近似值。其计算公式如下。

下限公式：
$$M_e = L + \dfrac{\dfrac{\sum f}{2} - S_{m-1}}{f_m} \cdot d$$

上限公式：
$$M_e = U - \frac{\frac{\sum f}{2} - S_{m+1}}{f_m} \cdot d$$

式中　$M_e$——中位数；
　　$U$、$L$——中位数组的上、下限值；
　　　$d$——中位数组的组距；
　　　$f_m$——中位数组的次数；
　　　$\sum f$——总体单位数；
　　$S_{m-1}$——中位数组以前各组累积次数；
　　$S_{m+1}$——中位数组以后各组累积次数。

例如，某机械加工厂职工加工零件数分组资料如表 4-16 所示。试据资料计算该机械加工厂职工加工零件数的中位数。

表 4-16　某机械加工厂职工加工零件分组资料

| 按零件数分组（件） | 职工人数 | 向上累积次数 | 向下累积次数 |
|---|---|---|---|
| 40～60 | 60 | 40 | 420 |
| 60～80 | 80 | 140 | 360 |
| 80～100 | 160 | 300 | 280 |
| 100～120 | 100 | 400 | 120 |
| 120～140 | 20 | 420 | 20 |
| 合计 | 420 | — | — |

中位数的位置 $\frac{420+1}{2} = 210.5$（通常就视作 210，因为 210.5 和 210 都处在第三组，即可以将加 1 忽略不计），从向上累积来看，140＜210＜400，说明中位数位于第三组内，第三组的变量值为 80～100，故中位数为：

$$M_e = L + \frac{\frac{\sum f}{2} - S_{m-1}}{f_m} \cdot d = 80 + \frac{\frac{420}{2} - 140}{160} \times 20 = 88.75 \text{（件）}$$

若根据从向下累积来推算，140＜210＜400，说明中位数位于第三组内，第三组的变量值为 80～100，故中位数为：

$$M_e = U - \frac{\frac{\sum f}{2} - S_{m+1}}{f_m} \cdot d = 100 - \frac{\frac{420}{2} - 120}{160} \times 20 = 88.75 \text{（件）}$$

由此可见，两个计算公式计算的结果是相同的。在本题中，$S_{m-1} = 60 + 80 = 140$，$S_{m+1} = 20 + 100 = 120$。总之，在计算组距式数列的中位数时，只需要选择两个公式中的一个就可以了。没有特殊说明的话，不需要用两个公式同时计算。

中位数有四个特点：
其一，中位数是一个位置平均数，最大的优点是不受极端值的影响，具有稳健性。
其二，中位数既可根据数量标志求得，也可根据品质标志求得。例如，学生成绩考核可以用分数，也可以用优、良、中、及格、不及格等，两种都可以求中位数。

其三，各单位标志值与中位数的离差绝对值之和为最小值。利用中位数这一性质，可以解决一些实际问题。例如，要在一条长街上设一个药店，使该店到各用户的距离总和最短等。

其四，对某些不具有数学特点或不能用数字测定的现象，可用中位数求其一般水平。例如，印染企业对某种着色或规格按不同深浅排列或按不同大小排列，可以求出其中位数色泽或中位数规格。

## 同步思考 4-4

1. 如果数列中有一个标志值等于零，能否计算算术平均数？能否计算调和平均数？如果数列中有极大值和极小值，能否计算中位数？能否计算众数？
2. 什么是数值平均数？什么是位置平均数？二者有什么异同？

## 三、平均指标计算方法评价

前面介绍了五种平均指标的计算方法，即数据集中趋势指标中的算术平均数、调和平均数和几何平均数，位置集中趋势指标中的众数和中位数。这五种集中趋势指标各有特点，各有不同的应用范围，在应用中究竟使用哪一种平均指标来反映现象的集中趋势，要根据占有资料的性质、特点及研究目的来确定。

### （一）算术平均数、几何平均数、调和平均数之间的关系

算术平均数是数据集中趋势最主要的测度值，处于核心与基础地位。由于算术平均数是根据全部变量值来计算的，所以算术平均数是最严密、最可靠的平均数，算术平均数的应用范围也最广。但算术平均数易受极端值的影响，当变量值中有极大值或极小值时，常常会削弱其代表性。此外，当变量数列中存在开口组时，由于开口组的组中值是根据假定与邻组变化相同来计算的，所以会影响平均数的准确性。

调和平均数作为算术平均数的一种变形，通常在不能直接用算术平均数计算集中趋势指标时使用。但调和平均数的语义不够明晰，掌握上没有算术平均数容易，也容易受极端值的影响，而且只要有一个变量值为零，就无法计算调和平均数，因此其应用范围较窄。

几何平均数适用在各比率的连乘积等于总比率的条件下计算平均数。几何平均数应用性很强，但应用条件的局限性也最大，因为假如各数据连乘没有意义，假如数列中有一项为零，几何平均数的计算就没有意义了。

如果单纯从数量关系上考察算术平均数、调和平均数和几何平均数，我们会发现，若根据同一资料计算三种平均数，其计算结果有以下关系：

$$调和平均数 < 几何平均数 < 算术平均数$$

只有在资料中所有的变量值都相等时，即当 $x_1 = x_2 = \cdots = x_n$ 时，三种平均数计算才

相等,即:

$$调和平均数 = 几何平均数 = 算术平均数$$

而在实际生活中,所有变量值很少都相等。因此,一定要区分各种平均指标的应用条件,正确计算平均指标。

### (二) 众数、中位数、算术平均数之间的关系

测度某一统计资料的集中趋势时,使用算术平均数还是使用中位数和众数?我们这要弄清三个特征量之间的关系。

众数、中位数和算术平均数都是用于反映总体一般水平或分布集中趋势的代表值,但因为它们的计算方法不同,具体含义有异,故它们有各自的特点。

第一,众数和中位数是由所处的特殊位置确定的,而算术平均数是由数列所有变量值计算的,所以算术平均数对数据的概括能力比众数、中位数强。

第二,算术平均数易受数列中极端值的影响,中位数次之,众数几乎不受极端值的影响。

第三,它们对数据的量化尺度要求不同。算术平均数要求最高,它只适用于定距尺度和定比尺度的数据;中位数次之,它还适用于定序尺度的数据;众数对数据的计量尺度没有严格的限制。除上述三种计量尺度外,众数甚至还适用于定类尺度的数据。

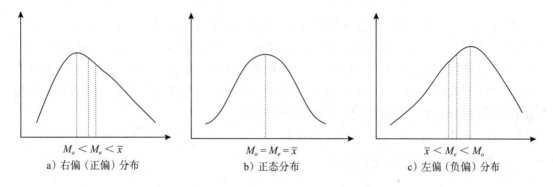

a) 右偏(正偏)分布     b) 正态分布     c) 左偏(负偏)分布

图 4-6 众数、中位数和算术平均数比较

当统计资料的分布曲线是一对称的钟形分布(正态分布)时,如图 4-6b 所示,其算术平均数、中位数和众数三者相等。

在非正态分布的情况下,众数、中位数和算术平均数三者的差别取决于分布的偏斜程度,分布偏斜的程度越大,它们之间的差别越大。当次数分配呈右偏(正偏)时,算术平均数受极大值影响,就有 $M_o < M_e < \bar{x}$(见图 4-6a)。当次数分配呈左偏(负偏)时,算术平均数受极小值的影响,有 $\bar{x} < M_e < M_o$(见图 4-6c),中位数则总是介于众数和平均数之间。

英国统计学家皮尔逊提出,在存在轻微偏斜的情况下,众数、中位数和算术平均数数量关系的经验公式为:算术平均数和众数的距离约等于算术平均数与中位数距离的三倍,即:

$$\bar{x} - M_o \approx 3(\bar{x} - M_e)$$

利用这个关系式，可以从已知的两个平均指标来推算另一个平均指标。

例如，某车间生产的一批零件中，直径大于 802 厘米的占一半，众数为 800 厘米，试估计其平均数，并判定其偏斜方向。

在本例中已知 $M_e$ = 802 厘米，$M_o$ = 800 厘米

则：$\bar{x} - 800 \approx 3(\bar{x} - 802)$

$\bar{x} = 803$（厘米）

由于 $M_o < M_e < \bar{x}$，所以，可以基本判定该零件的直径分布为右偏。

### 同步思考 4-5

1. 为什么算术平均数易受极端值的影响？当变量值中有极大值或极小值时，用哪种方法计算其平均数合适？
2. 在非对称分布的情况下，众数、中位数和算术平均数三者的差别取决于分布的偏斜程度。当次数分配呈右偏（正偏）时，算术平均数比众数大还是比众数小？为什么？

## 第四节 标志变异指标

如前所述，平均指标是统计总体中各单位某一数量标志值的一般水平，它反映了总体各单位变量值分布的集中趋势。利用平均指标可以对同类现象在不同空间或时间条件下的数量表现进行对比，以反映现象的发展趋势或规律。但是，平均指标掩盖了总体各单位客观上存在的变异，而有些时候，还要就总体变异情况或平均数对总体各单位变量值的代表性进行研究，这就需要计算标志变异指标。

### 一、标志变异指标的含义和作用

#### （一）标志变异指标的含义

标志变异指标也称离中趋势指标，是反映各单位标志值之间差异程度大小的指标，能概括地反映总体中各单位的离中趋势或变异状况。标志变异指标是用来刻画总体分布的离散程度或变异状况的，变异指标值越大，表明总体各单位标志值的变异程度越大。

由于分布的离散程度可以从不同角度、用不同方法去考察，故描述分布离中趋势的变异指标有多种。常见的变异指标有：极差、分位差、方差、标准差、变异系数和标准化值。

#### （二）标志变异指标的作用

在统计分析中，平均指标和变异指标是互相补充、相互结合并加以运用的。标志变异指标的作用主要有以下几个。

第一，标志变异指标可以衡量平均指标代表性的大小。标志变异指标大，说明总体

各单位间的标志变异程度大,平均指标的代表性就小;反之,标志变异指标小,则平均指标的代表性就大。二者成反比。

例如,有两个班组职工的日产量分别是(单位:件):

甲组　25　30　35　40　45

乙组　11　23　35　47　59

经计算可知,两个小组的平均产量均为35件。但结合各单位标志变异程度看,甲组职工日产量差别不大,而乙组的日产量相差较悬殊。可见,当以平均指标作为总体某一数量标志代表值时,应结合标志变异程度指标判断其代表性大小,如图4-7所示。

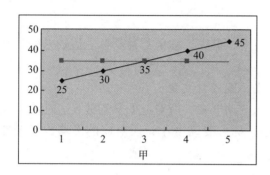 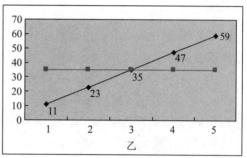

图4-7　甲、乙两组日产量波动差异

第二,标志变异指标可以反映社会生产和其他经济活动的均衡性或协调性强弱。标志变异指标大,说明总体各单位间的标志变异程度大,产品质量不稳定或不均衡;反之,则说明产品质量稳定性好或生产的均衡性强。

例如,某公司下属两个企业销售额计划完成情况如表4-17所示。

表4-17　某公司下属两个企业销售额计划完成情况　　　　（单位:万元）

| 企业 | 计划数 | 实际数 | 第一季度 | | 第二季度 | | 第三季度 | | 第四季度 | |
|---|---|---|---|---|---|---|---|---|---|---|
| | | | 绝对数 | 比重(%) | 绝对数 | 比重(%) | 绝对数 | 比重(%) | 绝对数 | 比重(%) |
| 甲 | 4 000 | 4 000 | 600 | 15.00 | 800 | 20.00 | 1 200 | 30.00 | 1 400 | 35.00 |
| 乙 | 6 000 | 6 000 | 1 500 | 25.00 | 1 600 | 26.67 | 1 400 | 23.33 | 1 500 | 25.00 |

从表4-17可以看出,两个企业的销售计划虽然都已完成,但两者计划执行过程的情况并不相同:乙企业各季度的销售情况较为均衡,甲企业则存在前松后紧的情况,各季度销售变动幅度较大。如果不存在季节变动等其他因素的影响,则乙企业销售情况比甲企业好。又比如,对一批产品的质量指标,如电灯泡的耐用时间、轮船的行驶里程等,测定其标志变动度,如果标志变动度大,说明产品质量不稳定,如果标志变动度小,说明产品性能稳定可靠等。

第三,标志变异指标可以研究总体标志值分布偏离正态的情况。一般来说,从分布图看,标志值分布越集中,其分布曲线越陡峭;标志值分布越分散,其分布曲线越平坦。

第四,标志变异指标可以用于衡量统计推断效果。

## 二、标志变异指标的测定方法

通过次数分配表，可以粗略地反映标志的变动情况。但要精确地反映标志的变动情况，就要计算标志变异指标。测定标志变异指标大小的方法主要有：极差、平均差、方差和标准差、变异系数（平均差系数和标准差系数），如图 4-8 所示。其中最常用的是标准差和标准差系数。

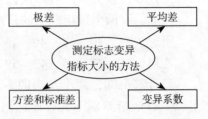

图 4-8 测定标志变异指标大小的方法

### （一）极差

极差又称全距，是指在总体各单位标志值中，最大标志值与最小标志值的差额。其计算公式为：

$$极差 = 最大标志值 - 最小标志值$$

极差大，表明标志值的变动幅度大，标志变动度大，所对应的平均数代表性小，或生产均衡性或稳定性差。反之，变动幅度小，标志变动度小，所对应的平均数代表性大，或生产均衡性或稳定性强。

比如，两个班组的日产量分别为（单位：件）：

甲组　22　24　25　26　28
乙组　15　20　25　30　35

从平均日产量的角度看：

$$\bar{x}_甲 = \frac{\sum x}{n} = \frac{125}{5} = 25（件）$$

$$\bar{x}_乙 = \frac{\sum x}{n} = \frac{125}{5} = 25（件）$$

即两个班组的劳动生产率是相同的，但其标志变异指标即极差却不同：

$$甲组极差 = 28 - 22 = 6（件）$$
$$乙组极差 = 35 - 15 = 20（件）$$

由以上计算结果可知，甲组极差小，乙组极差大。那么，甲组平均日产量 25 件代表性大，乙组平均日产量 25 件代表性小。

极差的优点是计算简便、直观、容易理解。不足之处是，它只以两个极端的标志值计算，而不考虑总体内部的分配状况，不能充分利用数列的全部信息。例如，有两个数列的分布情况很近似，其中一个数列出现了极大或极小的数值，就会使两个数列求得的极差相差很大，或两个数列的极差相同，但它们中间的标志值差异情况可能相差很大。（假设有丙组，工人日产量分别为 15 件、24 件、25 件、26 件、35 件，该组平均日产量也为 25 件，极差也为 20 件，那么乙组与丙组比，谁的平均数代表性大？）在这种情况下，极差就不能确切反映标志变异程度。因为极差只考虑极大值和极小值，没有考虑中间各项值的差别，这也是极差的局限，所以，它无法反映标志值变动的一般程度。

## (二) 平均差

平均差是各项标志值与其算术平均数离差绝对值的算术平均数。由于各标志值与算术平均数的离差之和等于零，即 $\sum(x-\bar{x})=0$，所以各项离差的平均数也等于零。因此，在计算平均差时，需采用离差的绝对值，即 $\sum|x-\bar{x}|$。平均差能够综合反映总体中各单位标志变动的影响。平均差反映各标志值与算术平均数之间的平均差异。平均差越大，表明各标志值与算术平均数的差异程度越大，该算术平均数的代表性就越小；平均差越小，表明各标志值与算术平均数的差异程度越小，该算术平均数的代表性就越大。

由于掌握的资料不同，平均差分为简单平均差与加权平均差。

### 1. 简单平均差

简单平均差是在资料未经分组时，测定标志变动程度的方法。其计算公式为：

$$A.D = \frac{\sum|x-\bar{x}|}{n}$$

式中　A.D——平均差；
　　　$n$——总体单位数；
　　　$x$——变量值；
　　　$\bar{x}$——算术平均数。

### 2. 加权平均差

加权平均差是在计算分组变量数列，各组次数不等时测定标志变动程度的方法。其计算公式为：

$$A.D = \frac{\sum|x-\bar{x}|f}{\sum f}$$

式中　$f$——各组变量值的次数。

我们仍然通过实例来说明。

例如，某车间工人日产量和各组人数资料如表 4-18 所示。

表 4-18　加权平均差计算表

| 日产量 $x$（件） | 人数 $f$ | $xf$ | $\|x-\bar{x}\|$ | $\|x-\bar{x}\|f$ |
|---|---|---|---|---|
| 54 | 10 | 540 | 17 | 170 |
| 60 | 14 | 840 | 11 | 154 |
| 66 | 22 | 1 452 | 5 | 110 |
| 74 | 28 | 2 072 | 3 | 84 |
| 80 | 12 | 960 | 9 | 108 |
| 86 | 10 | 860 | 15 | 150 |
| 94 | 4 | 376 | 23 | 92 |
| 514 | 100 | 7 100 | — | 868 |

　　　　　└──── 已知资料 ────┘└──────── 计算栏 ────────┘

根据表 4-18 分组资料，可以计算出该车间的平均日产量和平均差。

（1）平均日产量：

$$\bar{x} = \frac{\sum xf}{\sum f} = \frac{7100}{100} = 71 \text{（件）}$$

（2）平均差：

$$A.D = \frac{\sum |x - \bar{x}| f}{\sum f} = \frac{868}{100} = 8.68 \text{（件）}$$

通过以上计算可以看出，平均差是在所有标志值与其算术平均数离差的基础上计算出来的。因此，它比全距能更全面地反映标志值离中的趋势。但是，由于平均差采用取绝对值的方法计算，不符合代数运算法则，所以在统计研究中很少使用。

### （三）方差和标准差

方差（$\sigma^2$）和标准差（$\sigma$）是测定标志变异程度的常用指标。标准差是方差的平方根，是总体各单位的标志值与其算术平均数离差平方的算术平均数的平方根，故又称均方差。方差与标准差是利用了算术平均数的数学性质 $\sum(x-\bar{x})^2 = $ 最小值，或 $\sum(x-\bar{x})^2 f = $ 最小值。因此，它们是测定标志变异程度最灵敏的指标。

标准差的意义与平均差基本相同。它也是各个标志值与其算术平均数的平均离差，但在数学处理上与平均差有所不同，它是采用平方的方法来消除离差的正负号，即先求出各个标志值与算术平均数的离差，再计算各项离差平方，然后计算这些离差平方的算术平均数，最后再把这个平均数开方。其计算公式也分为简单平均式与加权平均式两种形式。

#### 1. 简单平均式方差和标准差

简单平均式，是在资料未分组时计算标准差的一种方法。计算公式为：

$$\text{方差 } \sigma^2 = \frac{\sum(x-\bar{x})^2}{n}$$

$$\text{标准差 } \sigma = \sqrt{\frac{\sum(x-\bar{x})^2}{n}}$$

式中　$\sigma^2$——方差；

　　　$\sigma$——标准差。

标准差的一般计算步骤为：

（1）计算出算术平均数 $\bar{x}$；

（2）计算出变量值与其算术平均数的离差 $x - \bar{x}$；

（3）计算离差平方并求和，即 $\sum(x-\bar{x})^2$；

（4）计算其算术平均数，并求平方根，即 $\sqrt{\frac{\sum(x-\bar{x})^2}{n}}$。

现以工人日产量资料为例，说明简单平均式标准差的计算，如表4-19所示。

表 4-19　简单平均式标准差计算表

| 日产量 $x$（件） | 离差 = $x-\bar{x}$（$\bar{x}=60$） | 离差平方 $(x-\bar{x})^2$ |
|---|---|---|
| 20 | −40 | 1 600 |
| 40 | −20 | 400 |
| 60 | 0 | 0 |
| 80 | 20 | 400 |
| 100 | 40 | 1 600 |
| 合计：300 | — | 4 000 |

根据表 4-19 的资料计算其标准差为：

$$\sigma^2 = \frac{\sum(x-\bar{x})^2}{n} = \frac{4\,000}{5} = 800 \text{（件}^2\text{）}$$

$$\sigma = \sqrt{\frac{\sum(x-\bar{x})^2}{n}} = \sqrt{\frac{4\,000}{5}} \approx 28.3 \text{（件）}$$

**2. 加权平均式方差和标准差**

加权平均式是在资料已分组条件下计算标准差的一种方法（在实际工作中我们面对的资料常常是分组资料）。其计算公式为：

$$\text{方差 } \sigma^2 = \frac{\sum(x-\bar{x})^2 f}{\sum f}$$

$$\text{标准差 } \sigma = \sqrt{\frac{\sum(x-\bar{x})^2 f}{\sum f}}$$

式中　$f$——各组次数。

我们现以某企业甲、乙两个车间生产情况为例，说明加权平均式标准差的应用。

已知甲车间工人的平均日产量为 42 千克，其标准差为 5.6 千克。乙车间工人的产量资料如表 4-20 所示，计算乙车间工人的平均日产量及标准差。

表 4-20　乙车间工人的平均日产量标准差计算表

| 工人日产量（千克） | 工人数 $f$ | 组中值 $x$ | 总产量 $xf$（千克） | 离差 $x-\bar{x}$ | 离差平方 $(x-\bar{x})^2$ | 离差平方 × 次数 $(x-\bar{x})^2 f$ |
|---|---|---|---|---|---|---|
| 20～30 | 10 | 25 | 250 | −17 | 289 | 2 890 |
| 30～40 | 70 | 35 | 2 450 | −7 | 49 | 3 430 |
| 40～50 | 90 | 45 | 4 050 | 3 | 9 | 810 |
| 50～60 | 30 | 55 | 1 650 | 13 | 169 | 5 070 |
| 合计 | 200 | — | 8 400 | — | — | 12 200 |

└────── 已知资料 ──────┘└────── 计算栏 ──────┘

乙车间平均产量为：

$$\bar{x} = \frac{\sum xf}{\sum f} = \frac{8\,400}{200} = 42 \text{（千克）}$$

乙车间标准差为：

$$\sigma^2 = \frac{\sum(x-\bar{x})^2 f}{n} = \frac{12\,200}{200} = 61\,（千克^2）$$

$$\sigma = \sqrt{\frac{\sum(x-\bar{x})^2 f}{\sum f}} = \sqrt{\frac{12\,200}{200}} \approx 7.8\,（千克）$$

计算结果表明，在两个车间平均日产量相同的情况下，乙车间的标准差为7.8千克，大于甲车间的标准差5.6千克，说明乙车间工人平均日产量的代表性小于甲车间。

标准差就其统计意义而言与平均差基本相同，也是根据总体所有单位的标志值计算出来的，可以全面反映总体各单位标志值的变异程度。由于它不必用绝对值来计算，在数学处理上比平均差更合理，也更优越，所以在统计分析中，它是测定标志变异程度最重要、最常用的指标。

标准差是计算离中趋势指标最主要的方法，它较极差能更全面地反映总体所有变量值的差异。与平均差相比，标准差在数学运算过程中避免了离差之和等于零的问题，又符合代数方法的运算，所以被作为衡量标志变异程度的一个标准而被广泛使用。但需要指出，用标准差衡量两个平均数代表性的大小需要有一个前提，即两个平均数必须相等，而实际经济工作中，我们面对的两个平均数常常不等，这是标准差在实际运用中的局限。

## （四）变异系数

### 1. 变异系数的含义

极差、平均差、标准差等各种变异指标都与它们相应的平均指标有相同的计量单位。这些变异指标的大小不仅取决于总体的变异程度，还与标志值绝对水平的高低、计量单位的不同有关。所以，不宜直接用上述变异指标对不同水平、不同计量单位的现象进行比较，应当先做无量纲化处理后再比较。对上述变异指标进行无量纲化处理，就是用它们相应的平均数去除。

变异系数也称离散系数，是变异指标与平均指标之比，是用来说明变量值离中程度的相对指标。该指标数值大，变量值离中程度大，其平均数代表性小；指标数值小，则离中程度小，其平均数代表性高。

如果将极差与其平均数对比，就得到极差系数；将平均差与其平均数对比，就得到平均差系数；将标准差与其平均数对比，就得到标准差系数。最常用的变异系数是标准差系数。

### 2. 标准差系数的计算

标准差系数是标准差与其算术平均数之比，用来说明现象离中的相对程度。其计算公式为：

$$V = \frac{\sigma}{\bar{x}} \times 100\%$$

式中　$V$——标准差系数；

$\sigma$——标准差;

$\bar{x}$——平均数。

标准差系数可以比较计量单位相同或相异或平均数不等的两个或多个变量数列的离中程度。标准差系数数值的大小与相应的平均数代表性的大小成反比关系,即标准差系数大,其平均数代表性小;反之,标准差系数小,则其平均数代表性大,二者成反比。

例如,企业有两个车间,一车间和二车间都有 100 名工人。一车间的日人均产量为 63 件,二车间的日人均产量为 71 件。其工人结构情况如表 4-21 所示。

表 4-21　一、二车间工人的平均日产量标准差计算表

| 日产量（件） | 人数 f | | 组中值 x（件） | xf | | $(x-\bar{x})^2 f$ | |
|---|---|---|---|---|---|---|---|
| | 一车间 | 二车间 | | 一车间 | 二车间 | 一车间 $\bar{x}_1=63$ | 二车间 $\bar{x}_2=71$ |
| 20～40 | 10 | 5 | 30 | 300 | 150 | 10 890 | 8 405 |
| 40～60 | 30 | 10 | 50 | 1 500 | 500 | 5 070 | 4 410 |
| 60～80 | 45 | 60 | 70 | 3 150 | 4 200 | 2 205 | 60 |
| 80～100 | 15 | 25 | 90 | 1 350 | 2 250 | 10 935 | 9 025 |
| 合计 | 100 | 100 | — | 6 300 | 7 100 | 29 100 | 21 900 |

已知资料　　　　　　　　　计算栏

一车间平均日产量为:

$$\bar{x}_1 = \frac{\sum xf}{\sum f} = \frac{6\,300}{100} = 63 \text{（件）}$$

二车间平均日产量为:

$$\bar{x}_2 = \frac{\sum xf}{\sum f} = \frac{7\,100}{100} = 71 \text{（件）}$$

通过观察可以看出,二车间平均日产量比一车间高。但哪个车间日产量更具有代表性,需进一步计算。

一车间平均日产量标准差为:

$$\sigma_1 = \sqrt{\frac{\sum(x-\bar{x}_1)^2 f}{\sum f}} = \sqrt{\frac{29\,100}{100}} \approx 17.1 \text{（件）}$$

二车间平均日产量标准差为:

$$\sigma_2 = \sqrt{\frac{\sum(x-\bar{x}_2)^2 f}{\sum f}} = \sqrt{\frac{21\,900}{100}} \approx 14.8 \text{（件）}$$

计算结果显示,一车间平均日产量标准差大于二车间,似乎可得出一车间平均数代表性差的结论,但具体差多少还不能确定。原因是两数列的原有标志值水平不一样,不能用 $\sigma$ 来判断平均数的代表性。因此,当两数列的标志值水平不一样或计量单位不同时,要判断总体各单位标志值的离散程度,评价其平均数代表性,应进一步计算其标志

变异的相对指标，这个相对指标就是标志变动系数。

在本例中，我们来计算标准差系数。

$$V_1 = \frac{\sigma_1}{\bar{x}_1} \times 100\% = \frac{17.1}{63} \times 100\% \approx 27.14\%$$

$$V_2 = \frac{\sigma_2}{\bar{x}_2} \times 100\% = \frac{14.8}{71} \times 100\% \approx 20.85\%$$

因为 $V_1 > V_2$，故二车间平均日产量的代表性比一车间高。

标准差的重要特点是不受计量单位和标志值水平的影响，它消除了不同总体之间在计算单位、平均水平方面的不可比性。

### (五) 标准化值

标准化值是以变量值与其均值的差除以同一数据的标准差的比值，也称标准分数或 $Z$ 分数。其计算公式为：

$$Z_i = \frac{X_i - \bar{X}}{\sigma}$$

式中　$Z_i$——第 $i$ 个变量的标准化值。

标准化值的分子 $X_i - \bar{X}$ 为第 $i$ 个变量值与其均值的差，一般称为数据的中心化，表现为变量值与其均值的绝对距离。标准化值的分母为标准差 $\sigma$，通过用标准差 $\sigma$ 除中心化后的数据来消除标准化值的量纲和绝对水平，剔除不同的数据分布离散程度在量纲和绝对水平上的差异，使离散程度不同的数据之间具有广泛的可比性，使数据具有普遍的可加性和直接的可比性。

标准化值也是一个相对数测度，反映了以标准差 $\sigma$ 为单位计量的、第 $i$ 个变量值与其均值的相对距离。标准化值为 1，表明第 $i$ 个变量值与其均值的距离 $X_i - \bar{X}$ 的数值水平恰好等于标准差 $\sigma$ 的数值水平；若标准化值为 2，则表明第 $i$ 个变量值与其均值的距离 $X_i - \bar{X}$ 的数值水平等于标准差 $\sigma$ 的数值的 2 倍。

例如，某校统计学专业某寝室 A、B 两位同学 5 门课程的考试成绩如表 4-22 所示。现用标准化值方法对两名同学 5 门课程的期末考试成绩进行分析。

在试卷分析中，主要有两个标准。

其一称为难度，一般可用试卷的平均得分来衡量；标准化值分子的数据中心化过程，即 $X_i - \bar{X}$，剔除了试卷难易程度高低不同的不可比问题，使试卷都处在相同的难易度水平上。

其二称为分辨度，一般可以用试卷得分的标准差来测度。标准化值通过用标准差 $\sigma$ 除中心化后的数据，又消除了试卷的分辨度大小不同的不可比问题，使试卷都处在相同的分辨度水平上。

表 4-22　某校两名同寝室的同学期末考试成绩的标准化值计算表

| 考试科目 | 原始成绩（分） | | 全班均值 $\bar{X}$（分） | 标准差 $\sigma$（分） | 离差（分） | | 标准化值（分） | |
| --- | --- | --- | --- | --- | --- | --- | --- | --- |
| | A | B | | | A | B | A | B |
| 金融学 | 90 | 84 | 85 | 10 | 5 | −1 | 0.50 | −0.10 |
| 统计学原理 | 88 | 78 | 82 | 20 | 6 | −4 | 0.30 | −0.20 |
| 高等数学 | 66 | 84 | 60 | 30 | 6 | 24 | 0.20 | 0.80 |
| 计量经济学 | 76 | 78 | 65 | 25 | 11 | 13 | 0.44 | 0.52 |
| 市场调查 | 80 | 80 | 75 | 25 | 5 | 5 | 0.20 | 0.20 |
| 合计 | 400 | 404 | 367 | — | 33 | 37 | 1.64 | 1.22 |
| | 已知资料 | | | | 计算栏 | | | |

在表 4-22 中，全班均值、标准差的计算如前，这里因资料不全，故作已知资料。

表中离差（分）为：$X_i - \bar{X}$

标准化值（分）为：$Z_i = \dfrac{X_i - \bar{X}}{\sigma}$

通过计算可以看出，A 同学的 5 门功课考试成绩直接汇总总分低于 B 同学，但按照标准化的观点，直接汇总总分并不能作为判断学生几门课程综合考试成绩的评价标准，即采用简单的直接汇总往往失之偏颇。经过简单观察可知，A 同学在均值水平较高、标准差数值水平较低的金融学、统计学原理中的成绩要好于 B 同学，即在难度和分辨度都相对较低的课程中占优势；在均值水平较低、标准差水平较高的高等数学、计量经济学课程中的成绩要差于 B 同学，即在难度和分辨度都相对较高的课程中落后于 B 同学。依据标准化值的综合评价结果，A 同学 5 门功课的考试成绩应该高于 B 同学。

总之，标准化值方法可以用于各类多测度的综合分析评价。

## 同步思考 4-6

1. 标志变异指标是用来反映总体分布的离散程度或变异状况的，也是用来反映平均指标代表性大小的。那么，标志变异指标能用来反映和衡量众数和中位数的代表性大小吗？
2. 变异指标值越大，表明总体各单位标志值的变异程度越大，平均数代表性越小。那么，当两个平均数不等时用标准差能够比较和衡量其平均数的代表性大小吗？
3. 什么是标准化值？它是如何计算的，适合用于哪种条件下的评价？

## 思考与练习

● 知识题

1. 单项选择题

　　（1）某工业企业产品年生产量为 2 000 万件，期末库存量为 80 万件，它们是（　　）
　　　　A. 时期指标　　　　　　　　　　　　B. 前者是时期指标，后者是时点指标
　　　　C. 时点指标　　　　　　　　　　　　D. 前者是时点指标，后者是时期指标

（2）甲、乙两企业红酒不合格率分别为6%和10%，则红酒不合格品数量　　（　　）
　　A. 甲＜乙　　　　　　　　　　B. 甲＞乙
　　C. 甲＝乙　　　　　　　　　　D. 无法判断
（3）假如学生的考试成绩用优秀、良好、中等、及格和不及格来表示，那么全班考试成绩的水平高低应该用什么平均数来说明　　（　　）
　　A. 可以用算术平均数　　　　　　B. 只能用众数
　　C. 可以用众数或中位数　　　　　D. 只能用中位数
（4）某商场计划6月份销售利润比5月份提高4%，实际却下降了3%，则销售利润计划完成程度为　　（　　）
　　A. 66.7%　　　　B. 93.26%　　　　C. 105.1%
　　D. 99.0%　　　　E. 97.2%
（5）某班30名同学进行考试，16人耗时10分钟，10人耗时15分钟，4人耗时18分钟。要计算该班学生平均耗时应采用　　（　　）
　　A. 简单算术平均数　　　　　　　B. 加权算术平均数
　　C. 简单调和平均数　　　　　　　D. 加权调和平均数

## 2. 多项选择题

（1）比较相对数适用于　　（　　）
　　A. 计划水平与实际水平之比　　　B. 先进与落后之比
　　C. 不同国家间同类指标之比　　　D. 不同时间状态异类指标之比
　　E. 实际水平与标准水平之比
（2）时期指标的特点是　　（　　）
　　A. 时期指标的数值是经常登记得到的
　　B. 性质相同的各时期指标的数值可以相加
　　C. 指标数值的大小与时期长短没有关系
　　D. 指标数值的大小与时期长短有关系
　　E. 性质相同的各时期指标的数值不可以相加
（3）几何平均数主要适用于　　（　　）
　　A. 标志值的代数和等于标志值总量的情况
　　B. 标志值的连乘积等于总比率的情况
　　C. 标志值的连乘积等于总速度的情况
　　D. 具有等比关系的变量数列
　　E. 求平均比率时
（4）影响加权算术平均数大小的主要因素有　　（　　）
　　A. 次数　　　　B. 离散程度　　　　C. 权数
　　D. 变量值　　　E. 标志值
（5）下列哪些是强度相对指标　　（　　）
　　A. 人口密度为112人/平方千米　　B. 全国人均粮食产量为390千克
　　C. 全国人均月工资收入为3 550元　D. 全国人均粮食消费量为196千克

E. 某地区人均 GDP 为 7 910 元

3. 判析题

（1）小学生入学率、全国总人口中少数民族人口所占比重、出口贸易额与进口贸易额的比率、出勤率四个指标都属于结构相对指标。　　　　　　　　　　　　　（　）

（2）某厂计划将生产某种产品的单位成本在上年的基础上降低 4%，实际降低了 3%，则成本降低计划完成程度为 99.04%。　　　　　　　　　　　　　　　　　　（　）

（3）同一个总体，时期指标值的大小与时期长短成正比，时点指标值的大小与时点间隔成反比。　　　　　　　　　　　　　　　　　　　　　　　　　　　　　（　）

（4）某地区年末人口数、某地区固定资产投资数、某地区年内人口出生数、某地区高校在校学生数四个指标都属于时点指标。　　　　　　　　　　　　　　　　（　）

（5）在特定条件下，加权算术平均数可以等于简单算术平均数。　　　　　　（　）

4. 简答题

（1）什么是时期指标？什么是时点指标？二者各自有什么特点？

（2）相对指标有哪几种？强度相对指标有什么特点？

（3）什么是平均指标？它有什么作用？常用的平均指标有哪几种？

（4）什么是众数？什么是中位数？二者各有什么特点？

（5）什么是标志变异指标？当两个平均数不等时常用哪种标志变异指标衡量其平均数的代表性大小？为什么？

● **实务题**

1. 某企业 2019 年产量计划完成百分比为 120%，当年产量计划比上年产量提高 30%，计算：2019 年实际产量比 2018 年产量增长了多少？

2. 某地区 2019 年轻工业产值为 3 374 亿元，占工业总产值的 54.2%，比 2018 年增长 12%。计算下列指标：

（1）2019 年工业总产值为　　　　　　　　　　　　　　　　　　　　　　（　）

　　A. $3\,374 \div 54.2\%$　　　　　　　　　B. $3\,374 \times 54.2\%$

　　C. $3\,374 \times 112\%$　　　　　　　　　D. $3\,374 \div 12\%$

（2）2019 年重工业产值占工业总产值的比重为　　　　　　　　　　　　　（　）

　　A. $\dfrac{3\,374 \div 54.2\% - 3\,374}{3\,374 \times 54.2\%}$　　　　　B. $3\,374 \times 54.2\%$

　　C. $\dfrac{3\,374 \div 54.2\% - 3\,374}{3\,374 \div 54.2\%}$　　　　　D. $\dfrac{3\,374 \div 112\% - 3\,374}{3\,374 \times 112\%}$

（3）2019 年的轻、重工业产值比例为　　　　　　　　　　　　　　　　　（　）

　　A. $\dfrac{3\,374}{3\,374 \div 54.2\% - 3\,374}$　　　　　B. $\dfrac{3\,374}{3\,374 \div 54.2\%}$

　　C. $\dfrac{3\,374 \times 112\% - 3\,374}{3\,374}$　　　　　D. $\dfrac{3\,374 \div 12\% - 3\,374}{3\,374}$

（4）2018年轻工业产值为 （　　）
A. 3 374 ×（1–12%）　　　　B. 3 374 ÷（1–12%）
C. 3 374–3 374 × 12%　　　　D. 3 374 ÷（1+12%）

3. 某企业两车间工人日产量资料如下表所示：

| 项目 | 日产量 x（件） | | 人数 f | |
|---|---|---|---|---|
| 车间 | 一车间 | 二车间 | 一车间 | 二车间 |
| | 54 | 60 | 10 | 5 |
| | 60 | 64 | 14 | 10 |
| | 66 | 68 | 22 | 20 |
| | 74 | 72 | 28 | 35 |
| | 80 | 76 | 12 | 15 |
| | 86 | 80 | 10 | 11 |
| | 94 | 90 | 4 | 4 |
| 合计 | | | 100 | 100 |

要求：试据上述资料分别计算一车间、二车间的算术平均数。

4. 某管理学院学生某学年统计学期末成绩如下表所示，试计算算术平均数、标准差。

| 按成绩分组（分） | 学生人数 |
|---|---|
| 60 以下 | 7 |
| 60～70 | 21 |
| 70～80 | 25 |
| 80～90 | 19 |
| 90 以上 | 8 |
| 合计 | 80 |

5. 甲、乙两地某种商品的价格和销售额资料如下表所示：

| 等级 | 价格（元/千克） | 销售额（元） | |
|---|---|---|---|
| | | 甲地 | 乙地 |
| 一等 | 1.30 | 6 500 | 13 000 |
| 二等 | 1.20 | 12 000 | 12 000 |
| 三等 | 1.10 | 5 500 | 22 000 |

要求：分别计算甲、乙两地该种商品的平均价格，并说明哪个地区的平均价格高及为什么。

6. 三个企业生产同一种产品，各企业的产量完成情况如下表所示：

| 企业 | 实际产量（件） | 完成计划（%） | 实际一等品率（%） |
|---|---|---|---|
| 甲 | 660 | 110 | 90 |
| 乙 | 400 | 100 | 94 |
| 丙 | 1 080 | 90 | 95 |

试求：（1）产量计划平均完成百分比；
（2）平均一等品率。

● **实训题**

**实训一**

（1）实训目的：通过本题的练习，掌握各种对比描述指标的计算，并弄清各种对比指标之间的联系与区别。

（2）实训资料：某企业下属三个分厂2019年下半年的利润额资料如下表所示。

| 厂别 | 第三季度利润（万元）（1） | 第四季度 | | | | 计划完成百分比（%）（6） | 第四季度为第三季度的百分比（%）（7） |
| --- | --- | --- | --- | --- | --- | --- | --- |
| | | 计划 | | 实际 | | | |
| | | 利润（万元）（2） | 比重（%）（3） | 利润（万元）（4） | 比重（%）（5） | | |
| A厂 | | | 25 | | | 105 | |
| B厂 | | 200 | | 180 | | | 115 |
| C厂 | 380 | | | | | 95 | |
| 合计 | 736 | 800 | | | | | |

（3）实训要求：计算空格指标数值，并指出（1）～（7）栏是何种统计指标。

**实训二**

（1）实训目的：通过本题的练习，掌握平均数及标准差和标准差系数的计算方法。

（2）实训资料：已知甲、乙两组工人的工资资料如下表所示。

| 日产量（件） | 工人数 | |
| --- | --- | --- |
| | 甲组 | 乙组 |
| 100～160 | 2 | 10 |
| 160～200 | 18 | 20 |
| 200～260 | 20 | 18 |
| 260～320 | 10 | 2 |
| 合计 | 50 | 50 |

（3）实训要求：试分别计算两组工人的平均日产量及工人日产量的标准差和标准差系数，并说明哪一组工人平均日产量的代表性大。

**实训三**

（1）实训目的：通过本题的练习，掌握算术平均数、中位数、众数的计算和比较方法。

（2）实训资料：某企业按完成工序所需时间分组情况及工人数资料如下表所示。

| 按完成工序所需时间分组（分） | 工人数 |
| --- | --- |
| 10～20 | 6 |
| 20～30 | 25 |
| 30～40 | 32 |
| 40～50 | 23 |
| 50～60 | 7 |
| 60～70 | 5 |
| 70～80 | 2 |
| 合计 | 100 |

（3）实训要求：根据表中资料，计算算术平均数、中位数、众数，并指出其是正态分布、左偏分布，还是右偏分布。

## 实训四

（1）实训目的：通过本题的练习，掌握比较平均数大小及代表性大小的基本方法。

（2）实训资料：已知某企业甲车间80名工人生产某产品的平均产量为56件，产量的标准差为12.40件；又知乙车间100名工人产量的分组资料如下表所示。

| 按产量分组（件） | 工人数 |
| --- | --- |
| 20～30 | 10 |
| 30～40 | 10 |
| 40～50 | 30 |
| 50～60 | 40 |
| 60～70 | 10 |
| 合计 | 100 |

（3）实训要求：先计算乙车间100名工人的平均产量和产量标准差，再分别计算甲、乙车间工人产量的变异系数，说明哪个车间工人的平均产量具有较大的代表性。

本章部分习题参考答案及知识拓展可扫右侧二维码获得。

# 第五章

# 抽样调查

## 学习目标

①了解抽样调查的含义、特点及作用；②理解抽样平均误差、抽样极限误差及概率度的概念和关系；③理解抽样估计的评判标准，掌握估计总体平均指标和成数指标的基本原理和基本方法；④熟悉样本容量的确定方法；⑤掌握简单随机抽样、类型抽样、等距抽样、整群抽样和多阶段抽样等抽样组织方式的特点。

## 主要学习内容

本章主要介绍了抽样调查的含义、特点；阐释了抽样平均误差、抽样极限误差的概念及计算方法；对于总体参数中的平均数、成数和方差的估计方法进行了详尽的介绍；对于推断总体平均数和总体成数所需的样本容量的计算方法以及在估计过程中需要注意的事项进行了阐释。

## 引 例

### 关于收入和幸福度的调查研究

2019年10月1日，中华人民共和国迎来70岁华诞，国家在70年间实现了跨越式发展。1952年至2018年，我国GDP从679.1亿元跃升至90.03万亿元，占世界经济的比重接近16%，人均GDP从119元提高到6.46万元。随着国家经济的发展，人民收入提高，关于收入是否能够提高幸福度的讨论也在民间广泛地进行。有人说，现在不但能吃饱穿暖了，生活质量也明显提高了，生活在这个时代实在是太幸福了；也有人说，虽然现在吃饱穿暖了，但吃东西没有以前香了。究竟收入是不是影响幸福感最重要的因素呢？2015 年 CGSS 数据通过分层三阶段抽样，对中国 31 个省级行政单位的 6 773 个有效样本单元进行调查。分析结果表明收入对幸福感存在门槛效应，收入在门槛值以下时，幸福感受到收入影响更加明显，而超过门槛值的单元比低于门槛值的单元获得幸福感的概率更高是显著的，其 95% 置信度下的置信区间为［3.8 万元，5.5 万元］。这说明，收入的提高还是明显会提高人民的幸福度，而在达到一定收入水平后，人们更会通过精神层面的满足感来提高幸福感。

资料来源：宁吉喆《实现经济平稳健康可持续发展》，2019-9-24；王俊《收入、社会地位比较与主观幸福度——以收入为门槛变量的经验研究》，2019-2。

## 第一节 抽样调查的基本内容

### 一、抽样调查的含义、特点和作用

#### （一）抽样调查的含义

抽样调查的目的是抽样估计。抽样调查一般是指概率抽样，也称为随机抽样，是按随机原则抽取部分单位作为样本，然后根据样本的实际资料计算样本指标，并在一定程度的概率保证下，推断总体相应数量特征的一种统计方法。

例如，在某企业生产的 20 000 件产品中，随机抽取 400 件产品作为样本，对这 400 件产品进行质量检验，计算其平均数、成数等，并根据样本检验结果去推断 20 000 件产品的质量情况。

#### （二）抽样调查的特点

**1. 按随机原则抽取样本**

所谓随机原则，就是指从调查对象中抽取部分单位，抽取哪个单位不受调查研究者主观意志的影响，每个单位都有同等被抽中的机会，被抽中的单位完全是偶然的、随机的。

抽样估计的理论基础是概率论和数理统计，根据理论要求，在抽取样本时必须按随机原则来进行，这样才能保证抽样估计的科学性。

**2. 抽样调查的目的是根据部分单位的特征去估计总体特征**

抽样调查的目的在于通过对部分样本单位的调查，掌握样本的特征，然后利用样本的特征去估计总体特征。

统计研究的目的是认识现象总体的数量特征，但并不是所有的社会经济现象都可以用全面调查来达到这种认识的，有许多情况下，我们只能对总体当中的一部分单位进行调查，而在认识上，又必须对总体的数量特征进行认识。这种矛盾在现实中是大量存在的，例如对一批日光灯的平均耐用时数进行测量，我们不可能对每支日光灯实测其耐用时数,但我们可以通过对部分日光灯进行实测,得到这部分日光灯的平均耐用时数,然后根据这部分日光灯的平均耐用时数来推断全部日光灯的平均耐用时数。

### 3. 用概率估计的方法来估计总体指标

利用样本指标来估计总体指标,这种估计是一种不确定的概率估计方法。由于样本的确定是随机的,所以样本指标也是随机的,而总体指标又是未知的,样本指标与总体指标的误差有多大也是不确定的,但是可以根据大数定律和中心极限定理对其进行概率估计,进而用样本指标对总体指标进行概率估计。

### 4. 抽样误差可以事先计算,并通过一定方法进行有效的控制

由于抽样估计是利用样本指标去估计总体指标,而样本的结构与总体的结构不可能完全一致,所以样本指标与总体指标之间也会存在一定的误差,这个误差是客观存在的,但我们可以通过一定的方式计算其误差的大小并进行有效的控制。

## (三) 抽样调查的作用

### 1. 节约费用

抽样调查可以节约调查的人力、物力和财力,从而降低调查的费用,特别是当调查总体较大时,抽样调查的单元只占总体的小部分,在节约调查费用上的特点更加明显。

### 2. 时效性强

有些调查需要很强的时效性,要求在较短的时间内完成并提供调查数据。与全面调查相比,抽样调查所调查单元少,数据采集和汇总整理的工作量小,因而有更强的时效性。

### 3. 可以承担全面调查无法胜任的工作

对于某些客观现象,我们不能进行全面调查(如对无限总体的调查,抑或对有限总体但是具有破坏性事物的调查,如轮胎的里程寿命实验、青砖的抗折耐压实验、炮弹的杀伤力实验、弹簧的抗拉强度实验等),这些情况下必须采用抽样调查。

### 4. 有助于提高调查数据的质量

虽然抽样调查只调查总体中的某一部分,会存在误差,但由于调查节约费用、时效性强的特点弥补了全面调查由于参与人员多、涉及范围大所造成的误差,所以会得到更准确的结果。

### 5. 可以检验和修正全面调查的结果

由于全面调查涉及面广、工作量大、参与人员多、汇总传递环节多,所以调查结果容易出现差错。但其差错到底有多大,全面调查自身无法回答。因此,可在全面调查之后再进行一次抽样调查,根据抽样调查结果对全面调查结果进行检验和修正,从而提高全面调查的质量。

### 6. 可以对总体的某些假设进行检验

可以用来判断总体假设的真伪,为管理决策提供依据。例如,一种新药在对某位患者使用后效果不错,是否意味着这种新药疗效就一定显著呢?单凭此还不能做出结论,因为疗效对于每个人常会受到一些随机的影响而呈现出一定的不确定性。因此,最好利

用抽样调查结果对这种药物的疗效是否存在显著性的统计差异进行检验，以确定其疗效状况，并据此做出是否推广使用该药的决策。

## 二、抽样调查中的基本概念

### （一）全及总体和样本总体

全及总体就是调查对象，简称总体。它是由许多性质相同的调查单位组成的。在本章中，总体单位数用 $N$ 表示。

样本总体就是按照随机的原则，从全及总体中抽取的一部分单位组成的小总体，简称样本。它也是由许多性质相同的单位组成的，是总体当中的一部分单位。本章用 $n$ 来表示样本单位数，$n$ 也称为样本容量，组成样本的每个单位称为样本单位。

例如，某城市有 20 万个居民户，我们要采用抽样调查的方法研究该市家庭住户的收支情况，则该城市全部住户构成全及总体，$N=20$ 万户。如果从全部住户中按千分之五随机抽取 1 000 户进行调查，则被抽中的 1 000 户就构成样本总体，$n=1 000$ 户。

对于一次的抽样估计，总体是唯一确定的，而样本是不确定的。一个总体可以抽出很多个样本，样本的个数和样本的容量有关，也和抽样的方法有关。样本按照样本单位数的多少可分为大样本和小样本。一般认为 $n \geq 30$ 为大样本，$n < 30$ 为小样本。统计中抽取的样本单位数多数应为大样本。

### （二）全及指标和样本指标

#### 1. 全及指标

全及指标又称总体指标或总体参数，是根据全及总体各个单位的标志值计算出来的统计指标。在一个总体中，全及指标是唯一的。在抽样调查中，我们要推断的就是全及指标。在本章中，涉及的全及指标主要有全及平均数、全及成数、全及标准差或方差。

全及平均数是总体各单位标志值的平均数，在本章里我们用 $\bar{X}$ 表示：

$$\bar{X} = \frac{\sum XF}{\sum F}$$

全及成数：如果一个总体现象只有两种表现，那么其中具有某一特征的单位数或不具有某一特征的单位数占全部单位数的比重即为成数。如果设具有某一特征的单位数为 $N_1$，不具有某一特征的单位数为 $N_0$，全部总体的单位数为 $N$，具有某一特征的单位数 $N_1$ 占 $N$ 的比重为 $P$，不具有某一特征的单位数 $N_0$ 占 $N$ 的比重为 $Q$，则成数为：

$$P = \frac{N_1}{N} \qquad Q = \frac{N_0}{N}$$

$$Q = \frac{N_0}{N} = \frac{N - N_1}{N} = 1 - P$$

全及标准差或方差是指根据总体所有单位计算出来的标志值的差异程度。全及标准差用 $\sigma$ 表示。其计算公式为：

$$\sigma = \sqrt{\frac{\sum(X-\bar{X})^2 F}{\sum F}}$$

全及标准差的平方即为总体方差，记作 $\sigma^2$。

根据非标志计算出来的总体成数的标准差为 $\sigma_P = \sqrt{P(1-P)}$，方差为 $P(1-P)$。

2. 样本指标

样本指标是指根据样本单位计算出来的指标，对应总体指标，在本章也主要涉及三个指标，即样本平均数、样本成数、样本标准差和方差。

样本平均数是根据样本单位计算出来的平均数，用 $\bar{x}$ 表示。其计算公式为：

$$\bar{x} = \frac{\sum xf}{\sum f}$$

抽样成数是根据样本单位计算的成数，是指样本中具有某种特征的单位数或不具有某种特征的单位数占全部样本单位数的比重。

如果以 $n$ 表示全部的样本单位数，以 $n_1$ 表示具有某种特征的样本单位数，以 $n_0$ 表示不具有某种特征的样本单位数，以 $p$ 和 $q$ 表示成数，则样本成数为：

$$p = \frac{n_1}{n} \qquad q = \frac{n_0}{n}$$

样本标准差是根据样本单位的标志值计算出来的反映样本单位的差异程度的指标，用 $s$ 表示。其计算公式为：

$$s = \sqrt{\frac{\sum(x-\bar{x})^2 f}{\sum f}}$$

样本标准差的平方即为样本方差，记作 $s^2$。

根据非标志计算出来的样本成数的标准差为 $\sqrt{p(1-p)}$，方差为 $p(1-p)$。

（三）抽样框

总体具体表现为抽样框。抽样框是一份包含所有抽样单元的名单，即给每一个抽样单元进行编号。好的抽样框能够尽可能多地提供研究的目标量的辅助信息，主要的抽样框形式有以下几种：名录框，如学生名单、企业名册、电话号码簿等。区域框，将抽样单元组成由地理区域进行划分的集合，不同的地理区域包含了不同抽样单元形成的抽样框。自然框，是以自然现象概念作为抽样框的划分，如对生产线上的产品进行质量抽查，每隔十分钟抽取一个产品，则时间就是抽样框；对路边的树木进行病虫害抽样调查，每隔一段距离抽取一棵树，则距离就是抽样框。抽样框如图 5-1 所示。

图 5-1　抽样框

（四）抽样方式和样本个数

1. 抽样方式

根据抽取样本单位方法不同，抽样分为重复抽样和不重复抽样。

重复抽样，也称为有放回抽样，是指从总体中抽取样本时，随机抽取一个样本单元，记录该单元有关标志以后，把它放回到总体中去，然后从总体中抽取第二个样本单元，记录它的有关标志表现后，也把它放回总体中去参加下一次抽取，依此方法直到抽满 $n$ 个样本单位为止。从总体 $N$ 个单位中，用有放回抽样的方法随机抽取 $n$ 个单位构成一个样本，则共抽取 $N^n$ 种样本。

不重复抽样，也称为不放回抽样，是指从总体中抽取第一个样本单元，记录该单元有关标志以后，这个样本单元不再放回到总体中去，然后从总体 $N-1$ 个单元中抽取第二个样本单元，记录了该样本单位有关标志后，该样本单元也不放回总体中去，再从总体 $N-2$ 个单元中抽取第三个样本单位，依此方法直到抽满 $n$ 个样本单位为止。或者是一次就从总体中的 $N$ 个单位中抽取 $n$ 个单位组成样本。从总体 $N$ 个单位中用不重复抽样的方法随机抽取 $n$ 个单位构成一个样本，可能出现的样本种数为 $C_N^n$。

### 2. 样本个数

样本个数又称样本可能数目，是指按照随机的原则从总体 $N$ 中抽取 $n$ 个单位组成样本的所有可能的组合数。一个总体可能抽取多少个样本和样本容量以及抽样方法等因素都有关系，是一个比较复杂的问题。一个总体有多少可能抽取的样本，就有多少可能的样本指标，从而会形成样本指标值的分布，样本指标的分布是抽样调查的基础。

例如，假设总体单位数为三个：A、B、C，即 $N = 3$。如果要从总体中抽取两个单位数，即 $n = 2$，那么：

按重复抽样讲顺序方式，则抽取样本的可能个数为 9 个，即 AA、AB、AC、BA、BB、BC、CA、CB、CC。

按重复抽样不讲顺序方式，则抽取样本的可能个数为 6 个，即 AA、AB、AC、BB、BC、CC。

按不重复抽样讲顺序方式，则抽取样本的可能个数为 6 个，即 AB、AC、BA、BC、CA、CB。

按不重复抽样不讲顺序方式，则抽取样本的可能个数为 3 个，即 AB、AC、BC。

需要注意的是，样本单位数和样本个数是不一致的，样本单位数是每个样本里所包含的单位数目，而样本数目是所有可能组成的样本数。

### （五）抽样误差与非抽样误差

抽样误差是指由于抽样的随机性而产生的样本值与总体值之间的差异，只要采用抽样调查的方法，就无法避免抽样误差。非抽样误差是指产生于除抽样随机性外其他原因的统计量与总体参数间的差异，如调查不周造成的调查对象范围不明确产生的误差，调查过程中无回答或回答有误产生的误差等，非抽样误差一般是可以尽量避免的。

### （六）抽样精度与费用

由于抽样调查是利用样本的统计量作为对总体参数的估计，因此会产生误差，而误差的大小反映的便是精度，即误差小则精度高，误差大则精度低。费用是指进行抽样调查的调查费用，包括收集数据费、数据处理费、制表费、工作机关管理费、出版费等。

一般调查的样本容量大则费用高,样本容量小则费用低。精度与费用存在着矛盾关系,若要求精度高,则需要增大样本容量来降低误差,需要较高的费用,因此如何调整二者的关系,需要较好的抽样设计。

### 三、抽样调查的理论依据

#### (一)大数定律

大数定律又称作大数法则。人们在观察个别事物时,是连同一切个别事物的特性来观察的。个别现象受偶然因素影响,有各自不同的表现。但是对总体大量观察后进行平均,就能使偶然因素的影响相互抵消,消除由个别偶然因素引起的极端性影响,从而使总体平均数稳定下来,反映出事物变化的一般规律,这就是大数定律的意义。

大数定律说明,当 $n$ 充分大时,独立同分布的一系列随机变量,其平均数与它们共同的期望值之间的偏差,可以有很大的把握被控制在任意给定的范围之内。由于从总体中抽出的样本是独立且与总体同分布的,因此当样本容量 $n$ 充分大时,样本平均与总体平均之间的误差可以有很大的把握被控制在任意给定的要求之内,这就是人们用样本平均估计总体平均的理论根据。由于成数指标是一个特殊的平均数,大数定律对成数指标自然也成立。

#### (二)中心极限定理

中心极限定理是指随机变量 $X_1, X_2, \cdots, X_n$ 相互独立,且服从同一分布,当 $n$ 趋于无穷大时,算术平均数近似服从正态分布。

从这个定理可以得出结论:无论总体服从何种分布,只要它的期望值与方差存在,我们就可以通过增大样本容量 $n$ 的方式保证样本平均数 $\bar{x}$ 和样本成数 $p$ 近似服从正态分布。也就是说,大样本的平均数近似服从正态分布。

### 🔑 同步思考 5-1

1. 什么是总体参数?什么是样本统计量?样本统计量与总体参数有什么样的关系?
2. 什么是重复抽样?什么是不重复抽样?二者在应用时各有什么条件?

## 第二节 抽样误差

### 一、抽样误差的含义

抽样误差是指在抽样调查中,由于随机抽样的偶然因素导致了样本各单元的结构与总体的各单元结构的代表性差别,进而引起的抽样统计量和总体参数之间的离差绝对值,即抽样误差是指样本指标和总体指标之间数量上的差异。用数学表达式可以表示为:

$$|\bar{x}-\bar{X}| \quad |p-P|$$

抽样误差根据产生的原因不同,大致分为登记性误差和代表性误差两类。登记性误差又称调查性误差,是指在调查过程中,由于各种主观或客观上的原因引起的误差。例如,由于登记、计算抄写上的失误而出现的误差,这种误差是所有统计调查都可能发生的。代表性误差是指在抽样调查中,抽取的样本各单位的情况不足以代表总体的状况,即抽取的样本结构与总体结构不一致,而用这样的样本去估计总体所产生的误差。代表性误差的产生有两种情况,一种是在抽样过程中,由于违反了随机原则而导致的系统性误差,例如,对一个班级的学生的学习成绩进行调查,如果调查人员偏重抽取学习成绩高的学生作为样本单位,根据这部分学生的成绩来估计全体同学的成绩,就会使结果偏高。这是由于抽样调查没有遵循随机原则而产生的误差。另一种情况是遵循了随机原则,但因为抽到的样本不同而产生的随机性误差。随机性误差在抽样估计中是不可避免的,是偶然的代表性误差。本章所介绍的抽样误差便是这种随机性误差。

抽样误差的大小是我们判断抽样优良性的标准。抽样误差大,则样本代表性低,推断精度较差;抽样误差小,则样本代表性高,推断精度也较好。

## 二、抽样平均误差

抽样平均误差是所有可能的样本指标与总体指标之间的平均离差,也是样本指标的标准差,用来反映抽样误差的一般水平。

从总体中按随机的原则抽取样本,有许多种抽取方法,每种方法都可以抽取不同的样本,样本指标就不会完全相同,样本指标与总体指标的误差也就不会完全相同。抽样平均误差就是这些所有可能误差的平均数。

抽样平均误差通常用 $\mu$ 来表示,由于抽样调查主要是推断总体平均数和总体成数,所以抽样平均误差也就分为推断总体平均数的抽样平均误差和推断总体成数的抽样平均误差。推断总体平均数的抽样平均误差用 $\mu_{\bar{x}}$ 表示,推断总体成数的抽样平均误差用 $\mu_p$ 表示。

数理统计已经证明,样本指标的平均数等于总体平均数,即样本指标是总体指标的无偏估计量,因此,所有可能的样本指标与总体指标的离差和等于零。即:

$$\sum(\bar{x}-\bar{X})=0, \quad \sum(p-P)=0$$

由此得到抽样平均误差也为零,即:

$$\mu_{\bar{x}}=\frac{\sum(x-X)}{M}=0, \quad \mu_p=\frac{\sum(p-P)}{M}=0$$

式中 $M$ ——可能出现的样本种数。

抽样平均误差是客观存在的,等于零的可能性很小,为了解决这个问题,可以采用标准差的方式,即抽样平均误差也是样本指标的标准差:

$$\mu_{\bar{x}}=\sqrt{\frac{\sum(\bar{x}-\bar{X})^2}{M}}, \quad \mu_p=\sqrt{\frac{\sum(p-P)^2}{M}}$$

然而，在实际运用时，该公式是无法实现的。由于我们在实际运用过程中只会在总体中抽取一个样本，而不会抽取所有的样本然后进行计算，同时，在工作过程中总体平均数更是未知的，因此上述公式是无法达到计算抽样平均误差目的的。事实上，我们是通过数理统计的理论推导出平均数和成数抽样平均误差公式来进行计算的。

## （一）平均数的抽样平均误差

在重复抽样情况下，抽样平均误差为：

$$\mu_{\bar{x}} = \sqrt{\frac{\sigma^2}{n}} = \frac{\sigma}{\sqrt{n}}$$

在不重复抽样情况下，抽样平均误差为：

$$\mu_{\bar{x}} = \sqrt{\frac{\sigma^2}{n}\left(\frac{N-n}{N-1}\right)}$$

当总体规模 $N$ 很大时，公式中的 $N-1$ 可用 $N$ 来代替。

因而实际工作中不重复抽样调查的抽样平均误差，可改为下式：

$$\mu_{\bar{x}} = \sqrt{\frac{\sigma^2}{n}\left(1-\frac{n}{N}\right)}$$

式中 $\frac{n}{N}$ ——抽样比；

$\sigma^2$ ——总体方差，以样本方差 $s^2$ 来代替。

在上述公式中，总体方差是未知的，在实际工作中，主要有三种方法来解决这个问题：一是利用样本的方差来代替总体的方差，这是最常用的方法；二是利用该总体的历史方差来代替，当存在若干个历史方差时，我们选择其中较大的方差代替，其目的是保证推断结果的可靠性；三是以小规模的试点调查资料来代替，即在正式调查开始前，组织一次小规模的调查，获取计算抽样误差所使用的数据资料。

例如，某工人一天生产产品50件，从中抽取6件产品，其直径（单位：厘米）分别为14.8、15.3、15.1、15、14.7、15.1，则该工人生产的产品抽样平均误差如下。

由于总体参数都是未知的，因此这里需要利用样本方差作为总体方差的估计：

样本均值：

$$\bar{x} = \frac{\sum x}{n} = \frac{90}{6} = 15 \text{（厘米）}$$

样本方差为：

$$s^2 = \frac{\sum(x-\bar{x})^2}{n} = \frac{(14.8-15)^2+(15.3-15)^2+\cdots+(15.1-15)^2}{6} = \frac{0.24}{6} = 0.04$$

在重复抽样的情况下，抽样平均误差：

$$\mu_{\bar{x}} = \frac{\sigma}{\sqrt{n}} = \frac{s}{\sqrt{n}} = \frac{\sqrt{0.04}}{\sqrt{6}} = 0.082 \text{（厘米）}$$

在不重复抽样的情况下，抽样平均误差：

$$\mu_{\bar{x}} = \sqrt{\frac{\sigma^2}{n}\left(1-\frac{n}{N}\right)} = \sqrt{\frac{s^2}{n}\left(1-\frac{n}{N}\right)} = \sqrt{\frac{0.04}{6}\left(1-\frac{6}{50}\right)} = 0.077（厘米）$$

显然，相同条件下，不重复抽样误差数值一定小于有重复抽样的抽样误差。不过，实际工作中，在没有掌握总体规模的情况下或者总体规模 $N$ 很大时，一般用有重复抽样平均误差公式来计算不重复抽样平均误差。

### （二）成数的抽样平均误差

成数的抽样平均误差表明各样本成数和总体成数绝对离差的一般水平。由于总体成数可以表现为总体是非标志的分布的平均数，而且它的标准差也可以从总体成数推算出来，即：

$$\bar{x}_P = P, \quad \sigma_P = \sqrt{P(1-P)}$$

因此，很容易从抽样平均数的抽样平均误差和总体标准差的关系中推出抽样成数平均误差的计算公式。

在有重复抽样的条件下，成数的抽样平均误差为：

$$\mu_P = \sqrt{\frac{P(1-P)}{n}}$$

式中　$P$——总体成数，通常以样本成数 $p$ 代替；

　　　$n$——样本容量。

在不重复抽样的条件下，成数的抽样平均误差为：

$$\mu_P = \sqrt{\frac{P(1-P)}{n} \cdot \left(\frac{N-n}{N-1}\right)}$$

当总体规模 $N$ 很大时，公式中的 $N-1$ 可用 $N$ 来代替。

因而，实际工作中不重复抽样调查的抽样平均误差可改为下式：

$$\mu_P = \sqrt{\frac{P(1-P)}{n} \cdot \left(1-\frac{n}{N}\right)}$$

在总体成数 $P$ 未知的情况下，也可以用样本的抽样成数 $p$ 来代替。

例如，现需调查某批产品的合格率，产品总数为 1 000 件，从中抽取 40 件，经调查，其中有 36 件产品为合格，则产品合格率的抽样平均误差计算如下。

由于总体参数都是未知的，因此这里需要利用样本方差作为总体方差的估计，

样本成数：

$$p = \frac{n_1}{n} = \frac{36}{40} = 0.9$$

样本方差：

$$\sigma_p^2 = p(1-p) = 0.9 \times 0.1 = 0.09$$

在重复抽样情况下，抽样平均误差：

$$\mu_p = \sqrt{\frac{p(1-p)}{n}} = \frac{\sqrt{0.09}}{\sqrt{40}} \approx 0.047 = 4.7\%$$

在不重复抽样情况下,抽样平均误差:

$$\mu_{\bar{x}} = \sqrt{\frac{p(1-p)}{n}\left(\frac{N-n}{N}\right)} = \sqrt{\frac{0.09}{40} \times \left(\frac{1\,000-40}{1\,000}\right)} = 0.046 = 4.6\%$$

## 三、抽样误差范围及其可靠程度

### (一) 抽样极限误差

抽样平均误差只能说明样本统计量和总体参数之间的一般离差水平,而不能利用它对总体参数做出数量推断。由于我们只是从总体的众多样本中选取了一个样本,因此样本统计量是一个随机变量,它可能大于或小于平均误差。我们还需要对统计量与总体参数之间的误差范围进行定义。抽样误差范围就是变动的抽样指标与确定的总体参数之间的离差的可能范围。它是根据概率论,以一定的可靠程度保证抽样误差不超过某一给定的范围,统计上把这个给定的抽样误差范围叫作抽样极限误差,也称为抽样允许误差。

用 $\Delta_{\bar{x}}$、$\Delta_p$ 分别表示样本平均数与样本成数的抽样极限误差,则有:

$$\Delta_{\bar{x}} = |\bar{x} - \bar{X}|$$
$$\Delta_p = |p - P|$$

### (二) 抽样估计的可靠程度

#### 1. 概率度

抽样估计的可靠程度通常用抽样平均误差的某个倍数来表示抽样误差范围,这个倍数一般用 $t$ 来表示,以抽样平均误差为尺度来衡量相对误差的范围,我们称之为概率度。其计算公式如下:

$$\Delta_{\bar{x}} = t\mu_{\bar{x}}$$
$$\Delta_p = t\mu_p$$

由此可以看出,在抽样平均误差一定的条件下,概率度 $t$ 越大,则抽样误差范围 $\Delta$ 越大。我们将抽样估计的可靠程度称为置信概率。常见的概率度 $t$ 值与置信概率 $F(t)$ 值的对应关系如表 5-1 所示:

#### 2. 抽样误差的计算

例如,为了了解农民的生活状况,某市在 6 000 户农民家庭中随机抽取 500 户进行调查,得知其在银行存款情况如表 5-2 所示。

对以上资料,首先可以计算出平均数抽样平均误差、成数抽样平均误差。其次,如果以

表 5-1  常见概率与概率度对应表

| 概率度 $t$ | 概率保证程度 $F(t)$ |
|---|---|
| 1 | 0.682 7 |
| 1.64 | 0.900 0 |
| 1.96 | 0.950 0 |
| 2 | 0.954 5 |
| 3 | 0.997 3 |

0.9545 的概率保证，可以计算出平均每户存款额抽样极限误差。最后，可以计算出农户存款额在 20 000 元以上户数的比重、抽样平均误差和抽样极限误差。

表 5-2  500 户家庭银行存款情况资料

| 存款额（元） | 户数 |
|---|---|
| 10 000 以下 | 58 |
| 10 000~20 000 | 150 |
| 20 000~30 000 | 200 |
| 30 000~40 000 | 77 |
| 40 000 以上 | 15 |
| 合计 | 500 |

首先，计算平均存款额有关指标。

（1）计算样本平均数：

$$\bar{x} = \frac{\sum xf}{\sum f} = \frac{10\,910\,000}{500} = 21\,820\,（元）$$

（2）计算样本方差：

$$s^2 = \frac{\sum(x-\bar{x})^2 f}{\sum f} = 93\,875\,351\,（元）$$

（3）在重复抽样条件下的抽样平均误差为：

$$\mu_{\bar{x}} = \sqrt{\frac{\sigma^2}{n}} = \sqrt{\frac{s^2}{n}} = \sqrt{\frac{93\,875\,351}{500}} = 433.3\,（元）$$

（4）在不重复抽样条件下的抽样平均误差为：

$$\mu_{\bar{x}} = \sqrt{\frac{\sigma^2}{n}\left(1-\frac{n}{N}\right)} = \sqrt{\frac{s^2}{n}\left(1-\frac{n}{N}\right)} = \sqrt{\frac{93\,875\,351}{500}\left(1-\frac{500}{6\,000}\right)} = 414.9\,（元）$$

（5）在重复抽样下，抽样极限误差为：

$$\Delta_{\bar{x}} = t\mu_{\bar{x}} = 2 \times 433.3 = 866.6\,（元）$$

（6）在不重复抽样下，抽样极限误差为：

$$\Delta_{\bar{x}} = t\mu_{\bar{x}} = 2 \times 414.9 = 829.8\,（元）$$

其次，计算成数有关指标。

如果要计算农户存款额在 20 000 元以上户数的比重，则属于成数估计，其具体计算如下。

（1）存款额在 20 000 元以上户数的比重为：

$$p = \frac{292}{500} = 58.4\%$$

（2）在重复抽样下成数的抽样平均误差为：

$$\mu_p = \sqrt{\frac{p(1-p)}{n}} = \sqrt{\frac{58.4\% \times 41.6\%}{500}} = 2.2\%$$

（3）在不重复抽样下成数的抽样平均误差为：

$$\mu_p = \sqrt{\frac{p(1-p)}{n}\left(1-\frac{n}{N}\right)} = \sqrt{\frac{58.4\% \times 41.6\%}{500} \times \left(1-\frac{500}{6\,000}\right)} = 2.11\%$$

（4）重复抽样成数的抽样平均极限误差为：

$$\Delta_p = t\mu_p = 2 \times 2.2\% = 4.4\%$$

（5）不重复抽样成数的抽样平均极限误差为：

$$\Delta_p = t\mu_p = 2 \times 2.11\% = 4.22\%$$

## 四、影响抽样平均误差的因素

从抽样误差的计算公式中可以看出，抽样误差大小主要受四个因素的影响。

### （一）样本容量

样本容量越大，抽样平均误差越小，当样本容量大到等于总体单位数时，即 $n = N$ 时，则样本平均数就会等于总体平均数，样本成数也就等于总体成数，此时不存在抽样误差了。反之，样本容量越小，抽样平均误差越大。抽样平均误差与样本容量的平方根成反比。

### （二）全及总体各单位标志变动度

全及总体各单位标志变动度越大，抽样平均误差也越大；总体各单位标志变动度越小，抽样误差也越小。

### （三）抽样方法

抽样方法不同，抽样误差也不相同，一般来说，不重复抽样和重复抽样的抽样平均误差不一致，不重复抽样的抽样平均误差比重复抽样的抽样平均误差要小一些。

### （四）抽样调查的组织形式

抽样调查的组织形式不同，其抽样误差也不相同，而且同一组织形式的合理程度也会影响抽样误差。通常情况下，类型抽样误差会小一些，如图 5-2 所示。

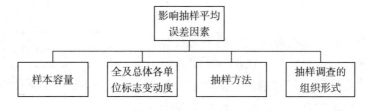

图 5-2　影响抽样平均误差的因素

### 💡 同步思考 5-2

1. 抽样误差是检验抽样方案好坏的重要标准，试说明抽样平均误差的含义以及抽样平均误差是如何反应抽样误差大小的。

2. 置信概率是用来反映抽样误差范围的可靠程度的数量，这种可靠程度是如何体现出来的？

## 第三节　参数估计

### 一、参数估计的含义

参数估计是用样本指标的数值估计相应的总体指标的数值，而总体指标是表明总体数量特征的参数，所以这种估计也称参数估计。

抽样调查的目的是用样本指标对总体指标进行估计，由于存在抽样误差，且抽样误差又是随机的，所以这种估计不可能是很精确的，它实际上是一种在一定把握程度下，对总体参数的有科学依据的估计，所以这种方法称为参数估计。它主要有两种形式，一种是点估计，另一种是区间估计。

参数估计有如下几个特点。

一是逻辑上，运用归纳推理。归纳推理是从研究个别命题导出一般性的认识。前提正确并不一定意味着结论正确。二是方法上，运用不确定的概率估计法。概率估计法是抽取一个样本，计算相应的样本指标，然后要解决的问题是用样本指标代替相应的总体指标，其可靠程度有多大。三是参数估计存在抽样误差，允许的误差范围越大，则概率可靠程度也越大；允许的误差范围越小，概率可靠程度也就越小。

### 二、参数估计的优良标准

参数估计是用样本指标作为总体指标的估计量，这主要是因为用样本指标作为总体指标的估计量，它满足以下三个作为优良估计量的标准，即无偏性、一致性、有效性，如图 5-3 所示。

#### （一）无偏性

无偏性是指所有可能的样本指标的平均数等于被估计的总体指标。虽然每一次抽样所得到的样本指标和总体指标可能都有偏差，但在多次反复抽样时，所有可能的样本指标的平均数会等于总体指标。即用样本指标估计总体指标，总体上来说是没有偏差的。

图 5-3　参数估计优良标准

#### （二）一致性

一致性是指随着样本容量不断增大，样本统计量接近总体参数的可能性就越来越大，或者，对于任意给定的偏差控制水平，两者间偏差高于此控制水平的可能性越来越小，接近于 0。

### （三）有效性

有效性是指用样本指标估计总体指标时，要求作为估计量的方差比其他估计量的方差小。因其方差小，最具有代表性，所以估计得也最为有效。

由大数定律我们知道，抽样平均数是总体平均数的一致估计。因此，样本平均是总体平均的一个无偏、有效且满足一致性要求的估计量；因为成数是一个特殊的平均数，所以该结论对成数估计也成立。

## 三、参数估计的方法

参数估计的方法有两种：一种是点估计，另一种是区间估计。

### （一）点估计

点估计也称定值估计，是指以实际抽样调查资料得到的样本指标值作为总体指标的估计值。

例如，我们用样本平均数 $\bar{x}$ 作为总体平均数 $\bar{X}$ 的点估计，用样本成数 $p$ 作为总体成数 $P$ 的点估计，用样本方差 $s^2$ 作为总体方差 $\sigma^2$ 的点估计。

例如，我们从总体 10 000 件产品中随机抽取 400 件产品进行重量检验，测得样本产品平均重量为 50.25 千克，样本的合格率为 92%。按点估计的方法可以确定，总体 10 000 件产品的平均重量是 50.25 千克，总体的合格率为 92%。

点估计方法的优点是简便、易行，所以常为实际工作者所采用，但也有不足之处，即这种估计没有表明抽样估计的误差，更没有指出误差在一定范围内的概率可靠程度有多大。要解决这个问题，就必须采用总体指标的区间估计。

### （二）区间估计

#### 1. 区间估计的含义

所谓区间估计是在一定的概率保证下，用以点估计值为中心的一个区间范围来估计总体参数的估计方法。

样本指标的分布总是在总体指标的上下波动，正好等于总体参数的可能性很小。为了使估计结果可信，可以设计一个区间，使估计结果包括在这个范围内，这个区间叫置信区间。因此在区间估计中，主要是确定置信区间。在这个区间中，有三个基本要素：概率度、样本指标值、抽样平均误差。

#### 2. 置信区间的确定

在介绍抽样极限误差时，我们知道，抽样极限误差可以表示为：

$$\Delta_{\bar{x}} = |\bar{x} - \bar{X}| \qquad \Delta_p = |p - P|$$

上面等式经过变换，可以得到下列不等式：

$$\overline{X} - \Delta_{\overline{x}} \leqslant \overline{x} \leqslant \overline{x} + \Delta_{\overline{x}}$$
$$P - \Delta_p \leqslant p \leqslant P + \Delta_p$$

以上不等式表示，在一定的概率保证下，样本平均数 $\overline{x}$ 是以总体平均数 $\overline{X}$ 为中心，在 $(\overline{X} - \Delta_{\overline{x}}, \overline{X} + \Delta_{\overline{x}})$ 之间变动；样本成数 $p$ 是以总体成数 $P$ 为中心，在 $(P - \Delta_p, P + \Delta_p)$ 范围内变动。

根据平均数样本与样本成数的抽样极限误差的定义，经过计算和变换，可以得到：
$$\overline{x} - \Delta_{\overline{x}} \leqslant \overline{X} \leqslant \overline{x} + \Delta_{\overline{x}}$$
$$p - \Delta_p \leqslant P \leqslant p + \Delta_p$$

上面的不等式就是总体平均数和总体成数的置信区间。上式也说明，虽然总体平均数 $\overline{X}$ 或总体成数 $P$ 是未知数，但可以利用样本统计量估算它们的范围。因此，抽样误差范围的实际意义是被估计的总体指标 $\overline{X}$ 或 $P$ 落在的由抽样统计量所确定的范围，即落在 $(\overline{x} - \Delta_x, \overline{x} + \Delta_x)$ 或 $(p - \Delta_p, p + \Delta_p)$ 范围内。区间 $(\overline{x} - \Delta_{\overline{x}}, \overline{x} + \Delta_{\overline{x}})$ 或 $(p - \Delta_p, p + \Delta_p)$ 越宽，总体参数落在该区间内的概率（可能性）越大，抽样估计的可靠程度就越高，反之，$t$ 越小，抽样误差范围 $\Delta$ 越小，估计区间越窄，总体参数落在区间 $(\overline{x} - \Delta_x, \overline{x} + \Delta_x)$ 或 $(p - \Delta_p, p + \Delta_p)$ 内的概率（可能性）越低，抽样估计的可靠程度也就越低。

（1）总体平均数的置信区间。

例如，某企业从长期实践中得知，某产品直径 $X$ 是一随机变量，服从标准差为 0.05 的正态分布。从某日产品中采取重复随机抽样的方法随机抽取 6 个，测得其直径（单位：厘米）分别为 14.8、15.3、15.1、15、14.7、15.1。在 0.95 的置信度下，该产品直径的均值的置信区间为：

已知，$n = 6$，$1-\alpha = 0.95$，查正态分布表得 $Z_{\alpha/2} = Z_{0.025} = t = 1.96$

当 $1-\alpha = 0.95$ 时，$Z_{0.025} = t = 1.96$

样本均值 $\overline{x} = \dfrac{\sum x}{n} = \dfrac{90}{6} = 15$（厘米）

抽样平均误差 $\mu_{\overline{x}} = \dfrac{\sigma}{\sqrt{n}} = \dfrac{0.05}{\sqrt{6}} = 0.02$（厘米）

抽样极限误差 $\Delta_{\overline{x}} = t\dfrac{\sigma}{\sqrt{n}} = 1.96 \times 0.02 = 0.04$（厘米）

即在 95% 的概率保证程度下，该批产品直径的置信区间为：$15 - 0.04 \leqslant \overline{X} \leqslant 15 + 0.04$，即（14.96，15.04）厘米。

（2）总体成数的区间估计。

例如，某企业对一批产品采用重复抽样进行质量抽检，共抽取样品 200 只，样本优质品率为 85%，试求其置信度为 90% 时的优质品率区间。

在本题中，我们已知 $n = 200$，$p = 0.85$，$1-\alpha = 0.90$，$Z_{\alpha/2} = t = 1.64$。

则：
$$\mu_p = \sqrt{\dfrac{p(1-p)}{n}} = \sqrt{\dfrac{0.85 \times 0.15}{200}} = 2.52\%$$

$$\Delta_p = t\mu_p = 1.64 \times 2.52\% = 4.13\%$$

即总体优质品率的置信度为 90% 的置信区间为：
$$85\% - 4.13\% \leqslant P \leqslant 85\% + 4.13\%$$

通过以上计算可以确定，在 90% 的概率保证程度下，该批产品的优质品率置信区间为（80.87%，89.13%）。

再比如，根据表 5-2 的资料已经计算出重复抽样条件下样本平均数和样本成数的平均数和抽样误差范围，那么如果以 95.45% 的概率保证，可以计算总体平均数的总体成数的区间范围如下所示。

总体平均数的区间范围为：

$21\,820 - 865.8 \leqslant \bar{X} \leqslant 21\,820 + 865.8$，即（20 954.2，22 685.8）元。

总体成数的区间范围为：

$58.4\% - 4.4\% \leqslant P \leqslant 58.4\% + 4.4\%$，即（54.0%，62.8%）。

又比如，根据表 5-3 的资料，我们可以推断出全乡平均每公顷⊖产量区间为：
$$\bar{X} = \bar{x} \pm t\mu_{\bar{x}} = 5\,890 \pm 1.96 \times 191.82$$
$$5\,514.03 < \bar{X} < 6\,265.97$$

结果表明，以 95% 的概率保证，该乡小麦每公顷产量为 5 514.03～6 265.97 千克。

（3）总体总量指标的估计。

在对总体平均数和总体成数进行区间估计的基础上，我们可以进一步推算总体的有关总量指标。推算总体总量指标有两种不同的方法，适用于两种不同的情况。

第一种方法是直接推算法。直接推算法是利用总体平均数或总体成数的估计值乘以总体单位总量而得出总体某一总量数值的方法。利用总体平均数的估计值乘以总体单位总量，得到的是总体的某一标志总量；而利用总体成数的估计值乘以总体单位总量，得到的是总体中具有某一特征的单位总量。

例如，利用估计出来的总体的平均产量去乘以总的播种面积，得到的是估计的粮食总产量；而用推算出来的总体某产品的合格率乘以总的产品数量，得到的是全部合格品的估计量。利用直接推算法来估计总体总量指标，同样也有点估计和区间估计两种形式。

点估计推算法不考虑抽样误差和估计的可靠程度，直接用样本指标乘以总体单位数，估计出总体总量指标。

其计算公式分别为：
$$N\bar{x} \qquad Np$$

例如，某集团有 4 000 名职工，现抽取 100 名计算其平均工资，其平均工资为 6 300 元，工资在 6 000 元以上的职工占 40%，如果按点估计推算，可求得该地区职工的工资总额为：

$$4\,000 \times 6\,300 = 25\,200\,000（元）$$

---

⊖ 1 公顷 = 10 000 平方米。

工资在 6 000 元以上的职工人数为：

$$4\,000 \times 40\% = 1\,600（个）$$

区间估计同样也是用总体单位数乘以置信区间的上下限，得到总体总量指标的区间范围。

其计算公式为：

$$N(\bar{x} - \Delta_{\bar{x}}) \leqslant N\bar{X} \leqslant N(\bar{x} + \Delta_{\bar{x}})$$

$$N(p - \Delta_p) \leqslant NP \leqslant N(p + \Delta_p)$$

如上例，如果平均数的抽样极限误差为 200 元，成数的抽样极限误差为 4%，则总体的工资总额区间分别为：

4 000×（6 300-200）至 4 000×（6 300+200），即 24 400 000 元至 26 000 000 元。

工资在 6 000 元以上职工人数区间为：4 000×（40%-4%）至 4 000×（40%+4%），即 1 440 人至 1 760 人。

又比如，根据表 5-3 的资料，我们可以推断出全乡总产量区间为：

$$1\,000 \times 5\,514.03 < N\bar{X} < 1\,000 \times 6\,265.97$$

$$5\,514\,030 < N\bar{X} < 6\,265\,970$$

计算结果表明，在 95% 的概率保证下，总产量为 5 514 030～6 265 970 千克。

第二种方法是修正系数法。它是用样本指标去修正全面统计资料的一种方法。通常在全面调查之后，再从总体中抽取一部分单位进行抽样调查，将抽样调查的结果与全面调查的资料对比，求出差错率，然后用此对全面调查的资料进行修正。

$$差错率 = \frac{抽样调查的结果 - 全面调查的结果}{全面调查的结果} \times 100\%$$

修正后的总量指标＝修正前的总量指标×（1＋差错率）

例如，根据全面调查的资料，已知某省人口总数为 41 926 520 人。为核实这一数据，随机抽取一个社区进行再调查，抽样调查该街道人数为 42 565 人，但在全面调查时，这个街道的人数为 42 530 人，由此可以算出差错率为：

$$差错率 = \frac{42\,565 - 42\,530}{42\,530} \times 100\% = 0.082\,29\%$$

根据这个差错率，可以对该省的人口进行修正。

修正后全省的人口数为 41 926 520×（1＋0.082 29%）＝41 961 021（人）。

## 同步思考 5-3

1. 参数估计是抽样调查的核心内容，参数估计有什么意义？试举三例说明。
2. 什么是点估计？点估计有什么局限？点估计和区间估计有哪些区别与联系？

## 第四节　样本容量的确定

### 一、必要样本容量的含义

确定必要样本容量也是抽样调查中的一个重要问题，样本容量过大，会增加调查费用，花费更多的人力、物力和时间，从而发挥不出抽样调查省时、省力的优越性，而样本容易过小，会造成抽样误差加大，降低估计的准确性，失去估计的价值。为了避免样本容量过大或过小，必须恰当地确定样本容量。

必要样本容量是指在保证抽样调查能达到预期的可靠程度和精确程度的条件下所必须抽取的最低样本单元数目。也就是说，只要抽取能满足抽样调查的可靠程度和精确程度要求的单元数就可以了，即用最小的费用和最少的人力、物力、时间来满足抽样估计的要求，以提高调查的效益。

### 二、必要样本容量的计算

必要样本容量的确定是在抽样误差范围和相应的概率可靠程度既定的条件下，由抽样极限误差、概率度和抽样平均误差三者之间的关系推算出来的。不同的抽样方法有不同的抽样误差计算公式，因此，样本容量的确定也有不同的计算公式，这里我们以简单随机抽样方式为例，介绍样本容量的确定方法。

#### （一）平均数必要样本容量的计算

**1. 重复抽样时所需的样本容量计算公式**

因为 $\Delta_{\bar{x}} = t\mu_{\bar{x}} = t\sqrt{\dfrac{\sigma^2}{n}}$，所以 $n = \dfrac{t^2\sigma^2}{\Delta_{\bar{x}}^2}$。

**2. 不重复抽样时所需的样本容量计算公式**

$$n = \frac{Nt^2\sigma^2}{N\Delta_{\bar{x}}^2 + t^2\sigma^2}$$

例如，对 10 000 支某型号电子管进行质量检验。根据以往的测定，该电子管耐用时数的标准差为 40.25 小时，在概率保证程度为 95% 时，要求电子管的耐用时数的误差范围不超过 8 小时，则电子管的样本容量计算如下。

根据资料已知：$N=10\,000$ 支，$\sigma=40.25$ 小时，$\Delta_{\bar{x}}=8$ 小时，$F(t)=95\%$，$t=1.96$

在有放回抽样下，样本容量为：

$$n = \frac{t^2\sigma^2}{\Delta_{\bar{x}}^2} = \frac{1.96^2 \times 40.25^2}{8^2} = 97.24 \text{（支）}$$

在不放回抽样下，样本容量为：

$$n = \frac{Nt^2\sigma^2}{N\Delta_{\bar{x}}^2 + t^2\sigma^2} = \frac{10\,000 \times 1.96^2 \times 40.25^2}{10\,000 \times 8^2 + 1.96^2 \times 40.25^2} = 96.31 \text{（支）}$$

根据以上计算结果，我们在有放回抽样的条件下应抽取 98 支电子管作为样本容量，而在不放回抽样条件下应抽取 97 支电子管作为样本容量。

### （二）成数必要样本容量的计算

**1. 重复抽样时所需的样本单位数目的计算公式**

因为 $\Delta_p = t\mu_p = t\sqrt{\dfrac{P(1-P)}{n}}$，所以 $n = \dfrac{t^2 P(1-P)}{\Delta_p^2}$。

**2. 不重复抽样时所需的样本单位数目的计算公式**

$$n = \dfrac{Nt^2 P(1-P)}{N\Delta_p^2 + t^2 P(1-P)}$$

例如，对某电冰箱厂的电冰箱进行抽查，已知过去进行的几次调查的合格率为 99%、97%、98%，在概率保证程度为 95%，抽样极限误差不超过 0.02 的条件下，抽取电冰箱的样本容量计算如下。

根据资料已知：$F(t)=95\%$，$t=1.96$，$\Delta_p=0.02$，同时，在过去的资料中，合格率为 97% 时，其方差最大，所以方差选择 97%（1-97%）=2.91%。

$$n = \dfrac{tP(1-P)}{\Delta_p^2} = \dfrac{1.96^2 \times 97\% \times (1-97\%)}{0.02^2} = 297.48\,（台）$$

根据计算结果，我们应抽取 298 台电冰箱作为样本容量。

## 三、影响样本容量的因素及计算时应注意的问题

### （一）影响样本容量的因素

根据样本单位数目的计算公式，我们可以发现，影响样本容量的因素有如下四个。

**1. 总体各单位标志变异程度**

总体标志变异程度大，要求样本单位数目就多些；总体标志变异程度小，样本单位数目可以小些。

**2. 允许的极限误差 $\Delta_{\bar{x}}$ 和 $\Delta_p$ 的大小**

允许的极限误差越大，样本容量需要越少；允许的极限误差越小，要求的样本容量越多。

**3. 抽样调查的可靠程度即概率 $F(t)$ 的大小**

推断的可靠程度要求越高，即 $F(t)$ 越大，要求样本容量就越多；推断的可靠程度要求越低，要求的样本容量越少。

**4. 抽样的组织方式和抽样方法**

在其他条件相同的情况下，有重复抽样比不重复抽样要抽取多一些的单位数。采用分层抽样的样本容量要小于简单随机抽样的样本容量。

## （二）计算样本容量时应注意的问题

### 1. 计算值为需要的最低值

公式计算的样本单位数目是最低的，也就是满足抽样估计的精确度和把握程度所需要最少的样本单位数。因此，如果在一次抽样调查中同时对总体平均数和总体成数进行推断，可以计算出两个样本单位数目。一般情况下二者是不相等的，为了同时满足两种估计的要求，在两个样本单位数目中选择大的作为必要样本单位数目。此外，公式计算的样本容量不一定是整数，如果是小数，不采用四舍五入的办法化成整数，而是用比这个小数大的邻近整数来代替。

### 2. 总体方差未知情况下的处理

用上述公式计算样本容量时，总体方差 $\sigma^2$ 和 $P(1-P)$ 是未知的，在实际工作中往往利用有关资料来代替。其主要有以下几种方法。

第一，利用历史资料代替。如果进行本次抽样调查之前曾经进行过同类问题的全面调查，可以用全面调查的有关数据来代替。若有几个全面调查的方差资料，为了保证抽样调查的可靠性，应选择方差大的来代替。

第二，利用试点资料代替。在进行正式抽样调查之前，组织两次或两次以上的试点抽样，然后用试点样本的方差来代替。应该注意的是，从几个试点样本方差中选用较大的使用。

第三，成数方差在完全缺少资料的情况下，可以用成数方差最大的 0.25 来代替。

### 同步思考 5-4

1. 样本容量就是在总体中抽取的单位数，样本容量的大小和哪些因素有关？有什么样的关系？
2. 样本容量的计算需要用到极限误差，抽样极限误差的来源是哪里？

## 第五节 抽样的组织方式

抽样方案的设计是依据调查目的，在给定的人力、物力、财务等条件下，从一定总体中抽取样本资料前，预先确定抽样程序和方案，在保证所抽取的样本有充分代表性的前提下，力求取得最经济、最有效的结果。不同的抽样组织方式会产生不同的抽样误差，因而也会出现不同的抽样效果。

抽样方式大体分为非概率抽样、概率抽样两类。

非概率抽样并没有严格的定义，其特征是抽取样本时不依据随机原则，因此无法估计抽样误差。

概率抽样是以概率理论和随机原则为依据来抽取样本的抽样方式，是使总体中的每一个单位都有一个事先已知的非零概率被抽中的抽样。总体单位被抽中的概率可以通过样本设计来规定，通过某种随机化操作来实现。虽然随机样本一般不会与总体完全一致，但它所依据的是大数定律，而且能计算和控制抽样误差，因此可以正确地说明样本的统计值在多大程度上适合总体,根据样本调查的结果可以从数量上推断总体,也可在一定程度上说明总体的性质、特征。概率抽样主要分为简单随机抽样、类型抽样、等距抽样、整群抽样以及多阶段抽样等类型,如图 5-4 所示。现实生活中绝大多数抽样调查都采用概率抽样方法来抽取样本。

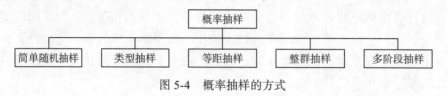

图 5-4　概率抽样的方式

## 一、简单随机抽样

简单随机抽样又称纯随机抽样,是按随机原则直接从总体 $N$ 个单位中抽取 $n$ 个单位作为样本。简单随机抽样的具体实施方法主要有抽签法、随机数表法等。

一方面,简单随机抽样对总体不加任何限制,等概率地从总体中直接抽取样本,是最简单、最单纯的抽样技术,它具有计算简便的优点,是研究其他复杂抽样技术的基础,也是比较各种抽样技术之间估计效率的标准。同时,从理论上讲,简单随机抽样在各种抽样技术中是贯彻随机原则最好的一种,并且数学性质很简单,是等概率抽样的特殊类型。

另一方面,因为是等概率抽取样本,所以要求总体在所研究的主要标志上同质性或齐整性(共性)较好,即总体要比较均匀。但是在社会经济现象中,这种均匀是很少见的。因此,实际工作中很少单纯使用简单随机抽样方法。

再者,因为直接从总体中抽取样本,可以利用总体单元信息进行分层或整体抽样,以有效地提高样本的代表性,并进而提高样本的估计效率。

此外,简单随机抽样要求在抽样前编制出抽样框,并对每个总体抽样单位进行编号,而且当总体抽样单位的分布比较分散时,样本也可能会比较分散,这些都会给简单随机抽样方法的运用造成许多不便,甚至在某些情况下无法使用。因此,在此基础上研究其他抽样技术显得更为必要。

我们前面讲过的抽样平均误差的计算以及总体参数的估计都是在简单随机抽样条件下进行的,这也是最常用的抽样方式。

## 二、类型抽样

类型抽样也称分层抽样,是实际工作中最常用的抽样技术之一。类型抽样是指在抽样之前,先将总体 $N$ 个抽样单位按某一标志划分为 $k$ 层(类),然后在各层内分别独立地进行随机抽样。各层的抽样可以采取同一抽样方法,也可采取不同的抽样方法。

设总体由 $N$ 个单位构成,把总体划分为 $k$ 组,使 $N = N_1 + N_2 + \cdots + N_k$,然后从每组的 $N_i$ 个单位中抽取 $n_i$ 个单位构成样本容量为 $n$ 的样本。

同简单随机抽样相比，分层抽样具有以下特点：一是分层抽样能够充分利用关于总体的各种已知信息进行分层，因此抽样的效果一般比简单随机抽样要好。但当对总体缺乏较多的了解时，则无法分层或不能保证分层的效果。二是在分层抽样中，总体的方差一般可以分解为层间方差和层内方差两部分。由于分层抽样的误差只与层内差异有关，而与层间差异无关，因此，分层抽样可以提高估计量的精度。三是由于分层抽样是在每层内独立进行抽样，使得分层样本能够比简单随机抽样更加均匀地分布于总体之内，所以其代表性也更好些。四是分层抽样的随机性具体体现在层内各单位的抽取过程之中，即在各层内部的每一个单位都有相同的机会被抽中，而在层与层之间是相互独立的。五是分层抽样适用于调查标志在各个单位的数量分布差异较大的总体。因为对这样的总体进行合理的分层后，可将其差异较多地转化为层间差异，从而使层内差异大大减弱。六是分层抽样中除了可以推断总体参数外，还可以推断各不同层的数量特征，并进一步作对比分析，从而满足不同方面的需要，也能帮助人们对总体进行更全面、更深入的了解，但对各层的估计缺乏精度保证。七是在分层抽样中，由于各层的抽样相互独立，互不影响，且各层间可能有显著的不同，因此，对不同层可以按照具体情况和条件分别采用不同的抽样和估计方法进行处理，从而提高估计的精确度。八是在进行分层时，需收集可用于分层的必要的各种资料，因此可能会增加一定的额外费用。同时，在分层抽样中，总体参数的估计以及各层间样本量的分配、总样本量的确定等都更为复杂化。

**1. 类型抽样的分类**

一是等数分配类型抽样法，是在各类型组中分配同等的样本单位数的方法。该法只在各类型的总体单位数相等或差异不大时采用。运用这种方法可使综合计算比较简单。

二是不等比例类型抽样法，是在各类型组中根据各组标志的变异程度按不同比例分配样本单位数的方法，也叫最优（佳）分配法。一般来说，当各类型组的单位相差悬殊或标志变异程度相差较大时，宜采用该法。对标志变异大或单位数多的组多抽一些，而标志差异小或单位数少的组少抽一些单位。各组的抽选比例与对应的总体中各组单位数所占的比例是不相等的，可根据以下公式确定：

$$\frac{n_i}{n} = \frac{\omega_i \delta_i}{\sum \omega_i \delta_i}$$

式中　$\omega_i$——第 $i$ 层（组）单位数占总体数的比重；

　　　$\delta_i$——第 $i$ 层（组）的标准差。

三是等比例类型抽样法，即按类型的大小以相同比例分配确定样本的方法。由于是按有关的主要标志分组，所以各组的单位数一般不同。类型抽样通常按各组总体单位数占全及总体单位数的一定比例来抽取样本，单位数较多的组应该多抽取，反之则少抽取，保持各组样本单位数与样本总容量之比等于各组总体单位数与全及总体单位数之比，即：

$$\frac{n_1}{N_1} = \frac{n_2}{N_2} = \cdots = \frac{n_k}{N_k} = \frac{n}{N}$$

所以各组的样本单位数 $n_i = \dfrac{nN_i}{N}$ $(i=1,2,\cdots,k)$。

**2. 类型抽样相关指标的计算**

（1）样本平均数的计算。

第一步，在各组分别取样，可以计算各组抽样平均数。

$$\bar{x}_i = \dfrac{\sum\limits_{j=1}^{n_i} x_{ij}}{n_i} \quad (i=1,2,\cdots,k)$$

第二步，将各组样本平均数以各组样本单位数或总体单位数为权数进行加权平均，即为所求的样本平均数。

$$\bar{x} = \dfrac{\sum\limits_{i=1}^{k} \bar{x}_i N_i}{N} = \dfrac{\sum\limits_{i=1}^{k} \bar{x}_i n_i}{n}$$

（2）抽样平均误差的计算。

第一步，计算各组内方差。

$$\sigma_i^2 = \dfrac{\sum (X_i - \bar{X})^2}{N_i} \quad (i=1,2,\cdots,k)$$

第二步，以各组样本单位数为权数，计算各组内方差的平均数。

$$\bar{\sigma}_i^2 = \dfrac{\sum \sigma_i^2 n_i}{n}$$

由于类型抽样是对每一组进行随机抽样，所以不存在组间误差，抽样平均误差取决于各组内方差的平均水平。

例如，对某乡全部 1 000 公顷土地按类型抽样，了解该乡平均每公顷产量和全乡小麦总产量。其中，有平原地 600 公顷，丘陵地 400 公顷。采用不重复抽样方法，按 1% 的比例抽取样本单位，调查结果如表 5-3 所示。要求以 95.45% 的概率保证，计算抽样平均误差和抽样极限误差。

表 5-3　某乡小麦产量抽样资料

| 分类 | 全部面积 $N_i$（公顷） | 样本面积 $n_i$（公顷） | 样本每公顷产量 $x_i$（千克） | 样本平均每公顷产量 $\bar{x}_i$（千克） | 样本方差 $\sigma_i^2$（千克） |
|---|---|---|---|---|---|
| 平原 | 600 | 6 | 5 600, 6 100, 5 700, 6 200, 5 800, 6 000 | 5 900 | 560 000 |
| 丘陵 | 400 | 4 | 6 200, 5 800, 5 500, 6 000 | 5 875 | 89 167 |
| 合计 | 1 000 | 10 | — | — | — |

根据上表资料可以计算如下。

（1）样本平均数和组内方差的平均数为：

$$\bar{x} = \dfrac{\sum\limits_{i=1}^{k} \bar{x}_i n_i}{n} = \dfrac{5\,900 \times 6 + 5\,875 \times 4}{10} = 5\,890 \text{（千克）}$$

$$\bar{\sigma}_i^2 = \frac{\sum \sigma_i^2 n_i}{n} = \frac{560\,000 \times 6 + 89\,167 \times 4}{10} \approx 371\,667 \text{（千克）}$$

（2）样本抽样平均误差为：

$$\mu_{\bar{x}} = \sqrt{\frac{\bar{\sigma}_i^2}{n}\left(1 - \frac{n}{N}\right)} = \sqrt{\frac{371\,667}{10} \times \left(1 - \frac{10}{1000}\right)} = 191.82 \text{（千克）}$$

（3）样本抽样极限误差为：

$$\Delta_p = t\mu_p = 2 \times 191.82 = 383.64 \text{（千克）}$$

通过以上计算可看出，类型抽样的抽样平均误差与组间的方差无关，仅取决于组内方差的平均水平。由于简单随机抽样采用的是总方差，等于组间方差与组内方差之和，所以类型抽样的平均误差一般小于简单随机抽样的平均误差。同时，由于总体方差是唯一确定的数值，因此在类型抽样分组时应该尽可能地扩大组间方差，缩小组内方差，即各组间的差异可以大，而组内的差异必须小，这样就可以减少抽样误差，提高抽样效果。

## 三、等距抽样

等距抽样也称机械抽样或系统抽样，是将总体各抽样单元按一定的标志排列以后，每隔一定的距离（间距）抽取一个单元，组成样本进行调查。其具体方法如下所示。

设总体由 $N$ 个单元组成，并按某种顺序编上 1 到 $N$ 的号码，要在其中抽取容量为 $n$ 的样本，先在前 $K$（其中 $K = N/n$）个单元中随机抽选一个单元，以后每隔 $K$ 个单元抽取一个单元，由所有抽中的单元共同所组成的样本称为等距样本。可见，抽出了第一个单元就等于决定了整个样本。这种抽样方法就是等距抽样。这里 $K$ 称为抽样间隔。

作为总体各单元顺序排列的标志，可以是无关标志，也可以是有关标志。所谓无关标志是指与调查标志无关的或不起主要影响作用的标志。如工业质量抽查按时间顺序取样，农产量抽样调查按耕地的地理顺序取样，居民家庭情况调查按街道的门牌号码抽取调查户等。

在等距抽样中，最简单且最基本的方法是随机起点抽样。但在实际实施等距抽样时，考虑到顺序标志的不同，以及总体规模能否被某一数值整除等因素，具体的抽样方法又可以有一系列不同的变化。常见的等距抽样实施方法有：随机起点等距抽样、循环等距抽样、中点等距抽样、对称等距抽样等。

例如，某厂对流水线上生产的某种产品进行质量抽检，每隔半小时抽取 1 个产品，共抽取 300 件组成样本。通过检测，其中一等品率为 93%，在显著性水平 5% 的条件下对该流水线产品的一等品率进行区间估计如下。

很明显，这是以时间为顺序的等距抽样，流水线上的产品数可以看作是无穷大，因此 $1 - n/N$ 可以忽略不计。因为 $p = 93\%$，所以：

（1）样本抽样平均误差为：

$$\mu_p = \sqrt{\frac{p(1-p)}{n}} = \sqrt{\frac{0.93\times(1-0.93)}{300}} = 1.47\%$$

（2）样本抽样极限误差为：

$$\Delta_p = t\mu_p = 1.96 \times 1.47\% = 2.88\%$$

（3）区间估计为：

$$上限 = p + \Delta_p = 93\% + 2.88\% = 95.88\%$$
$$下限 = p - \Delta_p = 93\% - 2.88\% = 90.12\%$$

即在95%的概率保证下，该流水线的一等品率在［90.12%，95.88%］内。

等距抽样的抽样平均误差计算、总体参数的估计等方法均与简单随机抽样方法相同。

### 四、整群抽样

整群抽样是将总体各单元划分成许多个群，然后从其中随机抽取部分群，对选中群的所有单元进行全面调查的抽样方法。确切地说，这种抽样组织形式应称为单级整群抽样。

在抽样调查中若没有总体单元的原始记录可利用，常常采用整群抽样。如要调查某市去年年底育龄妇女的生育人数，但又没有去年的育龄妇女档案资料，难以建立抽样框，可以采用整群抽样的方式，将全市按户籍派出所的管辖范围分成若干区域，随机抽选部分区域，并对抽中的派出所管辖区按户籍册全面调查育龄妇女的生育人数。

整群抽样因为是对选中群的全面调查，所以调查单元很集中，大大简便抽样工作，节省经费开支。

整群抽样是对选中群进行全面调查，所以只存在群间抽样误差，不存在群内抽样误差。这一点和分层抽样只存在组内抽样误差，不存在组间抽样误差恰好相反。因此，整群抽样和分层抽样虽然都要对总体各单位进行分组，但分组的原则完全不同。分层抽样的分组要求尽量缩小组内的差异程度，扩大组间方差；整群抽样的分组则要求扩大群内的差异程度，缩小群间方差。

例如，某乡镇从全乡32个自然村中抽取9个自然村，调查各村人均纯收入，如表5-4所示。

假设各村规模大体相似，对全乡32个自然村在90%的置信度下计算人均纯收入的估计区间如下所示。

（1）样本平均数和方差为：

由于$N=32$，$n=9$

表5-4 某乡镇9个自然村人均纯收入资料

| 自然村编号 | 人均纯收入 $x$（元） | $(x-\bar{x})^2$ |
|---|---|---|
| 1 | 5 200 | 40 000 |
| 2 | 6 500 | 1 210 000 |
| 3 | 4 800 | 360 000 |
| 4 | 6 900 | 2 250 000 |
| 5 | 5 500 | 10 000 |
| 6 | 5 000 | 160 000 |
| 7 | 4 900 | 250 000 |
| 8 | 3 700 | 2 890 000 |
| 9 | 6 100 | 490 000 |
| 合计 | 48 600 | 7 660 000 |

$$\bar{x} = \frac{\sum x}{n} = \frac{48\,600}{9} = 5\,400\,(元)$$

$$\sigma^2 = \frac{\sum(x-\bar{x})^2}{n-1} = \frac{7\,660\,000}{9-1} = 957\,500\,(元)$$

（2）样本抽样平均误差为：

$$\mu_{\bar{x}} = \sqrt{\frac{\sigma^2}{n}\left(\frac{N-n}{N-1}\right)} = \sqrt{\frac{957\,500}{9} \times \left(\frac{32-9}{32-1}\right)} = 280.95\,(元)$$

（3）样本抽样极限误差为：

$$\Delta_{\bar{x}} = t\mu_{\bar{x}} = 1.64 \times 280.95 = 460.76\,(元)$$

（4）区间估计为：

上限 $= \bar{x} + \Delta_{\bar{x}} = 5\,400 + 460.76 = 5\,860.76\,(元)$

下限 $= \bar{x} - \Delta_{\bar{x}} = 5\,400 - 460.76 = 4\,939.24\,(元)$

即在90%的概率保证程度下，该乡镇的各自然村的人均纯收入在[4 939.24，5 860.76]内。

## 五、多阶段抽样

如果总体的范围很大，有必要采用阶段抽样的组织形式。所谓多阶段抽样，就是先从总体中抽出较大范围的单位，再从所选的大单位中抽较小范围的单位，依次类推，最后从更小的范围抽出样本基本单位。这种抽样方式在我国的农产量调查、职工家计调查中都很适用，即先从全国抽出各个省，再从抽中的省中抽出县、市，最后抽出样本的基本单位等。

在多阶段抽样中，前几个阶段的抽样都类似整群抽样，每一个阶段的抽样都会存在抽样误差。为了抽调抽取样本的代表性，各阶段抽取群数的安排和抽样方式，都应该注意样本单位的均匀分布，如适当多抽取第一阶段的群数，使样本单位在总体中得到均匀分布。在抽取样本时，也可以根据方差的大小来考虑各阶段抽样群数的多少，对于抽样群间方差大的阶段可以多抽一些群数，对于抽样群间方差小的阶段可以少抽一些群数。

关于多阶段抽样误差的计算及总体参数的估计，通常根据具体的抽样方式来确定，若采用整群抽样则用整群抽样的公式计算；若采用类型抽样，则用类型抽样的公式来计算。这里就不再举例。

### 📌 同步思考 5-5

1. 在抽样方案的设计过程中，抽样框的设计是否很容易？请自己拟定一个研究课题，模拟设计一个抽样框。
2. 在抽样调查的过程中，经常会应用类型抽样，通常应该怎样划分类型？请试举出三个在经济调查中合理划分类型的例子。

## 思考与练习

● 知识题

1. 单项选择题

（1）为了解学生上网情况，从某高校随机抽取了 100 名学生进行调查。调查结果显示，有 38 名学生每天上网的时间超过了 4 个小时。则样本比例的抽样平均误差为　　（　　）

　A. $\dfrac{38\%(1-38\%)}{100}$　　　　　B. $\dfrac{\sqrt{38\%(1-38\%)}}{100}$

　C. $\dfrac{38\%(1-38\%)}{\sqrt{100}}$　　　　　D. $\sqrt{\dfrac{38\%(1-38\%)}{100}}$

（2）随着样本容量的不断增大，样本统计量可以不断地趋近于总体指标，称为抽样估计的　　　　　　　　　　　　　　　　　　　　　　　　　　　　　　　（　　）

　A. 无偏性　　　　　　　　　　B. 一致性
　C. 有效性　　　　　　　　　　D. 准确性

（3）连续生产的电子管厂，产品质量检验是这样安排的，在一天中，每隔一小时抽取 5 分钟的产品进行检验，这是　　　　　　　　　　　　　　　　　　　（　　）

　A. 简单随机抽样　　　　　　　B. 分层抽样
　C. 等距抽样　　　　　　　　　D. 整群抽样

（4）成数方差的最大值，是当 $p$ 值趋近于　　　　　　　　　　　　　　（　　）

　A. 0.1　　　　　　　　　　　B. 0.9
　C. 0.8　　　　　　　　　　　D. 0.5

（5）假定抽样单位数增加 3 倍，则随机重复抽样平均误差是原来的　　　　（　　）

　A. 0.5　　　　　　　　　　　B. 4
　C. 0.25　　　　　　　　　　D. 2

2. 多项选择题

（1）要增大抽样估计的概率保证程度，可以采用的方法有　　　　　　　（　　）

　A. 缩小概率度　　　　　　　　B. 增大概率度
　C. 缩小极限误差范围　　　　　D. 增加样本容量
　E. 扩大极限误差范围

（2）在一项民意调查中，随机抽取的 500 人中有 390 人表示赞成实施新政，则下列说法中正确的有　　　　　　　　　　　　　　　　　　　　　　　　　（　　）

　A. 样本比例为 390/500
　B. 在其他条件不变时，样本比例 $p$ 的方差随着样本容量的增大越来越小
　C. 在其他条件不变时，样本比例 $p$ 的方差随着样本容量的增大越来越大
　D. 在其他条件不变时，样本比例 $p$ 的方差会随着样本容量的增大而发生改变
　E. 在其他条件不变时，样本比例 $p$ 的方差随着样本容量的增大在某些区间会变大，在某些区间会变小

（3）参数估计方法有 （　　）
　　A. 点估计　　　　B. 区间估计　　　C. 统计估计
　　D. 抽样估计　　　E. 假设检验
（4）在简单重复抽样的条件下，欲使抽样平均误差减少 1/2，其他条件不变，则样本容量必须 （　　）
　　A. 增加 2 倍　　　B. 增加 3 倍　　　C. 增加到 4 倍
　　D. 减少 2 倍　　　E. 减少 3 倍
（5）下列有关抽样调查的说法正确的有 （　　）
　　A. 抽样调查可以完全代替全面调查
　　B. 抽样调查并不能完全代替全面调查
　　C. 抽样调查和全面调查各有不同的作用
　　D. 全面调查可以取代抽样调查
　　E. 抽样调查与全面调查同时进行，可以互相补充

3. 判析题
（1）从全部总体单位中按照随机原则抽取部分单位组成样本，只可能组成一个样本。 （　　）
（2）在抽样调查中，总体指标值是一个随机变量，而样本指标值是确定的、唯一的。 （　　）
（3）"一致性"是统计学家评价估计量的一个标准，它是指随着样本量的增大，估计量的值越来越接近被估计的总体参数。 （　　）
（4）抽样平均误差总是小于抽样极限误差。 （　　）
（5）参数估计的优良标准有三个，即无偏性、可靠性和一致性。 （　　）

4. 简答题
（1）什么是抽样估计？抽样估计有什么特点？
（2）抽样估计的作用有哪些？
（3）什么是抽样平均误差？影响抽样平均误差的因素有哪些？
（4）什么是必要样本单位容量？影响必要样本单位容量的因素有哪些？
（5）抽样估计的优良标准是什么？试解释各个标准的含义。

● **实务题**

1. 某手表厂在某段时间内，生产 100 万个某种零件，用纯随机抽样的方式，采用重复抽样的方法抽取 1 000 个零件进行检验，测得废品率为 2%，如以 95.45% 的概率保证，试确定该厂零件的废品率的区间。

2. 某冷藏库需要通过抽样来检测库存的一批鹅蛋是否已经变质。根据以往资料，鹅蛋的变质率分别为 53%、49% 和 48%，那么在允许误差不超过 3%，置信度为 95% 的情况下应该抽取多少个鹅蛋进行检查？

3. 某学校随机抽查了 36 名男生，平均身高为 170 厘米，标准差为 12 厘米。试确定有多大的把握程度估计该校全体男生的身高在 166~174 厘米之间？

● **实训题**

**实训一**

(1) 实训目的：通过本题练习，掌握平均数和成数抽样估计方法。

(2) 实训资料：某企业对某日生产的 2 000 只电子元件采用重复抽样方法随机抽取 5% 进行耐用时数检验，检验结果及样本有关指标如下表所示。

(3) 实训要求：

①试以 95% 的概率保证程度估计这批电子元件平均耐用时数的区间范围；

②如果标准规定假定 3 000 耐用小时以下为不合格，试以 95% 的概率保证程度估计该批电子元件耐用时数的合格区间范围。

| 耐用时数（小时） | 电子元件数（只） |
| --- | --- |
| 3 000 以下 | 5 |
| 3 000～4 000 | 30 |
| 4 000～5 000 | 50 |
| 5 000 以上 | 15 |
| 合计 | 100 |

**实训二**

(1) 实训目的：通过本题练习，掌握抽样估计的方法，包括平均数的估计和成数的估计以及样本单位数的确定。

(2) 实训资料：从某厂生产的一批洗衣粉中，采用简单随机抽样方式，以重复抽样的方法抽取 100 袋对其包装量进行检查，所得结果如右表所示。

| 包装量（克） | 袋数（袋） |
| --- | --- |
| 900 以下 | 3 |
| 900～1 000 | 6 |
| 1 000～1 100 | 36 |
| 1 100～1 200 | 42 |
| 1 200 以上 | 13 |

(3) 实训要求：

①试以 95.45% 的概率保证程度估计这批洗衣粉平均每袋重量的区间范围；

②如果标准规定重量在 1 000 克以下为不合格，试以 95.45% 的概率保证程度估计该批洗衣粉重量的合格区间范围；

③如果其他条件不变，将允许误差减少一半，应抽取多少袋进行检查？

**实训三**

(1) 实训目的：通过本题练习，掌握不同抽样的方法下，根据平均数估计和成数估计来确定样本单位数。

(2) 实训资料：对某型号电子元件 10 000 只进行耐用性检验。根据以往抽样测定，求得耐用时数的标准差为 600 小时。

(3) 实训要求：

①概率保证程度为 68.27%，元件平均耐用时数的要求误差范围不超过 150 小时，确定重复抽样下要抽取多少元件做检查；

②根据以往抽样经验可知，元件合格率为 95%，要求在 99.73% 的概率保证程度下，允许误差不超过 4%，确定重复抽样所需抽取的元件数目是多少。

③如果其他条件不变，采用不重复抽样应抽取多少只元件检验？

**实训四**

(1) 实训目的：通过本题练习，掌握类型抽样方式下计算平均数的估计值。

（2）实训资料：某公司对不同职位员工的家庭经济状况进行抽样调查，所得结果如下表所示。

| 职位类型 | 抽样数（户） | 每户月平均收入（元） | 标准差（元） |
|---|---|---|---|
| 管理人员 | 260 | 1 700 | 380 |
| 生产工人 | 580 | 1 200 | 180 |

（3）实训要求：
①计算该次调查家庭的月平均收入；
②以 95.45% 的概率保证程度估计此次调查家庭的月平均收入的置信区间。

本章部分习题参考答案及知识拓展可扫右侧二维码获得。

# 第六章

# 假设检验*

## 学习目标

①了解假设检验的含义及作用；②了解假设检验的基本原理和基本步骤；③掌握假设检验的几种重要的检验方法。

## 主要学习内容

本章主要阐释了假设检验的含义、假设检验的基本原理即小概率原理；提出了假设检验的步骤；介绍了假设检验的常见检验方法，如总体均值检验、总体成数检验和总体方差检验。

## 引 例

### 统计学的"是非"判断

某工厂对生产的产品进行检验，要求产品规格是每份质量为100克，现从某批产品中抽取50份，其质量的平均数为98克，这是否说明该批产品没有达到规定要求？我们知道98克只是总体中的一个样本量为50的样本，由于样本随机性，样本平均数对总体平均数的反映是有误差的，那么能否根据该例中2克的差异判断该批产品是否合格呢？

如同一个法庭宣告某一判决为"无罪"(not guilty)而不是"清白"(innocent)，统计检验的结论也应该为"不拒绝"，而非"接受"。

资料来源：《统计经典趣事与短语》。

# 第一节 假设检验的基本内容

## 一、假设检验的含义

假设检验是抽样估计的一个重要内容。假设检验，也叫显著性检验，是根据需要对总体参数做出假设，然后利用样本信息，以一定的概率来检验统计量是否满足要求，从而判断假设是否成立。

例如，一种零件的生产标准直径应为 10 厘米，为对生产过程进行控制，质量监测人员定期对一台加工机床进行检查，确定这台机床生产的零件是否符合标准要求。如果零件的平均直径大于或小于 10 厘米，则表明生产过程不正常，必须进行调整。这样就可能出现两种结果，一种结果是等于 10 厘米，另一种结果是不等于 10 厘米。假设检验就是先对这两种结果的其中一种做出原假设，对相反的结果做出备择假设，然后利用样本资料来判断这个原假设是否正确。

## 二、假设检验的基本原理

假设检验实际上利用了反证法的思想。首先，提出满足问题要求的假设，如前面提到的产品检验，可以提出总体平均数为 100 克的标准规格，后面检验假设的正误；其次，根据样本指标服从的分布方式，建立我们需要的统计量；再次，根据小概率原理，确定是否产生矛盾，即是否有理由怀疑假设的真实性；最后，决定接受或者拒绝假设。

小概率原理是指小概率事件在一次试验中基本上是不可能发生的，即发生概率很小的随机事件。前面提到的确定是否产生矛盾的环节，实际上是通过判断小概率事件是否发生来确定是否产生矛盾。如果小概率事件在一次试验中发生了，我们就认为是发生了矛盾，则要拒绝假设成立；相反，小概率事件在一次试验中并未发生，则接受假设。

由于我们研究的总体往往服从正态分布，因此样本统计量会相应地服从某些常见分布，将其构造成服从标准正态分布、$t$ 分布、$F$ 分布或者 $\chi^2$ 分布的统计量，则可以通过统计量的值与分布的临界值进行比较，来观察小概率事件是否发生，从而进行检验。因此，将样本统计量构造成适当分布方式的统计量是假设检验的关键环节。

## 三、假设检验中常用的术语

### （一）原假设和备择假设

原假设是指研究者对总体参数事先提出的假设，即我们进行检验的假设；备择假设也称对立假设，是指与原假设对立的假设，即当原假设不成立时供选择的假设。

设总体参数 $\theta$ 的假设值为 $\theta_0$，那么原假设记作：

$$H_0: \theta = \theta_0 \text{ 或 } H_0: \theta \leq \theta_0 \text{ 或 } H_0: \theta \geq \theta_0$$

它表示总体参数值与其假设之间没有显著差异，其备择假设记作：

$$H_1: \theta \neq \theta_0 \text{ 或 } H_1: \theta > \theta_0 \text{ 或 } H_1: \theta < \theta_0$$

例如，前面我们定义假设检验时的例题中，总体参数的标准值为 100 克，我们可以做如下假设：

$$H_0: \theta = 100, \ H_1: \theta \neq 100$$

其中，原假设表示总体参数为 100 克是显著的，而备择假设表示总体参数为 100 克是不显著的。

### （二）双侧检验与单侧检验

根据对于总体参数的不同要求，我们可以将假设检验分为双侧检验和单侧检验。单侧检验分为右侧检验和左侧检验。

#### 1. 双侧检验

双侧检验是指检验只关注总体参数与某假设值是否有显著的差异，而不管差异是正还是负，其原假设和备择假设分别表示为：

$$H_0: \theta = \theta_0, \ H_1: \theta \neq \theta_0$$

如上例中，我们只关心产品质量是否为 100 克，而不关心是大于 100 克还是小于 100 克，因此使用双侧检验。

#### 2. 右侧检验

右侧检验是指检验关注的总体参数越大越好时设立的假设形式，其原假设和备择假设表示为：

$$H_0: \theta \leqslant \theta_0, \ H_1: \theta > \theta_0$$

例如，我们要对某种消耗类产品的使用寿命进行检验，这里当然是使用寿命越长越好，此时可以使用右侧检验。

#### 3. 左侧检验

左侧检验是指检验关注的总体参数越小越好时设立的假设形式，其原假设和备择假设表示为：

$$H_0: \theta \geqslant \theta_0, \ H_1: \theta < \theta_0$$

例如，我们要检验的是某项统计活动的差错率，显然该比率越低越好，此时可以使用左侧检验。

### （三）显著性水平

显著性水平是指小概率原理所规定的小概率事件的概率界限值，通常用 $\alpha$ 表示，即当某事件发生的概率不大于 $\alpha$ 时，则认为它是小概率事件。显著性水平的选取取决于小概率事件发生后产生后果的严重性，若后果严重，则应当选得小一些；反之，应当选得大一些。通常情况下，选取 0.01、0.05 或 0.10。

### （四）检验临界值

检验临界值是指用来判断小概率事件发生与否的界限值。临界值的获得主要依靠对各种常见分布，如标准正态分布、$t$ 分布、$F$ 分布和 $\chi^2$ 分布的分布表进行查取。临界值的大小是与显著性水平的大小有关的。

### (五) 假设检验的两类错误

假设检验的结论是建立在样本信息基础上的,并且和显著性水平的高低有关,由于抽样随机性,抽中的样本可能是所有可能值中或高或低的一个,因此检验统计量落入拒绝域并不意味着原假设一定不成立,同样,检验统计量落入接受域也不意味着原假设一定正确。因此,在进行假设检验时,可能会出现两类错误(见表6-1)。

表6-1 假设检验的两类错误

|  | $H_0$ 为真 | $H_0$ 为假 |
|---|---|---|
| 拒绝 $H_0$ | 第一类错误(弃真)(概率为 $\alpha$) | 正确决策 |
| 接受 $H_0$ | 正确决策 | 第二类错误(纳伪)(概率为 $\beta$) |

第一类错误,也称弃真错误,是指原假设正确却被拒绝的错误。产生第一类错误的概率是由假设检验的显著性水平给出的,因此也称为 $\alpha$ 错误。$\alpha$ 错误的原因是小概率事件在一次试验中也是可能发生的,所以原假设正确时,检验统计量落入拒绝域的概率为 $\alpha$。

第二类错误,也称纳伪错误,是指原假设不正确却被接受的错误。犯第二类错误的概率是当备择假设成立时,检验统计量落入接受域的概率,用 $\beta$ 表示,因此也称为 $\beta$ 错误。

在两类错误中,$\alpha$ 变小,$\beta$ 就增大;而要使 $\beta$ 变小,$\alpha$ 就得增大。因此在样本容量固定时,要使二者都变小是不可能的,我们只能让 $\alpha$ 尽可能小,保护原假设,使之不容易被否定。

## 四、假设检验的步骤

### (一) 提出假设

根据所检验问题的需要,参照双侧检验与单侧检验的定义提出原假设和备择假设。建立假设是假设检验的第一个环节,也是非常重要的环节,假设定义的正确与否直接关系到能否得到我们真正需要检验的信息。

### (二) 确定检验统计量

检验统计量是判断样本统计量与总体参数的假设是否有显著差异的主要依据,它是根据样本统计量的分布方式,经过构造得到的我们比较熟悉且容易分析的某种分布的统计量。例如,可以将样本均值构造成服从标准正态分布的统计量,将样本方差构造成服从 $\chi^2$ 分布的统计量等。这部分将是下节内容的重点。

### (三) 确定显著性水平

由于由显著性水平决定的临界值是判断样本统计量与总体参数是否有显著差异的界

限值,因此,显著性水平的确定将会直接影响检验的结果。因此,要根据小概率事件发生导致后果严重性恰当选择显著性水平,并通过查分布表的办法取得相应临界值。

### (四)判断接受或拒绝原假设

利用构造的检验统计量和查取的临界值进行比较,从而判断接受原假设或者拒绝原假设,拒绝原假设则意味着要接受备择假设。这是假设检验获得结论的环节。

### 🔑 同步思考 6-1

1. 假设检验的基本原理是小概率原理,试分析小概率原理在假设检验过程中起到的作用。
2. 如何区分单侧检验和双侧检验?它们对于假设检验的过程有什么实际意义?

## 第二节  总体均值与成数的假设检验

假设检验主要是针对总体均值、总体成数和总体方差三类总体参数进行假设检验的,通常是通过分析样本统计量分布状况完成统计量的构造。

### 一、总体均值的假设检验

#### (一)单正态总体均值的检验

单正态总体均值的检验,是指总体服从正态分布,利用样本均值对总体均值这一参数的显著性进行检验的类型。

**1. 总体方差 $\sigma^2$ 已知的情况**

Z 检验:由于总体服从正态分布,假设总体均值为 $\bar{}$,总体方差为 $\sigma^2$,则根据数理统计原理,样本平均数服从期望为 $\bar{X}$,方差为 $\dfrac{\sigma^2}{n}$ 的正态分布,即 $\bar{x} \sim N(\mu, \sigma^2)$,因此可以构造如下统计量。

$$z = \frac{\bar{x} - \bar{X}}{\sigma / \sqrt{n}} \sim N(0,1)$$

然后,利用显著性水平 $\alpha$ 查标准正态分布表,查得相应临界值,根据不同检验分为以下三类:

(1) 双侧检验用 $z_{\alpha/2}$,当 $|z| \geqslant z_{\alpha/2}$ 时,拒绝原假设,接受备择假设;反之,接受原假设。

(2) 右侧检验则用 $z_\alpha$,当 $z \geqslant z_\alpha$ 时,拒绝原假设,接受备择假设;反之,接受原假设。

(3) 左侧检验则用 $-z_\alpha$,当 $z \leqslant -z_\alpha$ 时,拒绝原假设,接受备择假设;反之,接受原假设。

例如，某工厂生产某种零件，该零件的尺寸标准为 10 厘米，标准差为 1 厘米。现采用新的制造工艺，随机抽取 10 名职工，结果生产零件尺寸平均数为 11 厘米，则在 $α=0.05$ 的显著性水平下，新旧工艺是否造成零件生产规格的差异变化。

由题意可知，这是一个双侧检验，可建立如下假设：
$$H_0: \bar{X}=10，H_1: \bar{X} \neq 10$$

构造检验统计量并计算：
$$z = \frac{\bar{x}-\bar{X}}{\sigma/\sqrt{n}} = \frac{11-10}{1/\sqrt{10}} = 3.162$$

根据显著性水平查表得 $z_{α/2}=1.96$，由于 $|z|=3.162 > 1.96 = z_{α/2}$，所以拒绝原假设，接受备择假设，认为新旧工艺对产品生产尺寸的影响是显著的。

**2. 总体方差未知，且是大样本的情况**

需要注意的是，在前面的检验中，总体方差 $σ^2$ 是已知的，如果在总体方差未知的情况下，如何进行检验呢？对于大样本和小样本两种情况，这里的处理方式是不同的。

在大样本情况下，总体方差 $σ^2$ 如果未知，可以用样本方差 $s^2$ 代替，而且如下统计量近似服从正态分布：
$$z = \frac{\bar{x}-\bar{X}}{s/\sqrt{n}} \sim N(0,1)$$

得到该统计量的值可以用上述同样方法与临界值比较，进行检验。

例如，某汽车配件要求长度为 12 厘米，现有一批数量为 200 的该配件，其长度平均数为 11.8 厘米，样本方差为 1.2，则在 $α=0.05$ 的显著性水平下，说明该批配件是否符合要求。

由题意可知，这是一个双侧检验，可建立如下假设：
$$H_0: \bar{X}=12，H_1: \bar{X} \neq 12$$

构造检验统计量并计算：
$$z = \frac{\bar{x}-\bar{X}}{s/\sqrt{n}} = \frac{11.8-12}{\sqrt{1.2}/\sqrt{200}} = -2.582$$

根据显著性水平查表得 $z_{α/2}=1.96$，由于 $|z|=2.582 > 1.96 = z_{α/2}$，所以拒绝原假设，接受备择假设，认为该批配件不符合要求。

**3. 总体方差未知，且是小样本的情况**

$T$ 检验：在小样本情况下，总体方差 $σ^2$ 未知，仍然可以用样本方差 $s^2$ 代替，但是如下统计量服从 $t$ 分布。
$$t = \frac{\bar{x}-\bar{X}}{s/\sqrt{n}} \sim t(n-1)$$

然后，利用显著性水平 $α$ 查 $t$ 分布表，查得相应临界值，根据不同检验分为以下三类：

（1）双侧检验用 $t_{α/2}(n-1)$，当 $|t| \geq t_{α/2}(n-1)$ 时，拒绝原假设，接受备择假设；

反之，接受原假设。

（2）右侧检验则用 $t_\alpha(n-1)$，当 $t \geq t_\alpha(n-1)$ 时，拒绝原假设，接受备择假设；反之，接受原假设。

（3）左侧检验则用 $-t_\alpha(n-1)$，当 $t \leq -t_\alpha(n-1)$ 时，拒绝原假设，接受备择假设；反之，接受原假设。

例如，某手机生产厂家称它们生产的某品牌手机平均待机时间为 72 小时，为了调查真实性，抽查该品牌手机中的 6 部，待机时间分别为 68，67，73，70，67，75，则在 $\alpha=0.05$ 的显著性水平下，说明该品牌手机是否有欺骗行为。

由题意可知，这是一个左侧检验，可建立如下假设：
$$H_0: \bar{X} \geq 72, \quad H_1: \bar{X} < 72$$

计算样本均值 $\bar{x}=70$，样本方差为 $s^2=\dfrac{28}{3}$。

构造检验统计量并计算：
$$t=\frac{\bar{x}-\bar{X}}{s/\sqrt{n}}=\frac{70-72}{\sqrt{28/3}/\sqrt{6}}=-1.604$$

根据显著性水平查表得 $t_\alpha(n-1)=2.015$，由于 $t=-1.604 > -2.015=-t_{0.05}(5)$，所以接受原假设，不能认为该品牌手机有欺骗嫌疑。

## （二）双正态总体均值的检验

双正态总体均值的检验是指针对两个服从正态分布的总体，利用样本均值的差对两个总体均值差异进行比较的检验。

### 1. 总体方差已知的情况

当两正态总体的方差 $\sigma_1^2$、$\sigma_2^2$ 已知时，根据数理统计原理，样本平均数的差 $\bar{x}_1-\bar{x}_2$ 服从期望为 $\bar{X}_1-\bar{X}_2$，方差为 $\dfrac{\sigma_1^2}{n_1}+\dfrac{\sigma_2^2}{n_2}$ 的正态分布，因此可以构造如下统计量：

$$z=\frac{(\bar{x}_1-\bar{x}_2)-(\bar{X}_1-\bar{X}_2)}{\sqrt{\dfrac{\sigma_1^2}{n_1}+\dfrac{\sigma_2^2}{n_2}}} \sim N(0,1)$$

然后，利用显著性水平 $\alpha$ 查标准正态分布表，查得相应临界值，根据不同检验分为以下三类：

（1）双侧检验用 $z_{\alpha/2}$，当 $|z| \geq z_{\alpha/2}$ 时，拒绝原假设，接受备择假设；反之，接受原假设。

（2）右侧检验则用 $z_\alpha$，当 $z \geq z_\alpha$ 时，拒绝原假设，接受备择假设；反之，接受原假设。

（3）左侧检验则用 $-z_\alpha$，当 $z \leq -z_\alpha$ 时，拒绝原假设，接受备择假设；反之，接受原假设。

例如，现有两个灯泡生产厂家，使用寿命的标准差分别为 84 小时和 96 小时，现从两个厂家生产的灯泡中各取 60 只，测得两个厂家灯泡使用寿命分别是 1 300 小时和 1 235 小时，则在 $\alpha=0.05$ 的显著性水平下，能否认为两个厂家的灯泡寿命无显著差异？

由题意可知，这是一个双侧检验，可建立如下假设：

$$H_0: \bar{X}_1 = \bar{X}_2, \quad H_1: \bar{X}_1 \neq \bar{X}_2$$

构造检验统计量并计算：

$$z = \frac{(\bar{x}_1 - \bar{x}_2) - (\bar{X}_1 - \bar{X}_2)}{\sqrt{\frac{\sigma_1^2}{n_1} + \frac{\sigma_2^2}{n_2}}} = \frac{(1300 - 1235) - 0}{\sqrt{\frac{84^2}{60} + \frac{96^2}{60}}} = 3.95$$

根据显著性水平查表得 $z_{\alpha/2}=1.96$，由于 $|z|=3.95 > 1.96 = z_{\alpha/2}$，所以拒绝原假设，接受备择假设，认为两个厂家生产的灯泡的寿命差异是显著的。

**2. 总体方差未知，且相等的情况**

当两正态总体的方差 $\sigma_1^2$、$\sigma_2^2$ 未知但相等时，用样本方差代替总体方差。根据数理统计原理，样本平均数的差 $\bar{x}_1 - \bar{x}_2$ 服从期望为 $\bar{X}_1 - \bar{X}_2$，方差为 $\frac{\sigma_1^2}{n_1} + \frac{\sigma_2^2}{n_2}$ 的正态分布，因此可以构造如下统计量：

$$t = \frac{(\bar{x}_1 - \bar{x}_2) - (\bar{X}_1 - \bar{X}_2)}{\sqrt{\frac{(n_1-1)s_1^2 + (n_2-1)s_2^2}{n_1 + n_2 - 2}} \sqrt{\frac{1}{n_1} + \frac{1}{n_2}}} \sim t(n_1 + n_2 - 2)$$

然后，利用显著性水平 $\alpha$ 查 $t$ 分布表，查得相应临界值，根据不同检验分为以下三类：

（1）双侧检验用 $t_{\alpha/2}(n-1)$，当 $|t| \geq t_{\alpha/2}(n-1)$ 时，拒绝原假设，接受备择假设；反之，接受原假设。

（2）右侧检验则用 $t_\alpha(n-1)$，当 $t \geq t_\alpha(n-1)$ 时，拒绝原假设，接受备择假设；反之，接受原假设。

（3）左侧检验则用 $-t_\alpha(n-1)$，当 $t \leq -t_\alpha(n-1)$ 时，拒绝原假设，接受备择假设；反之，接受原假设。

例如，现有甲、乙两种安眠药，为了比较二者效果差异，现观察 16 位失眠患者，其中 8 人服用甲药，8 人服用乙药，甲药试验的样本均值为 2.3 小时，方差为 3.9，乙药试验的样本均值为 1.5 小时，方差为 1，则在 $\alpha=0.05$ 的显著性水平下，两种药物的效果有无显著差异？

由题意可知，这是一个双侧检验，可建立如下假设：

$$H_0: \bar{X}_1 = \bar{X}_2, \quad H_1: \bar{X}_1 \neq \bar{X}_2$$

构造检验统计量并计算：

$$t = \frac{(\bar{x}_1 - \bar{x}_2) - (\bar{X}_1 - \bar{X}_2)}{\sqrt{\frac{(n_1-1)s_1^2 + (n_2-1)s_2^2}{n_1 + n_2 - 2}} \sqrt{\frac{1}{n_1} + \frac{1}{n_2}}} = \frac{(2.3 - 1.5) - 0}{\sqrt{\frac{(8-1) \times 3.9 + (8-1) \times 1}{8 + 8 - 2}} \sqrt{\frac{1}{8} + \frac{1}{8}}} = 1.022$$

根据显著性水平查表得 $t_{0.025}(14)=2.144\,8$，由于 $|t|=1.022 < 2.144\,8 = t_{0.025}(14)$，所以接受原假设，认为两种药物的效果无显著差异。

## 二、总体成数的假设检验

根据抽样分布定理可知，样本成数服从二项分布，然而二项分布的计算比较复杂。在大样本情况下，二项分布近似服从正态分布，又因为总体成数的研究往往是大样本条件下的，因此在总体成数的假设检验部分，我们认为构造的统计量都是服从正态分布的。

### （一）单正态总体成数的检验

根据上述理由，样本成数 $p$ 近似服从正态分布，因而可以构造如下统计量：

$$z = \frac{p-P}{\sqrt{\dfrac{P(1-P)}{n}}} \sim N(0,1)$$

然后，利用显著性水平 $\alpha$ 查标准正态分布表，查得相应临界值，根据不同检验分为以下三类：

（1）双侧检验用 $z_{\alpha/2}$，当 $|z| \geqslant z_{\alpha/2}$ 时，拒绝原假设，接受备择假设；反之，接受原假设。

（2）右侧检验则用 $z_\alpha$，当 $z \geqslant z_\alpha$ 时，拒绝原假设，接受备择假设；反之，接受原假设。

（3）左侧检验则用 $-z_\alpha$，当 $z \leqslant -z_\alpha$ 时，拒绝原假设，接受备择假设；反之，接受原假设。

例如，某公司规定该公司产品合格率应不低于95%，现对公司110件产品进行检查，合格率为91%，则在 $\alpha=0.05$ 的显著性水平下，是否达到了合格率的要求？

由题意可知，这是一个左侧检验，可建立如下假设：

$$H_0: P \geqslant 95\%, \quad H_1: P < 95\%$$

构造检验统计量并计算：

$$z = \frac{p-P}{\sqrt{\dfrac{P(1-P)}{n}}} = \frac{0.91-0.95}{\sqrt{\dfrac{0.95 \times (1-0.95)}{110}}} = -1.925$$

根据显著性水平查表得 $z_\alpha=1.64$，由于 $z=-1.925 < -1.64 = -z_\alpha$，所以拒绝原假设，接受备择假设，认为该批产品没有达到合格率要求。

### （二）双正态总体成数的检验

同样的理由，两总体样本成数差 $p_1-p_2$ 近似服从正态分布，因而可以构造如下统计量：

$$z = \frac{(p_1 - p_2) - (P_1 - P_2)}{\sqrt{\frac{p_1(1-p_1)}{n_1} + \frac{p_2(1-p_2)}{n_2}}} \sim N(0,1)$$

然后，利用显著性水平 $\alpha$ 查标准正态分布表，查得相应临界值，根据不同检验分为以下三类：

（1）双侧检验用 $z_{\alpha/2}$，当 $|z| \geqslant z_{\alpha/2}$ 时，拒绝原假设，接受备择假设；反之，接受原假设。

（2）右侧检验则用 $z_\alpha$，当 $z \geqslant z_\alpha$ 时，拒绝原假设，接受备择假设；反之，接受原假设。

（3）左侧检验则用 $-z_\alpha$，当 $z \leqslant -z_\alpha$ 时，拒绝原假设，接受备择假设；反之，接受原假设。

例如，现要对某城市新旧城区居民电脑普及率进行比较，在新区调查200户居民，其中70户居民有电脑，在旧城的120户居民中30户有电脑，则在 $\alpha=0.05$ 的显著性水平下，新旧城区的电脑普及率是否一致？

由题意可知，这是一个双侧检验，可建立如下假设：

$$H_0: P_1 = P_2, \quad H_1: P_1 \neq P_2$$

新旧城区的样本成数分别为 $p_1 = \frac{70}{200} = 0.35$，$p_2 = \frac{30}{120} = 0.25$

构造检验统计量并计算：

$$z = \frac{(p_1 - p_2) - (P_1 - P_2)}{\sqrt{\frac{p_1(1-p_1)}{n_1} + \frac{p_2(1-p_2)}{n_2}}} = \frac{(0.35 - 0.25) - 0}{\sqrt{\frac{0.35 \times (1-0.35)}{200} + \frac{0.25 \times (1-0.25)}{120}}} = 1.924$$

根据显著性水平查表得 $z_{\alpha/2}=1.96$，由于 $|z|=1.924 < 1.96=z_{\alpha/2}$，所以接受原假设，认为新旧城区电脑普及率一致。

### 同步思考 6-2

1. 单正态总体均值的假设检验问题中，方差已知或未知，样本容量大或者小，对于检验有什么样的影响？
2. 单正态总体检验与双正态总体检验分别具有什么样的实际意义？

## 第三节 总体方差的假设检验

方差或标准差是衡量变量离中趋势的重要参数，它能够反映数据的稳定性和均衡性，因此对方差进行检验也有其实际意义。这里将介绍 $\chi^2$ 检验和 $F$ 检验两种方法，分别是对单正态总体和双正态总体进行方差的显著性检验。

## 一、单正态总体方差的检验

$\chi^2$ 检验是指对单正态总体进行方差检验的方法，由于样本方差是总体方差的无偏估计量，因此我们可以构造如下统计量。

$$\chi^2 = \frac{(n-1)s^2}{\sigma^2} \sim \chi^2(n-1)$$

然后，利用显著性水平 $\alpha$ 查 $\chi^2$ 分布表查得相应临界值，根据不同检验分为以下三类：

（1）双侧检验用 $\chi^2_{\alpha/2}(n-1)$ 和 $\chi^2_{1-\alpha/2}(n-1)$，当 $\chi^2_{\alpha/2}(n-1) \leqslant \chi^2$ 或 $\chi^2 \leqslant \chi^2_{1-\alpha/2}(n-1)$ 时，拒绝原假设，接受备择假设；反之，接受原假设。

（2）右侧检验则用 $\chi^2_{\alpha}(n-1)$，当 $\chi^2 \geqslant \chi^2_{\alpha}(n-1)$ 时，拒绝原假设，接受备择假设；反之，接受原假设。

（3）左侧检验则用 $\chi^2_{1-\alpha}(n-1)$，当 $\chi^2_{1-\alpha}(n-1) \geqslant \chi^2$ 时，拒绝原假设，接受备择假设；反之，接受原假设。

例如，某纺织厂生产某种纤维的纤度以往标准差稳定在 0.048，现在改进工艺，从纤维中获取 5 根，测得纤度标准差为 $3.7 \times 10^{-4}$，则在 $\alpha=0.05$ 的显著性水平下，说明改革技术以后的纤维纤度的稳定性是否发生了变化。

由题意可知，这是一个左侧检验，可建立如下假设：

$$H_0: \sigma \geqslant 0.048, \quad H_1: \sigma < 0.048$$

构造检验统计量并计算：

$$\chi^2 = \frac{(n-1)s^2}{\sigma^2} = \frac{(5-1) \times (3.7 \times 10^{-4})^2}{0.048^2} = 0.642$$

根据显著性水平查表得 $\chi^2_{1-\alpha} = 0.711$，由于 $\chi^2 = 0.642 < 0.711 = \chi^2_{1-\alpha}$，所以拒绝原假设，接受备择假设，认为新工艺使得纤维的纤度更加稳定了。

## 二、双正态总体方差的检验

$F$ 检验是指对两个正态总体的方差进行比较的检验方法，由于两个样本方差之比近似服从 $F$ 分布，因此我们可以构造如下统计量。

$$F = \frac{s_1^2 / \sigma_1^2}{s_2^2 / \sigma_2^2} \sim F(n_1-1, n_2-1)$$

然后，利用显著性水平 $\alpha$ 查 $F$ 分布表，查得相应临界值，根据不同检验分为以下三类：

（1）双侧检验用 $F_{1-\alpha/2}(n_1-1, n_2-1)$ 和 $F_{\alpha/2}(n_1-1, n_2-1)$，当 $F_{1-\alpha/2}(n_1-1, n_2-1) \geqslant F$ 或 $F \geqslant F_{\alpha/2}(n_1-1, n_2-1)$ 时，拒绝原假设，接受备择假设；反之，接受原假设。

（2）右侧检验则用 $F_{\alpha}(n_1-1, n_2-1)$，当 $F \geqslant F_{\alpha}(n_1-1, n_2-1)$ 时，拒绝原假设，接受备择假设；反之，接受原假设。

（3）左侧检验则用 $F_{1-\alpha}(n_1-1, n_2-1)$，当 $F < F_{1-\alpha}(n_1-1, n_2-1)$ 时，拒绝原假设，接受备择假设；反之，接受原假设。

例如，现有两种产品，要研究这两种产品的抗压程度，现各抽取 16 只，其中甲的抗压程度标准差为 15 千克，乙的抗压程度为 18 千克，则在 $\alpha=0.05$ 的显著性水平下，这两种产品的抗压程度的方差是否一致？

由题意可知，这是一个双侧检验，可建立如下假设：

$$H_0: \sigma_1 = \sigma_2, \quad H_1: \sigma_1 \neq \sigma_2$$

构造检验统计量并计算：

$$F = \frac{s_1^2/\sigma_1^2}{s_2^2/\sigma_2^2} = \frac{s_1^2}{s_2^2} = \frac{15^2}{18^2} = 0.694$$

根据显著性水平查表得 $F_{1-\alpha/2}(15,15)=0.35, F_{\alpha/2}(15,15)=2.86$，由于 $F_{1-\alpha/2} < F < F_{\alpha/2}$，所以接受原假设，认为两种产品抗压程度的方差是一致的。

### 三、运用假设检验应该注意的问题

运用假设检验应注意以下问题：一是进行假设检验前，应该注意资料本身是否有可比性；二是当差异有统计学意义时，应该注意该差异在实际运用中有无意义；三是根据资料的类型和特点选用正确的检验方法；四是根据经验正确选用单侧或双侧检验；五是判断结论不能绝对化，应注意无论接受或拒绝原假设，都有判断错误的可能性；六是报告结论时，应注意说明所用的统计量、单侧或是双侧检验等。

**同步思考 6-3**

什么是单正态总体方差的检验？什么是双正态总体方差的检验？二者的适用条件有什么不同？单正态总体方差的检验与双正态总体方差检验的意义有什么差别？

## 思考与练习

● 知识题

1. 单项选择题

（1）在假设检验中，不拒绝原假设的含义是 （ ）
　　A. 原假设一定是正确的　　　　B. 原假设一定是错误的
　　C. 没有证据证明原假设是错误的　D. 没有证据证明原假设是正确的

（2）在使用右侧检验的时候，关注的是总体参数的以下哪种情况 （ ）
　　A. 总体参数大于某个值　　　　B. 总体参数小于某个值
　　C. 总体参数等于某个值　　　　D. 总体参数不等于某个值

（3）假设检验的基本思想可以用哪个理论来解释 （ ）

A. 中心极限定理 B. 正态分布性质
C. 小概率事件 D. 统计推断

（4）若是服从标准正态分布，显著性水平0.05对应的临界值为 （    ）
A. 1.96  B. 1.64  C. -1.64  D. 2.306

（5）如果使用者担心出现纳伪错误，那么应该把显著性水平定得 （    ）
A. 大一些 B. 小一些
C. 大小无所谓 D. 无法确定

2. 多项选择题

（1）下列关于假设检验的陈述正确的是 （    ）
A. 假设检验实质上是对原假设进行检验
B. 假设检验实质上是对备择假设进行检验
C. 当拒绝原假设时，只能认为肯定它的证据不充分，不能认为它绝对错误
D. 假设检验并不是根据样本结果简单的或直接的判断原假设和备择假设哪一个更正确
E. 当接受原假设时，只能认为否定它的证据不充分，不能认为它绝对正确

（2）关于假设检验的两类错误下列说法正确的是 （    ）
A. 原假设正确，统计量落在拒绝域
B. 原假设正确，统计量落在接受域
C. 备择假设正确，统计量落在拒绝域
D. 备择假设正确，统计量落在接受域
E. 原假设错误，统计量落在拒绝域

（3）双正态总体的均值和方差检验中，构造的统计量可能会服从下列哪些分布 （    ）
A. 二项分布  B. 标准正态分布  C. $t$ 分布
D. $\chi^2$ 分布  E. $F$ 分布

（4）显著性水平 $\alpha$ 我们常会取值 （    ）
A. 0.2  B. 0.01  C. 0.1
D. 0.05  E. 0.03

（5）假设检验主要包括以下几类 （    ）
A. 双侧检验  B. 外侧检验  C. 内侧检验
D. 左侧检验  E. 右侧检验

3. 判析题

（1）假设检验是统计推断的重要检验方法。 （    ）
（2）双侧检验的检验结果和单侧检验的检验结果是一致的。 （    ）
（3）检验统计量应当与备择假设有关。 （    ）
（4）通过假设检验可以对假设的显著性得到准确的判断。 （    ）
（5）犯第一类错误的概率与犯第二类错误的概率是此消彼长的关系。 （    ）

4. 简答题

（1）什么是原假设？什么是备择假设？

（2）单侧检验和双侧检验有什么不同之处？
（3）什么是显著性水平？
（4）假设检验的第一类错误是什么？假设检验的第二类错误是什么？
（5）单正态总体均值检验和双正态总体均值检验的含义有什么区别？请举例说明。

● **实务题**

1. 在10块土地上试种甲、乙两种作物，产量服从正态分布，且方差相等，甲组样本均值为30.97，标准差为26.7，乙组样本均值为21.79，标准差为12.1，取显著性水平为1%，是否可以认为两个品种产量有显著性差异？
2. 某电视节目收视率一直保持在3%，在最近的一次抽样调查中，1 000人中有260人观看了该节目，在0.05的显著性水平下，是否可以认为该节目的收视率仍然保持原有水平？
3. 某电视机厂声称其产品质量超过规定标准1 200小时，随机抽取100件产品测试后得到均值为1 245小时，标准差为300小时，如果显著性水平为5%，能否说明该厂的产品质量已经显著高于规定标准？
4. 现有来自两个不同正态总体的样本，样本量、样本均值以及样本方差分别为 $n_1=4$，$n_2=5$，$\bar{x}_1=0.6$，$\bar{x}_2=2.5$，$s_1^2=15$，$s_2^2=10$，则两个样本是否来自同方差的正态分布总体？

● **实训题**

**实训一**

（1）实训目的：通过本题练习，掌握双正态总体方差的假设检验方法。
（2）实训资料：有甲、乙两台精密机床，加工同样的产品，从两台机床加工的产品中随机抽取若干产品，测得产品直径如右表所示。
（3）实训要求：试以0.95的置信度分析两台机床加工的精度是否有显著性的差别。

| 甲加工的产品直径（mm） | 乙加工的产品直径（mm） |
| --- | --- |
| 20.5 | 19.7 |
| 19.8 | 20.8 |
| 19.7 | 20.5 |
| 20.4 | 19.8 |
| 20.1 | 19.4 |
| 20.0 | 20.6 |
| 19.6 | 19.2 |
| 19.9 | |

**实训二**

（1）实训目的：通过本题练习，掌握单正态总体均值和方差的检验方法。
（2）实训资料：某纯净水生产工厂运用灌装机灌装纯净水，该自动灌装机正常灌装量标准为平均数19 L，标准差为0.4 L，现从某批灌装水中选取9个样品，测量结果如下表所示。

| 序号 | 容量（L） | 序号 | 容量（L） | 序号 | 容量（L） |
| --- | --- | --- | --- | --- | --- |
| 1 | 18.0 | 4 | 18.2 | 7 | 17.9 |
| 2 | 17.6 | 5 | 18.1 | 8 | 18.1 |
| 3 | 17.3 | 6 | 18.5 | 9 | 18.3 |

（3）实训要求：试在0.95的置信度下分析以下问题。

① 该批灌装水是否合格？
② 该批灌装水的灌装精度是否在标准范围内？

**实训三**

（1）实训目的：通过本题练习，了解假设检验在统计推断方法中的应用场景。

（2）实训资料：请通过查阅图书和网络资料，了解回归分析、多元统计分析和时间序列分析方法，从中发现假设检验的应用。

本章部分习题参考答案及知识拓展可扫右侧二维码获得。

# 第七章

# 相关与回归分析

## 📖 学习目标

①了解相关分析与回归分析的概念及其相互关系；②了解相关分析与回归分析的主要内容；③掌握相关分析中，判断现象之间关系及密切程度的方法；④掌握一元回归方程的建立方法，并能利用回归方程进行预测；⑤了解多元线性回归方程和非线性回归方程的建立方法。

## 💡 主要学习内容

本章主要阐释了相关关系与函数关系的概念及相互关系，相关关系的种类，相关分析的内容，相关关系的判断及一元线性关系密切程度的判断方法；还有回归分析的概念及特点，回归分析的内容，一元线性回归方程的建立，回归估计标准误差的计算，多元线性回归方程，非线性回归方程的建立方法等。

## 📖 引 例

### "回归"的起源

1886年，英国生物学家兼统计学家高尔顿在研究人类身高的遗传时，搜集了1 078对父亲及儿子的身高数据。他发现这些数据的散点图大致呈直线，也就是说，总的趋势是父亲的身高增加时，儿子的身高也会倾向于增加。但是，高尔顿对试验数据进行了深入的分析，发现了一个更有趣的现象——回归效应：当父亲的身高高于平均身高时，儿子身高比他更高的概率要小于比他更矮的概率。这反映了一个规律：后代的身高有向他们父辈的平均身高回归的趋势。这就是统计学上最初出现的"回归"的概念。

资料来源：摘自袁卫的《趣味统计案例》。

## 第一节 相关分析的基本内容

### 一、现象之间的关系

世界是一个普遍联系的整体。无论是自然现象，还是社会经济现象，都是在相互联系、相互制约中存在并不断发展变化的。某一现象的变化会影响到其他现象发生一定的变化。这种现象之间的联系主要有以下两种关系：一种是函数关系，一种是相关关系。

#### （一）函数关系

函数关系是指现象之间存在着严格的数量依存关系。在这种关系中，某个现象的数值发生变化，都有另一个现象的确定值与它相对应，现象之间的数值是一一对应关系，这种关系可以用数学函数关系式反映出来，所以叫函数关系。

例如，圆的面积随半径的变化而变化，每给定一个圆的半径，就有一个唯一的、确定的圆的面积与之相对应，面积是半径的函数。在社会经济现象中同样存在这种关系。例如，某种产品的产值＝产品的产量 × 该产品的价格。当产品的价格不变时，销售量发生变化，就有一个确定的销售额与之对应，销售额是销售量的函数。

#### （二）相关关系

相关关系是指现象间存在着不完全确定的数量依存关系。在这种关系中，对于某一现象的每一数值，可以有另一现象的若干数值与之相对应，现象之间的数值并不是一一对应关系。

**1. 相关关系的特点**

（1）相关关系表现为数量上的相互依存关系。即一个现象发生一定的数量变化，都会引起另一个现象发生一定量的变化。例如，在一定限度内，施肥量的增长会引起农作物产量的增长；股票市场的获利增长会引起银行存款额的降低等。

（2）相关关系在数量上表现为非确定性的相互依存关系。存在相关关系的两个变量，其变量值不是一一对应关系，即一个变量的某一个变量值可能与另一个变量的若干变量值相对应。例如，人们收入水平的增加会使其支出也得到相应的增加，但支出增加的量却不是唯一的，因为人们的消费还受消费习惯、消费预期等影响。

**2. 相关关系与函数关系的关系**

相关关系与函数关系既有区别又有联系。有些函数关系往往因为有观察或测量误差的存在，以及各种随机因素的干扰等，在实际中常常通过相关关系表现出来；而在研究相关关系时，其数量间的规律性通常也是通过函数关系来近似地表现的。

相关分析是研究现象之间是否存在某种依存关系，并对具体有依存关系的现象探讨其相关方向以及相关程度，是研究随机变量之间关系的一种统计方法。

## 二、相关关系的种类

现象之间的相关关系是复杂的，它们各以不同的方式和程度相互作用，表现出不同的类型和形态。相关关系按不同的标准，可以划分为不同的类型。

### （一）按照相关变量（因素）的多少，可分为单相关、复相关

#### 1. 单相关

单相关，也称一元相关，是指两个变量之间的相关关系，如广告费用与产品销售量之间的相关关系。

#### 2. 复相关

复相关，也称多元相关，是指三个或三个以上变量之间的相关关系，如商品销售额与居民收入、商品价格之间的相关关系。

### （二）按照相关的形式，可分为线性相关和非线性相关

#### 1. 线性相关

线性相关，也称直线相关，是指当一个变量变动时，另一变量随之发生大致均等的变动。从图形上看，其观察点的分布近似地表现为一条直线，例如，人均消费水平与人均收入水平通常呈线性相关。

#### 2. 非线性相关

非线性相关，也称为曲线相关。即一个变量变动时，另一变量也随之发生变动，但这种变动不是均等的，从图形上看，其观察点的分布近似地表现为一条曲线，如抛物线、指数曲线等。例如，农作物的施肥量与亩产量之间的关系，当施肥量在一定限度内时，亩产量会上升，上升到一定程度后，随着施肥量的增加，亩产量却会下降，这就是一种曲线相关。

### （三）按照相关关系变化的方向不同，可分为正相关和负相关

#### 1. 正相关

正相关是当一个变量值增加或减少时，另一个变量的值也会随之增加或减少。如家庭人均收入的提高，会使家庭支出也随之提高；如果家庭收入降低，家庭支出通常也会相应降低。

#### 2. 负相关

负相关是当一个变量的值增加或减少时，另一变量的值随之减少或增加。如随着产量的增加，单位成本会相应下降；而随着产量的下降，单位成本也会相应提高。

### (四)按相关程度，可分为完全相关、不相关和不完全相关

#### 1. 完全相关

当一个变量的数量完全由另一个变量的数量变化所确定时，两者之间即为完全相关。例如，在价格不变的条件下，销售额与销售量之间的关系即为函数关系，因为此时销售额的数值完全取决于销售量的大小，此时的相关关系就变成了函数关系。

#### 2. 不相关

当变量之间彼此互不影响，其数量变化各自独立时，则变量之间为不相关。例如，学生的学习成绩与企业的单位成本之间的关系。

#### 3. 不完全相关

不完全相关即两个现象介于完全相关和不相关之间。大多数相关关系属于不完全相关。

相关关系的各种表现形态见图7-1。

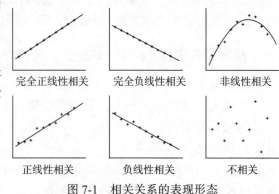

图7-1 相关关系的表现形态

## 三、相关分析的主要内容

相关分析的主要内容包括确定现象之间有无相关关系、确定相关关系的表现形式以及判定相关关系的密切程度和方向三部分。

### (一)确定现象之间有无相关关系

判断现象间是否存在依存关系是相关分析的起始点。相关分析的首要任务就是判断现象之间是否存在联系以及联系的形式。有互相依存关系，才有必要采用相关分析方法去研究。

例如，判断学生的学习成绩与学习时间两个变量之间的关系。我们通过常识以及实践经验判断可知，二者之间是存在一定的关系的，这是进行相关分析的基础，没有相关关系的两个变量，即使从判断相关关系指标上看具有很高的相关关系，也不能说明二者之间具有相关关系。

### (二)确定相关关系的表现形式

只有判明了现象相关关系的具体表现形式后，才能运用相应的相关分析方法去进一步研究相关的程度，并建立相应的相关关系表达式。如果把曲线相关误认为是直线相关，按直线相关来分析，便会导致错误的结论。相关关系的形式可以通过相关图等形式来判断。

### (三)判定相关关系的密切程度和方向

现象之间的相关关系是一种不严格数量关系，相关分析就是要从这种松散的数量关系中判定其相关关系的密切程度和方向。相关关系的密切程度，主要通过相关系数来判断。

需要说明的是,上面所讲的相关分析内容是狭义的相关分析内容,从广义的相关分析内容来看,还包括回归分析的内容。回归分析的内容将在第三节中详细介绍。

### 同步思考 7-1

1. 函数关系可以说是相关关系的一种形式吗?
2. 结合你的专业知识,试举出两个存在相关关系的例子。

## 第二节 相关关系的测定

测定相关关系,首先要判定现象之间是否存在相关关系,这种判定需要根据分析者所掌握的知识和经验来做定性分析。比如家庭收入与支出的关系、GDP 与教育经费投入之间的关系等,都具有一定的数量依存关系,这是人们根据长期的经验和知识得出的结论。但这是一种什么形式的关系呢?是正相关还是负相关?相关的程度又如何呢?这需要通过以下的方式做进一步的判断。

### 一、相关表

相关表是一种反映变量之间相关关系的统计表。它包括简单相关表、单变量分组相关表和双变量分组相关表。

#### (一)简单相关表

简单相关表是将相关两个变量的变量值一一对应地填列在同一张表格上,这样的表格叫简单相关表,如表 7-1 所示。

表 7-1 国内生产总值与居民消费水平相关表

| 年度 | 国内生产总值(亿元) | 居民消费水平(元) |
| --- | --- | --- |
| 1999 | 90 564.4 | 3 346 |
| 2000 | 100 280.1 | 3 721 |
| 2001 | 110 863.1 | 3 987 |
| 2002 | 121 717.4 | 4 301 |
| 2003 | 137 422 | 4 606 |
| 2004 | 161 840.2 | 5 138 |
| 2005 | 187 318.9 | 5 771 |
| 2006 | 219 438.5 | 6 416 |
| 2007 | 270 092.3 | 7 572 |
| 2008 | 319 244.6 | 8 707 |
| 2009 | 348 517.7 | 9 514 |
| 2010 | 412 119.3 | 10 919 |
| 2011 | 487 940.2 | 13 134 |
| 2012 | 538 580 | 14 699 |
| 2013 | 592 963.2 | 16 190 |
| 2014 | 641 280.6 | 17 778 |

(续)

| 年度 | 国内生产总值(亿元) | 居民消费水平(元) |
|---|---|---|
| 2015 | 685 992.9 | 19 397 |
| 2016 | 740 060.8 | 21 285 |
| 2017 | 820 754.3 | 22 935 |
| 2018 | 900 309.5 | 25 002 |

资料来源:《中国统计年鉴》。

简单相关表适用于资料的项数比较少的情况。

### (二) 单变量分组相关表

单变量分组相关表是对自变量进行分组,因变量不分组,只是计算出次数和平均数的表格。例如,从某市所有家庭中抽取 100 户家庭,调查某月家庭收入与平均支出的情况,得到的数据如表 7-2 所示。

表 7-2 某市居民家庭月收入与月平均支出相关表

| 家庭月收入(元) | 家庭户数(户) | 家庭月平均支出(元) |
|---|---|---|
| 1 000 以下 | 3 | 928 |
| 1 000~2 000 | 6 | 1 243 |
| 2 000~3 000 | 7 | 1 643 |
| 3 000~4 000 | 10 | 2 030 |
| 4 000~5 000 | 18 | 3 568 |
| 5 000~6 000 | 22 | 3 875 |
| 6 000~7 000 | 16 | 4 056 |
| 7 000~8 000 | 8 | 4 239 |
| 8 000~9 000 | 5 | 4 558 |
| 9 000~10 000 | 3 | 4 782 |
| 10 000 以上 | 2 | 5 043 |

单变量分组相关表可以使原始资料大大简化,在原始数据较多的情况下,使用单变量分组相关表可以更清晰地反映现象的相互依存关系,找出变量间数据变化的规律。

### (三) 双变量分组相关表

双变量分组相关表是将自变量和因变量都进行分组编制成的统计表。如上例,可将其变化成表 7-3 的形式,即为双变量分组表。

表 7-3 某市居民家庭月收入与月平均支出相关表

| 家庭月收入(元) | 家庭月平均支出(元) | | | | | |
| | 1 000 以下 | 1 000~2 000 | 2 000~3 000 | 3 000~4 000 | 4 000~5 000 | 5 000 以上 |
|---|---|---|---|---|---|---|
| 1 000 以下 | 3 | | | | | |
| 1 000~2 000 | | 6 | | | | |
| 2 000~3 000 | | 7 | | | | |
| 3 000~4 000 | | | | 10 | | |
| 4 000~5 000 | | | | 18 | | |

(续)

| 家庭月收入（元） | 家庭月平均支出（元） | | | | | |
|---|---|---|---|---|---|---|
| | 1 000 以下 | 1 000～2 000 | 2 000～3 000 | 3 000～4 000 | 4 000～5 000 | 5 000 以上 |
| 5 000～6 000 | | | | 22 | | |
| 6 000～7 000 | | | | | 16 | |
| 7 000～8 000 | | | | | 8 | |
| 8 000～9 000 | | | | | 5 | |
| 9 000～10 000 | | | | | 3 | |
| 10 000 以上 | | | | | | 2 |

双变量分组相关表可适用于大量复杂数据的处理和分析。双变量分组相关表实质上是一种图表结合的模式，它以表格的形式反映了两个现象之间的相关形态、方向和程度。但是由于双变量分组相关表的资料计算相关分析指标比较复杂，所以在实际相关分析中使用较少。

## 二、相关图

相关图又称散点图，是将相关的现象所对应的观测点的数值在直角坐标系中用坐标点描绘出来，以表明相关点的分布状况，如图 7-2 所示。

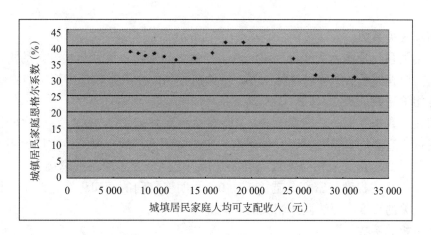

图 7-2  散点图

由图 7-2 可知，城镇居民家庭人均可支配收入与城镇居民家庭恩格尔系数，两者之间大体呈负相关关系，即随着城镇居民家庭人均可支配收入的增长，城镇居民家庭恩格尔系数呈下降趋势。

根据表 7-2 所绘制的相关图如图 7-3 所示。

从图 7-3 我们可以看出，收入和支出二者之间呈正的线性相关，即随着收入的增长，支出也在不断地增加。

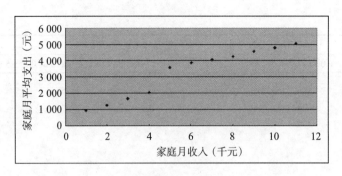

图 7-3　线性相关图

## 三、相关系数

### (一) 相关系数的概念

相关表和相关图可以反映变量之间的相互关系及相关方向，但无法确切地表明变量之间相关的密切程度。现象之间相关的密切程度可以通过相关系数来测定。相关系数是描述相关的变量之间密切程度的统计分析指标。

### (二) 相关系数的种类

相关系数根据所要分析的现象的相关形式及相关变量的多少不同，主要有以下四种。

#### 1. 简单相关系数

简单相关系数是描述呈线性相关的两个变量之间密切程度及相关方向的指标。本书主要介绍简单相关系数，除特殊标明外，后面所提到的相关系数都指简单相关系数。

#### 2. 复相关系数

复相关系数是测量一个因变量 $y$ 与其他多个自变量 $x_1$, $x_2$, $x_3$, $\cdots$, $x_p$ 之间线性相关程度的指标。它不能直接测算，只能采取一定的方法进行间接测算，它可利用单相关系数和偏相关系数求得。复相关系数取值在 0 和 1 之间。复相关系数越接近于 1，表明变量之间的线性相关程度越密切，越接近于 0，表明变量间的密切程度越低。复相关系数只能测定相关的程度，无法测定相关的方向。

#### 3. 曲线相关系数

曲线相关系数，也称相关指数，是衡量非线性关系密切程度的指标。简单相关系数和复相关系数都是用来衡量线性相关的指标，但对于非线性的相关关系，其密切程度不能用它们来测量，而需要用相关指数来计算。相关指数数值越大，表明其相关程度越高。

#### 4. 偏相关系数

偏相关系数是在多元相关分析中，在消除其他变量影响的条件下，所计算的某两个变量之间的相关系数。例如，变量 $y$ 与 $x_1$、$x_2$、$x_3$ 具有一定的相关关系，在假定 $x_1$、$x_2$ 对变量 $y$ 没有影响时，只计算 $x_3$ 与 $y$ 的密切程度，则此时计算的相关系数叫偏相关系数。偏相关系数不同于简单相关系数。在计算简单相关系数时，只需要掌握两个变量的观测数据，并不考虑其他变量对这两个变量可能产生的影响；而在计算偏相关系数时，需要掌握多个变量的数据，一方面考虑多个变量相互之间可能产生的影响，另一方面又采用一定的方法控制其他变量，专门考察两个特定变量的相关关系。

### (三) 相关系数的计算

#### 1. 相关系数的计算公式

相关系数通常用 $r$ 来表示。相关系数的计算，通常采用皮尔逊相关系数。1890年，英国统计学家卡尔·皮尔逊（Karl Pearson）提出了计算相关系数的公式。相关系数的计算有积差法和简捷法两种。

（1）积差法计算公式为：

$$r = \frac{\sigma_{xy}^2}{\sigma_x \sigma_y} = \frac{\sum (x - \bar{x})(y - \bar{y})}{\sqrt{\sum (x - \bar{x})^2} \sqrt{\sum (x - \bar{y})^2}}$$

式中　$\sigma_x$ ——变量 $x$ 的标准差；

$\sigma_y$ ——变量 $y$ 的标准差；

$\sigma_{xy}$ ——变量 $x$ 和变量 $y$ 的协方差。

（2）简捷法。由于积差法需要分别计算两个变量的标准差和协方差，比较烦琐，因此，上式经过变换，可得到计算相关系数的简捷法计算公式为：

$$r = \frac{n\sum xy - \sum x \sum y}{\sqrt{n\sum x^2 - (\sum x)^2} \sqrt{n\sum y^2 - (\sum y)^2}}$$

根据这一公式，只需要计算 $x^2$、$y^2$、$xy$ 三个数值，不必计算平均数、协方差和标准差，这就大大简化了运算过程。

#### 2. 相关系数的取值范围

相关系数的值介于 $-1$ 和 $1$ 之间，即 $-1 \leq r \leq 1$。其意义如下。

第一，当 $r > 0$ 时，表示两个变量呈正相关，当 $r < 0$ 时，表示两变量呈负相关。

第二，当 $|r| = 1$ 时，表明两个变量之间为完全相关，即为函数关系。

第三，当 $r = 0$ 时，表明两个变量之间没有线性相关关系。

第四，当 $0 < |r| < 1$ 时，表明两个变量存在一定程度的线性相关关系，且 $|r|$ 越接近于 1，两个变量间相关关系越密切；$|r|$ 越接近于 0，表明两个变量之间相关关系越弱。

第五，相关的密切程度一般可以划分为三个级别：$|r| < 0.3$ 以下为无相关；$0.3 \leq |r| < 0.5$ 为低度相关；$0.5 \leq |r| < 0.8$ 为中度相关；$0.8 \leq |r| < 1$ 为高度相关。

例如，对某班 35 名学生的学习时间及学习成绩进行调查，以了解学习时间与学习成绩之间的关系。调查结果及相关系数计算如表 7-4 所示。

表 7-4  某班级 35 名学生的学习时间与学习成绩相关系数计算表

| 序号 | 日均学习时间 $x$（小时） | 平均成绩 $y$（分） | $xy$ | $x^2$ | $y^2$ |
|---|---|---|---|---|---|
| 1 | 8.0 | 78.3 | 626.40 | 64.00 | 6 130.89 |
| 2 | 8.2 | 77.5 | 635.50 | 67.24 | 6 006.25 |
| 3 | 5.6 | 60.0 | 336.00 | 31.36 | 3 600.00 |
| 4 | 7.2 | 72.3 | 520.56 | 51.84 | 5 227.29 |
| 5 | 7.8 | 80.0 | 624.00 | 60.84 | 6 400.00 |
| 6 | 8.9 | 82.5 | 734.25 | 79.21 | 6 806.25 |
| 7 | 6.4 | 58.0 | 371.20 | 40.96 | 3 364.00 |
| 8 | 8.8 | 80.6 | 709.28 | 77.44 | 6 496.36 |
| 9 | 8.6 | 80.8 | 694.88 | 73.96 | 6 528.64 |
| 10 | 7.4 | 72.5 | 536.50 | 54.76 | 5 256.25 |
| 11 | 7.6 | 75.4 | 573.04 | 57.76 | 5 685.16 |
| 12 | 7.9 | 77.8 | 614.62 | 62.41 | 6 052.84 |
| 13 | 5.7 | 50.5 | 287.85 | 32.49 | 2 550.25 |
| 14 | 9.5 | 83.5 | 793.25 | 90.25 | 6 972.25 |
| 15 | 6.8 | 66.4 | 451.52 | 46.24 | 4 408.96 |
| 16 | 10.0 | 84.5 | 845.00 | 100.00 | 7 140.25 |
| 17 | 9.8 | 86.8 | 850.64 | 96.04 | 7 534.24 |
| 18 | 12.0 | 94.0 | 1 128.00 | 144.00 | 8 836.00 |
| 19 | 10.6 | 91.2 | 966.72 | 112.36 | 8 317.44 |
| 20 | 10.9 | 89.1 | 971.19 | 118.81 | 7 938.81 |
| 21 | 8.2 | 78.4 | 642.88 | 67.24 | 6 146.56 |
| 22 | 9.7 | 82.6 | 801.22 | 94.09 | 6 822.76 |
| 23 | 9.7 | 85.7 | 831.29 | 94.09 | 7 344.49 |
| 24 | 11.0 | 91.1 | 1 002.10 | 121.00 | 8 299.21 |
| 25 | 9.8 | 86.4 | 846.72 | 96.04 | 7 464.96 |
| 26 | 8.6 | 82.0 | 705.20 | 73.96 | 6 724.00 |
| 27 | 7.2 | 75.5 | 543.60 | 51.84 | 5 700.25 |
| 28 | 9.9 | 88.4 | 875.16 | 98.01 | 7 814.56 |
| 29 | 12.5 | 93.4 | 1 167.50 | 156.25 | 8 723.56 |
| 30 | 14.0 | 94.5 | 1 323.00 | 196.00 | 8 930.25 |
| 31 | 7.2 | 75.0 | 540.00 | 51.84 | 5 625.00 |
| 32 | 8.6 | 79.0 | 679.40 | 73.96 | 6 241.00 |
| 33 | 7.9 | 85.6 | 676.24 | 62.41 | 7 327.36 |
| 34 | 10.2 | 85.1 | 868.02 | 104.04 | 7 242.01 |
| 35 | 9.2 | 83.4 | 767.28 | 84.64 | 6 955.56 |
| 合计 | 311.4 | 2 807.8 | 25 540.01 | 2 887.38 | 228 613.66 |

将上表计算结果代入简捷法公式中，便得到了相关系数。

$$r = \frac{n\sum xy - \sum x \sum y}{\sqrt{n\sum x^2 - (\sum x)^2}\sqrt{n\sum y^2 - (\sum y)^2}}$$

$$= \frac{35 \times 25\,540.01 - 311.4 \times 2\,807.8}{\sqrt{35 \times 2\,887.38 - 311.4^2}\sqrt{35 \times 228\,613.66 - 2\,807.8^2}}$$

$$= \frac{19\,551.43}{\sqrt{4\,088.34}\sqrt{117\,737.26}} = \frac{19\,551.43}{21\,939.69} = 0.89$$

计算结果表明：学生的学习时间与学习成绩呈高度正相关关系。

#### 3．应用相关系数时要注意的问题

首先，相关系数只适合测定两个变量线性相关的密切程度，如果计算结果数值很小，并非说明二者之间没有相关关系或相关程度很低，也许现象之间还存在着其他形式的相关关系。

其次，相关系数有一个明显的缺点，即它的数值与实际观测的数据组数有关，当 $n$ 较小时，相关系数的波动较大，当 $n$ 较大时，相关系数的绝对值容易偏小，特别是当 $n=2$ 时，相关系数的绝对值总为 1。因此在样本容量 $n$ 较小时，我们仅凭相关系数较大就判定变量之间的关系密切程度也是不妥当的。

通过以上的计算与分析过程，我们可以看到：统计所研究现象之间的相关关系应该是真实的、客观存在的相关关系，而不是主观臆造的或形式上的偶然巧合。这就要求我们在实际进行相关分析时，应依据有关科学理论，通过观察和试验，在对现象做深入分析的基础上来确定这种相关关系，而且要经过理论和实践的进一步检验。只有这样，才能得到正确的结论。

### 🔑 同步思考 7-2

1. 相关系数的绝对值在 0.3 以下，就一定说明现象之间没有相关关系吗？
2. 相关系数的大小与呈线性相关的两个变量观察值多少是否有关？如果呈线性相关的两个变量只取三个观察值，那么以此计算的相关系数可信吗？

## 第三节　回归分析的基本内容

### 一、回归分析的含义

在社会经济现象中，各种现象是相互联系、相互制约的。通过相关分析，我们可以判定现象之间有无关系、相关的表现形式及相关的程度和方向，但无法确定现象之间具体的数量变动依存关系，也不能根据一个变量的数值来推断另一个变量的具体数值。为了进一步探讨变量之间的具体数量变动关系，需要在相关分析的基础上，进一步进行回归分析。

回归分析就是对具有相关关系的两个或两个以上变量之间的数量变化关系进行测定，建立因变量和自变量之间数量变动关系的数学表达式（回归方程），以便利用自变量的数值去估计或预测因变量数值的统计分析方法。回归分析的基本思想是：根据现象间相关关系的形态，建立一条最合适的直线或曲线，用这条直线或曲线反映它们之间数量变化的一般关系，即当自变量给定一个数值时，因变量一般为多少。例如，人们的平均月收入为 5 000 元时，其月平均支出一般会是多少元；学生的学习时间为 8 小时时，其学习成绩一般是多少。

如果设变量 $x_1, x_2, x_3, \cdots, x_n$ 与随机变量 $y$ 之间存在较为密切的相关关系，则相

关关系的数学表达式，即回归模型为：

$$y = f(x_1, x_2, x_3, \cdots, x_n) + \varepsilon$$

式中　　　　$y$——"因变量"或"被解释变量"；

$x_1, x_2, x_3, \cdots, x_n$——"自变量"或"解释变量"；

$\varepsilon$——服从均值为 0、方差为常数的随机误差项。

## 二、回归分析与相关分析的关系

### （一）回归分析与相关分析的区别

从广义上来说，相关分析包括回归分析，从狭义上说，相关分析与回归分析又有一定的区别。狭义的相关分析和回归分析的区别主要有以下三个方面。

（1）在相关分析中涉及的变量不存在自变量和因变量的划分问题，变量之间的关系是对等的；而在回归分析中，必须根据研究对象的性质和研究分析的目的，对变量进行自变量和因变量的划分。因此，在回归分析中，变量之间的关系是不对等的。

（2）在相关分析中所有的变量都必须是随机变量；而在回归分析中，自变量是给定的，因变量才是随机的。

（3）相关分析主要是通过一个指标，即相关系数来反映变量之间相关密切程度的大小，由于变量之间是对等的，因此相关系数是唯一确定的；而在回归分析中，对于互为因果关系的两个变量，则有可能存在两个回归方程。当 $x$ 为自变量、$y$ 为因变量时，称 $y$ 倚 $x$ 的回归方程，当 $y$ 为自变量、$x$ 为因变量时，称 $x$ 倚 $y$ 的回归方程。

### （二）相关分析与回归分析的联系

相关分析是回归分析的基础和前提，回归分析则是相关分析的深入和继续。相关分析需要依靠回归分析来表现变量之间数量相关的具体形式，回归分析则需要依靠相关分析来表现变量之间的相关程度。只有当变量之间存在一定的相关时，进行回归分析寻求其相关的具体形式才有意义。如果在没有对变量之间是否相关以及相关方向和程度做出正确判断之前就进行回归分析，很容易造成"虚假回归"。如果只进行了相关分析，而没有进行回归分析，就无法由一个变量的数值去推断另一个变量的数值。因此，在具体应用过程中，只有把相关分析和回归分析结合起来，才能达到研究和分析的目的。

## 三、回归分析的主要内容

通过相关分析，确定现象之间存在一定的相关关系，并根据相关图等方法确定了现象之间的相关形式，在此基础上，可以进一步进行回归分析。回归分析主要包括以下几个方面的内容，如图 7-4 所示。

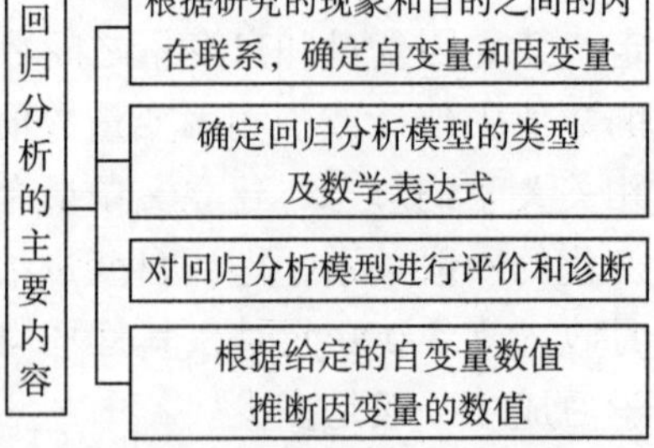

回归分析的主要内容：
- 根据研究的现象和目的之间的内在联系，确定自变量和因变量
- 确定回归分析模型的类型及数学表达式
- 对回归分析模型进行评价和诊断
- 根据给定的自变量数值推断因变量的数值

图 7-4　回归分析的主要内容

### (一)根据研究的现象和目的之间的内在联系,确定自变量和因变量

现象之间除了有相关关系,还存在着因果关系。作为原因的变量称为自变量,作为结果的变量称为因变量,或者说,影响因素为自变量,被影响因素为因变量。在进行回归分析时,首先应该从理论出发,进行定性分析,根据现象的内在联系确定变量的因果关系,从而确定哪个是自变量,哪个是因变量。回归分析的目的是利用自变量的数值估计因变量的数值,而不能反过来用因变量的数值估计自变量的数值。

### (二)确定回归分析模型的类型及数学表达式

根据现象之间的内在影响机制或通过对具体变量数据的分析,找出最适合的回归分析模型,再通过计算求出模型的待定参数,建立回归方程。对于直线形式的相关关系,我们需要为其配合一条直线的模型,而对于指数曲线形式的相关关系,就需要为其配合一条指数的曲线模型,只有正确地配合回归模型,模型才能真正反映出现象相关的规律性,才有可能正确地进行预测和决策。

### (三)对回归分析模型进行评价和诊断

建立回归方程后,还要对其进行统计检验。检验方法有 $T$ 检验、$F$ 检验、$DW$ 检验等。若想知道统计模型建立的好坏,是不是能真正反映现象之间的相关关系,是不是能反映所有观测值的最优拟合线,就需要对模型进行相关的检验,以验证其模型的有效性。

### (四)根据给定的自变量数值推断因变量的数值

回归方程可以用来统计估计或预测,即可以根据给定的自变量数值去推断因变量的数值或置信区间,但不可以用因变量的数值去推断自变量的数值。通过推断,可以进行预测,并根据预测的结果,结合其他相关信息进行决策。

## 四、回归分析的种类

按照相关的因素多少和相关的形式不同,回归分析也有不同的分类。

### (一)按相关关系的变量多少来分,可分为一元回归分析和多元回归分析

#### 1. 一元回归分析

一元回归分析是指只有一个自变量和一个因变量的回归分析。例如,对学习时间与学习成绩两个变量进行回归分析,这两个变量中,学习时间为自变量,也是解释变量,是现象变化的原因;学习成绩为因变量,是被解释变量,是自变量发生变化所带来的结果。这两个变量之间的回归分析,只有学习时间一个自变量。

#### 2. 多元回归分析

多元回归模型是指对多个自变量和一个因变量的回归分析。例如,分析研究农作物亩产量与施肥量、浇水量、温度等因素的关系,此时,施肥量、浇水量、温度等是亩产量变化的原因,是自变量,而亩产量是自变量变化所引起的结果,是因变量。这里有施

肥量、浇水量、温度三个自变量，若利用回归分析方法来分析施肥量、浇水量、温度对农作物亩产量的影响，则此时的分析就是多元回归分析。

### (二) 按相关的形式不同，可分为线性回归分析和非线性回归分析

**1. 线性回归分析**

当相关变量之间的表现形式为线性相关时，为其拟合的直线回归方程所进行的回归分析称为线性回归分析。

**2. 非线性回归分析**

当变量之间的表现形态为曲线相关时，为其拟合的曲线方程所进行的回归分析称为非线性回归分析。

### 同步思考 7-3

1. 为什么在回归分析时，需要确定因变量与自变量？
2. 在回归分析中，你认为最重要的工作是什么？它与其他内容是什么关系？

## 第四节　一元线性回归分析

相关分析的目的在于测度变量之间的关系强弱，它所使用的测度工具就是相关系数；回归分析则是侧重考察变量之间的数量关系，并通过一定的数学表达式将这种关系描述出来，进而确定一个或几个变量（自变量）的变化对另一个特定变量（因变量）的影响程度。根据相关的因素多少及相关的形式，回归方程分为一元线性回归方程、一元非线性回归方程、多元线性回归方程和多元非线性回归方程等。

### 一、一元线性回归方程的建立

一元线性回归方程又称简单线性回归方程，它是根据成对的两个变量的样本数据，配合直线方程，并根据自变量的变动来推算因变量发展趋势和水平的一种数学关系式。

其数学表达式为：

$$\hat{y} = a + bx$$

式中的 $\hat{y}$ 表示因变量的估计值，也叫理论值；$a$ 和 $b$ 是两个待定参数，其中 $a$ 是回归直线的起始值，也是回归直线在直角坐标系上 $y$ 轴上的截距，即 $x = 0$ 时的 $\hat{y}$ 值，从数学意义上理解，它表示在没有自变量 $x$ 的影响时，其他各种因素对因变量 $y$ 的影响；$b$ 是回归系数，也是回归直线的斜率，表示自变量 $x$ 每变动一个单位时，因变量 $y$ 平均变动 $b$ 个单位。

在回归直线的数学表达式中，只要能确定两个待定参数 $a$ 和 $b$，那么回归方程也就确定了。统计理论已经证明，用最小平方法求解待定参数 $a$ 和 $b$ 而建立的回归方程最具有代表性，也是所有观测点的最优拟合线。

应用最小平方法配合直线方程，其基本要求是实际值与估计值的离差平方和为最小值。用公式表示为：

$$\sum (y-\hat{y})^2 = \sum (y-a-bx)^2 = 最小值$$

根据数学中对二元函数求极值的原理，我们可以得到如下求解 $a$ 和 $b$ 的标准方程组。

$$\begin{cases} \sum y = na + b\sum x \\ \sum xy = a\sum x + b\sum x^2 \end{cases}$$

将上述方程组进一步整理，就会得到求解 $a$ 和 $b$ 的计算公式如下：

$$\begin{cases} b = \dfrac{n\sum xy - \sum x \sum y}{n\sum x^2 - (\sum x)^2} \\ a = \dfrac{\sum y}{n} - b\dfrac{\sum x}{n} \end{cases}$$

根据表 7-4 中的资料，我们试建立一元直线回归方程。

设回归方程为 $\hat{y} = a + bx$，其中 $a$ 和 $b$ 分别计算得：

$$b = \frac{n\sum xy - \sum x \sum y}{n\sum x^2 - (\sum x)^2}$$
$$= \frac{35 \times 25\,540.01 - 311.4 \times 2\,807.8}{35 \times 2\,887.38 - 311.4^2}$$
$$= \frac{19\,551.43}{4\,088.34}$$
$$= 4.78$$

$$a = \frac{\sum y}{n} - b\frac{\sum x}{n}$$
$$= \frac{2\,807.8}{35} - 4.78 \times \frac{311.4}{35}$$
$$= 37.69$$

将 $a$ 和 $b$ 代入所设的回归方程中，则所建立的回归方程为：

$$\hat{y} = a + bx = 37.69 + 4.78x$$

这里需要说明的是：通常情况下，当学习时间超过 13.04 小时后，学习成绩就不会再提高了，因为学习时间为 13.04 小时时，学习成绩已经是 100 分了。

## 二、一元线性回归方程的拟合优度

回归方程 $\hat{y} = a + bx$ 在一定程度上描述了变量 $x$ 与 $y$ 之间的数量关系，据此可以根据自变量的数值去推断因变量的数值，但是估计或预测的精度如何则取决于回归直线对观测值的拟合程度。各观测值越是紧密围绕直线，说明直线对观测数据的拟合程度越好，估计或预测的精度就越好，反之则越差。各观测值与回归直线的接近程度被称为回归直线对观测数据的拟合优度。

回归直线对各观测值的拟合优度，可以利用判定系数和回归标准误差来测定。

## （一）判定系数

拟合优度通常用判定系数来衡量。判定系数是对估计的回归方程拟合优度进行判定的一个指标，也称可决系数、决定系数。

为说明判定系数的含义，需要对因变量取值变差予以分析。判定系数是建立在对总离差平方和进行分解的基础上的。

因变量 $y$ 的取值是随机波动的，这种波动被称为变差。对一个具体的观测值来说，变差的大小可以用实际观测值 $y_i$ 与其均值 $\bar{y}$ 之差（$y_i-\bar{y}$）来表示。$n$ 次观测值的总变差可由这些变差的平方和来表示，称为总平方和，记为 $SST$，即：

$$SST = \sum (y_i-\bar{y})^2$$

每个观测点的总变差可以分解为：

$$y_i-\bar{y} = (y_i-\hat{y}_i) + (\hat{y}_i-\bar{y})$$

可以证明：

$$\sum (y_i-\bar{y})^2 = \sum (y_i-\hat{y}_i)^2 + \sum (\hat{y}_i-\bar{y})^2$$

上式表明，总平方和 $SST$ 可以分解为两部分：一部分是估计值 $\hat{y}_i$ 与其均值 $\bar{y}$ 的变差平方和 $\sum (\hat{y}_i-\bar{y})^2$。根据估计的回归方程，估计值 $\hat{y} = a + bx$，因此可以把（$\hat{y}_i-\bar{y}$）看成是由自变量 $x$ 的变化引起 $y$ 的变化。其平方和 $\sum (\hat{y}_i-\bar{y})^2$ 则反映了 $y$ 的总变差中由 $x$ 与 $y$ 之间的线性关系引起的 $y$ 的变化部分，它是能够由回归直线解释的 $y_i$ 的变差部分，称为回归平方和，记为 $SSR$。另一部分是各实际观测值与估计值的残差平方和 $\sum (y_i-\hat{y}_i)^2$，它是除了 $x$ 对 $y$ 的线性影响之外的其他因素对 $y$ 变化的作用，是不能由回归直线加以解释的 $y_i$ 的变差部分，称为残差平方和或误差平方和，记为 $SSE$。用公式表示这三个平方和的关系即为：

$$SST = SSR + SSE$$

将上式两边同时除以 $SST$，得到：

$$1 = \frac{SSR}{SST} + \frac{SSE}{SST}$$

显而易见，各个样本观测点与样本回归直线靠得越近，$SSR$ 在 $SST$ 中的所占比例就越大。因此，可定义这一比例为判定系数，即有：

$$R^2 = \frac{SSR}{SST} = 1 - \frac{SSE}{SST}$$

$R^2$ 为判定系数。判定系数 $R^2$ 是回归模型对样本观测值拟合程度的综合度量，判定系数越大，回归方程对样本观测值的拟合程度越高；判定系数越小，则回归方程对样本观测值的拟合程度越差。

判定系数 $R^2$ 具有如下特征：一是判定系数具有非负性，其值必然大于零；二是判定系数的取值范围为 $0 \leq R^2 \leq 1$；三是判定系数是样本观测值的函数，也是一个统计量；四是在一元线性回归方程中，判定系数是相关系数的平方。

## (二) 估计标准误差

判定系数可用于度量回归直线的拟合程度，相关系数也可以起到类似的作用。残差平方和可以说明实际观测值与回归估计值之间的差异程度。对于一个变量的诸多观测值，可以用标准差来测度各变量值在其平均数周围的离散程度。与之类似的一个量可以用来测试各实际观测点在回归直线周围的散布状况，这个量就是估计标准误差，也称为估计量的标准差或标准误差。

估计标准误差是说明回归直线代表性大小的统计分析指标，它说明观察值围绕着回归方程变化程度或分散程度。它也是理论值与实际值的平均误差。

概括起来，估计标准误差主要有三个作用。

第一，说明以回归直线为中心的所有相关点的离散程度。如果估计标准误差的数值大，说明现象之间的离散程度大；相反，如果估计标准误差的数值小，说明现象的离散程度小。

第二，说明回归方程的代表性大小。如果估计标准误差的数值大，说明回归方程对所有观察值的代表性小，也就是对所有观察值的拟合差；相反，如果估计标准误差的数值小，说明回归方程对所有观察值的代表性大，即拟合好。

第三，可以对因变量的值进行区间估计。回归分析的目的是建立回归模型，并利用回归模型对因变量的数值进行预测，但在预测时，会产生误差。估计标准误差是度量误差大小的尺度，通过这个尺度，可以对因变量的数值进行区间估计。

估计标准误差通常用 $S_{yx}$ 表示，其计算公式为：

$$S_{yx} = \sqrt{\frac{\sum(y_i - \hat{y}_i)^2}{n-2}} = \sqrt{\frac{\ddot{u}}{n-2}}$$

从公式中可以看出，估计标准误差是残差平方和 $SSE$ 除以它的自由度 $n-2$ 后的平方根。这个公式比较形象地说明了估计标准误差的概念，但在实际计算时会非常麻烦，例如上例，如果按这个公式计算，需要计算出每个自变量观测值的估计值，还需要和其实际值进行比较，然后才能计算出估计标准误差。

根据表 7-4 学生学习时间与学习成绩的资料，我们来计算其估计标准误差，如表 7-5 所示。

表 7-5　估计标准误差计算表

| 学生序号 | 日均学习时间 $x$（小时） | 平均成绩 $y_i$（分） | $\hat{y}_i$ | $y_i - \hat{y}_i$ | $(y_i - \hat{y}_i)^2$ |
|---|---|---|---|---|---|
| 1 | 8.0 | 78.3 | 75.93 | 2.37 | 5.62 |
| 2 | 8.2 | 77.5 | 76.89 | 0.61 | 0.38 |
| 3 | 5.6 | 60.0 | 64.46 | -4.46 | 19.87 |
| 4 | 7.2 | 72.3 | 72.11 | 0.19 | 0.04 |
| 5 | 7.8 | 80.0 | 74.97 | 5.03 | 25.26 |
| 6 | 8.9 | 82.5 | 80.23 | 2.27 | 5.14 |
| 7 | 6.4 | 58.0 | 68.28 | -10.28 | 105.72 |
| 8 | 8.8 | 80.6 | 79.75 | 0.85 | 0.72 |
| 9 | 8.6 | 80.8 | 78.80 | 2.00 | 4.01 |
| 10 | 7.4 | 72.5 | 73.06 | -0.56 | 0.32 |
| 11 | 7.6 | 75.4 | 74.02 | 1.38 | 1.91 |
| 12 | 7.9 | 77.8 | 75.45 | 2.35 | 5.51 |
| 13 | 5.7 | 50.5 | 64.94 | -14.44 | 208.40 |

(续)

| 学生序号 | 日均学习时间 $x$(小时) | 平均成绩 $y_i$(分) | $\hat{y}_i$ | $y_i - \hat{y}_i$ | $(y_i - \hat{y}_i)^2$ |
|---|---|---|---|---|---|
| 14 | 9.5 | 83.5 | 83.10 | 0.40 | 0.16 |
| 15 | 6.8 | 66.4 | 70.19 | -3.79 | 14.39 |
| 16 | 10.0 | 84.5 | 85.49 | -0.99 | 0.98 |
| 17 | 9.8 | 86.8 | 84.53 | 2.27 | 5.13 |
| 18 | 12.0 | 94.0 | 95.05 | -1.05 | 1.10 |
| 19 | 10.6 | 91.2 | 88.36 | 2.84 | 8.08 |
| 20 | 10.9 | 89.1 | 89.79 | -0.69 | 0.48 |
| 21 | 8.2 | 78.4 | 76.89 | 1.51 | 2.29 |
| 22 | 9.7 | 82.6 | 84.06 | -1.46 | 2.12 |
| 23 | 9.7 | 85.7 | 84.06 | 1.64 | 2.70 |
| 24 | 11.0 | 91.1 | 90.27 | 0.83 | 0.69 |
| 25 | 9.8 | 86.4 | 84.53 | 1.87 | 3.48 |
| 26 | 8.6 | 82.0 | 78.80 | 3.20 | 10.25 |
| 27 | 7.2 | 75.5 | 72.11 | 3.39 | 11.52 |
| 28 | 9.9 | 88.4 | 85.01 | 3.39 | 11.48 |
| 29 | 12.5 | 93.4 | 97.44 | -4.04 | 16.32 |
| 30 | 14.0 | 94.5 | 104.61 | -10.11 | 102.21 |
| 31 | 7.2 | 75.0 | 72.11 | 2.89 | 8.38 |
| 32 | 8.6 | 79.0 | 78.80 | 0.20 | 0.04 |
| 33 | 7.9 | 85.6 | 75.45 | 10.15 | 102.98 |
| 34 | 10.2 | 85.1 | 86.45 | -1.35 | 1.81 |
| 35 | 9.2 | 83.4 | 81.67 | 1.73 | 3.01 |
| 合计 | 311.4 | 2 807.8 | — | — | 692.50 |

将上表计算结果代入估计标准误差公式则得:

$$S_{yx} = \sqrt{\frac{\sum(y-\hat{y}_i)^2}{n-2}} = \sqrt{\frac{692.50}{35-2}} = 4.58 \text{(分)}$$

从上面的计算来看,这种计算比较麻烦,因此我们通过对上述公式进行变换,最终得到下面的公式来求解估计标准误差。

$$S_{yx} = \sqrt{\frac{\sum y^2 - a\sum y - b\sum xy}{n-2}}$$

利用这个公式,我们就可以用在计算相关系数和建立回归方程时的有关资料来求估计标准误差了。将相关数据代入上式,则其估计标准误差为:

$$S_{yx} = \sqrt{\frac{\sum y^2 - a\sum y - b\sum xy}{n-2}}$$
$$= \sqrt{\frac{228\,613.66 - 37.69 \times 2\,807.8 - 4.78 \times 25\,540.01}{35-2}}$$
$$= 4.63 \text{(分)}$$

用这两个公式计算的估计标准误差有一点误差,这主要是在计算过程中由于取舍小数点造成的。

估计标准误差 $S_{yx}$ 与相关系数 $r$ 在数量上也存在着密切的关系，这就从另一角度说明了相关分析与回归分析之间的联系。二者之间的关系可由下列公式来表述：

$$r = \sqrt{1 - \frac{S_{yx}^2}{\sigma_y^2}}$$

$$S_{yx} = \sigma_y \sqrt{1 - r^2}$$

从这两个公式可以看出，$r$ 与 $S_{yx}$ 的变化方向是相反的。当 $r$ 越大时，相关密切程度越高，回归直线的代表性越大；当 $r = \pm 1$ 时，$S_{yx} = 0$，现象间完全相关，各相关点均落在回归直线上，此时对 $x$ 的任何变化，$y$ 总有一个相应的值与之对应。$r$ 越小，$S_{yx}$ 就越大，这时相关密切程度就低，回归直线的代表性就小。$r = 0$ 时，$S_{yx}$ 取得最大值，这时现象间不存在直线关系。

## 三、回归分析的预测方法

回归方程概括地描述了现象之间的数量关系，可以反映现象之间的一般规律性，我们可以通过所建立的回归方程，用自变量的数值来估计因变量的数值。其估计方法有两种，一种是点估计，一种是区间估计。

### （一）点估计

点估计就是将给定的自变量 $x_0$ 代入回归方程求出 $y$ 的估计值 $\hat{y}$。

例如，我们利用表 7-4 资料所建立起来的学生成绩与学时时间之间的回归方程 $\hat{y} = a + bx = 37.69 + 4.78x$，推断自变量学习时间为 9.2 小时时，学习成绩的估计值为：

$$\hat{y} = a + bx = 37.69 + 4.78x = 37.69 + 4.78 \times 9.2 = 81.67（分）$$

### （二）区间估计

回归分析的区间估计是在一定的概率下，给出一个自变量 $x_0$，然后利用回归方程，推断出因变量 $y_0$ 的估计值的区间范围的预测方法。

因变量估计值的区间为：

$$(\hat{y} - tS_{yx}, \hat{y} + tS_{yx})$$

式中，$t$ 可通过查概率表来求得，其方法与抽样推断概率度的求法一样。

例如，当把握程度为 95.45%，学习时间为 9.2 小时时，估计学习成绩的区间。

当把握程度为 95.45% 时，概率度为 $t = 2$，则得到估计的区间下限为：

$$\hat{y} - tS_{yx} = 81.67 - 2 \times 4.63 = 72.41（分）$$

区间的上限为：

$$\hat{y} + tS_{yx} = 81.67 + 2 \times 4.63 = 90.93（分）$$

即当学习成绩为 9.2 小时时，在把握程度为 95.45% 时，学习成绩为 72.41～90.93 分。

这里需要指出，一个回归方程只能做一个方向的推算，不能进行反向推算。即只能以自变量 $x$ 推算因变量 $y$，而不能以因变量 $y$ 来推算自变量 $x$ 的数值。例如，利用年广告投入和月销售额的回归方程，我们只可以利用这个回归方程的自变量年广告投入来推断因变量月销售额的数值，而不能利用这个回归方程的因变量数值月销售额去推算自变量年广告投入的数值。而在互为因果关系的变量之间，根据研究需要，可建立 $y$ 对 $x$ 的回归方程和 $x$ 对 $y$ 的回归方程，但此时的两个回归方程是两条不同的回归方程，具有不同的斜率和意义，各自只能根据给定自变量去推算相应的因变量的数值。

### 四、相关与回归分析中应注意的问题

相关与回归分析是研究变量之间相互关系的一种科学有效的方法，在自然技术领域中已普遍应用，近年来在社会经济现象的研究和预测中也被广泛采用。但在进行相关与回归分析时，要注意以下几个问题。

#### （一）进行相关分析要以现象客观存在的相关关系为基础

判断现象之间是否存在相关关系，是进行相关分析首先要解决的问题。但是，由于社会经济现象是错综复杂的，哪些现象之间确实存在直接的依存关系，哪些现象只有间接关系，哪些现象之间根本没有关系，并不是一目了然的。判断现象之间有没有关系，是什么关系，关系是否密切，需要根据经济理论、有关的专业知识和实践经验，在经过反复研究，获得了准确的定性认识之后，才能应用相关方法做进一步的分析。所以，在相关分析中，有无关系和关系密切程度的判断是第一位的，相关分析方法的进一步应用是第二位的，这个位置不能颠倒，否则就可能把关系搞错。如果把没有关系的现象当作有相关关系，运用相关分析去测定它们之间的数量变化关系，就会发生虚假相关的现象，最终导致认识上的错误。

#### （二）回归方程、相关系数和回归误差应结合起来应用

回归方程抽象地反映了现象之间数量关系变化的规律，根据回归方程，我们确定了自变量的数值，就可以推算出因变量的数值，但是回归方程不能说明现象之间数量相关关系的密切程度，也不能说明根据回归方程所做出的估计或预测的误差和可靠程度。所以要对现象间数量关系进行系统相关分析，必须在配合回归方程的同时，计算并结合运用相关系数及回归标准误差，只有这样才有可能系统、全面地认识相关现象数量变动的规律，做出较正确的分析和判断。

#### （三）应用相关分析进行预测要注意其他有关现象所产生的作用

相关分析的预测是根据历史资料配合的回归方程来进行的，是根据经验公式来进行预测的。因此，运用时要注意条件的相对稳定，尤其是延伸回归直线进行外推预测时，要考虑相关关系是否仍然存在，其密切程度、回归误差有无变化，慎重应用为妥。在预测时，不仅要选用最主要的影响因素，而且要充分考虑其他相关因素的影响。在条件发生变化时，只要相关关系仍然较为显著，回归方程还是可以作为预测依据的，但要进行一定的修正，以提高其可靠程度。

### (四) 注意社会经济现象的复杂性

社会经济现象之间的数量关系比自然技术现象之间的数量关系更为复杂。社会经济现象之间的数量关系变化不仅受到自然技术影响，更不可避免地受到政治、经济、伦理道德、情理等因素的影响，由于这些因素的影响往往是交互的，所以要充分注意社会经济现象的复杂性。

例如，商品价格与商品销售之间有显著的相关关系，但是销售量的变化不仅受到价格的影响，同时受到政治形势、经济政策、消费心理、产品质量、产品升级换代等许多因素的制约。这些因素都是很难进行定量分析的。

因此，应用相关分析法研究社会经济现象之间数量关系的变化时，不仅要注意它的复杂性，还要注意定性分析和定量分析相结合应用。

### (五) 注意相关系数的应用条件

我们这里所介绍的相关系数 $r$，只适用于测定两个变量呈线性相关时的密切程度，而对于多元线性相关的相关程度和非线性相关的相关程度，则不能用这里所介绍的相关系数 $r$ 来测量。

### 🔑 同步思考 7-4

1. 在利用回归分析模型进行预测时，给定的自变量数值大于观察值的最大值，这种预测合适吗？应用时应注意什么问题？为什么在回归分析时，需要确定因变量与自变量？
2. 如果两个变量的相关系数为 0.90，是否可以说二者之间存在高度的正相关？

## 第五节 多元线性回归方程及非线性回归方程的建立 *

回归的类型有许多，前面所研究的一元线性回归的问题，是反映因变量与一个自变量之间的线性关系问题。但是客观现象之间的联系是复杂的，除了涉及一元线性关系以外，许多现象的变动都涉及多个变量之间的数量关系。例如，某块耕地面积上粮食产量的高低受施肥量的影响，同时也受浇水量、温度、管理等诸多因素的影响。由于客观现象具有多方面的相互联系，我们需要进一步研究和分析这类问题的方法。同时，现象之间除了线性关系以外，还存在大量的非线性关系。本书简单介绍一下回归分析中的多元线性回归方程以及非线性回归方程的建立问题。

### 一、多元线性回归方程的建立

在统计中，研究一个因变量与多个自变量之间相互关系的理论和方法，称为多元回归分析或复回归分析。

多元回归分析可以分为多元线性回归分析和多元非线性回归分析，我们在这里只讨论多元线性回归的问题。

多元回归方程是用于表达一个因变量与多个自变量之间相互关系及其规律的一种数学方程。当一个变量 $y$ 值的变动受 $x_1$, $x_2$, $x_3$, $\cdots$, $x_n$ 等多个因素的影响时，我们可以把 $y$ 作为因变量，$x_1$, $x_2$, $x_3$, $\cdots$, $x_n$ 作为自变量。如果它们之间存在直线相关的形式，我们这时可以建立的线性回归方程为：

$$\hat{y} = a_0 + a_1 x_1 + a_2 x_2 + a_3 x_3 + \cdots + a_n x_n$$

$\hat{y}$ 为多元回归的估计值，也叫理论值，$a_0$, $a_1$, $a_2$, $a_3$, $\cdots$, $a_n$ 分别为 $y$ 对自变量 $x_1$, $x_2$, $x_3$, $\cdots$, $x_n$ 的回归系数。在多元回归方程中，$y$ 对某一自变量的回归系数表示当其他自变量都固定时，该自变量变化一个单位而使 $y$ 平均改变的数值，称为偏回归系数。

与研究一元回归时的情形相似，求参数 $a_0$, $a_1$, $a_2$, $a_3$, $\cdots$, $a_n$ 的方法，还是采用最小平方法，即要求 $\sum (y-\hat{y})^2 =$ 最小值。

通过求极值的方法，我们可以求得多元线性回归方程参数的求解方程组。以两个自变量为例，设其直线回归方程为：

$$\hat{y} = a_0 + a_1 x_1 + a_2 x_2$$

则其求解参数 $a_0$, $a_1$, $a_2$ 的回归方程组为：

$$\begin{cases} \sum y = na_0 + a_1 \sum x_1 + a_2 \sum x_2 \\ \sum x_1 y = a_0 \sum x_1 + a_1 \sum x_1^2 + a_2 \sum x_1 x_2 \\ \sum x_2 y = a_0 \sum x_2 + a_1 \sum x_1 x_2 + a_2 \sum x_2^2 \end{cases}$$

通过以上的方程组，我们就可以求得 $a_0$, $a_1$, $a_2$ 了，然后代入到直线回归方程中，就可以得到回归直线方程。这里我们就不详细叙述了。

## 二、常见的非线性回归方程的建立

在实践中，我们经常会遇到的问题是变量之间的关系非直线形式，而是呈现出某种曲线关系，此时就必须根据其具体的数据情况为变量建立一个适当的曲线回归方程。

本书只介绍两个常见的回归方程的建立方法，一个是指数回归方程的建立方法，一个是抛物线回归方程的建立方法。对于非直线回归方程的建立，通常采用变换法将非直线方程直线化，从而将曲线回归问题化为直线回归问题，再按照直线回归方程的建立方法，建立曲线回归方程。

### （一）指数曲线回归方程的建立

当现象之间呈指数曲线的相关形式时，我们可以为之建立指数曲线回归方程。

指数曲线回归方程为：

$$\hat{y} = ab^x$$

其中 $a$ 和 $b$ 是两个待定参数。

以上式两边同取自然对数，即：$\ln \hat{y} = \ln a + x \ln b$

设 $\ln\hat{y} = \hat{y}'$，$\ln a = a'$，$\ln b = b'$ 则可将上式化为：
$$\hat{y}' = a' + b'x$$

上式为直线回归方程的形式，我们再按直线回归方程的求解参数的方法，来建立回归方程。参数 $a'$ 和 $b'$ 的求解方程如下：

$$\begin{cases} \sum y' = na' + b'\sum x \\ \sum xy' = a'\sum x + b'\sum x^2 \end{cases}$$

其中 $y' = \ln y$，代入数据即可求解 $a'$ 和 $b'$ 的数值。由于 $\ln a = a'$，$\ln b = b'$，所以对 $a'$ 和 $b'$ 分别求反对数，即可得到指数曲线方程的参数 $a$ 和 $b$ 值。

例如，某市对本市某区患者脑血管死亡率与年龄的关系进行了调查，调查结果如表 7-6 所示。

对表 7-6 的资料用散点图进行描绘，得到相关图如图 7-5 所示。

表 7-6　年龄与脑血管死亡率相关表

| 年龄（岁） | 脑血管病死亡率（十万分之一） | 年龄组中值 |
|---|---|---|
| 0～10 | 0.04 | 5 |
| 10～20 | 0.23 | 15 |
| 20～30 | 0.97 | 25 |
| 30～40 | 5.19 | 35 |
| 40～50 | 29.71 | 45 |
| 50～60 | 145.54 | 55 |
| 60～70 | 629.06 | 65 |

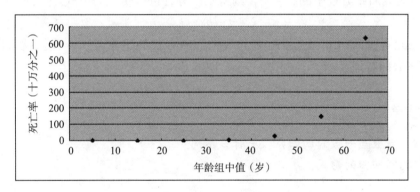

图 7-5　相关图

从图 7-5 我们可以看到，年龄与脑血管死亡率呈一种指数曲线相关的形式。

根据指数方程的求解方法，我们得到如下计算指数回归方程的参数求解表，如表 7-7 所示。

表 7-7　指数回归方程参数求解表

| 年龄（岁） | 脑血管病死亡率（1/10 万）$y$ | 年龄组中值 $x$ | $x^2$ | $y' = \ln y$ | $y'^2$ | $xy'$ |
|---|---|---|---|---|---|---|
| 0～10 | 0.04 | 5 | 25.00 | −3.22 | 10.36 | −16.09 |
| 10～20 | 0.23 | 15 | 225.00 | −1.47 | 2.16 | −22.05 |
| 20～30 | 0.97 | 25 | 625.00 | −0.03 | 0.00 | −0.76 |
| 30～40 | 5.19 | 35 | 1 225.00 | 1.65 | 2.71 | 57.64 |
| 40～50 | 29.71 | 45 | 2 025.00 | 3.39 | 11.50 | 152.62 |
| 50～60 | 145.54 | 55 | 3 025.00 | 4.98 | 24.80 | 273.92 |
| 60～70 | 629.06 | 65 | 4 225.00 | 6.44 | 41.53 | 418.87 |
| 合计 | — | 245 | 11 375.00 | 11.74 | 93.07 | 864.15 |

根据求解参数的方程组，得到：

$$\begin{cases} 11.74 = 7 \times a' + b' \times 245 \\ 864.15 = a' \times 245 + b' \times 11\,375 \end{cases}$$

解方程得到：$b' = 0.161\,8$，$a' = -3.986\,2$

因为 $\ln a = a'$，$\ln b = b'$，求反自然对数得到：

$$a = 0.018\,7,\quad b = -1.821$$

因此，得到的指数曲线方程为：

$$\hat{y} = 0.018\,7 \times (-1.821)^x$$

## （二）抛物线回归方程的建立

当现象呈抛物线相关形式时，我们可以为其配合抛物线回归方程。

抛物线方程的方程为：

$$\hat{y} = a + bx + cx^2$$

式中 $a$，$b$，$c$——三个待定参数。

若设抛物线回归方程中的 $x^2 = x_1$，则抛物线方程可以转变为下式：

$$\hat{y} = a + bx + cx_1$$

这是二元直线回归方程，根据多元线性回归方程的建立方法，我们就可以得到 $a$，$b$，$c$ 三个参数的数值。

### 同步思考 7-5

1. 偏回归系数与一般的回归系数有什么不同？
2. 如何判断回归的形式？

# 思考与练习

● 知识题

1. 单项选择题

（1）两个变量之间呈线性关系，则二者的相关程度越高，相关系数数值　　（　　）
    A. 越接近于 0　　　　　　　　　　B. 越接近于 -1
    C. 越接近于 1　　　　　　　　　　D. 越接近于 -1 或 1

（2）已知变量 $x$ 与 $y$ 之间存在着正相关，则下列回归方程中，肯定正确的是（　　）
    A. $\hat{y} = -10 - 0.8x$　　　　　　B. $\hat{y} = 100 - 1.5x$
    C. $\hat{y} = -120 + 0.8x$　　　　　D. $\hat{y} = 22 - 0.8x$

（3）在回归方程中，$\hat{y} = a + bx$ 中，回归系数 $b$ 表示　　　　　　　（　　）
    A. 当 $x = 0$ 时，$y$ 变动的数额　　　B. $x$ 变动一个单位时，$y$ 的变动总额
    C. $y$ 变动一个单位时，$x$ 的平均变动量　D. $x$ 变动一个单位时，$y$ 的平均变动量

（4）下列两种现象的相关密切程度高的是 （　　）
  A. 商店的商品销售量与商品销售额之间的相关系数为 0.87
  B. 流通费用率与商业利润率之间的相关系数为 −0.92
  C. 商品销售额与流通费用率之间的相关系数为 0.50
  D. 商品销售额与流通费用率之间的相关系数为 −0.89

（5）年劳动生产率 $x$（千元）和职工工资 $y$（元）之间的回归方程为 $\hat{y} = 10 + 70x$，这意味着年劳动生产率每提高 1 千元时，职工工资平均 （　　）
  A. 增加 70 元　　　　　　　　　B. 减少 70 元
  C. 增加 80 元　　　　　　　　　D. 减少 80 元

2. 多项选择题

（1）下列哪些现象之间的关系为相关关系 （　　）
  A. 学习成绩与学习时间的关系　　B. 圆的面积与它的半径关系
  C. 广告支出与商品销售额关系　　D. 家庭收入与家庭消费支出关系
  E. 空气质量与旅游人数的关系

（2）计算相关系数的公式包括 （　　）

  A. $r = \dfrac{\sigma_{xy}^2}{\sigma_x \sigma_y} = \dfrac{\sum(x-\bar{x})(y-\bar{y})}{\sqrt{\sum(x-\bar{x})^2}\sqrt{\sum(y-\bar{y})^2}}$　　B. $r = \dfrac{n\sum xy - \sum x \sum y}{n\sum x^2 - (\sum x)^2}$

  C. $r = \dfrac{n\sum xy - \sum x \sum y}{\sqrt{n\sum x^2 - (\sum x)^2}\sqrt{n\sum y^2 - (\sum y)^2}}$　　D. $r = \sqrt{1 - \dfrac{S_{yx}^2}{\sigma_y^2}}$

  E. $r = \sqrt{\dfrac{\sum y^2 - a\sum y - b\sum xy}{n-2}}$

（3）相关系数 $r$ 的数值 （　　）
  A. 可为正值　　　　　　　　　　B. 可为负值
  C. 大于 1　　　　　　　　　　　D. 可以等于 −1
  E. 可以等于 1

（4）当两个现象完全相关时，下列统计指标值可能为 （　　）
  A. $r = 1$　　　　　　　　　　　B. $r = 0$
  C. $r = -1$　　　　　　　　　　 D. $S_{yx} = 0$
  E. $S_{yx} = 1$

（5）下列说法正确的包括 （　　）
  A. 函授关系是相关关系的一种特殊形式
  B. 相关系数与估计标准误差数值大小成反比
  C. 相关系数与估计标准误差数值大小成正比
  D. 双变量分组相关表可以反映两个变量之间的相关形态
  E. 现象变异程度与相关系数的数值成正比

### 3. 判析题

（1）通过两个变量计算出来的相关系数 $r = 0.22$，说明两个变量没有相关关系。（　　）

（2）如果对两个现象利用相关系数的计算公式计算得到的相关系数为 $r = -0.932$，那么就表明这两个现象存在着高度的相关关系。（　　）

（3）家庭收入与消费的关系是函数关系。（　　）

（4）在直线回归分析中，两个变量是对等的，不需要区分因变量和自变量。（　　）

（5）相关系数 $r$ 越大，则估计标准误差 $S_{xy}$ 值越大，从而直线回归方程的精确性越低。（　　）

### 4. 简答题

（1）什么是相关分析？相关分析的主要内容是什么？

（2）什么是回归分析？回归分析的主要内容是什么？

（3）相关分析和回归分析有什么关系？

（4）什么是估计标准误差？估计标准误差的作用是什么？

（5）应用相关系数时，要注意哪些问题？

● **实务题**

1. 九个生产同类产品的企业的月产量与单位成本之间的关系如右表所示：

| 序号 | 月产量 $x$（千件） | 单位成本 $y$（元） |
|---|---|---|
| 1 | 4.1 | 80 |
| 2 | 6.3 | 72 |
| 3 | 5.4 | 71 |
| 4 | 7.6 | 58 |
| 5 | 3.2 | 86 |
| 6 | 8.5 | 50 |
| 7 | 9.7 | 42 |
| 8 | 6.8 | 63 |
| 9 | 2.1 | 91 |
| 合计 | 53.7 | 613 |

（1）若生产性固定资产的价值与工业总产值两变量间呈直线相关，则经过相应的计算得到相关系数为（　　）

    A. 0.786 5　　　　B. -0.988 6

    C. 0.869 3　　　　D. -0.895 8

（2）回归方程的截距为（　　）

    A. 110.489 6　　　B. 98.265 3

    C. 106.669 6　　　D. 132.356 2

（3）回归系数与相关系数的符号（　　）

    A. 可能一样　　　　B. 可能不一样

    C. 一定一样　　　　D. 一定不一样

（4）当产量为 5 000 件时，单位成本为（　　）

    A. 71.368 7 元　　B. 74.358 0 元　　C. 72.356 8 元　　D. 75.321 8 元

（5）以下说法正确的是（　　）

    A. 估计标准误差的值是正值　　B. 估计标准误差的值是负值

    C. 回归系数比相关系数小　　　D. 回归系数比相关系数大

2. 检查 12 位同学统计学的学习时间与成绩分数如下表所示。

    经过相应的分析得知，每周的学习时数与学习成绩呈一元线性相关，则经过计算可知：

（1）相关系数为　　　　　　　　　　　（　　）

| 每天学习时数（小时） | 学习成绩（分） |
|---|---|
| 4 | 40 |
| 4.2 | 50 |
| 5 | 60 |
| 5.3 | 65 |
| 5.8 | 72 |
| 5.9 | 75 |
| 6 | 78 |
| 7 | 80 |
| 7.8 | 86 |
| 8 | 90 |
| 10 | 95 |
| 13 | 95 |

　　A. 0.844 9　　　　B. 0.845 1
　　C. 0.853 8　　　　D. 0.792 7
（2）回归系数为　　　　　　　　　　　（　　）
　　A. 5.75　　　　　　B. 5.63
　　C. 7.28　　　　　　D. 6.37
（3）回归方程的截距为　　　　　　　　（　　）
　　A. 38.79　　　　　B. 34.51
　　C. 29.67　　　　　D. 30.57
（4）回归方程的估计标准误差为　　　　（　　）
　　A. 3.25　　　　　　B. 5.63
　　C. 7.37　　　　　　D. 9.52

（5）如果学习时间为7.5小时，那么学习成绩的估计值为　　　　　　　　（　　）
　　A. 75.36 分　　　B. 77.67 分　　　C. 78.32 分　　　D. 79.25 分

3. 某企业在全国各地都有其产品的代理商，为研究其商品的销售额（万元）与其广告费用（千元）之间的关系，该企业随机抽取了 10 家代理商进行调查，经过相关的计算，广告费用（$x$）与商品销售额（$y$）的有关数据如下：

$$n = 10,\ \sum x = 346.2,\ \sum y = 422.5,\ \sum x^2 = 14\,304.52,$$
$$\sum xy = 16\,679.09,\ \sum y^2 = 19\,687.81$$

要求：（1）根据上面的数据，建立 $y$ 倚 $x$ 的一元线性回归方程，并说明其斜率的意义。
　　　（2）若该地区的广告费用为 50 千元，试推算该地区的商品销售额。

● **实训题**

**实训一**

（1）实训目的：通过本题练习，掌握相关分析与回归分析的基本方法。
（2）实训资料：为了研究家庭收入和食品支出的关系，随机抽取了 10 个家庭的样本，得到的数据如下表所示。

| 家庭收入（千元） | 20 | 30 | 33 | 40 | 15 | 13 | 26 | 38 | 35 | 43 |
|---|---|---|---|---|---|---|---|---|---|---|
| 食品支出（千元） | 7 | 9 | 8 | 11 | 5 | 4 | 8 | 10 | 9 | 10 |

（3）实训要求：
①根据所掌握的知识和上面的相关表，判断现象之间是否存在着相关关系；
②绘制相关图，并判断现象之间存在的相关形式；
③计算相关系数，判断现象的密切程度；
④建立食品支出倚家庭收入的回归方程，并说明方程中参数的意义；
⑤计算估计标准误差；
⑥当家庭收入为 32 千元时，对食品支出进行区间估计（要求估计的把握程度为 95.45%）。

**实训二**

（1）实训目的：通过本题目的练习，掌握相关系数的计算、回归方程的建立及利用回归方程进行预测。

（2）实训资料：在其他条件不变的情况下，某种商品的需求量 $y$ 与该商品的价格 $x$ 有相关关系，现对一定时期内的价格与需求量进行观察，得到如下资料。

| 价格（元） | 10 | 6 | 8 | 8 | 9 | 12 | 11 | 9 | 10 | 10 | 12 | 7 |
|---|---|---|---|---|---|---|---|---|---|---|---|---|
| 需求（吨） | 60 | 72 | 70 | 72 | 56 | 55 | 57 | 58 | 55 | 53 | 55 | 71 |

（3）实训要求：

①计算价格与需求量之间的相关系数；

②配合需求量对价格的回归直线方程；

③当价格为 9.5 元时，对需求量进行点估计。

本章部分习题参考答案及知识拓展可扫右侧二维码获得。

# 第八章

# 时间数列分析

## 学习目标

①理解时间数列的含义和种类,清晰地划分时期数列和时点数列,能比较序时平均数与一般平均数的异同,理解、运用相对数时间数列和平均数时间数列计算序时平均数的原则和方法;②熟练掌握增长量、发展速度、增长速度、增长1%的绝对值的计算公式及其应用条件;③熟练掌握平均发展速度和平均增长速度的计算方法,并能根据各指标计算结果分析和说明经济问题;④初步掌握直线趋势分析方法和季节变动分析方法;⑤能配合课程学习内容准确进行数据变动分析。

## 主要学习内容

本章阐述了时间数列的水平分析、速度分析、长期趋势分析和季节变动分析的计算与分析方法。具体包括:①时间数列的基本问题;②时间数列的水平分析方法;③时间数列的速度分析方法;④经济波动研究周期,移动平均法的思想和特点,时间数列构成分析的一般方法。

## 引 例

### 新中国成立70年来我国人口发展情况

新中国成立70年来,我国总人口由1949年的5.4亿人增长到2018年近14亿人,

年均增长率约为1.4%。新中国成立以来,我国的人口增长大致分为四个阶段:

1. 高速增长阶段(1949~1970年)。从1949年到1970年,我国人口由新中国成立时的5.4亿人增长到8.3亿人,20年左右净增2.9亿人。除1960~1961年由于自然灾害等原因,人口出现了短暂的负增长外,这一时期各年人口增长率普遍在2%以上,部分年份接近3%。

2. 有调控增长阶段(1971~1980年)。进入20世纪70年代,随着计划生育政策的推行,人口增速出现明显下降,增长率由1971年的2.7%迅速下降至1980年的1.2%。但由于人口基数较大,1971~1980年的净增人口数仍相当可观,全国总人口由8.5亿人增加到9.9亿人,净增1.3亿人。

3. 增速回升阶段(1981~1990年)。20世纪80年代,我国实施计划生育政策,生育率下降,但由于新中国成立后"生育高峰"中出生的人口陆续进入婚育年龄,人口增长率出现短暂回升,在1987年达到峰值1.7%。这一阶段全国总人口由1981年的10.0亿人增加到1990年的11.4亿人,净增1.4亿人,年均增长1585万人,略高于1971~1980年的1 497万人。

4. 平稳增长阶段(1991~2018年)。由于育龄妇女人数的减少,以及人们婚育观念的转变,1991年以来,我国人口增长率稳步下降,最终在0.5%左右的增速上保持平稳。1991~2018年,我国人口年均增长878万人,进入21世纪以来年均增长711万人。

资料来源:《新中国成立70周年经济社会发展成就系列报告之二十》,国家统计局,2019-08-22。

## 第一节 时间数列分析的基本内容

统计对社会经济现象的研究,不仅要从静态上揭示研究对象在具体时间、地点条件下的数量特征和数量关系,还要从动态上反映现象发展变化的规律性。而编制时间数列是进行时间数列分析的基础。

时间数列分析就是利用发展水平、发展速度等动态指标研究现象的动态发展变化规律。

### 一、时间数列的含义和构成要素

时间数列,也称动态数列、时间序列,是指将某一统计指标在不同时间上的数值,按时间先后顺序排列起来形成的统计数列。例如,将我国2014~2018年的国内生产总值、工业增加值、国内生产总值环比发展速度、工业增加值环比发展速度、年末国家外汇储备等指标按时间先后顺序进行排列可以形成多种时间数列,见表8-1。

表 8-1　2014~2018 年我国部分国民经济基本指标

| 指标 | 单位 | 2014 | 2015 | 2016 | 2017 | 2018 |
| --- | --- | --- | --- | --- | --- | --- |
| 国内生产总值（GDP） | 亿元 | 641 281 | 685 953 | 740 061 | 820 754 | 900 309 |
| 其中：工业增加值 | 亿元 | 307 814 | 342 977 | 383 352 | 425 971 | 469 961 |
| 工业增加值占比 | % | 48.00 | 50.50 | 51.80 | 51.90 | 52.20 |
| GDP 环比发展速度 | % | 107.30 | 106.90 | 106.70 | 106.80 | 106.60 |
| GDP 环比增长速度 | % | 7.30 | 6.90 | 6.70 | 6.80 | 6.60 |
| 年末国家外汇储备 | 亿美元 | 38 430 | 33 304 | 30 105 | 31 399 | 30 727 |

资料来源：国家统计局《2018 年国民经济和社会发展统计公报》，2019-02-28。

时间数列的构成要素：

（1）现象所属的时间。构成时间数列的时间单位可以视研究目的与现象性质而定，可长可短，可以日为时间单位，也可以月、季、年为时间单位，甚至更长。

（2）统计指标在一定时间条件下的数值。统计指标可以是总量指标、相对指标或平均指标。

通过时间数列，人们可以更客观、更全面地认识事物发展变化的全过程，进一步掌握事物发展变化的趋势和规律性，进行短期和长期预测，为生产管理决策提供依据。

## 二、时间数列的种类

时间数列可以从不同角度进行分类，通常按所列指标的表现形式分为绝对数时间数列、相对数时间数列和平均数时间数列三种。其中绝对数时间数列是基本数列，相对数时间数列和平均数时间数列是派生数列。

### （一）绝对数时间数列

绝对数时间数列也称总量指标动态数列，是将一系列在不同时间上的总量指标按时间先后顺序排列起来所形成的数列。总量指标是反映现象在一段时间内达到的规模、水平和工作总量的指标。例如，国内生产总值、年末国家外汇储备、财政收入、粮食种植面积、粮食总产量等。绝对数时间数列可划分为时期数列和时点数列两种，时点数列又可以细分为连续时点数列、间断时点数列（间隔相等和间隔不等的时点数列）。

**1. 时期数列**

在绝对数时间数列中，若所列总量指标都是反映社会经济现象在一段时间内发展过程总量的，则这种数列称为时期数列。例如，各年国内生产总值、第三产业增加值等都是时期数列。时期数列有三个特点。

（1）可加性。因为构成时期数列的每个指标数值都是反映社会经济现象在一段时期内发展过程的总量，所以各指标数值相加后可反映更长时间内社会经济发展过程的总量。例如，一个季度的产值是由 3 个月的产值加总得到的，一年的产值是由 12 个月的产值加总得到的。再比如，月度 GDP、季度 GDP 和年度 GDP 指标所属的时间长短不同，把 1 月份、2 月份、3 月份的 GDP 加总，得到第一季度的 GDP，把一年四个季度的 GDP 加总，则得到年度的 GDP。

（2）时期数列中各指标值的大小与其时间间隔长短直接相关。在时期数列中，每个指标数值所包含的时间长度称为"时期"。时期可以是日、月、季、年，或者更长时间。具体研究时，时期长短可以根据研究目的确定。如表 8-1 中，时期就是"年"。通常，时期越长，指标数值越大；时期越短，指标数值越小。如上面所说的季度 GDP 总是大于月度 GDP，年度 GDP 也总是大于季度 GDP。

（3）时期数列中各指标值通常需要连续统计。由于时期指标是反映现象在一段时间内的发展过程总量，因而必须在这段时间内把现象发生的数量逐一登记，并进行累计，得到指标值。

**2. 时点数列**

在绝对数时间数列中，若所列总量指标是反映社会经济现象在某一时刻上（或瞬间）的总量，则这种数列称为时点数列。如我国各年年末全国就业人数就是时点数列。时点数列有三个特点。

（1）不可加性。主要是指时间数列中各指标值通常不能纵向相加。因为把不同时点的总量指标相加后，无法解释所得数值的时间状态。例如，表 8-1 中 2017 年年末国家外汇储备为 31 399 亿美元，2018 年年末为 30 727 亿美元。如果把这两个年末数字相加，既不属于 2017 年的也不属于 2018 年的。所以，时点数列中指标值相加后无法准确说明该数值到底是哪个时点上现象的数量，各指标值相加没有实际意义。

（2）指标值的大小与时间间隔长短没有直接关系。间隔是指相邻的两个时点指标值之间的时间距离。因为时点指标的时间单位是瞬间，因而许多现象时间间隔的长短与指标值的大小没有直接联系。例如，年末的人口数、库存量就不一定比年内各月末的数值大。但如果现象本身存在着长期变化趋势，如呈现长期增长或长期下降趋势，则指标数值的大小与时间间隔的长短就有一定关系了。例如，我国老龄人口变动呈现长期增长趋势。这种情况下，时点间隔越长，指标的数值就越大。

（3）指标值采用间断统计的方式获得。时点指标具有不连续统计的特点，因为时点指标是反映现象在某一时刻上状况的数量，只需要在某一时点上（如月末、年末等）进行统计，取得该时点资料，不必连续统计。例如，我国历次的人口普查就是根据联合国的有关建议和国家的有关规定，间隔一定时间进行一次（自 1990 年后我国人口普查都是逢 0 的年份进行）。

**（二）相对数时间数列**

相对数时间数列，是指将一系列在不同时间上的相对指标按时间先后顺序排列起来所形成的数列。它可以反映社会经济现象之间相互联系的发展过程。在相对数时间数列中，各个指标数值是不能简单直接相加的。

**（三）平均数时间数列**

平均数时间数列，是指将一系列在不同时间上的平均指标按时间先后顺序排列起来所形成的数列。它可以反映社会经济现象总体各单位某一数量标志值一般水平的发展变化趋势。例如，将各月、各季或各年的平均工资收入、人均劳动生产率指标按时间先后顺序排列起来所形成的数列就是平均数时间数列。平均数时间数列中各个指标数值也是不能相加的。

绝对数时间数列反映了社会经济现象的规模和水平的变化，相对指标或平均指标时间数列反映了社会经济现象之间相互联系的发展过程。时间数列的种类如图8-1所示。在经济统计分析中，常常把绝对数（总量指标）、相对数和平均数时间数列结合起来，以便从多方位对社会经济现象进行全面的分析和评价。

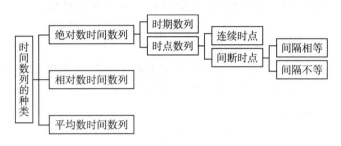

图 8-1  时间数列的种类

## 三、时间数列的编制原则

编制时间数列的目的是通过各时间上指标数值的对比，研究现象发展变化的过程和规律。因此，保证数列中各项指标具有充分的可比性，是编制时间数列的基本原则。具体来说应注意以下几点，如图8-2所示。

图 8-2  编制时间数列的原则

### （一）时间长短一致

在时期数列中各个指标值的大小与时期长短有直接关系。一般时期越长，数值越大，反之越小。所以时期数列各指标所属时期长短应该相等，否则时期不同、长短不一，就很难做出判断和比较。但在特殊研究目的下，也可编制时期不等的时间数列。

对于时点数列来说，其指标数值的大小与时点间隔的长短无直接关系，所以各指标数值之间的间隔是否相等可根据实际情况和需要而定。但为了便于比较分析，各指标数值之间的间隔最好相等。

### （二）总体范围一致

现象总体范围应一致，主要是因为无论是时期数列还是时点数列，指标值的大小都与现象总体范围有密切关系，若指标的总体范围不一致，就失去了比较意义，但实际上总体范围经常会发生变化。例如，要研究某一地区的经济发展情况，要注意该地区行政区划是否发生变更，如果发生过变更，就要对变更前后的数据资料进行调整，在保证总体范围一致后才能直接比较分析。比如，我们知道重庆市原隶属于四川省，那么用包含了重庆市的四川省的财政收入与不包括重庆市的四川省财政收入进行对比就没有意义。

### (三) 经济内容一致

经济内容一致，主要是指同一个指标在不同时间的含义、范畴有可能发生变化，这就要求用来比较的时间段内指标的经济含义相同。例如，我国曾把乡镇工业产值划归至农业产值中，又有一个阶段划归至工业产值中。因此，在编制长期的经济活动总量时间数列时，就要对这些变化的指标加以区别和调整，从而才能可比。

### (四) 计量单位一致

要求计量单位一致。这是因为计量单位有实物单位、价值单位、劳动时间单位，而实物指标度量单位又有自然单位、度量衡单位和标准实物单位等。因此，编制实物指标时间数列要保证各指标的计量单位相同。

### (五) 计算价格一致

要求计算价格应一致。这是因为价值指标有不变价、现行价，而不变价又有不同时期的不变价。编制价值指标的时间数列要保证各指标的计算价格相同，才具有比较意义。

### (六) 计算方法一致

当指标名称相同、经济内容一致时，有时因计算方法不一致，各时间的指标数值也不具有可比性。如果某种统计指标的计算方法发生了重大改变，在利用时间数列进行动态比较时，就需要统一计算方法。例如，要研究企业劳动生产率，产量用实物量还是价值量，人数用从业人员数还是工人（含学徒工）人数，前后需要统一。

### 同步思考 8-1

1. 什么是时期数列？什么是时点数列？为什么时期数列具有可加性？时点数列指标值可以横向累计吗？
2. 开学初在校生人数、年末国家外汇储备、年财政总收入、月利润总额、固定资产累计投资额、粮食种植面积、粮食总产量、一等品率、纳税率、人均国民收入、各季度流动资金占用额、工人平均劳动生产率等指标，若按时间先后顺序排列起来，形成的时间数列各应该是什么数列？

## 第二节 时间数列的水平分析

在研究社会经济现象的发展趋势和变化规律时，我们常常需要面对两类问题。一类问题是在一个特定的时点或时期，现象的状态和一段时间内平均状态如何，这类问题是时间数列所研究的发展水平和平均发展水平问题。另一类问题就是在两个特定时间内现象状态变化的快慢，以及一段时间内现象变化平均快慢情况，这类问题是时间数列所研究的现象发展速度和平均发展速度问题。其中，反映现象的状态和一段时间内平均状态的指标是时间数列分析的基本指标，如发展水平、增长量、平均发展水平、平均增长量等；反映现象状态变化快慢以及一段时间内平均变化快慢情况的指标是时间数列分析派生指标，如发展速度、增长速度、增长1%的绝对值、平均发展速度和平均增长速度等。本节主要介绍时间数列的水平指标。

## 一、发展水平

发展水平是指时间数列中各具体数值，也称时间数列水平。它具体反映了社会经济现象在不同时期或时点所达到的总量，可以表现为总量指标，如工资总额、年末人口数等；也可以表现为相对指标或平均指标，如人口出生率、男性人口数所占比重、职工平均工资等。

发展水平按在时间数列中的位置不同，分为最初水平、最末水平和中间发展水平。

最初水平就是时间数列的第一项指标数值，通常用符号 $a_0$ 表示（通常初始项有自 $a_0$ 开始的，也有自 $a_1$ 开始的）。最末水平就是时间数列的最后一项指标数值，通常用符号 $a_n$ 表示。除去最初水平和最末水平，时间数列的其余各项发展水平就是中间发展水平，通常用符号 $a_1, a_2, \cdots, a_{n-1}$ 表示。

根据发展水平在动态分析中的作用不同，通常将所研究的那个时期水平称为报告期水平或计算期水平，用来作比较基础的时期水平称为基期水平。

## 二、平均发展水平

在对时间数列进行分析时，为了综合说明现象在一段时期内的发展水平，需要计算平均发展水平指标。

平均发展水平指标，也称序时平均数、动态平均数，是将各不同时间上的指标数值差异抽象化，以一个数值来代表现象在这一段时间上的一般水平。

序时平均数和静态平均数的共同之处，是都将现象的个别数量差异抽象化，概括地反映现象的一般水平。二者的区别为：序时平均数是根据时间数列计算的，所平均的是现象在不同时间上的数量差异，说明现象在一段时间内发展的一般水平；静态平均数是根据变量数列计算的，所平均的是总体各单位在同一时间上的数量差异，反映现象在不同单位的一般水平。

计算序时平均数的方法要根据时间数列指标的性质来确定。在前面我们已经知道，有由总量指标、相对指标和平均指标形成的时间数列，计算这三种时间数列序时平均数的方法不同。但由于相对指标和平均指标是由总量指标派生的，所以根据总量指标时间数列计算序时平均数的方法是最基本的方法。

### （一）时期数列序时平均数的计算

时期数列中各项指标数值可以相加，所以时期数列的序时平均数可直接用各时期指标数值之和除以时期项数来计算。若以 $a_1, a_2, \cdots, a_n$ 分别代表 $n$ 个时期的发展水平，以 $\bar{a}$ 代表序时平均数，则时期数列序时平均数为：

$$\bar{a} = \frac{a_1 + a_2 + \cdots + a_n}{n} = \frac{\sum a}{n}$$

例如，根据表 8-1 资料，我国 2014～2018 年国内生产总值为 641 281，685 953，740 061，820 754，900 309（亿元），则 2014～2018 年平均国内生产总值为：

$$\bar{a} = \frac{\sum a}{n} = \frac{641\,281 + 685\,953 + 740\,061 + 820\,754 + 900\,309}{5} = \frac{3\,788\,358}{5} = 757\,671.6 （亿元）$$

## （二）时点数列序时平均数的计算

从理论上说，时点指标都是间断统计的，但有时有些时点指标由于考核的需要，每天都登记。对逐日统计的时点指标可以视同于时期指标，即可以按时期指标的计算方法计算其序时平均数。其计算公式为：

$$\bar{a} = \frac{a_1 + a_2 + \cdots + a_n}{n} = \frac{\sum a}{n} \text{ 或 } \bar{a} = \frac{\sum af}{\sum f}$$

例如，某企业 2019 年 1 月 1～6 日 A 产品库存量资料如表 8-2 所示。

表 8-2　某企业 2019 年 1 月 1～6 日 A 产品库存量资料

| 日期 | 1 日 | 2 日 | 3 日 | 4 日 | 5 日 | 6 日 |
|---|---|---|---|---|---|---|
| A 产品库存量（万件） | 600 | 800 | 1 050 | 500 | 250 | 1 000 |

$$\bar{a} = \frac{a_1 + a_2 + \cdots + a_n}{n} = \frac{\sum a}{n}$$

$$= \frac{600 + 800 + 1\,050 + 500 + 250 + 1\,000}{6} = \frac{4\,200}{6} = 700（万件）$$

再比如，某企业 2019 年 1 月某种工具库存量资料如表 8-3 所示。

表 8-3　某企业 2019 年 1 月某种工具库存量资料

| 日期 | 1～9 日 | 10～11 日 | 12～19 日 | 20～24 日 | 25～30 日 | 31 日 |
|---|---|---|---|---|---|---|
| 库存量（件） | 850 | 50 | 1 050 | 500 | 200 | 1 000 |

$$\bar{a} = \frac{\sum af}{\sum f} = \frac{850 \times 9 + 50 \times 2 + 1\,050 \times 8 + 500 \times 5 + 200 \times 6 + 1\,000 \times 1}{9 + 2 + 8 + 5 + 6 + 1}$$

$$= \frac{20\,850}{31} \approx 673（件）$$

通常，时点指标大多数是间断统计的，如每月末、季末、半年末、年末统计一次；时点数列有间隔相等和间隔不等两种。

### 1. 间隔相等时点数列序时平均数的计算

根据间隔相等的时点数列计算序时平均数，通常假定指标值在两个时点之间均匀变动，先求两时点指标值的平均数，再根据这些平均数进行简单算术平均求得序时平均数。计算公式为：

$$\bar{a} = \frac{\frac{a_1+a_2}{2}+\frac{a_2+a_3}{2}+\cdots+\frac{a_{n-1}+a_n}{2}}{n-1} = \frac{\frac{a_1}{2}+a_2+\cdots+a_{n-1}+\frac{a_n}{2}}{n-1}$$

例如，我国 2014～2018 年各年年末外汇储备额分别为：38 430，33 304，30 105，31 399，30 727（亿美元），则我国 2014～2018 年年末平均外汇储备额为：

$$\bar{a} = \frac{\frac{a_1}{2}+a_2+a_3+\cdots+a_{n-1}+\frac{a_n}{2}}{n-1}$$

$$= \frac{\frac{38\,430}{2}+33\,304+30\,105+31\,399+\frac{30\,727}{2}}{5-1} = \frac{129\,386.5}{4} \approx 32\,346.63\,（亿美元）$$

### 2. 间隔不等时点数列序时平均数的计算

根据间隔不等的时点数列计算序时平均数，通常假定指标值在两个时点之间的变动是均匀的，先求两时点指标值的平均数，然后以间隔时间长度为权数进行加权平均求得序时平均数。用公式表示为：

$$\bar{a} = \frac{\frac{a_1+a_2}{2}f_1+\frac{a_2+a_3}{2}f_2+\cdots+\frac{a_{n-1}+a_n}{2}f_{n-1}}{f_1+f_2+\cdots+f_{n-1}}$$

式中 $f_1, f_2, f_{n-1}$——时点间隔的长度。

例如，某企业 2019 年的银行存款额如表 8-4 所示，计算 2019 年该企业银行平均存款额。

表 8-4 某企业银行存款额资料

| 时间 | 1月1日 | 4月1日 | 9月1日 | 12月1日 | 12月31日 |
|---|---|---|---|---|---|
| 银行存款额（万元） | 360 | 300 | 420 | 440 | 480 |

$$\bar{a} = \frac{\frac{a_1+a_2}{2}f_1+\frac{a_2+a_3}{2}f_2+\cdots+\frac{a_{n-1}+a_n}{2}f_{n-1}}{f_1+f_2+\cdots+f_{n-1}}$$

$$\bar{a} = \frac{\frac{360+300}{2}\times 3+\frac{300+420}{2}\times 5+\frac{420+440}{2}\times 3+\frac{440+480}{2}\times 1}{3+5+3+1}$$

$$\approx 378.33\,（万元）$$

### （三）相对数和平均数序时平均数的计算

相对数和平均数时间数列中各指标数值 $C$ 都是根据两个相联系的绝对数时间数列对应数值 $a$ 和 $b$ 相除而求得的，因此，由相对数和平均数时间数列计算序时平均数，不能直接根据该相对数或平均数数列中各项观察值简单平均计算 $\bar{c}$（即不应当用 $\bar{c}=\frac{\sum c}{n}$ 的公式），而应先分别计算构成该相对数或平均数数列的分子数列和分母数列的序时平均数 $\bar{a}$

和 $\bar{b}$，然后再相除求出相对数或平均数时间数列的序时平均数 $\bar{c}$。用公式表示为：

$$\bar{c} = \frac{\bar{a}}{\bar{b}}$$

式中，要判断分子 $\bar{a}$ 和分母 $\bar{b}$ 来自的数列是时期数列还是时点数列，选择正确的计算方法加以计算。

例如，某企业 2019 年第一季度各月产品产量计划完成情况有关资料如表 8-5 所示。

表 8-5　2019 年第一季度各月产品产量计划完成情况有关资料

| 指标 | 月份 | | |
|---|---|---|---|
| | 1 月 | 2 月 | 3 月 |
| (a) 实际完成数（件） | 500 | 618 | 872 |
| (b) 计划完成数（件） | 500 | 600 | 800 |
| (c) 计划完成情况（%） | 100.00 | 103.00 | 109.00 |

该企业第一季度的平均计划完成程度为：

$$\bar{a} = \frac{\sum a}{n} = \frac{500+618+872}{3} \approx 663.33 \text{（件）}$$

$$\bar{b} = \frac{\sum b}{n} = \frac{500+600+800}{3} \approx 633.33 \text{（件）}$$

$$\bar{c} = \frac{\bar{a}}{\bar{b}} = \frac{663.33}{633.33} \approx 104.74\%$$

例如，某企业 2019 年第四季度各月产值和职工人数资料如表 8-6 所示。

表 8-6　2019 年第四季度各月产值和职工人数资料

| 指标 | 月份 | | | |
|---|---|---|---|---|
| | 9 月 | 10 月 | 11 月 | 12 月 |
| (a) 月产值（万元） | 1 150 | 1 170 | 1 200 | 1 370 |
| (b) 月末职工人数（人） | 650 | 670 | 690 | 710 |

该企业第四季度月平均劳动生产率为：

$$\bar{a} = \frac{\sum a}{n} = \frac{1170+1200+1370}{3} \approx 1246.67 \text{（万元）}$$

$$\bar{b} = \frac{\frac{b_1}{2}+b_2+\cdots+b_{n-1}+\frac{b_n}{2}}{n-1} = \frac{\frac{650}{2}+670+690+\frac{710}{2}}{4-1} = 680 \text{（人）}$$

$$\bar{c} = \frac{\bar{a}}{\bar{b}} = \frac{1246.67}{680} \approx 1.83 \text{（万元/人）}$$

例如，某商店 2019 年第四季度各月的商品零售额、库存额及流转次数如表 8-7 所示。

表 8-7　某商店 2019 年第四季度商品零售额等有关资料

| 指标 | 月份 | | | |
|---|---|---|---|---|
| | 9 月末 | 10 月末 | 11 月末 | 12 月末 |
| (a) 商品零售额（元） | — | 200 | 300 | 420 |
| (b) 月末商品库存额（元） | 90 | 110 | 130 | 170 |
| (c) 商品流转次数（次） | — | 2 | 2.5 | 2.8 |

该商店第四季度月平均商品流转次数为:

$$\bar{a} = \frac{\sum a}{n} = \frac{200+300+420}{3} \approx 306.67 （万元）$$

$$\bar{b} = \frac{\frac{b_1}{2}+b_2+\cdots+b_{n-1}+\frac{b_n}{2}}{n-1} = \frac{\frac{90}{2}+110+130+\frac{170}{2}}{4-1} \approx 123.33 （万元）$$

$$\bar{c} = \frac{\bar{a}}{\bar{b}} = \frac{306.67}{123.33} \approx 2.49 （次）$$

从以上计算中可以看出,计算序时平均数时分子的分母和分母的分母是可以互相抵消的,因此,在计算时也可以省略分步计算过程。所以,上例也可以写成:

$$\bar{c} = \frac{\bar{a}}{\bar{b}} = \frac{200+300+420}{\frac{90}{2}+110+130+\frac{170}{2}} = 2.49 （次）$$

## 三、增长量

增长量是报告期水平与基期水平之差,反映某一现象在不同时期增减变化的绝对量。增长量可以是正数,代表现象的增加量;也可以是负数,代表现象的减少量。其计算公式为:

$$增长量 = 报告期水平 - 基期水平$$

由于采用的基期不同,增长量分为累计增长量和逐期增长量两种。累计增长量是报告期水平与某一固定基期水平(常用最初水平)之差,用来反映现象在某一较长时期增减变化的绝对量。逐期增长量是报告期水平与前一时期水平之差,用来反映现象在相邻时期增减变化的绝对量。用符号表示计算公式如下:

累计增长量: $a_1 - a_0$, $a_2 - a_0$, $\cdots$, $a_{n-1} - a_0$, $a_n - a_0$

逐期增长量: $a_1 - a_0$, $a_2 - a_1$, $\cdots$, $a_{n-1} - a_{n-2}$, $a_n - a_{n-1}$

从上述公式中,可以看出累计增长量与逐期增长量之间有一定的等式关系,即累计增长量等于各期的逐期增长量之和,用公式表示则为:

$$a_n - a_0 = (a_1 - a_0) + (a_2 - a_1) + \cdots + (a_n - a_{n-1})$$

例如,根据表 8-1 的资料,计算我国各年国内生产总值逐期增长量和累计增长量,如表 8-8 所示。

表 8-8  2014~2018 年我国各年国内生产总值增长量计算表

| 年份 | | 2014 | 2015 | 2016 | 2017 | 2018 |
|---|---|---|---|---|---|---|
| 国内生产总值(亿元) | | 641 281 | 685 953 | 740 061 | 820 754 | 900 309 |
| 增长量 | 逐期 | — | 44 672 | 54 108 | 80 693 | 79 555 |
| | 累计 | — | 44 672 | 98 780 | 179 473 | 259 028 |

在实际工作中常计算年距增长量,它是报告期水平与上年同期水平之差,其计算公式为:

$$年距增长量 = 报告期水平 - 上年同期水平$$

例如，某羽绒服企业 2019 年 6 月份的销售额与 2018 年 6 月份的销售额之差，2019 年 11 月份的销售额与 2018 年 11 月份的销售额之差，都是年距增长量，当然，年距增长量也可能是负值。

计算年距增长量可消除季节变动的影响，表明报告期水平比上年同期水平增减变化的绝对数量。

## 四、平均增长量

平均增长量是时间数列各逐期增长量的平均数，用于描述现象在一段时间内每期平均增加或减少的数量。它可以根据逐期增长量求得，也可以根据累计增长量求得。计算公式为：

$$平均增长量 = 逐期增长量之和 / 逐期增长量项数$$
$$= 累计增长量 / (时间数列项数 - 1)$$

即

$$平均增长量 = \frac{\sum(a_i - a_{i-1})}{n} = \frac{a_n - a_0}{n}$$

式中 $n$——逐期增长量的项数，即时间数列项数减 1。

例如表 8-8 中我国 2014~2018 年国内生产总值平均增长量为：

$$平均增长量 = \frac{44\,672 + 54\,108 + 80\,693 + 79\,555}{4} = \frac{259\,028}{4} = 64\,757（亿元）$$

### 🔑 同步思考 8-2

1. 序时平均数和静态平均数的共同之处是什么？序时平均数和静态平均数的区别点是什么？若计算 2019 年辽宁省 14 个市城市居民平均可支配收入，这个指标是静态平均数还是序时平均数？若计算辽宁省 2019 年 1~12 月的城市居民平均可支配收入，这个指标是静态平均数还是序时平均数？为什么？
2. 为什么由相对数和平均数时间数列计算序时平均数时不能直接进行对比？应该如何计算？

## 第三节 时间数列的速度分析

时间数列的速度分析指标是反映国民经济运行的主要指标，包括发展速度、增长速度、增长 1% 的绝对值、平均发展速度和平均增长速度。这几个指标之间具有密切的联系，其中发展速度是基本的速度分析指标。

### 一、发展速度

发展速度是两个不同时期发展水平相除所得的动态相对指标，用来反映社会经济现象发展变化的相对程度。该指标说明了报告期水平已发展为（或增加到）基期水平的百分之几或若干倍。计算公式为：

$$发展速度 = \frac{报告期水平}{基期水平}$$

由于采用的基期不同，发展速度分为定基发展速度和环比发展速度两种。定基发展速度也称总发展速度，是报告期水平与某一固定基期水平（常用最初水平）之比，用来反映社会经济现象在某一较长时期内发展的总速度；环比发展速度是报告期水平与前一时期水平之比，用来反映社会经济现象在相邻时期发展的相对程度。用符号表示如下：

定基发展速度：$\frac{a_1}{a_0}, \frac{a_2}{a_0}, \cdots, \frac{a_n}{a_0}$

环比发展速度：$\frac{a_1}{a_0}, \frac{a_2}{a_1}, \cdots, \frac{a_n}{a_{n-1}}$

例如，根据某企业各年的利润额资料可计算出不同年份的定基发展速度和环比发展速度，如表 8-9 所示。

表 8-9 某企业 2013~2018 年历年利润总额发展速度和增长速度计算表

| 年份 | | 2013 | 2014 | 2015 | 2016 | 2017 | 2018 |
|---|---|---|---|---|---|---|---|
| 利润总额（万元） | | 200 | 230 | 250 | 240 | 260 | 300 |
| 增长量（万元） | 逐期 | — | 30 | 20 | −10 | 20 | 40 |
| | 累计 | — | 30 | 50 | 40 | 60 | 100 |
| 发展速度（%） | 环比 | — | 115.00 | 108.70 | 96.00 | 108.33 | 115.38 |
| | 定基 | 100 | 115.00 | 125.00 | 120.00 | 130.00 | 150.00 |
| 增长速度（%） | 环比 | — | 15.00 | 8.70 | −4.00 | 8.33 | 15.38 |
| | 定基 | — | 15.00 | 25.00 | 20.00 | 30.00 | 50.00 |

从上述计算中，可以看出定基发展速度和环比发展速度之间具有一定的等式关系，即定基发展速度等于相应各期环比发展速度的连乘积，用公式表示为：

$$\frac{a_n}{a_0} = \frac{a_1}{a_0} \times \frac{a_2}{a_1} \times \cdots \times \frac{a_n}{a_{n-1}}$$

在实际工作中，常计算年距发展速度，它是报告期发展水平与上年同期发展水平之比，表明在消除季节变动影响的情况下，现象本期比上年同期相对发展的程度。计算公式为：

$$年距发展速度 = \frac{报告期发展水平}{上年同期发展水平}$$

例如，某羽绒服企业 2019 年 6 月份的销售额与 2018 年 6 月份的销售额之比，2019 年 11 月份的销售额与 2018 年 11 月份的销售额之比，都是年距发展速度，当然，年距发展速度也可能低于 100%。

## 二、增长速度

增长速度是增长量与基期水平相除所得的动态相对数，用来反映社会经济现象增长变化的相对程度。该指标说明了报告期水平比基期水平增加（或提高）了百分之几或若干倍，计算公式为：

$$增长速度 = \frac{增长量}{基期水平}$$

$$增长速度 = \frac{报告期水平 - 基期水平}{基期水平}$$

$$= 发展速度 - 1（或 100\%）$$

由于采用的基期不同，增长速度可以分为定基增长速度和环比增长速度两种。定基增长速度，也称总增长速度，是累计增长量与某一固定基期水平之比，反映社会经济现象在某一较长时期内增长的总速度；环比增长速度是逐期增长量与前一时期水平之比，反映社会经济现象在相邻时期增长的相对程度。用符号表示为：

定基增长速度：$\dfrac{a_1 - a_0}{a_0}, \dfrac{a_2 - a_0}{a_0}, \cdots, \dfrac{a_n - a_0}{a_0}$ 或 $\dfrac{a_1}{a_0} - 1, \dfrac{a_2}{a_0} - 1, \cdots, \dfrac{a_n}{a_0} - 1$

环比增长速度：$\dfrac{a_1 - a_0}{a_0}, \dfrac{a_2 - a_1}{a_1}, \cdots, \dfrac{a_n - a_{n-1}}{a_{n-1}}$ 或 $\dfrac{a_1}{a_0} - 1, \dfrac{a_2}{a_1} - 1, \cdots, \dfrac{a_n}{a_{n-1}} - 1$

例如，根据表 8-9 的资料可计算出 2013～2018 年的定基增长速度和环比增长速度，如表 8-9 所示。

需要指出的是，发展速度是计算增长速度的基本指标。但从指标的实际意义看，增长速度的重要性远远超过发展速度。通常，发展速度大于 1，则增长速度为正值，表示现象增长的程度；反之，则表示现象下降的程度。

值得注意的是，由于增长速度只反映增长部分的相对程度，所以环比增长速度的连乘积不等于定基增长速度。如果要由环比增长速度求定基增长速度，必须将环比增长速度加 1（或 100%）再连乘，然后将所得结果再减 1（或 100%）。

实际工作中，有时也计算年距增长速度，它是年距增长量与上年同期发展水平之比。计算公式为：

$$年距增长速度 = \frac{年距增长量}{上年同期发展水平} = 年距发展速度 - 1（或 100\%）$$

## 三、增长 1% 的绝对值

运用时间数列进行动态比较时，既要看速度，又要看水平。由于相对数具有抽象化的特点，用百分比表示的发展速度和增长速度把所对比的发展水平掩盖了，所以要把速度与水平结合起来，必须计算报告期水平比前一期每增减 1% 所包含的绝对值。它表明环比增长速度所包含的绝对数量，也是相对数与绝对数结合应用的一种形式，计算公式为：

$$增长 1\% 的绝对值 = 逐期增长量 /（环比增长速度 \times 100）$$

$$= 前期水平 / 100$$

2013～2018 年某企业年利润每增长 1% 的绝对值计算结果如表 8-10 所示。

表 8-10　某企业年利润每增长 1% 的绝对值计算表

| 年份 | 2013 | 2014 | 2015 | 2016 | 2017 | 2018 |
|---|---|---|---|---|---|---|
| 利润额（万元） | 200 | 230 | 250 | 240 | 260 | 300 |
| 增长 1% 的绝对值 | — | 2.00 | 2.30 | 2.50 | 2.40 | 2.60 |

### 同步思考 8-3

1. 增长 1% 的绝对值表示每增长一个百分点所增加的绝对量，它表明环比增长速度所包含的绝对数量，也是相对数与绝对数结合应用的一种形式。那么，为什么要计算增长 1% 的绝对值？怎样计算？
2. 什么是年距发展速度？什么是年距增长速度？为什么要计算年距速度？

## 四、平均发展速度和平均增长速度

平均发展速度与平均增长速度是两个非常重要的速度指标。前者反映了现象在一定时期内逐期发展变化的一般程度；后者反映了现象在一定时期内逐期增长或降低的一般程度。因此，这两个指标被广泛应用，是编制和检查计划的重要依据，可用于一个国家或地区不同发展阶段状况的比较以及同一时期不同国家或地区发展状况的比较。

### （一）平均发展速度

平均发展速度是一定时期内各期环比发展速度的序时平均数，用以说明现象在一段时间内平均发展变化的程度。它可用于编制和检查计划，对比不同时期、不同国家或地区经济发展变化，进行推算和预测等。

平均发展速度通常采用几何平均法和方程法计算。

**1. 几何平均法**

几何平均法也称水平法，应用这一方法的原理或基本思想是从最初水平 $a_0$ 出发，每期按平均发展速度 $\bar{x}$ 发展，经过 $n$ 期后将达到最末水平 $a_n$。这一方法的特点是考察期末水平，中间水平无论如何变化，对平均发展速度的计算结果没有影响，因此称为"水平法"。在实际应用中，如果关心的是现象在最后一期应达到的水平，就应采用几何平均法计算平均发展速度。

如果以 $x_i$（$i=1,2,\cdots,n$）表示各期环比发展速度，以 $\bar{x}$ 代表平均发展速度，根据上述平均发展速度的定义，对若干个环比发展速度求序时平均数，就需要用水平法，则平均发展速度为：

$$\bar{x} = \sqrt[n]{x_1 \cdot x_2 \cdots x_n} = \sqrt[n]{\prod x}$$

式中　$\bar{x}$——平均发展速度；
　　　$x$——各期环比发展速度；
　　　$n$——环比发展速度的个数；
　　　$\prod$——连乘符号。

由于环比发展速度连乘积等于总速度 $R$，那么：

$$\bar{x} = \sqrt[n]{R}$$

又由于总速度 $R$ 等于末期水平（$a_n$）与最初水平（$a_0$）之比，因此：

$$\bar{x} = \sqrt[n]{\frac{a_n}{a_0}}$$

以上两公式中的 $n$ 需根据 $a_n$ 与 $a_0$ 的间隔期数确定，它与平均发展速度公式中的环比发展速度的个数相同。

对上述三个公式的应用，可视掌握资料的情况而定。

根据表 8-9 的资料，可计算 2013～2018 年某企业历年利润额平均发展速度为：

$$\bar{x} = \sqrt[n]{\prod x} = \sqrt[5]{1.15 \times 1.087 \times 0.96 \times 1.0833 \times 1.1538} = \sqrt[5]{1.5} \approx 108.45\%$$

或

$$\bar{x} = \sqrt[n]{R} = \sqrt[5]{1.5} \approx 108.45\%$$

或

$$\bar{x} = \sqrt[n]{\frac{a_n}{a_0}} = \sqrt[5]{\frac{300}{200}} = \sqrt[5]{1.5} \approx 108.45\%$$

在实际经济工作中只用一种方法计算就可以了，若以上资料都掌握，通常用总速度公式计算最简便。

### 2. 方程法

方程法也称累计法，应用这一方法的原理或基本思想是：从最初水平 $a_0$ 出发，按平均发展速度 $\bar{x}$ 发展计算的各期发展水平的总和要等于相应各期实际发展水平的总和，所以叫累计法。公式为：

$$a_0\bar{x} + a_0\bar{x}^2 + a_0\bar{x}^3 + \cdots + a_0\bar{x}^n = a_1 + a_2 + a_3 + \cdots + a_n$$

即

$$a_0(x + \bar{x}^2 + \bar{x}^3 + \cdots + \bar{x}^n) = \sum a$$

于是有：

$$\bar{x} + \bar{x}^2 + \bar{x}^3 + \cdots + \bar{x}^n - \frac{\sum a}{a_0} = 0$$

解此高次方程所得 $x$ 的正根，就是平均发展速度。由于该方法计算平均发展速度的特点是考察各期水平的累计总和，因此该方法也称"累计法"。在实际应用中，如果侧重于研究现象在一段时间内各期发展水平的总和，如累计固定资产投资完成额、植树造林面积等，适宜采用方程法计算平均发展速度。

方程法中求解高次方程是比较复杂的，在实际工作中往往利用事先编好的平均增长速度查对表来查对应用，这里我们就不做阐述了。

### （二）平均增长速度

平均增长速度是各期环比增长速度的序时平均数，用以反映现象在一段时间内平均增长变化的程度。

平均增长速度不能根据各期环比增长速度直接计算，而要通过平均发展速度减 1 来求得。平均增长速度的计算公式为：

$$\text{平均增长速度} = \text{平均发展速度} - 1 \text{（或 } 100\%\text{）}$$

在上例中，如果已经求出平均发展速度是 108.45%，则平均增长速度为：

$$\begin{aligned}\text{平均增长速度} &= \text{平均发展速度} - 1 \text{（或 } 100\%\text{）}\\ &= 108.45\% - 100\% \\ &= 8.45\%\end{aligned}$$

需要特别指出的是，平均增长速度是各期环比增长速度的平均数，用以反映现象在一段时间内平均增长变化的程度。平均增长速度不能直接根据各期环比发展速度计算，而要通过平均发展速度减 1 来求得。

例如，已知某企业 2014～2019 年利润额历年增长速度分别为：4.8%、9.0%、8.8%、8.1%、11.6%、16.1%，要计算该企业 2014～2019 年利润额平均增长速度就不能直接用各期增长速度计算，而应该先将各期增长速度加上 100%，变成各期环比发展速度 104.8%、109.0%、108.8%、108.1%、111.6%、116.1%，然后再按平均发展速度计算方法，计算其平均发展速度为：

$$\bar{x} = \sqrt[n]{\Pi x} = \sqrt[6]{1.048 \times 1.09 \times 1.088 \times 1.081 \times 1.116 \times 1.161} = \sqrt[6]{1.741} \approx 109.68\%$$

年利润额平均增长速度为：

$$109.68\% - 100\% = 9.68\%$$

### （三）应用速度指标时应该注意的问题

#### 1. 速度分析应该与水平分析结合应用

时间数列的速度指标是由水平指标对比计算以百分数表示的抽象化指标，它不能反映现象绝对量的差别。在应用速度指标进行分析时，要注意以下几个问题。一是要结合具体研究目的适当选择基期，并注意其所依据的基本指标在整个研究时期的同质性。如果资料中有几年的环比增长速度特别快，而有几年又是负增长，出现显著的悬殊和不同的发展方向，以及所选择的最初水平和最末水平受特殊因素的影响过高或过低，用这样的资料来计算平均发展速度，就会降低甚至失去指标的代表意义和实际分析意义。二是要联系各个时期的环比发展速度来补充说明平均发展速度。如几何平均法名义上是各个时期环比发展速度的平均数，但实际上只计算最末水平和最初水平两个数字，把中间各个时期的具体变动抽象化了，所以要补充各期的环比速度加以分析。三是要结合基期水平进行分析。因为发展速度是报告期水平除以基期水平而得到的，从数量关系来看，基期水平低，速度就容易高；基期水平高，速度就容易低。因此，速度高可能掩盖低水平，速度低可能隐藏着高水平。四是平均速度指标应结合其所依据的各个基本指标，如发展水平、增长量、环比发展速度、定基发展速度等进行分析研究，这样才能深入了解现象的全面发展、具体过程和特点，从而对研究现象具有比较确切和完整的认识。

#### 2. 计算平均速度应该选择合适的平均速度计算方法

一是因为计算平均速度要考虑研究目的和研究对象两个方面。水平法侧重考核最末一年的水平，而方程法（累计法）侧重考核整个期间的发展水平之和。水平法按平均发展速度发展,推算出最末一年的发展水平等于实际的发展水平,而方程法按平均发展速度发展,推算出各期发展水平之和等于实际的发展水平之和。产值、产量、人口增长等,通常用水平法计算,而新增生产能力、植树造林面积等,通常用方程法计算。二是几何平均法的应用要与具体的环比速度分析相结合。运用几何平均法要注意各期水平的波动状况,用具体的环比发展速度补充总平均发展速度进行分析,这样才能对现象的发展变化过程得出正确而完整的认识。三是对平均速度指标的分析要充分利用原始时间数列的信息。利用原始时间数列信息的可能方法有:利用分段平均发展速度补充说明整个时期的总平均发展速度;利用原始时间数列的发展水平、增长量,以及计算平均速度所依据的环比速度、定基速度等指标补充说明平均速度本身。四是用水平法计算平均发展速度时,通常可以用计算器,也可以查平均增长速度查对表。而方程法通常只能利用平均增长速度查对表,否则很难计算出其平均发展速度。

### 同步思考 8-4

1. 按几何平均法计算的平均发展速度侧重于考察现象的期末发展水平、期初发展水平,还是整个时期各发展水平的总和?
2. 水平法侧重考核什么水平?方程法(累计法)侧重考核什么水平?计算平均速度应该怎样选择合适的平均速度指标计算方法?

## 第四节 时间数列的长期趋势分析

### 一、影响时间数列变动的要素

现象的发展变化是许多因素共同影响的结果。在各种影响因素中,有些对现象的发展起着长期的、决定性的作用,促使现象的发展呈现出某种趋势和规律性;有些则对现象的发展起着短期的、非决定性的作用,导致现象的变化呈现出某种不规则的波动。在分析时间数列的变动规律时,不可能将每一个影响因素都分别测定出来,但可以对各种因素按性质不同加以概括和分类,划分为若干种时间数列的构成要素,然后对这几类构成要素进行分析,以测定它们各自对现象发展变化的影响。影响时间数列的要素大体上可分四种。

#### (一)长期趋势

长期趋势,也称趋势变动,是指现象在一个相当长的时期内,受某种长期的、决定性的因素影响而呈现出的持续上升或持续下降的趋势。例如,改革开放以后,我国的国内生产总值持续上升;随着医疗条件的改善,新生婴儿的死亡率连年降低等。

#### (二)季节变动

季节变动,原本是指受自然因素的影响,在一年内随季节的更替而发生有规律的变动。现在对季节变动的概念进行了扩展，对一年内由于受社会、经济、自然因素的影响，形成的以一定时期为周期的有规则的重复变动，都称为季节变动。例如，学校的寒暑假、农民工外出打工等，使客运部门的客运量在一年中呈现规律性变化；再比如，"朝九晚五"的上下班制度给市内公共交通带来的规律性高峰。这些都可以被称为季节变动。

### (三) 循环变动

循环变动是指以若干年为一定周期的有一定规律的周期波动。循环变动与长期趋势不同，它不是单一方向的持续变动，而是有涨有落的交替波动。循环变动与季节变动也不同，季节变动有明显的按月或按季的固定周期规律，而循环变动的周期通常在一年以上，周期的长短、波动的大小也不一致。

### (四) 不规则变动

不规则变动，也称随机变动，是指现象由于受突发事件或偶然因素影响而引起的无规则的变动，如受到自然灾害等不可抗力的影响。对这种变动一般无法做出规律性的解释。

时间数列分析的任务，就是要对时间数列中的变动进行测定和分析，从中分析出各种要素的具体作用，揭示经济现象的变动规律和特征，为认识和预测现象的发展变化提供依据。

时间数列反映现象的发展变化，是多种复杂因素共同作用的结果。从长期来看，揭示经济现象发展的长期趋势和测定其季节变动的影响，对于每一个具体的时间数列来说都是十分重要的问题。因此，本节主要阐述长期趋势和季节变动的测定方法。

## 二、长期趋势的测定

### (一) 长期趋势测定的意义

长期趋势是指现象在相当长的时间内，持续增长或持续下降的趋势。例如我国经济发展和人民生活水平总的趋势是持续增长的，而人口死亡率呈持续下降趋势。

测定和分析长期趋势的主要目的有三个：一是认识现象随时间发展变化的趋势和规律性；二是对现象未来的发展趋势做出预测；三是从时间数列中剔除长期趋势成分，以便分解出其他类型的影响因素。

时间数列的长期趋势可分为线性趋势和非线性趋势。线性趋势的特点是时间数列每期的增减数量大致相同，趋势线的斜率基本保持不变；而非线性趋势的特点是时间数列各期的变动随时间而异，趋势线的斜率有明显变动。有规律的非线性趋势，也称为曲线趋势。

### (二) 长期趋势测定的方法

测定长期趋势的方法有许多种，这里只介绍最常用的时距扩大法、移动平均法和最小平方法三种方法。

### 1. 时距扩大法

时距扩大法是测定现象长期趋势的最简单的方法。它通过把原时间数列各个时期的数值加以合并，扩大研究时期，消除偶然因素影响，使扩大时距后的时间数列能明显地反映现象发展的长期趋势。

例如，根据表 8-11 的资料，说明时距扩大法修匀时间数列的方法。

表 8-11　某企业 2019 年 A 产品销售量资料　　　　　　　（单位：万吨）

| 月份 | 1 | 2 | 3 | 4 | 5 | 6 | 7 | 8 | 9 | 10 | 11 | 12 |
|---|---|---|---|---|---|---|---|---|---|---|---|---|
| 销售量 | 59 | 63 | 57 | 54 | 60 | 67 | 51 | 72 | 68 | 71 | 57 | 69 |

从表 8-11 中可以看出，销售量有波动，升降交替，长期趋势不明显。为消除各月销售量的波动，可以把研究的时距从一个月扩大到一个季度，则可整理出如表 8-12 所示的一个新时间数列。从修匀后的时间数列看，该企业 A 产品销售量呈现明显的上升趋势。

表 8-12　某企业 2019 年 A 产品销售量资料

| 季度 | 一季度 | 二季度 | 三季度 | 四季度 |
|---|---|---|---|---|
| 销售总量（万吨） | 179 | 181 | 191 | 197 |
| 平均销售量（万吨） | 59.67 | 60.33 | 63.67 | 65.67 |

运用时距扩大法修匀时间数列时，要求所扩大的时距要相等，以便比较、观察现象的变动趋势。在确定时距时，时距大小要适中。如果时距过小，不能消除现象变动中的偶然因素；如果时距过大，修匀后的时间数列数值太少，则会掩盖现象发展的具体趋势。

### 2. 移动平均法

移动平均法是时距扩大法的改良。它是在时距扩大的基础上，通过逐项移动，计算得出一个由序时平均数构成的新时间数列，并用新时间数列把现象发展趋势明显地表现出来。通过这种修匀的方法，也可以消除偶然因素对时间数列的影响，使现象发展的长期趋势明显地呈现出来。

设时间数列为 $a_1$, $a_2$, $\cdots$, $a_n$，移动时距为 $k$。若 $k$ 为奇数，则移动平均形成新的时间数列为 $\bar{a}$，其计算公式为：

$$\bar{a} = \frac{a_1 + a_2 + \cdots + a_n}{k}$$

若 $k$ 为偶数，则需进行两次移动平均。每一次移动平均的方法与奇数项移动的方法一样，只是得到的时间数列的各个数值与原数列中各数值都错了半格；第二次移动是对第一次移动的结果进行移正，移正后的各个数值与原时间数列的数值正好对齐。

例如，某企业 2019 年各月销售额资料如表 8-13 所示。

表 8-13  某企业 2019 年各月销售额资料

| 月份 | 产量（万元） | 三项移动平均值 | 四项移动平均值 | |
|---|---|---|---|---|
| | | | 一次移动 | 二次移正 |
| 1 | 450 | — | — | — |
| 2 | 470 | 460 | | |
| 3 | 460 | 470 | 465.00 | 471.25 |
| 4 | 480 | 480 | 477.50 | 483.75 |
| 5 | 500 | 500 | 490.00 | 496.25 |
| 6 | 520 | 510 | 502.50 | 506.63 |
| 7 | 510 | 515 | 511.25 | 515.63 |
| 8 | 515 | 520 | 520.00 | 522.50 |
| 9 | 535 | 530 | 525.00 | 527.50 |
| 10 | 540 | 535 | 530.00 | 534.38 |
| 11 | 530 | 540 | 538.75 | — |
| 12 | 550 | — | — | — |

从表 8-13 可以看出，经过移动平均后所得到的序时平均数时间数列的项数比原时间数列少，但对现象长期趋势的表现较清晰。在使用移动平均法时应注意以下几个问题。

（1）移动时距的选择。移动时距越长，现象长期趋势表现得越明显，但数列保留的项数越少；反之亦然，如表 8-13 所示。在实际统计研究中，移动时距的选择应根据掌握资料的性质确定。如果掌握的是日资料，通常采用七项移动；如果掌握的是月度资料，通常采用 12 项移动；如果掌握的是季度资料，通常采用四项移动；如果现象有明显的周期波动，通常采用周期波的长度移动平均。一般来说，奇数项移动平均所形成的新数列头尾各减少 $\frac{(n-1)}{2}$ 项，偶数项移动平均所形成的新数列头尾各减少 $\frac{n}{2}$ 项。

（2）此方法不能直接用于预测。因为移动平均后得到的新时间数列前后项数已不再完整，所以不能直接用于预测。如要进行预测，需对移动后的时间数列进行加工处理。

（3）移动平均法是通过移动平均来平滑时间数列，但由于平均数易受异常数值的影响，为避免这种情况，可以用各中位数来代表平均数，这就是移动中位数法。某企业 2019 年各月销售额平均法趋势图如图 8-3 所示。

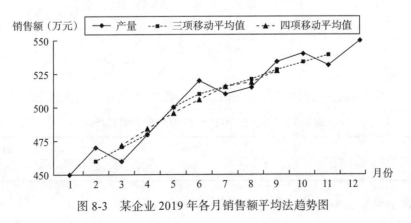

图 8-3  某企业 2019 年各月销售额平均法趋势图

### 3. 最小平方法

最小平方法又称最小二乘法，是测定现象长期趋势常用的方法。其基本思路是：利用数学方法，建立一条较理想的趋势线。这条趋势线必须满足两个条件：一是实际观测值与趋势值的离差平方和为最小值；二是实际观测值与趋势值的离差之和等于0。即：

$$\Sigma(y-y_c)=0$$
$$\Sigma(y-y_c)^2 \text{ 为最小值}$$

在最小平方法配合趋势线之前，首先要对趋势线的形状进行判断，其方法是：把原时间数列中的各个数值绘制到直角坐标系中，观察散点图的形状，如果呈现直线变动，建立直线；如果呈现曲线变动，则建立曲线。有时也可以用近似方法判断：若观察值的一次差（逐期增长量）大体相同，可建立直线；若二次差大体相同，可建立曲线；若各观察值对数的一次差大体相同，可建立指数曲线；若各观察值一次差的环比值大体相同，可建立修正指数曲线等。如果对同一时间数列有几种趋势线可供选择，以估计标准误差最小者为宜。

趋势模型有直线趋势模型和曲线趋势模型两种，我们主要阐述直线趋势模型。直线趋势线的一般形式为：

$$y_c = a + bt$$

式中　$t$——时间项次；

$a$，$b$——待定参数（$a$是直线的截距，即当$t=0$时$y_c$的数值，$b$是直线的斜率，即$t$每变动一个单位，$y_c$的平均增加量或减少量）；

$y_c$——趋势值。

根据最小平方法的要求，得下式：

$$\Sigma(y-y_c)^2 = \Sigma(y-a-bt)^2$$

对上式中$a$和$b$分别求偏导数，并使其等于0，经整理，可得两个标准方程式（推导过程略）：

$$\begin{cases} \Sigma y = na + b\Sigma t \\ \Sigma ty = a\Sigma t + b\Sigma t^2 \end{cases}$$

解这个标准方程式，求得待定参数，可得$a$、$b$的计算公式为：

$$b = \frac{n\Sigma ty - \Sigma t \Sigma y}{n\Sigma t^2 - (\Sigma t)^2}$$
$$a = \bar{y} - b\bar{t}$$

例如，某企业2011～2019年的空调机产量如表8-14所示，试预测2020年的年产量。

表8-14　某企业2011～2019年的空调机产量

| 年份 | 2011 | 2012 | 2013 | 2014 | 2015 | 2016 | 2017 | 2018 | 2019 |
|---|---|---|---|---|---|---|---|---|---|
| 年产量（千台） | 29 | 32 | 36 | 40 | 43 | 48 | 52 | 56 | 60 |

下面我们根据表8-14的资料，用最小平方法进行预测。

第一步，根据表 8-14 中的数据计算出有关数据如表 8-15 所示。

表 8-15　最小平方法计算表

| 年份 | 时间序号 $t$ | 产量 $y$（千台） | 产量逐期增长量（千台） | $ty$ | $t^2$ | 趋势值 $y_c$ |
|---|---|---|---|---|---|---|
| 2011 | 1 | 29 | — | 29 | 1 | 28.27 |
| 2012 | 2 | 32 | 3 | 64 | 4 | 32.20 |
| 2013 | 3 | 36 | 4 | 108 | 9 | 36.13 |
| 2014 | 4 | 40 | 4 | 160 | 16 | 40.07 |
| 2015 | 5 | 43 | 3 | 215 | 25 | 44.00 |
| 2016 | 6 | 48 | 5 | 288 | 36 | 47.93 |
| 2017 | 7 | 52 | 4 | 364 | 49 | 51.87 |
| 2018 | 8 | 56 | 4 | 448 | 64 | 55.80 |
| 2019 | 9 | 60 | 4 | 540 | 81 | 59.73 |
| 合计 | 45 | 396 | — | 2 216 | 285 | 396.00 |

第二步，由表中计算数据可求得参数 $a$ 和参数 $b$ 的具体数值。

已知，$n = 9$，$\sum t = 45$，$\sum y = 396$，$\sum ty = 2\ 216$，$\sum t^2 = 285$，那么：

$$b = \frac{n\sum ty - \sum t \sum y}{n\sum t^2 - (\sum t)^2} = \frac{9 \times 2\ 216 - 45 \times 396}{9 \times 285 - 45^2} \approx 3.933\ 3$$

$$a = \bar{y} - b\bar{t} = \frac{396}{9} - 3.933\ 3 \times \frac{45}{9} = 24.333\ 5$$

第三步，建立直线趋势方程为：

$$y_c = 24.333\ 5 + 3.933\ 3t$$

第四步，预测 2020 年的产量，即当 $t = 10$ 时，$y_c$ 的具体值为：

$$y_c = 24.333\ 5 + 3.933\ 3 \times 10 \approx 63.67（千台）$$

如果将各年的 $t$ 值代入所求方程，可以得到各年空调机产量的趋势值，如表 8-15 最后一栏所示，可以验证实际观测值和趋势值的离差之和等于零。

在上例中，从 $t$ 的取值可以看出，直线趋势方程的原点取在时间数列的前一年，即 2010 年。如果把原点移到数列的正中间（2015 年），可以求解 $a$、$b$ 的标准方程式，即令 $\sum t = 0$，那么，$a$、$b$ 的计算公式也可简化为：

$$a = \frac{\sum y}{n}$$

$$b = \frac{\sum ty}{\sum t^2}$$

值得注意的是：在利用上述简化计算方法时，如果时间数列是奇数项，$t$ 的取值为…，$-3$，$-2$，$-1$，$0$，$1$，$2$，$3$，…；如果是偶数项，$t$ 的取值为…，$-5$，$-3$，$-1$，$1$，$3$，$5$，…。

例如，仍用例 8-14 的资料，简化计算方法如下。

第一步，将计算所用数据列入计算表，如表 8-16 所示。

表 8-16  最小平方简捷法计算表

| 年份 | 时间序号 $t$ | 原时间序号 $t$ | 产量 $y$（千台） | 产量逐期增长量（千台） | $ty$ | $t^2$ | 趋势值 $y_c$ |
|---|---|---|---|---|---|---|---|
| 2011 | −4 | 1 | 29 | — | −116 | 16 | 28.27 |
| 2012 | −3 | 2 | 32 | 3 | −96 | 9 | 32.20 |
| 2013 | −2 | 3 | 36 | 4 | −72 | 4 | 36.13 |
| 2014 | −1 | 4 | 40 | 4 | −40 | 1 | 40.07 |
| 2015 | 0 | 5 | 43 | 3 | 0 | 0 | 44.00 |
| 2016 | 1 | 6 | 48 | 5 | 48 | 1 | 47.93 |
| 2017 | 2 | 7 | 52 | 4 | 104 | 4 | 51.87 |
| 2018 | 3 | 8 | 56 | 4 | 168 | 9 | 55.80 |
| 2019 | 4 | 9 | 60 | 4 | 240 | 16 | 59.73 |
| 合计 | 0 | 45 | 396 | — | 236 | 60 | 396.00 |

第二步，根据表 8-16 中的计算数据，直接求解 $a$、$b$。

由上表计算资料可求得：

$$a = \frac{\sum y}{n} = \frac{396}{9} = 44$$

$$b = \frac{\sum ty}{\sum t^2} = \frac{236}{60} \approx 3.9333$$

第三步，建立简捷法求得的直线趋势方程为：

$$y_c = 44 + 3.9333t$$

第四步，预测 2020 年的产量，即当 $t = 5$ 时，$y_c$ 的具体值为：

$$y_c = 44 + 3.9333 \times 5 \approx 63.67 \text{（千台）}$$

从上述计算结果可以看出，用最小平方法的一般方法和简捷法配合直线趋势方程，所预测的结果是相同的。实践中可以根据所掌握的资料任意选择其中一种方法进行计算。

再比如，若表 8-14 的资料是从 2012 年开始的，数列是偶次项，那么要以 2015 年 6 月 30 日为原点（即为 0 时），则简化计算方法如下。

第一步，将计算所用数据列入计算表，如表 8-17 所示。

表 8-17  最小平方简捷法计算表

| 年份 | 时间序号 $t$ | 产量 $y$（千台） | 产量逐期增长量（千台） | $ty$ | $t^2$ | 趋势值 $y_c$ |
|---|---|---|---|---|---|---|
| 2012 | −7 | 32 | — | −224 | 49 | 31.83 |
| 2013 | −5 | 36 | 4 | −180 | 25 | 35.85 |
| 2014 | −3 | 40 | 4 | −120 | 9 | 39.86 |
| 2015 | −1 | 43 | 3 | −43 | 1 | 43.87 |
| 2016 | 1 | 48 | 5 | 48 | 1 | 47.88 |
| 2017 | 3 | 52 | 4 | 156 | 9 | 51.89 |
| 2018 | 5 | 56 | 4 | 280 | 25 | 55.91 |
| 2019 | 7 | 60 | 4 | 420 | 49 | 59.92 |
| 合计 | 0 | 367 | — | 337 | 168 | 367.00 |

第二步，根据表 8-17 中的计算数据，直接求解 $a$、$b$。

由上表计算资料可求得：
$$a = \frac{\sum y}{n} = \frac{367}{8} = 45.875$$
$$b = \frac{\sum ty}{\sum t^2} = \frac{337}{168} \approx 2.006$$

第三步，建立简捷法求得的直线趋势方程为：
$$y_c = 45.875 + 2.006t$$

第四步，预测 2020 年的产量，即当 $t = 9$ 时，$y_c$ 的具体值为：
$$y_c = 45.875 + 2.006 \times 9 \approx 63.93（千台）$$

## 三、季节变动的测定

### 1. 季节变动的含义

在社会经济领域有很多现象的变化呈现季节性规律，其最简单的表现形式就是有"淡季"和"旺季"之别。因此，认识并测定季节变动的规律，对于正确指导生产、流通、消费都具有重要意义。通常，季节变动是指某些社会经济现象由于受自然因素或社会因素的影响，在一年内随着季节的更换而发生的有规律性的变动。例如，毛皮服装、棉衣、羽绒服等商品，冬季是销售旺季，到夏季则销售大量减少，随着气候转寒又回到了销售旺季。而啤酒、冷饮、电风扇等商品的销售量却是夏高冬低。

季节变动中的"季节"一词是广义的，不仅仅指一年中的四季，而且指任何一种有规律的、按一定周期重复出现的变化。季节变动的原因通常与生产条件、节假日、风俗习惯等因素有关。季节变动往往会给人们的社会经济生活带来某种影响，如影响生产、销售、库存和消费等。

在季节变动中，如气候（这是外部原因）、节假日、政府有关制度上的原因等是系统原因。这种系统原因若从长期来考虑，即使在季节和日期方面有若干变动，也是年年都存在的。用时间数列观察季节变动，就可以测定这类系统原因的影响。

### 2. 季节变动的基本原理

测定季节变动的基本原理，主要是通过季节指数（或称季节比率）来反映现象在一个年度内各月或季的数量特征。通常，如果分析的是月份数据，就有 12 个季节指数；如果为季度数据，则有 4 个季节指数。其中，各个指数是以全年（月或季）资料的平均数为基础计算的，因而 12 个月（或 4 个季度）指数的平均数应等于 100%，各月（或季）的指数之和应等于 1 200%（或 400%）。季节指数反映了某一月份或季度的数值占全年平均数值的大小。如果现象的发展没有季节变动，则各期的季节指数应等于 100%；如果某一月份或季度有明显的季节变化，则各期的季节指数应大于或小于 100%，根据各季节指数与其平均数（100%）的偏差程度来测定季节变动的程度。

### 3. 测定季节变动的方法

测定季节变动的方法很多，按是否考虑长期趋势的影响分两种：一是不考虑长期趋势的影响,根据原始时间数列直接去测定季节变动;二是根据剔除长期趋势后的数据测定季节变动。在经济和管理分析中所使用的时间数列,通常要消除季节变动的影响。这种时间数列,就称为"季节调整后"的时间数列。

(1)按月(季)平均法。按月(季)平均法是直接根据原始时间数列数据,通过简单平均来计算季节指数的一种方法。该方法的基本思想是:计算出各年同月(季)的平均数,以消除随机影响,作为该月(季)的代表值;然后计算出各年总的月(季)平均数,作为全年的代表值;再将同月(季)平均数与总的月(季)平均数进行对比,即为季节指数。按月(季)平均法计算季节指数的具体步骤如下所示。

首先,根据各年的月(或季)数据计算出同月(季)的平均数,例如(根据表8-18中资料,下同),(3.0+3.5+4.1+4.5+4.9)÷5 = 4.0;

其次,计算出全部数据总的月(季)平均数,例如,(5.5+6.3+7.5+8.5+9.2)÷5 = 7.4;

最后,将各同月(季)平均数与总的月(季)平均数对比,得到季节指数($S$),即季节指数($S$) = 同月(季)平均数/总的月(季)平均数 ×100%,例如,4.0÷7.4≈54.1%。

具体计算如下所示。

某商场2015~2019年各季度电风扇的销售量(单位:万台)资料如表8-18所示。根据所给资料用按季平均法计算该电风扇销售量的季节指数。

表8-18 季节指数计算表

| 年份 \ 季度 | 第一季度 | 第二季度 | 第三季度 | 第四季度 | 合计 | 各季平均 |
|---|---|---|---|---|---|---|
| 2015 | 3.0 | 12.0 | 5.8 | 1.2 | 22.0 | 5.5 |
| 2016 | 3.5 | 13.2 | 7.0 | 1.5 | 25.2 | 6.3 |
| 2017 | 4.1 | 15.0 | 8.8 | 2.1 | 30.0 | 7.5 |
| 2018 | 4.5 | 17.8 | 9.2 | 2.5 | 34.0 | 8.5 |
| 2019 | 4.9 | 19.0 | 10.2 | 2.7 | 36.8 | 9.2 |
| 同季平均 | 4.0 | 15.4 | 8.2 | 2.0 | — | 7.4 |
| 季节指数(%) | 54.1 | 208.1 | 110.8 | 27.0 | — | 400.0 |

由表8-18资料可以看出,各同季平均数与总的季平均数7.4相比,分别得到各季度的季节指数。由各季度的季节指数可见,第二季度的销售量比全年平均水平高出108.1%,是全年的销售高峰;第三季度销售高峰趋缓,只高出季节指数10.8%;第四季度是销售低谷,季节指数只有27%;第一季度销售回升,季节指数回升至54.1%。

各季度的季节指数总和应等于400%,如果是各月的季节指数,则其总和应等于1 200%。由于计算过程中小数进位的影响,各季(月)的季节指数总和也可能不等于400%(或1 200%),这时应加以调整。

运用按月(季)平均法计算季节指数的基本假定是,原时间数列没有明显的长期趋势和循环变动,因而通过若干年同期数值的平均,不仅可以消除不规则变动,而且当平均的周期与循环周期一致时,循环变动也可以在平均过程中得以消除。所以,只有当数列的长期趋势和循环变动不明显时,运用该方法才比较合适。

（2）长期趋势剔除法。长期趋势剔除法是指当时间数列存在明显的长期趋势时，运用按月（季）平均法进行季节变动分析将不准确。因为如果存在剧烈的上升趋势，年末季节指数明显高于年初的季节指数；如果存在下降趋势，年末的季节指数会明显低于年初季节指数。所以，如果时间数列包含明显的上升（下降）趋势，为了更准确地计算季节指数，就应当首先设法从数列中剔除长期趋势，然后用平均的方法消除不规则变动，从而较准确地分解出季节变动的成分。数列的长期趋势可用移动平均法或趋势方程拟合法测定。

长期趋势剔除法的核心在于充分考虑较长期时间数列的影响，在计算各月的理论数值时，用当月的趋势值代替年平均值。其具体计算步骤如下。

首先，利用移动平均法计算对应各季（或各月）的趋势值；

其次，将各季（或各月）实际值除以相应的趋势值，得到各季（或各月）的季节变动情况；

再次，将各年同一季节（或月）的变化情况进行平均，求得同季（或同月）变化情况平均数，即得各季（或各月）季节指数；

最后，把各季（或各月）季节指数加总总和应等于400%（或月度应该等于1 200%），否则要进行调整。

例如，已知某地区2015～2019年各季度白酒产量资料，用移动平均长期趋势剔除法计算季节指数，计算过程如表8-19所示。

表8-19 趋势剔除法季节比率计算表

| 年份 | 季度 | 销售量（万吨）$Y_t$ | 四个季度移动平均 | | 季节变动情况（%） |
|---|---|---|---|---|---|
| | | | 移动平均值 | （移正）趋势值 $T_t$ | |
| （甲） | （乙） | （1） | （2） | （3） | （4） |
| 2015 | 第一季度 | 3.0 | — | — | — |
| | 第二季度 | 12.0 | — | — | — |
| | 第三季度 | 5.8 | 5.500 | 5.562 5 | 104.27 |
| | 第四季度 | 1.2 | 5.625 | 5.775 0 | 20.78 |
| 2016 | 第一季度 | 3.5 | 5.925 | 6.075 0 | 57.61 |
| | 第二季度 | 13.2 | 6.225 | 6.262 5 | 210.78 |
| | 第三季度 | 7.0 | 6.300 | 6.375 0 | 109.80 |
| | 第四季度 | 1.5 | 6.450 | 6.675 0 | 22.47 |
| 2017 | 第一季度 | 4.1 | 6.900 | 7.125 0 | 57.54 |
| | 第二季度 | 15.0 | 7.350 | 7.425 0 | 202.02 |
| | 第三季度 | 8.8 | 7.500 | 7.550 0 | 116.56 |
| | 第四季度 | 2.1 | 7.600 | 7.950 0 | 26.42 |
| 2018 | 第一季度 | 4.5 | 8.300 | 8.350 0 | 53.89 |
| | 第二季度 | 17.8 | 8.400 | 8.450 0 | 210.65 |
| | 第三季度 | 9.2 | 8.500 | 8.550 0 | 107.60 |
| | 第四季度 | 2.5 | 8.600 | 8.750 0 | 28.57 |
| 2019 | 第一季度 | 4.9 | 8.900 | 9.025 0 | 54.29 |
| | 第二季度 | 19.0 | 9.150 | 9.175 0 | 207.08 |
| | 第三季度 | 10.2 | 9.200 | — | — |
| | 第四季度 | 2.7 | — | — | — |

需要特别指出的是，用移动平均法计算各季度的趋势值时，为了计算结果不受残留季节的影响，在选择移动平均的周期（$N$）时，使用周期长度应该与季节变动的实际长度一致。在本例中使用了四个季度做移动周期的长度，如果使用的是月度资料，就应该用 12 个月作为移动的周期。由于采用的是偶次项移动，所以还需进行二次移正。

各季季节指数总和应等于 400%（或月度应该等于 1 200%），如果有误差，应该进行修正和调整。调整系数的计算公式为：

$$\text{调整系数} = \frac{400\%（或 1 200\%）}{\text{季节指数之和}}$$

修正后各季（或各月）的季节指数 = 各季（或各月）季节指数 × 调整系数

本例中的调整系数为：

$$\text{调整系数} = \frac{400\%}{397.58\%} \approx 1.006\ 1$$

将调整系数乘以各季季节指数，最终就得到各季度的季节指数。具体计算结果如表 8-20 所示。

表 8-20　调整系数及修正后的季节指数计算表

| 年份＼季度 | 第一季度 | 第二季度 | 第三季度 | 第四季度 | 合计 |
|---|---|---|---|---|---|
| 2015 | — | — | 104.27 | 20.78 | — |
| 2016 | 57.61 | 210.78 | 109.80 | 22.47 | — |
| 2017 | 57.54 | 202.02 | 116.56 | 26.42 | — |
| 2018 | 53.89 | 210.65 | 107.60 | 28.57 | — |
| 2019 | 54.29 | 207.08 | — | — | — |
| 合计 | 223.32 | 830.52 | 438.24 | 98.24 | — |
| 同季平均 | 55.83 | 207.63 | 109.56 | 24.56 | 397.58 |
| 修正后的季节指数（%） | 56.17 | 208.9 | 110.23 | 24.71 | 400.00 |

利用计算机来计算季节指数将大大缩短计算时间，提高计算效率，能更清晰、便捷、准确地反映季节变动的情况。

## 四、循环变动的测定*

循环变动也是一种周期变化，它通常用来描述经济现象中的一般循环，与季节变动类似。不同的是，循环变动的周期在若干年内，而不是在一年之内，并且循环变动的周期缺乏规律和周期性。循环变动与长期趋势不同，它不是单一方向的持续变动，而是有涨有落的交替波动。循环变动与季节变动也不同，季节变动有明显的按月或按季固定周期规律，而循环变动的周期通常在一年以上，周期的长短、波动的大小也不一致，短则三五年，长则数十年。利用时间数列的几种变动因素间的相互关系，可以对原始数列进行分析，并大致测定变动状态。这里只介绍两种常用的测定循环变动的方法。

### (一) 对年度资料循环变动的测定

如果时间数列是按年统计的,则影响已经消除,因为年度资料中包含了所有季节。此时,短期的不规则的变动也趋于消失,可以忽略不计。这样,时间数列只受长期趋势和循环变动两种因素的影响,根据乘法模型,就变成了:

$$Y = T \times C, \quad 即 C = Y/T$$

把原数列的实际值($Y$)除以长期趋势值($T$)后,得到了循环变动值$C$,循环变动值$C$乘100%,称为变动循环系数。

这种方法计算简便,容易理解,是常用的循环变动测定方法,但是它有一定的假设性。此外,当动态数列是按月或按季的资料表现时,因为含有季节变化,通常不适合采用这种方法。

### (二) 对月度(季度)资料循环变动的测定

在分月或分季资料中,由于存在着季节变动的影响,同时还可能受不规则变动的影响,为了同时消除长期趋势和季节变动,我们可以先把原数列实际值除以长期趋势值和季节变动指数,得到不规则系数$CI$,通过对$CI$计算加权移动平均值,就可以消除不规则变动$I$,最后得到的平均数就是循环变动系数$C$。具体计算步骤如下所示。

第一步,测定原始数据序列中的长期趋势值$T$。

第二步,测定原始数据序列中的季节比率$S$。

第三步,测定时间数列中的"正同值"$TS$,即长期趋势值乘以相应的季节指数。

第四步,计算"循环不规则序列"$CI$,即

$$\frac{Y}{T \times S} = \frac{T \times S \times C \times I}{T \times S} = CI$$

第五步,对$CI$序列进行移动平均(可加权),就可以消除不规则的影响,得到循环变动序列$C$。

测定循环变动,可以掌握经济波动的一些规律,预测下一个循环变动可能产生的原因、影响和变动趋势,对计划、决策者来说有很重要的意义。需要指出的是,循环变动预测与长期趋势预测不同,其不确定因素太多。因此,循环变动预测在很大程度上要依靠经济分析,把经济分析和统计分析结合起来才能客观准确地把握经济现象的发展规律。

### 💡 同步思考 8-5

1. 已知一时间数列有30年的数据,采用移动平均法测定原时间数列的长期趋势,若采用五年移动平均,修匀后的时间数列有多少年的数据?
2. 用最小平方法建立趋势线,首先必须满足什么条件?当我们把原时间数列中的各个数值绘制到直角坐标系中,观察散点图的形状,我们可以做出哪几个方面的定性判断?
3. 用最小平方法配合趋势线有一般方法和简捷法两种,对任何一个数列都可以任意选用其中一种方法吗?使用简捷法时,偶数项和奇数项在时间序次的确定上有什么不同?为什么?

4. 季节指数反映了某一月份或季度的数值占全年平均数值的大小。如果各期的季节指数等于100%，能说明有季节变动的影响吗？季节变动指数应该怎样计算？季节指数高于或低于100%有什么含义？

5. 反映季节变动时有按月按季平均法，也有长期趋势剔除法，为什么要剔除长期趋势？长期趋势剔除法与按月按季平均法有什么异同？

6. 当动态数列是按月或按季的资料表现时，为什么不能用乘法模型测定循环变动？应该怎样测定循环变动？

## 思考与练习

● 知识题

1. 单项选择题

（1）下面哪项是时期数列 （　　）
  A. 我国历年棉花耕地面积　　　　　　B. 我国历年黄金储备量
  C. 我国历年图书出版量　　　　　　　D. 某企业某产品2019年各月月末库存量

（2）已知各期环比增长速度为 2%、5%、8% 和 7%，则相应的定基增长速度的计算方法为 （　　）
  A.（102%×105%×108%×107%）−100%
  B. 102%×105%×108%×107%
  C. 2%×5%×8%×7%
  D.（2%×5%×8%×7%）−100%

（3）以1980年为基期，2019年为报告期，计算某现象的平均发展速度应开 （　　）
  A. 37次方　　　B. 38次方　　　C. 39次方　　　D. 40次方

（4）定基发展速度等于相应时期的各个 （　　）
  A. 环比发展速度之积　　　　　　　　B. 环比发展速度之和
  C. 环比增长速度之积 +1　　　　　　 D. 环比增长速度之和 +1

（5）4月、5月、6月、7月的平均职工人数分别为：290人、295人、293人和301人，则该企业二季度的平均职工人数的计算方法为 （　　）
  A.（290+295+293+301）/4
  B.（290+295+293）/3
  C.（290/2+295+293+301/2）/4
  D.（290/2+295/2+293/2+301/2）/4

2. 多项选择题

（1）下列相对数时间数列中，属于两个时期数对比构成的相对数动态数列的有（　　）
  A. 工业企业全员劳动生产率动态数列　B. 每百元产值利润动态数列
  C. 某产品产量计划完成程度动态数列　D. 工业企业人员数构成动态数列
  E. 出勤率动态数列

（2）定基发展速度和环比发展速度的关系是 （　　）
  A. 两者都属于速度指标
  B. 环比发展速度的连乘积等于定基发展速度

C. 定基发展速度的连乘积等于环比发展速度

D. 相邻两个定基发展速度之商等于相应的环比发展速度

E. 相邻两个环比发展速度之商等于相应的定基发展速度

（3）下列哪些属于序时平均数　　　　　　　　　　　　　　　　　（　　）

　　A. 一季度平均每月的职工人数　　　B. 某产品产量某年月平均增长量

　　C. 某企业职工第四季度人均产值　　D. 某商场职工某年月人均销售额

　　E. 某地区近几年出口商品贸易额平均增长速度

（4）某企业 2011 年工业产值为 2 000 万元，2019 年产值比 2011 年增长了 85%，则（　　）

　　A. 工业总产值年平均增长量为 188.9 万元

　　B. 工业总产值年平均发展速度为 107.1%

　　C. 工业总产值定基增长量为 1 700 万元

　　D. 工业总产值年平均增长速度为 8%

　　E. 工业总产值定基增长速度为 1.85 倍

（5）已知报告期水平较基期水平翻了两番，则　　　　　　　　　　（　　）

　　A. 定基发展速度等于 4　　　　　　B. 报告期水平比基期水平增长了 300%

　　C. 报告期水平比基期水平增加了 75%　D. 基期水平仅为报告期水平的 25%

　　E. 基期水平与报告期水平之比为 1∶3

3. 判析题

（1）定基发展速度等于相应各个环比发展速度的连乘积，所以定基增长速度也等于相应各个环比增长速度的连乘积。　　　　　　　　　　　　　　　　　　　（　　）

（2）将某地区社会商品库存额按时间顺序排列起来所形成的数列是时期数列。
　　　　　　　　　　　　　　　　　　　　　　　　　　　　　　　（　　）

（3）在各种时间数列中，指标值的大小都受到所反映的时期长短的制约。（　　）

（4）若将 2010~2017 年各年年末国有企业固定资产净值按时间先后顺序排列，则此种时间数列称为时点数列。　　　　　　　　　　　　　　　　　　　　（　　）

（5）平均增长速度不是根据各个增长速度直接求得，而是根据平均发展速度计算的。（　　）

4. 简答题

（1）时间数列有哪几种？编制时间数列的原则是什么？

（2）什么是时期数列？什么是时点数列？它们各有什么特点？

（3）什么是长期趋势？测定长期趋势有哪几种方法？

（4）为什么要计算年距发展速度？为什么要计算增长 1% 的绝对值？

（5）什么是循环变动？对年度资料循环变动如何测定？

● 实务题

1. 某企业 2019 年总产值及职工人数资料如下：

| 季度 | 第一季度 | 第二季度 | 第三季度 | 第四季度 |
| --- | --- | --- | --- | --- |
| 产值（万元） | 620 | 594.5 | 627 | 670 |
| 季末人数 | 2 040 | 2 080 | 2 020 | 2 100 |

又知 2018 年年末的职工人数为 1 960 人。

（1）各季度劳动生产率（元/人）为 （　　）

| 季度 | 第一季度 | 第二季度 | 第三季度 | 第四季度 |
|---|---|---|---|---|
| A. | 3 039.2 | 2 858.2 | 3 104.0 | 3 190.5 |
| B. | 3 100 | 2 885.9 | 3 058.5 | 3 252.4 |
| C. | 3 039.2 | 2 885.9 | 3 058.5 | 3 190.0 |
| D. | 3 010.0 | 2 900.0 | 3 043.7 | 3 190.5 |

（2）季平均人数为 （　　）
    A. 2 060　　　B. 2 056.6　　　C. 2 042.5　　　D. 2 040

（3）2019 年平均季劳动生产率（元/人）为 （　　）
    A. 3 074.05　　　B. 3 074.9　　　C. 3 053　　　D. 3 077.8

（4）2019 年劳动生产率（元/人）为 （　　）
    A. 12 212　　　B. 12 311.2　　　C. 1 291.6　　　D. 12 296.2

2. 某企业 2019 年库存额资料如下：

| 日期 | 1月1日 | 3月1日 | 5月1日 | 8月1日 | 11月1日 | 12月31日 |
|---|---|---|---|---|---|---|
| 库存额（万元） | 250 | 270 | 260 | 300 | 290 | 320 |

要求：根据资料计算该企业 2019 年月平均库存额。

3. 由相对数和平均数时间数列计算序时平均数，不能直接根据该相对数或平均数数列中各项观察值简单平均计算 $\bar{c}$。若已知某工业企业 2019 年各季度的实际产值和产值计划完成程度的资料如下：

| 季度 | 第一季度 | 第二季度 | 第三季度 | 第四季度 |
|---|---|---|---|---|
| 实际产值（万元） | 420 | 470 | 500 | 510 |
| 产值计划完成程度（%） | 102 | 105 | 100 | 101 |

要求：计算 2019 年该企业平均每季产值计划完成程度。

4. 已知某商厦 2019 年第一季度各月份有关商品销售资料如下：

| 月份 | 1月 | 2月 | 3月 |
|---|---|---|---|
| 商品销售额（$a$） | 120 | 143 | 289 |
| 平均库存额（$b$） | 60 | 65 | 85 |
| 商品流转次数（$y$） | 2.0 | 2.2 | 3.4 |

要求：计算第一季度商品月平均流转次数。

● 实训题

实训一
（1）实训目的：通过本题练习，掌握增长量、发展速度、增长速度和增长 1% 的绝对值的基本计算方法。
（2）实训资料：某企业 2014~2019 年 A 产品销售收入资料如下：

| 年份 | | 2014 | 2015 | 2016 | 2017 | 2018 | 2019 |
|---|---|---|---|---|---|---|---|
| 销售收入（万元） | | 200 | 300 | 450 | 400 | 440 | 500 |
| 增长量（万元） | 逐期 | | | | | | |
| | 累计 | | | | | | |
| 发展速度（%） | 环比 | | | | | | |
| | 定基 | | | | | | |
| 增长速度（%） | 环比 | | | | | | |
| | 定基 | | | | | | |
| 增长1%的绝对值 | | | | | | | |

（3）实训要求：试根据上列资料，填写表中空白，并计算平均发展水平、平均增长量。

**实训二**

（1）实训目的：通过本题练习，掌握发展水平、增长量、发展速度、增长速度之间的关系。

（2）实训资料：已知某企业产值2015年比2014年增长21%，2016年比2015年增长20%，2017年比2016年增长25%，2018年比2017年增长10%，2019年比2018年增长30%。

（3）实训要求：根据资料编制2014～2019年的环比发展速度、环比增长速度、定基发展速度、定基增长速度时间数列，并计算2014～2019的平均发展速度和平均增长速度，填入下表中。

| 年份 | 环比发展速度 | 环比增长速度 | 定基发展速度 | 定基增长速度 |
|---|---|---|---|---|
| 2014 | | | | |
| 2015 | | | | |
| 2016 | | | | |
| 2017 | | | | |
| 2018 | | | | |
| 2019 | | | | |

**实训三**

（1）实训目的：通过本题练习，掌握用最小平方法建立直线趋势方程的基本方法。

（2）实训资料：某企业2014～2019年A产品各年产量资料如下。

| 年份 | 时间序号 $t$ | 产量 $y$（万件） |
|---|---|---|
| 2014 | 1 | 68 |
| 2015 | 2 | 71 |
| 2016 | 3 | 75 |
| 2017 | 4 | 79 |
| 2018 | 5 | 84 |
| 2019 | 6 | 88 |
| 合计 | 21 | 465 |

（3）实训要求：用最小平方方法建立直线趋势方程，并预测2021年的产品产量。

提示：统计外推预测期间不能太远。

**实训四**

（1）实训目的：通过本题练习，掌握用最小平方方法建立直线趋势方程的简捷计算方法。

（2）实训资料：某企业2011~2019年各年利润额资料如下。

| 年份 | 利润额 $y$（万元） |
|---|---|
| 2011 | 217 |
| 2012 | 230 |
| 2013 | 225 |
| 2014 | 248 |
| 2015 | 242 |
| 2016 | 253 |
| 2017 | 280 |
| 2018 | 309 |
| 2019 | 343 |
| 合计 | 2 347 |

（3）实训要求：用最小平方方法简捷法建立直线趋势方程，并预测2020年的利润额。

提示：统计外推预测期间不能太远。

**实训五**

（1）实训目的：通过本题练习，掌握季节变动的分析方法，学会计算季节比率。

（2）实训资料：某地区2017~2019年各季度旅游人数资料如下。

| 年份 | 旅游人数（万人） | | | | |
|---|---|---|---|---|---|
| | 第一季度 | 第二季度 | 第三季度 | 第四季度 | 合计 |
| 2017 | 32 | 40 | 61 | 28 | 161 |
| 2018 | 41 | 51 | 74 | 36 | 202 |
| 2019 | 57 | 65 | 93 | 57 | 272 |
| 合计 | 130 | 156 | 228 | 121 | 635 |
| 同季平均 | 43.33 | 52 | 76 | 40.33 | 52.915 |

（3）实训要求：根据上述资料测定各季度旅游人数的季节比率。

本章部分习题参考答案及知识拓展可扫右侧二维码获得。

# 第九章

# 统计指数分析

## 学习目标

①理解统计指数的含义和作用；②熟练掌握综合指数的编制方法；③掌握平均指数的编制方法；④掌握平均指标指数的编制方法；⑤熟练掌握利用指数体系进行因素分析的方法。

## 主要学习内容

本章主要讲述了统计指数的含义、种类，综合指数的编制方法和平均指数的编制方法；总量指标指数体系、平均指标指数体系的建立及因素分析；指数在经济工作中的具体运用等。具体内容为：指数的概念及作用，综合指数的编制方法，平均指数的编制方法，平均指标指数的编制方法，指数体系及其因素分析。

## 引 例

### 形形色色的指数

指数是统计学中的一个概念，起源于物价指数，1675年，英国的经济学家伏亨将1650年的谷物、家畜、鱼类、布帛与皮革等商品的价格分别与1652年的价格相比较来考察商品价格的变动情况，这是个体价格指数和统计指数的萌芽。经过数百年的发展，指数广泛运用于生产、生活、投资、经济效益、综合国力等社会经济各个领域。指数是一个庞大的家族，基本可分为政府指数和民间指数。常见的指数有居民消费价格指数、生产者价格指数、幸福指数、股票价格指数、小康指数、和谐指数、平安指数、廉政指数、环境指数、景气指数、情感指数、诚信指数、人气指数等。

资料来源：中商情报网，2013年9月16日。

# 第一节　统计指数分析的基本内容

## 一、统计指数的概念

统计学中的"指数"一词有广义和狭义之分。广义的指数是指一切用以表明所研究事物的变化方向及其程度的相对数。如发展速度、计划完成相对数、比较相对数等都是广义的指数。狭义的指数是一种特殊的相对数，是用来反映不能直接相加的复杂社会经济现象总体数量变动的相对数。这里所说的复杂现象，指的是不同性质的事物。由于事物的性质不同，不能直接相加，这些不能直接相加的事物整体，就是复杂现象。

例如，某商店销售三种商品，其价格和销售量的有关资料如表9-1所示。

表中，每种商品4月相对3月的销售量和价格都有所变化，如果只反映一种商品的销售量和价格变化，可以直接计算，但如果要反映三种商品的综合变化，就需要用一种特殊的方法来解决，这就是狭义的指数方法。本章重点介绍如何利用狭义指数进行统计分析。

表9-1　某商店销售的三种商品情况

| 商品名称 | 计量单位 | 销售量 | | 价格 | |
|---|---|---|---|---|---|
| | | 3月 | 4月 | 3月 | 4月 |
| 甲 | 件 | 500 | 560 | 220 | 200 |
| 乙 | 双 | 320 | 360 | 200 | 210 |
| 丙 | 条 | 450 | 480 | 120 | 140 |
| 合计 | — | — | — | — | — |

## 二、统计指数的作用

### （一）可以分析复杂社会经济现象总体变动的方向和程度

通过统计指数的方法可以将复杂的现象进行综合，使不能直接相加的现象变成可以相加的现象，并通过对比，分析复杂社会经济现象总体的变动方向和程度。例如，要了解全国居民生活消费品价格水平的总变动，由于不同的消费品使用价值不同、计量单位不同，不能把所有消费品的单价直接进行加总并对比，而单件消费品的变化又不能反映整体消费品价格的变化。因此，必须找到某种能综合反映整体消费品价格变化的统计方法，这种方法就是指数的方法。

### （二）可以对复杂经济现象总体变动进行因素分析

许多现象在发展变化中，会受到许多相关因素的影响。分析每个因素的影响方向和程度，则可以通过指数体系来进行分析。

例如，总成本的变动主要受两个因素的影响，一是单位成本变动的影响，另一个是产量变动的影响。如果总成本发生了变化，那么受单位成本变化的影响有多大，受产量变化的影响又有多大呢？对这样的问题，可以利用指标体系来进行因素分析。

### （三）可以研究事物的长期变动趋势

在由连续编制的动态指数形成的指数数列中，我们可以发现事物的发展变化过程、规律和趋势，从而为更深入地了解和掌握事物发展的本质提供依据。例如，把历年的居民消费价格指数加以排列，就可以清楚地表明居民消费品价格指数的长期变化过程、所呈现的规律和可能的发展趋势；把不同时期的股价指数进行排列，可以发现股票价格的走势。

## 三、统计指数的种类

从不同的角度，统计指数有不同的分类方法。

统计指数的种类如图 9-1 所示。

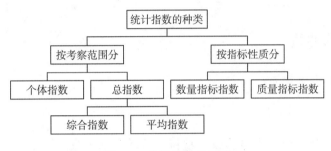

图 9-1　统计指数的种类

### （一）按其所考察的范围不同，可以分为个体指数和总指数

#### 1. 个体指数

个体指数是反映个别事物或单一现象总体数量变动的相对数。例如，某种商品的基期单价为 100 元，报告期的单价为 110 元，则其个体指数为 110%（=110÷100×100%）。个体指数通常用 $k$ 表示。

#### 2. 总指数

总指数是反映多种事物或复杂现象总体数量综合变动的相对数。例如，反映甲、乙、丙三种商品综合变动的物价指数，反映 A、B、C 三种产品产量综合变动的产量指数等。总指数通常用 $\bar{k}$ 表示。编制总指数是指数分析的主要内容，是用来分析复杂现象总体变动情况的主要方法。

所谓复杂现象，是指那些不能直接加总对比的现象。如想了解一个商店里的衣服、帽子、鞋三种商品的销售量 2016 年比 2015 年的综合变动情况，由于衣服、帽子、鞋是三种不同的商品，其数量是不能直接相加总的，因此无法将两个时期的数量直接进行对比。此时，衣服、帽子、鞋就是一个复杂现象，若想反映它们的综合变动，只有通过编制总指数的方法来分析。

总指数通常分为综合指数和平均指数。

## （二）按指数化指标性质不同，分为数量指标指数和质量指标指数

指数化指标，也称指数化因素，就是要反映其数量变化或对比关系的指标。例如，在居民消费价格指数中，"价格"就是指数化指标；在股票成交量指数中，"成交量"就是指数化指标。由于指标的性质不外乎数量指标和质量指标两种，因此按指数化指标的性质不同，统计指数可以分为数量指标指数和质量指标指数。

### 1. 数量指标指数

数量指标指数是反映数量指标变动的指数，如反映产品的产量指数、商品的销量指数、能源消耗量指数等。数量指标通常用字母 $q$ 表示。数量指标个体指数用 $k_q$ 表示，数量指标总指数通常用 $\bar{k}_q$ 表示。

### 2. 质量指标指数

质量指标指数是反映质量指标变动的指数，如反映产品的出厂价格指数、商品的销售价格指数、股票价格指数、单位成本指数等。质量指标通常用字母 $p$ 表示。质量指标个体指数用 $k_p$ 表示，质量指标总指数通常用 $\bar{k}_p$ 表示。

## 四、统计指数的性质

统计指数具有以下性质：

### （一）综合性

统计指数是综合反映由多事物或多项目组成的复杂现象总体某一方面数量的总变动方向和程度的相对数，是对多事物或多项目数量变动综合反映的结果。

### （二）平均性

统计指数所反映的综合变动实际上是多事物或多项目某一数量的平均变动，是各事物或各项目某一数量变动的平均结果。

### （三）相对性

所谓相对性有两层含义，第一层含义是统计指数都用相对数或比率来表示，属于相对数的范畴。第二层含义是在编制总指数时，要在假定其他指标或因素不变的情况下来反映指数化指标的变动情况，其结果具有相对准确性。

### （四）代表性

在编制总指数时，有时由于所涉及的事物或项目太多，难以一一加以考虑，所以只能选择部分有代表性的事物或项目作为编制指数的依据。

### 同步思考 9-1

1. 发展速度指标是不是指数？如果是指数，为什么还要学习指数这部分内容呢？

2. 要分析劳动生产率的变化，劳动生产率指数是数量指标指数还是质量指标指数呢？试列举出三个数量指标指数和三个质量指标指数。

## 第二节 综合指数

指数分为个体指数和总指数，总指数是我们本章介绍的主要内容。总指数有两种形式，一种是综合指数，一种是平均指数。综合指数是总指数的基本形式，而平均指数通常是作为综合指数的变形来应用的。

### 一、综合指数的概念及特点

#### （一）综合指数的概念

综合指数是由两个总量指标对比而形成的指数。凡是一个总量指标可以分解为两个或两个以上的因素指标时，将其中一个或一个以上的因素指标固定下来，仅观察其中一个因素指标的变动程度，这样编制的总指数称为综合指数。

例如，销售收入这个总量指标为单位产品价格和销售量的乘积，即可以分解为两个构成要素，一个是单位产品价格，一个是销售量。我们如果想分析销售量的综合变动，首先需要将产量乘以产品的价格，变成价值指标，然后将单位产品成本这个指标的时期加以固定，这样就可以单独观察销售量的综合变动了，用这种方法计算出来的总指数叫综合指数。

#### （二）综合指数的特点

##### 1. 先综合后对比

综合指数的编制首先要解决总体中各个个体由于使用价值、经济用途、计量单位等不同而不能直接简单地相加和对比的问题。解决的办法是引入一个媒介因素，使不能直接相加和对比的现象转变为能够相加和对比的现象。引入的这个因素叫同度量因素。

例如，在研究三种不同产品的产量综合变动时，因为三种产品的性质不同，所以不能直接将三种不同产品的产量相加，也就无法对比。此时，我们可以引进一个同度量因素单位成本，将产量乘以单位成本，得到总成本，三种产品的总成本指标是可以相加的，相加后，我们再将其进行对比。这里的单位成本就是同度量因素。

关于同度量因素，需要说明以下几点。

一是在决定总量指标的各因素中，指数化指标与同度量因素的区分是相对的，实际上它们互为同度量因素。例如，在商品销售收入的因素分析中，如果分析商品价格的变动，则以销售量为同度量因素；如果分析商品销售量的变动，则可以用商品价格作为同度量因素。

二是在编制综合指数时，同度量因素的时间或空间必须加以固定，即分子、分母总量指标中的同度量因素的时期是相同的，只有这样，才能反映指数化因素的变化情况。

三是同度量因素在起到同度量作用的同时,也起到一定的加权作用,即同度量数值大的,其对应的指数化指标的数值对总指数的影响就大;反之,对总指数的影响就小。

#### 2. 固定同度量因素的时期

综合指数是要对指数化指标进行分析,引进同度量因素的目的是使不能相加和对比的现象转为能相加和对比的现象。引进同度量因素后,原先不能直接相加和对比的指标变成了价值指标,就可以相加和对比了,但在对比时,需要将同度量因素的时期加以固定,以单独分析指数化指标的变动情况。

如上例,在研究三种产品产量的综合变动时,我们引进单位成本这个同度量因素,将产量指标变成总成本指标,然后再将总成本进行对比,但在对比前,需要将同度量因素单位成本的时期加以固定,使其不变,这样才能反映产量的综合变动。

## 二、综合指数的编制

综合指数有两种具体形式,一种是数量指标综合指数,一种是质量指标综合指数。在编制综合指数时,需要就两种指数分别进行编制。

为了便于分析和计算,这里我们设数量指标为 $q$,质量指标为 $p$,报告期的脚标为 1,基期的脚标为 0。即报告期的数量指标为 $q_1$,质量指标为 $p_1$;基期的数量指标为 $q_0$,质量指标为 $p_0$。数量指标综合指数我们通常用 $\bar{k}_q$ 表示,质量指标综合指数通常用 $\bar{k}_p$ 表示。

### (一)数量指标综合指数的编制

前面已经探讨数量指标指数是反映数量指标变动的指数,如反映多种产品的产量变动、多种商品的销量变动等。

例如,某工业企业甲、乙、丙三种产品产量及价格资料如表 9-2 所示。

表 9-2 某企业生产的三种产品产量及价格资料

| 产品名称 | 计量单位 | 产量 $q$ | | 价格 $p$(元) | |
|---|---|---|---|---|---|
| | | 基期 $q_0$ | 报告期 $q_1$ | 基期 $p_0$ | 报告期 $p_1$ |
| 甲 | 套 | 300 | 320 | 360 | 340 |
| 乙 | 吨 | 460 | 540 | 120 | 120 |
| 丙 | 台 | 60 | 60 | 680 | 620 |

要求分析三种产品产量的综合变动情况。

由于三种产品的性质不同,其产量不能直接相加和对比,所以根据综合指数的编制原理,要分析三种产品产量的综合变动,需要引入同度量因素。根据需要,这里我们可以引入的同度量因素为价格,将其与产量相乘,得到销售收入这个价值指标,然后将价值指标进行对比,则有下式:

$$\bar{k}_q = \frac{\sum q_1 p}{\sum q_0 p}$$

为了单纯反映产量的变化,需要将上式的价格固定在某一个时期。价格固定的时期通常有两种,一种是基期,一种是报告期。

**1. 以基期的价格作为同度量因素的公式**

$$\bar{k}_q = \frac{\sum q_1 p_0}{\sum q_0 p_0}$$

以基期价格作为同度量因素的公式是德国学者拉氏贝尔提出的,所以我们称之为拉氏公式。

如上例,根据需要,我们在表格中计算相关数据,如表 9-3 所示。

表 9-3　综合指数计算表

| 产品名称 | 计量单位 | 产量 q | | 价格 p (元) | | 产值 qp | | | |
|---|---|---|---|---|---|---|---|---|---|
| | | 基期 $q_0$ | 报告期 $q_1$ | 基期 $p_0$ | 报告期 $p_1$ | $q_0 p_0$ | $q_1 q_1$ | $q_1 p_0$ | $q_0 p_1$ |
| 甲 | 套 | 300 | 320 | 360 | 340 | 108 000 | 108 800 | 115 200 | 102 000 |
| 乙 | 吨 | 460 | 540 | 120 | 120 | 55 200 | 64 800 | 64 800 | 55 200 |
| 丙 | 台 | 60 | 60 | 680 | 620 | 40 800 | 37 200 | 40 800 | 37 200 |
| 合计 | — | — | — | — | — | 204 000 | 210 800 | 220 800 | 194 400 |

├──── 已知资料 ────┤├──── 计算栏 ────┤

根据上表的计算,我们可以得到以基期价格为同度量因素的产量综合指数:

$$\bar{k}_q = \frac{\sum q_1 p_0}{\sum q_0 p_0} = \frac{220\,800}{204\,000} = 1.082\,4 \text{ 或 } 108.24\%$$

这表明,三种产品的产量综合上升了 8.24%。

除了计算产量综合指数,以反映现象的相对变化以外,还要计算绝对数,即用综合指数的分子减去分母,以反映由于产量增长了 8.24%,而使销售收入增长的数量。

$$\sum q_1 p_0 - \sum q_0 p_0 = 220\,800 - 204\,000 = 16\,800 \text{（元）}$$

**2. 以报告期的价格作为同度量因素的公式**

$$\bar{k}_q = \frac{\sum q_1 p_1}{\sum q_0 p_1}$$

以报告期的价格作为同度量因素的公式是德国学者派许提出的,所以我们称之为派氏公式。

将上表资料代入公式则有:

$$\bar{k}_q = \frac{\sum q_1 p_1}{\sum q_0 p_1} = \frac{210\,800}{194\,400} = 108.44\%$$

$$\sum q_1 p_1 - \sum q_0 p_1 = 210\,800 - 194\,400 = 16\,400 \text{（元）}$$

它表明,三种产品的产量增长了 8.44%,并使销售收入增加了 16 400 元。

从以上计算中可以看出,用基期价格作为同度量因素和用报告期价格作为同度量因素结果是不同的。从经济意义上看,编制数量指标指数时,一般用基期的质量指标作为同度量因素。

## （二）质量指标综合指数的编制

我们仍以计算数量指标综合指数的例子来介绍质量指标统合指数的编制方法。

由于三种产品的性质不同，不能直接相加和对比，所以根据综合指数的编制原理，要分析三种产品价格的综合变动，需要引入同度量因素。根据需要，这里我们可以引入的同度量因素为产量，将其与价格相乘，得到销售收入这个价值指标，然后将价值指标进行对比，则有下式：

$$\bar{k}_p = \frac{\sum qp_1}{\sum qp_0}$$

为了单纯反映价格的变化，需要将上式的产量固定在某一时期。产量固定的时期通常有两种，一种是基期，一种是报告期。

### 1. 以基期的产量作为同度量因素的公式

$$\bar{k}_p = \frac{\sum q_0 p_1}{\sum q_0 p_0}$$

以基期产量作为同度量因素的公式，我们称之为拉氏公式。

把上例中的数据代入到公式中，得到：

$$\bar{k}_p = \frac{\sum q_0 p_1}{\sum q_0 p_0} = \frac{194\,400}{204\,000} = 95.29\%$$

$$\sum q_0 p_1 - \sum q_0 p_0 = 194\,400 - 204\,000 = -9\,600（元）$$

上述计算结果表明，三种产品的价格综合下降了4.71%，并使销售收入减少了9 600元。

### 2. 以报告期的产量作为同度量因素的公式

$$\bar{k}_p = \frac{\sum q_1 p_1}{\sum q_1 p_0}$$

以报告期的产量作为同度量因素的公式，我们称之为派氏公式。

把上例中的数据代入到公式中，得到：

$$\bar{k}_p = \frac{\sum q_1 p_1}{\sum q_1 p_0} = \frac{210\,800}{220\,800} = 95.47\%$$

$$\sum q_1 p_1 - \sum q_1 p_0 = 210\,800 - 220\,800 = -10\,000（元）$$

上述计算结果表明，三种产品的价格综合下降了4.53%，并使销售收入减少了10 000元。

从以上计算中可以看出，用基期产量作为同度量因素和用报告期产量作为同度量因素结果是不同的。从经济意义上看，编制质量指标指数时，一般用报告期的数量指标作为同度量因素。

## （三）综合指数计算实例

某工业企业生产三种产品的产量及单位成本资料如表9-4所示。根据表中资料，可以分析该企业三种产品的产量综合指数，同时，也可以计算三种产品的单位成本综合指数。

表 9-4　综合指数计算表

| 产品名称 | 计量单位 | 产量 q | | 单价成本 p（百元） | | 总成本 qp（百元） | | |
|---|---|---|---|---|---|---|---|---|
| | | 1月 $q_0$ | 2月 $q_1$ | 1月 $p_0$ | 2月 $p_1$ | $q_0 p_0$ | $q_1 p_1$ | $q_1 p_0$ |
| 甲 | 件 | 50 | 55 | 10 | 10.5 | 500 | 577.5 | 550 |
| 乙 | 台 | 10 | 22 | 50 | 49 | 500 | 1 078 | 1 100 |
| 丙 | 只 | 20 | 25 | 1.2 | 1.5 | 24 | 37.5 | 30 |
| 合计 | — | — | — | — | — | 1 024 | 1 693 | 1 680 |

└─────────── 已知资料 ───────────┘　└────── 计算栏 ──────┘

根据综合指数编制的一般原则，计算出相关指标如表 9-4 所示。

三种产品的产量综合指数：

$$\bar{k}_q = \frac{\sum q_1 p_0}{\sum q_0 p_0} = \frac{1\,680}{1\,024} = 1.640\,6\ \text{或}\ 164.06\%$$

$$\sum q_1 p_0 - \sum q_0 p_0 = 1\,680 - 1\,024 = 656\,（百元）$$

三种产品的价格综合指数：

$$\bar{k}_p = \frac{\sum q_1 p_1}{\sum q_1 p_0} = \frac{1\,693}{1\,680} = 1.007\,7\ \text{或}\ 100.77\%$$

$$\sum q_1 p_1 - \sum q_1 p_0 = 1\,693 - 1\,680 = 13\,（百元）$$

计算结果表明：三种产品的产量综合上涨了 64.06%，并由此而使总成本上升了 65 600 元；三种产品的单位成本上涨了 0.77%，并由此而使总成本上升了 1 300 元。

### 三、综合指数运用时应注意的问题

#### （一）拉氏指数与派氏指数的比较

除非每种产品销售量都按同一比例上升或下降，否则两种方法计算出来的结果是不一致的，通常情况下，拉氏价格指数会大于派氏价格指数。这是因为价格上升幅度大的商品，人们购买量相对下降，而价格上升幅度小的商品，人们的购买量相应上升，因此在物价上涨时，派氏价格指数中价格上升幅度大的商品的权数与基期权数比要低，价格上升的幅度小的商品的权数与基期权数比要高，这样就使得上升幅度大的价格在总指数形成中的影响不如拉氏指数大，而上升幅度小的价格在总指数形成中的影响大于拉氏指数，从而导致拉氏价格指数大于派氏价格指数；反过来看，当物价下跌时，人们倾向于购买价格下跌较多的商品，从而导致派氏价格指数中下降幅度大的价格具有较大的权数，其结果还是派氏价格指数低于拉氏指数的数值。研究结果表明，当销售量的变动率（$q_1/q_0$）与价格的变动率（$p_1/p_0$）之间的相关程度比较小时，拉氏指数和派氏价格指数计算结果相差就很小。

#### （二）综合指数编制的一般原则

在实际工作中，考虑到指数编制的实际意义以及进行因素分析的需要，通常在编制综合指数时，确定了一个一般原则：编制数量指标综合指数时，以基期的质量指数做同度量因素，即拉氏指数；编制质量指标指数时，以报告期的数量指标做同度量因素，即派氏指数。

### 同步思考 9-2

1. 什么是广义指数？什么是狭义指数？试举出三个广义指数和狭义指数的例子。
2. 编制综合指数时，其一般原则是什么？为什么这样规定呢？

## 第三节　平均指数

除了综合指数以外，总指数的另一种形式是平均指数。

### 一、平均指数的概念和特点

#### （一）平均指数的概念

平均指数是从个体指数出发，并以价值量指标为权数，通过加权平均计算来测定复杂现象的变动程度，是个体指数的加权平均数。

平均指数是总指数的一种。它并不是对平均指标进行分析，而仅仅是平均指标的形式，在统计中，通常是将其作为综合指数的变形来应用的。由于在实际工作中，个体指数比较容易得到，所以平均指数的应用十分广泛。

平均指数有两种具体形式，一是加权算术平均指数，一是加权调和平均指数。

#### （二）平均指数的特点

平均指数编制的基本方法是"先对比，后平均"。所谓"先对比"，是指先通过对比计算个体指数；所谓"后平均"，则是将个体指数赋予适当的权数，加以平均得到总指数。

平均指数和综合指数比较，有三个不同特点。其一，综合指数是"先综合，后对比"，平均指数是"先对比，后平均"。其二，综合指数主要用全面资料编制，平均指数既可以用全面资料编制，也可以依据非全面资料编制。其三，综合指数一般采用实际资料做权数编制，平均指数在编制时，除了用实际资料外，还可以用估算的资料编制。

综合指数和平均指数在一定的条件下可以相互转换。由于这种关系的存在，当掌握的资料不能直接使用综合指数形式计算时，可以把它转换成平均指数的形式计算。在这种情况下，平均指数和对应的综合指数计算结果是一致的，也有着完全相同的经济意义。

## 二、平均指数的编制

### (一) 加权算术平均指数

加权算术平均指数是以个体指数为变量，以基期的价值指标为权数计算的加权算术平均数形式的指数。

根据综合指数编制的一般原则，编制数量指标综合指数时，需要以基期的质量指标做同度量因素，即采用如下形式来计算数量指标综合指数：

$$\bar{k}_q = \frac{\sum q_1 p_0}{\sum q_0 p_0}$$

因为数量指标的个体指数 $k_q = \frac{q_1}{q_0}$，所以 $q_1 = k_q q_0$，将其代入数量指标综合指数的编制公式中，则有：

$$\bar{k}_q = \frac{\sum k_q q_0 p_0}{\sum q_0 p_0}$$

上式是以个体指数 $k_q$ 为变量，以基期的 $q_0 p_0$ 为权数的加权算术平均数形式的加权算术平均指数。由此我们可以看到，通常在计算数量指标总指数时，可以采用加权算术平均指数，或者说，数量指标综合指数可以变形为加权算术平均指数。

例如，某商店销售的四种商品的数量及基期的销售额资料如表 9-5 所示，试计算四种商品的产量综合变动情况。

表 9-5 加权算术平均数指数计算表

| 商品 | 计量单位 | 商品的销售量 $q$ | | 基期销售额（元）$q_0 p_0$ | $k_q = q_1/q_0$ | $k_q q_0 q_0$ |
| --- | --- | --- | --- | --- | --- | --- |
| | | 基期 $q_0$ | 报告期 $q_1$ | | | |
| 甲 | 件 | 280 | 275 | 35 000 | 0.982 1 | 34 375 |
| 乙 | 条 | 125 | 130 | 60 000 | 1.040 0 | 62 400 |
| 丙 | 双 | 260 | 260 | 32 500 | 1.000 0 | 32 500 |
| 丁 | 米 | 50 | 52 | 8 000 | 1.040 0 | 8 320 |
| 合计 | — | — | — | 135 500 | — | 137 595 |

├────── 已知资料 ──────┤├── 计算栏 ──┤

上表中，前五栏为已知资料栏，后两栏为计算栏。

经过上表的计算，我们可以得到四种商品的销量综合变动指数为：

$$\bar{k}_q = \frac{\sum k_q q_0 p_0}{\sum q_0 p_0} = \frac{137\ 595}{135\ 500} = 1.015\ 5 \text{ 或 } 101.55\%$$

由于三种产品的产量增长了 1.55%，因而销售额增加的绝对额是：

$$\sum k_q q_0 p_0 - \sum q_0 p_0 = 137\ 595 - 135\ 500 = 2\ 095 \text{（元）}$$

### (二) 加权调和平均指数

加权调和平均指数是以个体指数为变量，以报告期的价值指标为权数计算的加权调和和平均数形式的指数。

根据综合指数编制的一般原则，编制质量指标综合指数时，需要以报告期的数量指标做同度量因素，即采用如下形式来计算质量指标综合指数：

$$\bar{k}_p = \frac{\sum q_1 p_1}{\sum q_1 p_0}$$

因为质量指标的个体指数 $k_p = \frac{p_1}{p_0}$，所以 $p_0 = \frac{p_1}{k_p}$，将其代入质量指标综合指数的编制公式中，则有：

$$\bar{k}_p = \frac{\sum q_1 p_1}{\sum \frac{q_1 p_1}{k_p}}$$

上式是以个体指数 $k_p$ 为变量，以报告期的 $q_1 p_1$ 为权数的加权调和平均数形式的加权调和平均指数。由此我们可以看到，通常在计算质量指标总指数时，可以采用加权调和平均指数，或者说，质量指标综合指数可以变形为加权调和平均指数。

例如，某企业生产的三种产品单位成本及报告期销售额资料如表 9-6 所示。

表 9-6　加权调和平均指数计算表

| 产品名称 | 计量单位 | 单位成本 $p$（元） | | $q_1 p_1$ | $k_p = p_1/p_0$ | $q_1 p_1/k_p$ |
| --- | --- | --- | --- | --- | --- | --- |
| | | 1月份 $p_0$ | 2月份 $p_1$ | | | |
| 甲 | 件 | 1 000 | 1 050 | 577 500 | 1.05 | 550 000 |
| 乙 | 台 | 5 000 | 4 950 | 108 900 | 0.99 | 110 000 |
| 丙 | 只 | 120 | 120 | 300 000 | 1 | 300 000 |
| 合计 | — | | | 986 400 | | 960 000 |

├──── 已知资料 ────┤　　　　　　├── 计算栏 ──┤

上表中，前五栏为已知资料栏，后两栏为计算栏。

经过上表的计算，我们可以得到三种产品的单位成本综合变动指数为：

$$\bar{k}_p = \frac{\sum q_1 p_1}{\sum \frac{q_1 p_1}{k_p}} = \frac{986\,400}{960\,000} = 1.027\,5 \text{ 或 } 102.75\%$$

其计算结果和综合指数的计算结果是一致的。

由于三种产品的单位成本增长了 2.75%，因而总成本上升的绝对额是：

$$\sum q_1 p_1 - \sum \frac{q_1 p_1}{k_p} = 986\,400 - 960\,000 = 26\,400 \text{（元）}$$

### 🔑 同步思考 9-3

1. 在编制综合指数时，为什么要引入同度量因素？如何引入同度量因素？引入同度量因素后，为什么还要将同度量因素的时期加以固定？同度量因素的时期通常如何来确定？

2. 平均指数与综合指数有什么不同？在什么条件下应用算术平均指数？在什么条件下应用调和平均指数？

## 第四节　指数体系及因素分析

### 一、指数体系

#### （一）指数体系的概念

现象之间是相互联系、相互制约的，一个现象发生一定量的变化，会影响到其他现象也发生一定量的变化，例如，销售额的变化受销售量和产品价格变化的影响；总成本的变动受单位成本和产量变化的影响；消费税额的变动受产量、价格及消费税税率的影响。这种关系可以用公式表示：

$$产品销售额 = 产品销售量 \times 产品单价$$
$$产品总成本 = 产品产量 \times 单位成本$$
$$消费税额 = 产量 \times 价格 \times 消费税税率$$

现象的这种关系不仅表现在静态上，也表现在动态上，见下面三个等式：

$$产品销售额指数 = 产品销售量指数 \times 产品单价指数$$
$$产品总成本指数 = 产品产量指数 \times 单位成本指数$$
$$消费税额指数 = 产量指数 \times 价格指数 \times 消费税税率指数$$

这三个等式就是指数体系。由此可见，所谓统计指数体系，是由三个或三个以上在内容上具有一定联系、在形式上具有一定对等关系的指数所构成的整体。

现象间的这种关系不仅体现在相对量上，也体现在绝对量上。如上例，销售额增减的绝对额，是商品销售量变动影响的绝对额和销售价格变动影响的绝对额之和。产品总成本增减的绝对额等于产量变动影响的绝对额和单位成本变动影响的绝对额之和。

#### （二）指数体系的作用

##### 1. 利用指数体系，可以进行因素分析

利用指数体系，可以分析复杂现象总体数量变动中各个因素变动影响的程度和方向。

例如，产品销售额指数 = 产品销售量指数 × 产品单价指数，在这个指数体系中，产品销售额的变动受销售量变化和价格变化的共同影响，那么，销售量变化对销售额的变化影响有多大，价格的变化对销售额的影响又有多大呢？我们可以通过指数体系进行因素分析。

当然，我们在对现象进行分析时，不仅可以分析相对量，即指数上的分析，还可以进行绝对量的分析，即分析各个因素的变化对总变化影响的绝对额有多大。

##### 2. 利用指数体系中各指数之间的关系，可以进行互相推算

当我们掌握了销售额变动的情况，同时也掌握了销售单价变化的情况，我们就可以

根据指数体系推断出销售量变化的情况。例如，产品销售量指数 = 产品销售额指数 / 产品单价指数。

### (三) 构建指数体系的一般原则

统计指数体系是进行因素分析的基本依据，因此，在构建指数体系时，要遵循以下几个基本原则。

一是统计指数体系中的各个指数必须保持对等关系，以便从相对数和绝对数两个方面进行因素分析。一般来说，相对数之间的关系是乘除关系，而绝对数之间的关系是加减关系。

二是利用指数体系进行因素分析时，必须分清各个因素的性质，即确定哪个因素是数量指标，哪个因素是质量指标，然后根据指数编制的一般原则确定各因素指数的编制方法。

三是指数体系之间、总体指数与因素指数之间，必须具有实质的关系，有内在的联系，不能牵强附会。

## 二、因素分析

### (一) 因素分析的概念

所谓因素分析，就是利用统计指数体系中各个指数之间的数量关系，对现象总体总变动的各个影响因素进行分解，分析各因素变动对现象总体总变动的影响程度和影响数额。

例如，产品销售额指数 = 产品销售量指数 × 产品单价指数，在销售额的变动中，分析受销售量变动影响的程度和销售价格影响的程度，这样的分析就是因素分析。

### (二) 因素分析的种类

因素分析从不同的角度，可以分成不同的种类。

**1. 按分析对象范围分，可以分为简单现象因素分析和复杂现象因素分析**

简单现象因素分析的基础是个体指数及其指数体系，如某种产品产量变动中，投入的劳动量及劳动生产率影响的分析。

复杂现象因素分析的基础是总指数及指数体系，如多种产品销售额变动中，价格变动与销售量变动对销售额影响的分析。

**2. 按分析指标形式分，可分为总量指标变动的因素分析和相对指标、平均指标变动的因素分析**

总量指标变动的因素分析可分解为数量指标指数和质量指标指数的分析，如对销售额变动的分析，对产值变动的分析等。

相对指标或平均指标变动的因素分析，是对相对指标的变动或平均指标的变动进行的分析，如对总平均工资的变动进行因素分析、对单位成本的变动进行的因素分析、对劳动生产率变动进行的因素分析等。

### 3. 按影响因素多少分，可分为两因素分析和多因素分析

两因素分析是指在三个指数所构成的指数体系中，有两个因素指数，通过对两个因素指数进行分析，得到总量指标变动的原因。

多因素分析是指构成指数体系的指数有四个或四个以上，因素指数在三个以上，通过三个或三个以上因素指数的变化，对总体总量指标的变化进行的因素分析。

综上所述，因素分析的种类如图 9-2 所示。

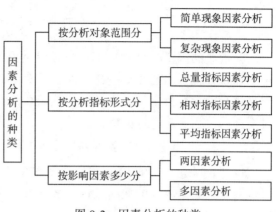

图 9-2　因素分析的种类

### （三）因素分析的步骤

因素分析主要包括以下几个步骤。

#### 1. 确定指数体系

从研究的任务与目的出发，依据有关科学理论确定分析的对象和影响因素，并根据其各指标的内在联系确定出关系式，同时确定指数体系。

例如销售收入的分析，我们可以根据现象的内在联系，确定出如下的关系式：

$$产品销售收入 = 产品销售量 \times 产品单价$$

由此而形成的指数体系为：

$$产品销售收入指数 = 产品销售量指数 \times 产品单价指数$$

#### 2. 计算各因素指数

根据构建指数体系的要求，选用合适的指数形式，计算出反映现象总体变动和各影响因素变动的指数。

如在分析数量指标指数变动影响时，通常采用拉氏公式来编制，分析质量指标指数变动的影响时，通常采用派氏指数编制公式。

#### 3. 进行因素分析

从相对数和绝对数两个方面对各影响因素进行综合分析和验证。

## 三、总量指标的因素分析

总量指标的因素分析通常可以分为两因素分析和多因素分析，同时又包括简单现象和复杂现象的因素分析。这里我们只介绍复杂现象的两因素和多因素分析。

### （一）两因素分析

总量指标的两因素分析，其影响因素有两个。以销售收入和销售量及价格三个指标之间的关系为例，则可以构成如下的指数体系：

$$销售收入指数 = 销售量指数 \times 销售价格指数$$

根据综合指数编制的一般原则，我们可以将上面的指数体系写成如下的形式：

$$\frac{\sum q_1 p_1}{\sum q_0 p_0} = \frac{\sum q_1 p_0}{\sum q_0 p_0} \times \frac{\sum q_1 p_1}{\sum q_1 p_0}$$

在指数的因素分析中，不仅可以通过以上的指数（相对数）形式进行因素分析，还可以通过各种因素的相对变化情况，结合绝对数进行因素分析。将相对数和绝对数结合起来进行因素分析，可以更全面地认识总体总量指标的变动原因。在绝对量上，可以通过下面的关系式来进行分析：

$$\sum q_1 p_1 - \sum q_0 p_0 = (\sum q_1 p_0 - \sum q_0 p_0) + (\sum q_1 p_1 - \sum q_1 p_0)$$

例如，某企业三种商品的产量及单位成本情况如表 9-7 所示，根据表 9-7 的资料，可以对该企业总成本的变动进行因素分析。

表 9-7  因素分析计算分析表

| 商品名称 | 计量单位 | 产量 $q$ | | 单位成本（千元）$p$ | | $q_0 p_0$ | $q_1 p_1$ | $q_1 p_0$ |
| --- | --- | --- | --- | --- | --- | --- | --- | --- |
| | | 基期 $q_0$ | 报告期 $q_1$ | 基期 $p_0$ | 报告期 $p_1$ | | | |
| 甲 | 件 | 500 | 600 | 30 | 32 | 15 000 | 19 200 | 18 000 |
| 乙 | 千克 | 550 | 580 | 40 | 36 | 22 000 | 20 880 | 23 200 |
| 丙 | 米 | 200 | 180 | 60 | 70 | 12 000 | 12 600 | 10 800 |
| 合计 | — | — | — | — | — | 49 000 | 52 680 | 52 000 |

      └───── 已知资料 ─────┘  └───── 计算栏 ─────┘

上表中，前六栏为已知资料栏，后三栏为计算栏。

根据上表资料，计算出总成本指数为：

$$\bar{k}_{qp} = \frac{\sum q_1 p_1}{\sum q_0 p_0} = \frac{52\,680}{49\,000} = 107.51\%$$

由于产量和单位成本综合增长了 7.51%，总成本增加了：

$$\sum q_1 p_1 - \sum q_0 p_0 = 52\,680 - 49\,000 = 3\,680\,（千元）$$

产量综合指数为：

$$\bar{k}_q = \frac{\sum q_1 p_0}{\sum q_0 p_0} = \frac{52\,000}{49\,000} = 106.12\%$$

由于产量增长了 6.12%，总成本增加了：

$$\sum q_1 p_0 - \sum q_0 p_0 = 52\,000 - 49\,000 = 3\,000\,（千元）$$

单位成本综合指数为：

$$\bar{k}_p = \frac{\sum q_1 p_1}{\sum q_1 p_0} = \frac{52\,680}{52\,000} = 101.31\%$$

由于单位成本增加了 1.31%，总成本增加了：

$$\sum q_1 p_1 - \sum q_1 p_0 = 52\,680 - 52\,000 = 680\,（千元）$$

通过以上的计算，我们可以形成两个指数体系，即：

相对数指数体系为：

$$\frac{\sum q_1 p_1}{\sum q_0 p_0} = \frac{\sum q_1 p_0}{\sum q_0 p_0} \times \frac{\sum q_1 p_1}{\sum q_1 p_0}$$

107.51%=106.12%×101.31%

绝对数指数体系为：

$$\sum q_1 p_1 - \sum q_0 p_0 = (\sum q_1 p_0 - \sum q_0 p_0) + (\sum q_1 p_1 - \sum q_1 p_0)$$

3 680 千元 =3 000 千元 +680 千元

从计算结果来看，销售额上升了7.51%，是销售量增长了6.12%和销售价格增长了1.31%两个因素共同影响的。销售额增长了3 680 000元，是销售量增长使之增长了3 000 000元和价格的增长使之增长了680 000元两个因素共同影响的。

## （二）多因素分析

总量指标的多因素分析，其影响因素为三个或三个以上。这里我们以三因素的指数体系为例，来介绍多因素分析。

多因素分析的方法与两因素分析的方法基本一致。首先要构建指数体系，然后要确定指数中各因素指数的编制方法，最后要对总体总量指标，从相对数和绝对数两个方面进行因素分析。

在进行多因素分析时，最关键的是如何确定各因素指数的编制方法。首先，要将各因素按照数量指标在前，质量指标在后的原则排列，因为多因素分析中，至少有三个以上的因素，所以其中有两个或两个以上的因素指标具有相同的性质，即同为数量指标或同为质量指标。此时，需要按现象之间的内在联系，即相邻的两个因素指标相乘有一定的意义来确定因素指标的先后顺序。其次，当分析因素指标时，需要将该因素指标以前的因素固定在报告期，而将该因素指标以后的因素固定在基期。例如，

消费税额指数 = 产量指数 × 价格指数 × 消费税税率指数

上式中，我们首先将产量这一数量指标放在第一位，然后是价格，最后是消费税税率，这样排序是因为产量是数量指标，而在价格和消费税税率这两个质量指标的排序上，根据现象之间的内在联系，产量乘以价格等于销售收入，价格乘以消费税税率等于单位产品的消费税额，而产量乘以消费税税率却没有实际的意义，所以将价格因素排在第二位，而将消费税税率排在第三位。再如，

原材料费用指数
= 产量指数 × 单位产品原材料消耗量指数 × 单位原材料价格指数

在这个指数体系中，影响因素为产量、单位产品原材料消耗量和单位原材料价格，其中产量为数量指标，而后两者皆为质量指标，但由于单位产品原材料消耗量与产量相乘所得的原材料消费总量是有一定意义的，而单位产品原材料价格与产量相乘是没有意义的，所以其排序为产量、单位产品原材料消耗量、单位原材料价格。

如果设产量为 $q$，单位产品原材料消耗为 $p$，单位原材料价格为 $m$，则根据多因素指标体系的构建原则，我们可以得到相应的指数体系。

相对数指数体系：

$$\frac{\sum q_1 p_1 m_1}{\sum q_0 p_0 m_0} = \frac{\sum q_1 p_0 m_0}{\sum q_0 p_0 m_0} \times \frac{\sum q_1 p_1 m_0}{\sum q_1 p_0 m_0} \times \frac{\sum q_1 p_1 m_1}{\sum q_1 p_1 m_0}$$

绝对数指数体系：

$$\sum q_1 p_1 m_1 - \sum q_0 p_0 m_0 \\ = (\sum q_1 p_0 m_0 - \sum q_0 p_0 m_0) + (\sum q_1 p_1 m_0 - \sum q_1 p_0 m_0) + (\sum q_1 p_1 m_1 - \sum q_1 p_1 m_0)$$

例如，某企业生产的三种产品的生产消耗资料如表 9-8 所示。

表 9-8 三种产品生产消耗资料

| 品名 | 计量单位 | 产量 $q$ | | 单位产品原材料消耗量 $p$ | | 单位材料价格 $m$（元） | |
|---|---|---|---|---|---|---|---|
| | | 基期 $q_0$ | 报告期 $q_1$ | 基期 $p_0$ | 报告期 $p_1$ | 基期 $m_0$ | 报告期 $m_1$ |
| 甲 | 千克 | 600 | 800 | 0.5 | 0.4 | 20 | 21 |
| 乙 | 米 | 400 | 400 | 1 | 0.9 | 15 | 14 |
| 丙 | 米 | 800 | 1 000 | 2.2 | 2.3 | 30 | 28 |

根据上述资料，计算指数分析需要的有关指标如表 9-9 所示。

表 9-9 原材料费用因素分析计算表

| 品名 | $q_0 p_0 m_0$ | $q_1 p_1 m_1$ | $q_1 p_0 m_0$ | $q_1 p_1 m_0$ |
|---|---|---|---|---|
| 甲 | 6 000 | 6 720 | 8 000 | 6 400 |
| 乙 | 6 000 | 5 040 | 6 000 | 5 400 |
| 丙 | 52 800 | 64 400 | 66 000 | 69 000 |
| 合计 | 64 800 | 76 160 | 80 000 | 80 800 |

原材料费用总额指数：

$$\bar{k}_{qpm} = \frac{\sum q_1 p_1 m_1}{\sum q_0 p_0 m_0} = \frac{76\,160}{64\,800} = 117.53\%$$

原材料费用增长的绝对额为：

$$76\,160 - 64\,800 = 11\,360（元）$$

三种产品的产量总指数：

$$\bar{k}_q = \frac{\sum q_1 p_0 m_0}{\sum q_0 p_0 m_0} = \frac{80\,000}{64\,800} = 123.46\%$$

由于三种产品产量的增加，原材料费用增长额为：

$$80\,000 - 64\,800 = 15\,200（元）$$

三种产品的原材料单耗总指数为：

$$\bar{k}_p = \frac{\sum q_1 p_1 m_0}{\sum q_1 p_0 m_0} = \frac{80\,800}{80\,000} = 101\%$$

由于三种产品原材料单耗的增加，原材料费用增长额为：

$$80\,800 - 80\,000 = 800（元）$$

三种产品的原材料单价总指数为：

$$\bar{k}_m = \frac{\sum q_1 p_1 m_1}{\sum q_1 p_1 m_0} = \frac{76160}{80800} = 94.26\%$$

由于三种产品原材料单价的增加,原材料费用增长额为:
$$76160 - 80800 = -4640 (元)$$

根据上述计算,得到的指数体系,即:

相对数指数体系:
$$\frac{\sum q_1 p_1 m_1}{\sum q_0 p_0 m_0} = \frac{\sum q_1 p_0 m_0}{\sum q_0 p_0 m_0} \times \frac{\sum q_1 p_1 m_0}{\sum q_1 p_0 m_0} \times \frac{\sum q_1 p_1 m_1}{\sum q_1 p_1 m_0}$$
$$117.53\% = 123.46\% \times 101\% \times 94.26\%$$

绝对数指数体系:
$$\sum q_1 p_1 m_1 - \sum q_0 p_0 m_0 = (\sum q_1 p_0 m_0 - \sum q_0 p_0 m_0) + (\sum q_1 p_1 m_0 - \sum q_1 p_0 m_0) + (\sum q_1 p_1 m_1 - \sum q_1 p_1 m_0)$$
$$11360 \text{ 元} = 15200 \text{ 元} + 800 \text{ 元} - 4640 \text{ 元}$$

根据计算结果可知:三种产品的原材料消耗总额增长了17.53%,是三种产品的产量增加了23.46%、单位产品消耗量增加了1%,以及单位原材料价格降低了5.74%三个因素共同影响的;从绝对数上看,三种产品原材料消耗总额增长了11360元,是产量的增加使其增长了15200元、单位产品消耗量增加使其增长了800元,以及单位原材料价格下降使其降低了4640元三个因素共同影响的。

### 四、平均指标因素分析

综合指数和平均指数都是对复杂现象的总量指标的变动进行分析,但在实际工作中,我们还会经常遇到对平均指标变动进行分析的问题。对平均指标又如何进行分析呢?这需要借助平均指标指数来进行。

#### (一)平均指标指数的含义

平均指标是反映变量分布特征的重要指标,也是衡量现象发展水平的重要依据之一,因此,我们经常要对一些重要现象的平均指标进行动态考察和研究,以便及时了解和掌握其变动方向和程度,这就需要计算平均指标的动态相对数,即平均指标指数。平均指标指数就是两个不同时期的同一平均指标的数值对比形成的指数。

计算平均指标指数并不仅仅是为了掌握平均指标本身数值的变动程度,更是为了了解平均指标的数值为什么会发生这样或那样的变化。

加权算术平均数的计算公式如下:
$$\bar{x} = \frac{\sum xf}{\sum f}$$

从这个公式中,我们可以看到,加权算术平均数的大小受两个因素的影响,一是变量本身,二是权数(准确地说是次数比重)。所以平均指标因素分析是要观测两个因素的变动对总平均数变动的影响方向和影响程度,这里不仅要分析总平均指标是如何变动的，还要研究各个因素对总平均指标的影响方向和影响程度。

在对平均指标变动进行分析时，通常需要运用三个指数，一个叫可变构成指数，一个叫固定构成指数，还有一个叫结构影响指数。

可变构成指数是反映总平均指标变动程度的指数。固定构成指数是反映变量值本身变动对总平均数影响程度的指数。结构影响指数是反映权数变动对总平均数影响程度的指数。

## （二）平均指标指数的编制

### 1. 可变构成指数

可变构成指数是分析一个平均指标在两个不同时期的数值变化的指数，其计算公式为：

$$\bar{k}_{可变} = \frac{\bar{x}_1}{\bar{x}_0}$$

式中　$\bar{k}_{可变}$——可变构成指数；

　　　$\bar{x}_1$——报告期平均指标；

　　　$\bar{x}_0$——基期平均指标。其中，$\bar{x}_0 = \frac{\sum x_0 f_0}{\sum f_0}$，$\bar{x}_1 = \frac{\sum x_1 f_1}{\sum f_1}$。

可变构成指数反映的是将报告期平均指标与基期平均指标进行对比后的发展变化程度。

### 2. 固定构成指数

固定构成指数是反映标志值本身变动对总平均数变化影响程度的指数，其计算公式为：

$$\bar{k}_{固定} = \frac{\bar{x}_1}{\bar{x}_n}$$

式中　$\bar{k}_{固定}$——固定构成指数；

　　　$\bar{x}_n$——假定的平均值，$\bar{x}_n = \frac{\sum x_0 f_1}{\sum f_1}$。

### 3. 结构影响指数

结构影响指数是分析平均指标的构成因素中，结构变化对总平均数影响的程度，其计算公式为：

$$\bar{k}_{结构} = \frac{\bar{x}_n}{\bar{x}_0}$$

式中　$\bar{k}_{结构}$——结构影响指数。

## （三）利用平均指标指数进行因素分析

从平均指标指数中的三个指数来看，不难发现，三个指数可以构成如下平均指标指数体系。

从相对数上看,则是:

$$\bar{k}_{可变} = \bar{k}_{固定} \times \bar{k}_{结构}$$

$$\frac{\bar{x}_1}{\bar{x}_0} = \frac{\bar{x}_1}{\bar{x}_n} \times \frac{\bar{x}_n}{\bar{x}_0}$$

从绝对数上看,则是:

$$\bar{x}_1 - \bar{x}_0 = (\bar{x}_1 - \bar{x}_n) + (\bar{x}_n - \bar{x}_0)$$

例如,某企业三类职工的人数及平均工资如表 9-10 所示。

表 9-10 某企业职工人数及平均工资资料

| 组别 | 人数 | | 月平均工资(元) | | 工资总额(元) | | |
|---|---|---|---|---|---|---|---|
| | 基期 $f_0$ | 报告期 $f_1$ | 基期 $x_0$ | 报告期 $x_1$ | 基期 $x_0 f_0$ | 报告期 $x_1 f_1$ | 假定的 $x_0 f_1$ |
| 普通工人 | 100 | 90 | 5 000 | 5 500 | 500 000 | 495 000 | 450 000 |
| 技术工人 | 70 | 66 | 8 000 | 8 500 | 560 000 | 561 000 | 528 000 |
| 管理人员 | 30 | 74 | 6 000 | 7 000 | 180 000 | 518 000 | 444 000 |
| 合计 | 200 | 230 | — | — | 1 240 000 | 1 574 000 | 1 422 000 |

已知资料　　　　　　　　　　　　计算栏

根据上表,我们可以计算出各个平均指标指数。

(1)计算平均指标:

$$\bar{x}_0 = \frac{\sum x_0 f_0}{\sum f_0} = \frac{1\,240\,000}{200} = 6\,200.00(元)$$

$$\bar{x}_1 = \frac{\sum x_1 f_1}{\sum f_1} = \frac{1\,574\,000}{230} = 6\,843.48(元)$$

$$\bar{x}_n = \frac{\sum x_0 f_1}{\sum f_1} = \frac{1\,422\,000}{230} = 6\,269.57(元)$$

(2)计算可变构成指数:

$$\bar{k}_{可变} = \frac{\bar{x}_1}{\bar{x}_0} = \frac{6\,843.48}{6\,200} = 110.38\%$$

$$\bar{x}_1 - \bar{x}_0 = 6\,843.48 - 6\,200 = 643.48(元)$$

(3)进行因素分析:

$$\bar{k}_{固定} = \frac{\bar{x}_1}{\bar{x}_n} = \frac{6\,843.48}{6\,269.57} = 109.15\%$$

$$\bar{x}_1 - \bar{x}_n = 6\,843.48 - 6\,269.57 = 573.91(元)$$

$$\bar{k}_{结构} = \frac{\bar{x}_n}{\bar{x}_0} = \frac{6\,269.57}{6\,200} = 101.12\%$$

$$\bar{x}_n - \bar{x}_0 = 6\,269.57 - 6\,200.00 = 69.57(元)$$

(4)构建指数体系。

相对数指数体系:

$$\frac{\bar{x}_1}{\bar{x}_0} = \frac{\bar{x}_1}{\bar{x}_n} \times \frac{\bar{x}_n}{\bar{x}_0}$$

$$110.38\% = 109.15\% \times 101.12\%$$

绝对数指数体系：

$$\bar{x}_1 - \bar{x}_0 = (\bar{x}_1 - \bar{x}_n) + (\bar{x}_n - \bar{x}_0)$$

643.48 元 = 573.91 元 + 69.57 元

以上计算结果表明，该企业职工总平均工资增长了 10.38%，平均工资增长了 643.48 元。其原因有两个：一是由于各组平均工资增长 9.15%，职工总平均工资增长了 573.91 元；二是由于职工结构的变化，企业职工平均工资增长了 9.66%，平均工资增长了 69.57 元。

此外，对平均指标的绝对数进行分析，不仅可以分析平均指标本身的绝对变化，还可以对总体总量指标进行分析。

分析公式为：

$$(\bar{x}_1 - \bar{x}_0)\sum f_1 = (\bar{x}_1 - \bar{x}_n)\sum f_1 + (\bar{x}_n - \bar{x}_0)\sum f_1$$

如上例：

$$643.48 \times 230 = 573.91 \times 230 + 69.57 \times 230$$

即 148 000.40 元 = 131 999.30 元 + 16 001.10 元。

上式表明，该企业职工的工资总额增长了 148 000.40 元。一是由于各组平均工资的增长了，使工资总额增长了 131 999.30 元；二是由于职工结构的变化，使工资总额增长了 16 001.10 元。

### 同步思考 9-4

1. 如果要进行指数的因素分析，我们首先要做什么？指数体系和因素分析有什么关系？
2. 在进行平均指标的因素分析时，我们可不可以将平均指标的因素分析与总量指标的因素分析结合起来分析呢？

## 第五节　几种常用的经济指数 *

指数是一种最古老、最重要、应用最广泛的统计概念。指数与人们的生活息息相关。如衡量经济发展程度要使用国内生产总值指数，反映人民生活质量变化要使用生活质量指数，反映物价变化要使用物价指数，反映证券市场股票价格水平变化要用到股价指数等。这里我们主要介绍居民消费价格指数、生产者物价指数、股价指数和国民幸福指数。

### 一、居民消费价格指数

#### （一）居民消费价格指数的含义及作用

居民消费价格指数（consumer price index，CPI），是反映与居民生活有关的商品及劳务价格变动指标，通常用于观察通货膨胀的水平。如果消费者物价指数增幅过大，表明通胀已经成为经济不稳定因素，一般来说，当 CPI 增幅大于 3% 时，称为通货膨胀；而当 CPI 增幅大于 5% 时，称为严重的通货膨胀。虽然 CPI 是一个滞后性的数据，但它往往是市场运行经济活动和政府实施货币政策的一个重要参考指标。CPI 稳定、充分就业以及国内生产总值增长往往是最重要的社会经济目标。

我国的 CPI 指数计算统一执行国家统计局规定的"八大类"指数体系，即指数的构成包括食品类、烟酒及用品类、衣着类、家庭设备用品及维修服务类、医疗保健和个人用品类、交通和通信类、娱乐教育文化用品及服务类、居住类等八大类，每个大类中又包含若干个具体项目，总共有 300 多项。其构成权重分别是食品 34%、娱乐教育文化用品及服务 14%、居住 13%、交通和通信 10%、医疗保健和个人用品 10%、衣着 9%、家庭设备用品及维修服务 6%、烟酒及用品 4%。

## （二）我国现行的零售商品价格指数的编制方法

### 1. 选择代表规格品

全社会零售商品的种类多达上百万，要编制包括全部商品的零售价格指数显然是不可能的，因此在编制价格指数时，只选择部分具有代表性的商品。首先对商品进行科学分类，在此基础上分别选择能代表各类别的代表规格品。选择的各类代表规格品通常是那些成交量比重较大、市场供应稳定、能代表该类商品价格变动趋势的商品。我国目前编制的零售商品价格指数中，把消费品分为食品类、衣着类、日用品类、文化娱乐用品、书报杂志类、药及医疗用品类、建筑装潢类、燃料类等八大类。大类下分小类，小类下又分若干细类，每个细类中选择若干种有代表性的商品。

### 2. 选择典型地区

全国零售价格总指数反映的是全社会零售商品价格的总体变动水平，但我国幅员辽阔，要包括所有地区也是不可能的，一般只选择部分具有代表性的地区编制价格指数。选择典型地区时既要考虑其代表性，也要注重类型上的多样性以及地区分布上的合理性及稳定性。

### 3. 确定商品价格

对所选择的代表性商品，通常使用该商品在一定时期内的综合平均价。根据各代表商品基期和报告期的平均价计算每种商品的个体价格指数，以此作为计算类指数的基础。

### 4. 确定权数

我国目前的零售价格总指数采用加权算术平均形式计算，其权数是把上年商品零售额资料根据当年住户调查资料予以调整确定。其权数即某种商品零售额占所属细类商品零售额的比重，或者某小类商品零售额占所属中类商品零售额的比重。此外，还需分层计算权数，先确定各大类权数，然后分别确定中类、小类、细类、各代表商品权数。权数均以百分比表示，各权数之和等于 100%。为便于计算，权数一律取整数。

### 5. 计算指数

具体计算过程是先计算各代表规格品个体价格指数，然后分层逐级计算细类、小

类、中类、大类和全部商品总指数。其中,个体价格指数为:

$$K_p = \frac{P_1}{P_0}$$

类价格指数或价格总指数为 $\bar{K}_p = \frac{\sum K p_0 q_0}{\sum p_0 q_0}$（也可以报告期销售量作为同度量因素,即 $\bar{K}_p = \frac{\sum K p_0 q_1}{\sum p_0 q_1}$),或:

$$\bar{K}_p = \frac{\sum K_p W}{\sum W}$$

具体计算过程是:先计算各代表规格品个体价格指数,然后分层逐级计算细类、小类、中类、大类和全部商品总指数。现以部分资料说明价格总指数的编制和计算过程,如表 9-11 所示。

表 9-11 零售商品价格总指数计算表

| 商品类别及名称 | 计量单位 | 平均单价（元） | | 个体指数 K (100%) | 权数 W (100) | K×W |
|---|---|---|---|---|---|---|
| | | $P_0$ | $P_1$ | | | |
| 总指数 | | | | 115.1 | 100 | 11 514.4 |
| 一、食品类 | | | | 117.5 | 51 | 5 992.5 |
| 1. 粮食 | | | | 105.3 | 35 | 3 685.5 |
| 2. 副食品 | | | | 125.4 | 45 | 5 643.0 |
| 猪肉 | 千克 | 9.48 | 11.93 | 125.8 | 85 | 10 696.7 |
| 牛肉 | | 11.04 | 12.76 | 115.6 | 3 | 346.8 |
| 羊肉 | | 9.48 | 11.20 | 118.1 | 2 | 236.2 |
| 鸡蛋 | | 8.52 | 10.76 | 126.3 | 10 | 1 263.0 |
| 3. 烟酒茶 | | | | 126.0 | 11 | 1 386.0 |
| 4. 其他 | | | | 114.8 | 9 | 1 033.2 |
| 二、衣着类 | | | | 115.2 | 20 | 2 304.0 |
| 三、日用品类 | | | | 109.5 | 11 | 1 204.5 |
| 四、文化用品 | | | | 110.4 | 5 | 552.0 |
| 五、书报类 | | | | 198.6 | 2 | 217.2 |
| 六、医药类 | | | | 116.4 | 6 | 698.4 |
| 七、建材类 | | | | 114.5 | 2 | 229.0 |
| 八、燃料类 | | | | 105.6 | 3 | 316.8 |

根据上表资料,计算过程如下。

(1) 计算各代表规格品的价格指数。如:

猪肉价格指数 $= \frac{P_1}{P_0} = \frac{11.93}{9.48} = 125.8\%$

牛肉价格指数 $= \frac{P_1}{P_0} = \frac{12.76}{11.04} = 115.6\%$

羊肉价格指数 $= \frac{P_1}{P_0} = \frac{11.20}{9.48} = 118.1\%$

$$鸡蛋价格指数 = \frac{P_1}{P_0} = \frac{10.76}{8.52} = 126.3\%$$

(2) 计算副食品类价格指数：

$$\bar{K}_p = \frac{\sum K_p W}{\sum W}$$
$$= \frac{125.8 \times 85 + 115.6 \times 3 + 118.1 \times 2 + 126.3 \times 10}{100}$$
$$= 125.4\%$$

(3) 用同样的方法计算出其他各中类、大类的商品价格指数。

(4) 根据各大类商品价格指数及相应的权数计算出全部商品的价格总指数：

$$\bar{K}_p = \frac{\sum K_p W}{\sum W}$$
$$= \frac{117.5 \times 51 + 115.2 \times 20 + \cdots + 105.6 \times 3}{100}$$
$$= 115.1\%$$

## 二、生产者物价指数

生产者物价指数（producer price index，PPI），与 CPI 不同，生产者物价指数主要用来衡量企业购买物品和劳务的总费用。由于企业最终要把它们花费的成本和费用以更高的消费价格形式转移给消费者，通常认为生产者物价指数的变动对预测消费物价指数的变动是有用的。

PPI 是衡量工业企业产品出厂价格变动趋势和变动程度的指数，是反映某一时期生产领域价格变动情况的重要经济指标，也是制定有关经济政策和国民经济核算的重要依据。目前，我国 PPI 的调查产品有 4 000 多种，覆盖全部 39 个工业行业大类，涉及调查种类 186 个。

根据价格传导规律，PPI 对 CPI 有一定的影响。PPI 反映生产环节的价格水平，CPI 反映消费环节的价格水平。整体价格水平的波动一般首先出现在生产领域，然后通过产业链向下游产业扩散，最后波及消费品。产业链可以分为两条：一条是以工业品为原材料的生产，存在原材料→生产资料→生活资料的传导；另一条是以农产品为原材料的生产，存在农业生产资料→农产品→食品的传导。

由于 CPI 不仅包括消费品价格，还包括服务价格，CPI 与 PPI 在统计口径上并非严格的对应关系，因此 CPI 与 PPI 的变化出现不一致的情况是可能发生的。CPI 与 PPI 持续处于背离状态，这不符合价格传导规律。价格传导出现断裂的主要原因在于工业品市场处于买方市场以及政府有时会对公共产品价格进行适度调控。

在不同市场条件下，工业品价格向最终消费价格传导有两种可能情形：一是在卖方市场条件下，成本上涨引起的工业品价格（如电力、水、煤炭等能源、原材料价格）上涨最终会顺利传导到消费品价格上；二是在买方市场条件下，由于供大于求，工业品价格很难传递到消费品价格上，企业需要通过压缩利润对上涨的成本予以消化，其结果表现为中下游产品价格稳定，甚至可能继续走低，企业盈利减少。部分难以消化成本上涨的企业，可能会面临破产。可以顺利完成传导的工业品价格（主要是电力、煤炭、水等能源、原材料价格），目前主要受政府调控。在上游产品价格（PPI）持续走高的情况下，企业如果无法顺利地把上游成本转嫁出去，无法提高消费品价格（CPI），最终只会导致利润减少。

PPI 通常作为观察通货膨胀水平的重要指标。由于食品价格的变化受季节影响大，能源价格也经常出现意外波动，为了能更清晰地反映出整体商品的价格变化情况，一般将食品和能源价格的变化剔除，从而形成"核心生产者物价指数"，进一步观察通货膨胀率变化趋势。

PPI 能够反映生产者获得原材料的价格波动情况，推算预期 CPI，可以估计通胀风险。

总之，一般情况下，PPI 上升不是好事。如果生产者转移成本，终端消费品价格上扬，会引起通货上涨。如果不转移，企业利润下降，则经济有下行风险。

## 三、股价指数

股价指数（share price index futures，SPIF），是运用统计学中的指数方法编制而成的，反映股市总体价格或某类股价变动和走势的指标。它是影响投资人决策行为的重要因素，而且股票价格的波动和走向也是反映经济状况的敏感指标。股价指数的编制方法有多种，综合指数公式是其中的一种重要方法。我国的上证指数和恒生股票指数以及美国标准普尔指数等，都是采用综合指数公式进行编制。其计算公式为：

$$\bar{k}_p = \frac{\sum q_0 p_1}{\sum q_0 p_0}$$

上式是以基期的股票发行量（或流通量）为同度量因素的拉氏综合指数。式中 $q_0$ 代表基期股票发行量（或流通量）。

不同股价指数的样本范围和基期日期的选定都不同。例如美国标准普尔指数，样本范围包括 500 种股票（其中工业股票 400 种、公用事业股票 40 种、金融业股票 40 种、运输业股票 20 种），选择 1941~1943 年为基期。中国香港恒生指数选择了 33 种具有代表性的股票（成分股）为指数计算对象（其中金融业 4 种、公用事业 6 种、地产业 9 种、其他行业 14 种），选择 1964 年 7 月 31 日为基期。而上海证券交易所股票价格指数包括全部上市股票，选择 1990 年 12 月 19 日为基期。股票的基期指数定为 100，股票价格的变动幅度，是以"点"数来表示，每上升或下降一个单位称为"1 点"。例如，2017 年 1 月 20 日，上证股票价格指数为 3 123.14 点，表明股票价格报告期比基期上升 3 023.14 点。

需要指出的是，按照编制股价指数时纳入指数计算范围的股票样本数量，可以将股价指数划分为全部上市股票价格指数和成分股指数。前者是指将指数所反映出的价格走势涉及的全部股票都纳入指数计算范围，如上海证券交易所发布的上海证券交易所综合指数，就是把全部上市股票的价格变化都纳入计算范围。上海证券交易所工业股价指数、商业股价格指数等则分别把全部的工业类上市股票和商业类上市股票纳入各自的指数计算范围。成分股指数是指从指数所涵盖的全部股票中选取一部分较有代表性的股票作为指数样本，称为指数的成分股，计算时只把所选取的成分股纳入指数计算范围。例如，深圳证券交易所成分股指数就是从深圳证券交易所全部上市股票中选取 40 种，计算得出的一个综合性成分股指数。通过这个指数，可以近似地反映出全部上市股票的价格走势。深圳证券交易所发布的工业股成分指数，是从深圳证券交易所上市的工业股中选取 20 家成分股为代表计算得出的。

在编制成分指数时，为了保证所选样本具有充分的代表性，国际上惯用的做法是，综合考虑样本股的市价总值及成交量在全部上市股票中所占的比重，并要充分考虑到所选样本股公司的行业代表性。指数公布后，还要根据市场变化状况，定期或不定期地更换样本股。

股价指数的计算方法有算术平均法和加权平均法两种。算术平均法是将组成指数的每只股票价格进行简单平均，计算得出一个平均值。例如，如果所计算的股票指数包括 3 只股票，其价格分别为 15 元、25 元、35 元，则其股价算术平均值为：

$$\bar{x}=\frac{\sum xf}{\sum f}=\frac{15+25+35}{3}=25（元）$$

加权平均法就是在计算股价平均值时，不仅要考虑每只股票的价格，还要根据每只股票对市场影响的大小，对平均值进行调整。在实践中，一般是以股票的发行数量或成交量作为市场影响参考因素，纳入指数计算，称为权数。例如，上例中 3 只股票的发行数量分别为 1 亿股、2 亿股、3 亿股，以此为权数进行加权计算，则价格加权平均值为：

$$\bar{x}=\frac{\sum xf}{\sum f}=\frac{15\times 1+25\times 2+35\times 3}{1+2+3}=28.33（元）$$

## 四、国民幸福指数

国民幸福指数（gross national happiness，GNH），是在 20 世纪 70 年代由南亚不丹王国的国王提出的，他认为"政策应该关注幸福，并应以实现幸福为目标，人生基本的问题是如何在物质生活（包括科学技术的种种好处）和精神生活之间保持平衡"。在这种执政理念的指导下，不丹创造性地提出了由政府善治、经济增长、文化发展和环境保护四个层面组成的"国民幸福指数"指标。

对于幸福感的测量，西方心理学家、社会学家和经济学家已经探索了几十年，具有了一定的知识和经验积累。但即便如此，尚没有任何一种幸福感测量工具能够得到普遍认同，许多量表仍处在不断改进之中。中国与西方的社会、文化背景以及人们的社会心理都存在差异，从而对于幸福的理解不完全相同，感受幸福的方式也有差异。因此，我国目前还未能研制出一套既体现国际水平又符合中国国情的幸福感测量工具，并获得可以作为发展规划和社会政策参考的幸福指数。但通常认为，国民幸福指数的计算可以用如下方法。

方法一：国民幸福指数＝收入的递增/基尼系数 × 失业率 × 通货膨胀

这个公式中的基尼系数是反映收入分配公平性、测量社会收入分配不平等的指标。

方法二：国民幸福指数＝生产总值指数 ×a%＋社会健康指数 ×b%＋社会福利指数 ×c%＋社会文明指数 ×d%＋生态环境指数 ×e%

式中，$a$、$b$、$c$、$d$、$e$分别表示生产总值指数、社会健康指数、社会福利指数、社会文明指数和生态环境指数所占的权重，具体权重的大小取决于各国政府所要实现的经济和社会目标。

### 🔑 同步思考 9-5

1. 什么是物价指数？什么是生产者物价指数？我国的物价指数是怎样编制出来的？
2. 什么是国民幸福指数？你认为幸福可以度量吗？如果可以，你的幸福是怎样度量出来的？

## 思考与练习

● 知识题

1. 单项选择题

（1）数量指标综合指数一般采用哪种指数形式 （    ）
  A. 派氏指数                B. 拉氏指数
  C. 费希尔指数              D. 杨格指数

（2）按照一般规则，如果加权调和平均指数要成为综合指数的变形，则权数是（    ）
  A. $p_0q_0$        B. $p_1q_1$        C. $p_0q_1$        D. $p_1q_0$

（3）拉氏的数量指标综合指数的编制公式是 （    ）
  A. $\dfrac{\sum q_1 p_0}{\sum q_0 p_0}$    B. $\dfrac{\sum q_0 p_1}{\sum q_0 p_0}$    C. $\dfrac{\sum q_1 p_1}{\sum q_1 p_0}$    D. $\dfrac{\sum q_1 p_1}{\sum q_0 p_1}$

（4）某企业报告期产品产量比基期增长 20%，单位产品成本下降 20%，则产品费用总指数 （    ）
  A. 增加了       B. 没法确定       C. 减少了       D. 没有变化

（5）如果 CPI 上涨了 3%，则现在的 100 元钱 （    ）
  A. 相当原来的 70.00 元           B. 相当原来的 97.09 元
  C. 与原来的 100 元钱等值         D. 相当于原来的 103.9 元

2. 多项选择题

（1）平均指标指数包括 （    ）
  A. 加权算术平均指数              B. 加权调和平均指数
  C. 可变构成指数                  D. 固定构成指数
  E. 结构影响指数

（2）以下指数属于数量指标指数的有 （    ）

A. 农产品收购数量总指数  B. 农产品收购价格总指数
C. 工业品单位成本总指数  D. 工业品销售量总指数
E. 产品的产量指数

（3）编制综合指数的一般原则是： （    ）
A. 编制数量指标综合指数，选择基期的质量指标作同度量因素
B. 编制数量指标综合指数，选择报告期的质量指标作同度量因素
C. 编制质量指标综合指数，选择基期的数量指标作同度量因素
D. 编制质量指标综合指数，选择报告期的数量指标作同度量因素
E. 同度量因素的时期可以随意确定

（4）三种商品的价格指数为 105%，其绝对影响为 800 元，则结果表明 （    ）
A. 三种商品的价格平均上涨 5%
B. 由于价格上涨 5%，销售额也增长了 5%
C. 由于价格上涨，居民在维持同等生活水准的情况下，多支出 800 元
D. 由于价格上涨，商店在销售量不变的条件下，多收入 800 元
E. 报告期价格比基期增加了 800 元

（5）以下计算多种产品产量变化的指数中，正确的有 （    ）

A. $\bar{k}_q = \dfrac{\sum p_0 q_1}{\sum p_0 q_0}$    B. $\bar{k}_q = \dfrac{\sum p_1 q_1}{\sum p_0 q_1}$    C. $\bar{k}_q = \dfrac{\sum p_1 q_1}{\sum p_0 q_0}$

D. $\bar{k}_q = \dfrac{\sum p_1 q_1}{\sum p_1 q_0}$    E. $\bar{k}_q = \dfrac{\sum p_0 q_1}{\sum p_0 q_0}$

3. 判析题

（1）发展速度是指数的一种形式。 （    ）
（2）如果产品产量增加 20%，单位成本下降 10%，则生产费用增长 10%。 （    ）
（3）在指数体系中，与总指数相应的绝对增长额等于各因素指数所引起的绝对增长额之和。 （    ）
（4）用公式 $\bar{k}_q = \dfrac{\sum p_0 q_1}{\sum p_0 q_0}$ 来计算数量指标综合指数是正确的。 （    ）
（5）可变构成指数是用来分析现象总平均指标变化的方向和程度的。 （    ）

4. 简答题

（1）什么是狭义的统计指数？它的作用有哪些？
（2）什么是指数体系？指数体系有什么作用？
（3）什么是同度量因素？同度量因素有什么作用？
（4）什么是数量指标指数？什么是质量指标指数？编制这两种指数有什么异同？
（5）什么是平均指数？平均指数的特点是什么？

● 实务题

1. 某市场上四种副食品的销售资料如下表所示。

| 品种 | 销售量（千克） | | 销售价格（元/千克） | |
|---|---|---|---|---|
| | 基期 | 报告期 | 基期 | 报告期 |
| 白菜 | 550 | 560 | 1 | 1.2 |
| 猪肉 | 224 | 250 | 24 | 26 |
| 鸡蛋 | 40 | 42 | 8 | 7.5 |
| 带鱼 | 20 | 18 | 30 | 32 |
| 合计 | — | — | — | — |

根据以上资料，计算：

（1）四种产品的销量综合指数为 （　　）

　　A. 117.77%　　　B. 108.62%　　　C. 108.43%　　　D. 92.22%

（2）四种产品的价格综合指数为 （　　）

　　A. 117.77%　　　B. 108.62%　　　C. 108.43%　　　D. 92.22%

（3）四种产品的销售额指数为 （　　）

　　A. 117.77%　　　B. 108.62%　　　C. 108.43%　　　D. 92.22%

2. 某企业三种主要产品的有关资料如下表所示。

| 品名 | 计量单位 | 销售量增长（%） | 销售额（百元） | |
|---|---|---|---|---|
| | | | 基期 | 报告期 |
| 甲 | 米 | 12 | 1 000 | 1 200 |
| 乙 | 件 | 10 | 600 | 700 |
| 丙 | 双 | 15 | 1 500 | 2 000 |

根据以上资料，计算得到：

（1）三种主要产品的销售量总指数为 （　　）

　　A. 100.35%　　　B. 108.42%　　　C. 113.06%　　　D. 115.38%

（2）由于销售量的增长，销售额增长了 （　　）

　　A. 320 元　　　B. 405 元　　　C. 460 元　　　D. 478 元

3. 某商店向农民收购农产品的有关资料如下表所示。

| 品名 | 2016年收购价格/2015年收购价格（%） | 实际收购额（万元） | |
|---|---|---|---|
| | | 2015年 | 2016年 |
| 甲 | 105 | 1 368 | 1 200 |
| 乙 | 102 | 920 | 800 |
| 丙 | 125 | 416 | 320 |
| 丁 | 117 | 140 | 80 |

根据上面的资料，计算得到：

（1）收购价格总指数为 （　　）

　　A. 103.28%　　　B. 106.59%　　　C. 108.24%　　　D. 110.35%

（2）由于收购价格的变化，2016年比2015年增加的收购额为 （　　）

　　A. 148.45 万元　　　B. 15.26 万元　　　C. 166.37 万元　　　D. 167.25 万元

● **实训题**

**实训一**

（1）实训目的：通过本题练习，掌握利用指数体系对总量指标的变化进行因素分析。

（2）实训资料：某企业共生产三种不同的产品，有关的产量、单位成本资料如下表所示。

| 产品种类 | 计量单位 | 基期 | | 报告期 | |
| --- | --- | --- | --- | --- | --- |
| | | 产量 | 单位成本（元） | 产量 | 单位成本（元） |
| 甲 | 件 | 500 | 88 | 540 | 85 |
| 乙 | 台 | 40 | 75 | 45 | 800 |
| 丙 | 只 | 100 | 350 | 1 200 | 350 |

（3）实训要求：请根据你所掌握的统计分析方法，对企业总成本的变动进行因素分析。

**实训二**

（1）实训目的：通过本题练习，掌握利用指数体系来对平均指标的变动进行因素分析。

（2）实训资料：某企业下属两个分厂生产的同种产品的有关资料如下表所示。

| 企业各厂 | 单位成本（元/件） | | 产量（件） | |
| --- | --- | --- | --- | --- |
| | 基期 | 报告期 | 基期 | 报告期 |
| 甲分厂 | 10 | 9 | 300 | 1 300 |
| 乙分厂 | 12 | 12.2 | 700 | 700 |
| 总厂 | — | — | 1 000 | 2 000 |

（3）实训要求：根据你所学过的知识，对企业的单位成本变化情况从相对数和绝对数上进行分析，并说明产生这种变化的原因。

**实训三**

（1）实训目的：通过本题练习，掌握利用指数体系对经济现象进行因素分析。

（2）实训资料：某企业三个车间的职工人数及劳动生产率相关资料如下表所示。

| 车间 | 职工人数 | | 劳动生产率（万元/人/年） | |
| --- | --- | --- | --- | --- |
| | 基期 | 报告期 | 基期 | 报告期 |
| 甲 | 200 | 190 | 30 | 33 |
| 乙 | 180 | 200 | 40 | 45 |
| 丙 | 120 | 150 | 45 | 50 |
| 合计 | | | | |

（3）实训要求：

①利用统计指数体系分析该企业平均劳动生产率变动的原因；

②利用统计指数体系分析该企业总产值变动的原因。

（提示：总产值 = 职工人数 × 劳动生产率）

本章部分习题参考答案及知识拓展可扫右侧二维码获得。

# 第十章

# 统计综合评价*

## 学习目标

了解统计综合评价的概念及意义;掌握统计综合评价的指标构建方法;掌握统计综合评价指标的同度量处理方法;掌握统计指标权重的确定方法;掌握评价指标的综合方法等。

## 主要学习内容

①统计综合评价的概念、特点及评价作用;②统计综合评价的程序;③统计综合评价指标体系的确定方法;④统计综合评价指标的同度量处理方法;⑤统计综合评价指标的权重确定方法;⑥统计评价指标的综合方法。

## 引 例

### 运用统计方法对手机的综合评价

某同学欲在 A、B、C 三款手机中选择购买其中的一款,但他却很纠结:A 手机系统稳定,但价格较贵;B 手机颜值很高,但不耐用,而且价格也较高;C 手机功能强大,价格也较低,但品牌力相对较弱,质量相对也较差,那么到底如何选择呢?这就需要进行综合评价,即设计价格、性能、售后、美观度等多个评价指标,从这些方面综合进行评价,然后得到一个评价值,确定哪款手机更值得购买。

# 第一节　统计综合评价的基本内容

## 一、统计综合评价的概念及特点

### (一) 统计综合评价的概念

评价是对事物的评定、判别和估价，而统计评价是以指标为基础的评价。根据评价指标在数量上的不同，可以分为单指标评价和多指标评价。单指标评价是利用一个指标对事物进行的评价，这种评价通常具有一定的片面性，而综合评价是利用多指标进行的评价，其更全面、更科学。统计综合评价是指利用反映社会经济现象总体的指标体系，结合各种定性材料，构建综合评价模型，求得综合评价值，对被评价现象做出明确评定和排序的一种统计分析方法。其基本思想是将多个指标转化为一个能够反映综合情况的指标，并据此对事物做出全面评价。

统计综合评价活动由三个要素构成：评价客体、评价标准和评价模型。评价客体是特定时间、地点下的一个或者多个可比单位、事物、行为、态度的集合。例如，对某一年份全国各省、自治区、直辖市的综合经济实力进行评价时，全部参评的省、自治区、直辖市构成了评价的客体，对某企业2015～2019年核心竞争力进行综合评价，则该企业的这5个年份（相当于以年份为下标的5个企业）构成了评价的客体，评价客体又称评价对象。评价标准则是判断评价客体价值高低或水平优劣的参照系，可以是客观的标准，也可以是主观的标准；可以是比较明确的标准，也可以是模糊的标准；可以是定性的标准，也可以是定量的标准。评价模型就是指将多个评价指标值"合成"为一个整体性的综合评价值的数学模型。根据评价模型将多个评价指标值合成一个综合值后，就可以对各评价客体进行排序，并进行综合评价。

随着研究的不断深入，各学科不断融合，统计综合评价方法也越来越丰富，有经典综合评价方法、多元分析综合评价方法、模糊综合评价方法、灰色综合评价方法、数据包络综合评价、层次分析法综合评价、人工神经网络综合评价等。本书只介绍经典综合评价方法，使同学们了解综合评价的基本思想和分析步骤。

### (二) 统计综合评价的特点

相对于单指标的评价，综合评价有如下特点。

**1. 综合性**

综合评价包含了若干个指标，而且不是一个指标接一个指标顺次完成，而是通过一些特殊的方法将多个指标的评价同步完成。

**2. 全面性**

多个评价指标分别说明了被评价事物的不同方面，彼此间往往是异度量的，不存在一个统一的同度量因素。因此，在进行综合评价时，需要将各个指标进行同度量处理。

**3. 区别指标的重要程度**

在综合评价过程中，要根据指标的重要性进行加权处理，使评价结果更具科学性。

#### 4. 评价的明晰性

这种评价方法最终要对被评价事物做出一个整体性的评判，用一个总指标来说明被评价事物的一般水平，以评价的结果为根据，综合分值进行排序，并据此得到结论。

由以上特点可见，综合评价可以避免一般评价方法的局限性，使得运用多个指标对多个单位进行评价成为可能。这种方法从计算及其需要考虑的问题上看比较复杂，但由于其显著的特点，使得综合评价方法得到人们的认可并在实践中被广泛应用，如工业经济效益的综合评价、小康生活水平的综合评价、科技进步的综合评价、国家（地区）的综合实力评价等。

### 二、统计综合评价的作用

统计综合评价经过一定时间的发展，其方法也得到了越来越多的应用。统计综合评价主要具有以下几个方面的作用。

首先，对所分析的现象总体数量特征有一个综合的认识。综合评价从本质上看仍然是一种统计综合指标，但它所概括或综合的内容较一般统计综合指标要广泛得多、全面得多。它将整个评价指标体系中的基本评价信息全部集中或浓缩到一个综合评价值里，使我们很方便地获得对事物的整体性认识。例如，曾经被广泛运用的经济效益综合评价，就是将活劳动效益、物化劳动效益、资金占用效益等方面的效益水平综合成一个数值，以判断被评价单位经济效益整体水平的高低与优劣。又如，综合国力评价就是将一国经济、科技、政治、外交、军事、文教、资源等方面的实力进行高度的量化概括，以了解该国综合国力的整体状况。

其次，对不同单位或不同地区的综合评价结果进行比较与排序，从而了解各个单位或地区在同类现象总体中的层次位置，能鼓励先进，鞭策落后，唤起竞争意识。例如，通过对经济效益进行综合排序，可以促使落后企业努力寻找原因，提高经济效益水平。如果总体中各单位的效益水平都努力朝良好的方向发展，全社会的效益水平也就自然会更上一个台阶。

再次，对同一单位或地区的综合评价值进行动态分析，可以了解自身整体实力的发展变化情况，是进步还是退步，并进一步寻找出进退的主要方面与主要原因，以改进工作。

最后，综合评价的结果要么以"数值"的形式出现，要么以"排序"或"分类"的形式出现。无论哪一种形式，都可以看作是一种统计指标（或标志）的具体表现，正因如此，综合评价结果还可以继续做分析，如在价值评价的基础之上进一步做计量经济模型，在分类评价的基础之上进一步做假设检验或因素分析。因此，综合评价过程也是统计指标的构造过程，只是这种统计指标具有更强的综合性与抽象性。

### 三、统计综合评价的不足

统计综合评价虽然在实践中得到了广泛的应用，但在实际运用过程中，也存在着一些不足。

第一，统计综合评价会造成原有信息的缺失。统计综合评价是将若干个评价指标数值综合成一个数值，损失了原有指标带来的信息，导致计算结果较为抽象，难以解释合成指标的经济意义和现实意义。

第二，评价的主观性强。在统计综合评价中，选择什么指标、选择多少指标、权重的确定等都带有很大的主观性，这样往往会造成不同的评价主体，针对同一评价对象，得出不一样的评价结论，甚至是相反的结论。

第三，评价结果的不确定性。不同评价指标的选择，不同权重的确定、不同的统计综合评价方法，都可能导致评价结论的不唯一性。

## 四、统计综合评价的步骤

统计综合评价通常需要按以下步骤来进行。

第一步，确定综合评价的目的。

在实际工作中，综合评价总是针对某一个或若干个专题统计分析展开的，都是要达到一个特定的目的或目标，并且统计评价的目标决定了综合评价指标体系及具体方法。因此，对某一事物进行综合评价，首先要明确为什么要进行综合评价，评价事物的哪一方面，评价的精确度如何以及评价要说明什么问题等。确定综合评价目的是解决为什么评价的问题。

第二步，确定评价指标和评价指标体系。

在明确综合评价目标后，就要对分析目标进行因素分析，找出影响被评价总体目标的各个方面的因素，然后利用聚类分析等方法建立一套能够从不同角度、不同侧面反映评价对象的指标体系。评价指标体系的确定，关系到综合评价是否客观、准确等关键问题。

第三步，确定评价指标的同向化和同度量化方法。

不同指标的计量单位通常是不一致的，数值的水平也有很大差异，如果把不同计量单位的指标或水平高低不同的指标直接相加，进行综合，这样得到的评价结果是不科学、不合理的。因此需要把不同的指标转换成能够进行综合的指标，这就是指标的同度量问题。同时，必须使各指标从同一角度说明总体，方向一致。

第四步，确定各个评价指标的权重。

在评价指标体系中，各指标的重要程度是不一样的，如果将不同的指标作用都等同起来，那么这样的评价是不科学的。所以在综合评价时，需要对评价的指标的重要程度进行认定，即确定各指标的权重系数，以保证评价更具有科学性。

第五步，求综合评价值。

综合评价的目的是通过相应的分析计算，将各指标最终综合在一起，得到一个评价值，以说明评价客体综合值的大小或排名情况。

第六步，根据评价结果进行统计分析。

综合评价结果是一个综合性的指数（或指数体系），按评价指标体系的层次结构划分为总目标指数、子目标指数以及子子目标指数等，依据各个指数的计算结果就可进行综合评价结果的分析。比较分析各个评价对象总目标或子目标的评价结果指数，分析各自的优势、劣势、差距或不足，据此查找原因并提出相应的扬长避短的对策措施。

## 五、统计综合评价的类型

经过多年的研究发展，统计综合评价方法日渐丰富和多样化，并形成了不同的综合评价类型。

### （一）从评价客体的时空纬度来看，可分为纵向评价和横向评价

#### 1. 纵向评价

纵向评价，也称动态评价，主要是对某一现象在不同时间上的情况进行综合评价。例如，对某学校 2013 年办学水平与 2019 年的办学水平进行综合评价，反映该学校的发展变化状况。

#### 2. 横向评价

横向评价，也称静态评价，主要是对不同单位或地区的某一现象进行综合评价。例如，对东北三省的经济和社会发展状况进行综合评价，以明确哪个省份的发展水平较好。

### （二）从综合评价的目标来看，可分为实绩评价和预测评价

#### 1. 实绩评价

实绩评价是指统计指标体系中各指标的数值均为实际值，评价的现象是总体的现在或过去。如对辽宁省 2016 年的社会经济发展状况进行综合评价。

#### 2. 预测评价

预测评价是指统计指标体系中的各指标数值均为预计或预测值，评价的现象是总体的未来。其目的是预测某一现象未来的状况。

**同步思考 10-1**

1. 试举例说明为什么统计综合评价能够避免单指标评价的局限性。
2. 统计综合评价为什么要对不同的指标进行加权处理？

## 第二节 统计综合评价指标体系

进行统计综合评价，首先要根据评价的目标确定评价指标体系，然后从多个角度对评价客体进行评价。评价指标的确定原则如图 10-1 所示。

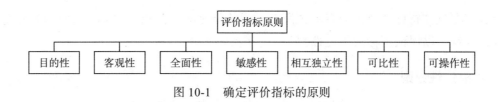

图 10-1 确定评价指标的原则

## 一、确定评价指标的原则

对客观现象进行统计综合评价,关键是要科学地选择评价项目,建立一个科学合理的评价指标体系。确定评价指标体系应遵守以下几个原则。

### (一)目的性原则

评价的指标必须与评价的目的相吻合。综合评价的目的是通过对多指标的分析,对评价客体的情况进行综合排名,或计算出相应的综合值,这就需要根据评价的目的来确定评价指标。

### (二)客观性原则

评价指标体系要能够准确地把握所要研究问题的本质与内涵,能够客观地反映事物的总体特征。确定的指标必须能真实、恰当地反映客观现象某一方面的特征,要科学合理。

### (三)全面性原则

评价指标体系本身就是一个系统,具有多层次、多元化的特征,即指标体系所包含的指标不能仅局限于反映某一方面的特征,评价指标体系中的各个指标应该能够从不同角度完整地反映评价主体的全貌。

### (四)敏感性原则

所选择的评价指标能够敏感地反映被评价对象的变化。如果评价指标的敏感性不够,那么即使这个指标发生了很大的变化,其对评价客体的影响作用也不会很大,对评价的结果也不会产生太大的影响。

### (五)相互独立性原则

在评价指标体系中,尽可能选择那些无内在联系或内在联系低的指标,这样既能减少指标体系的冗余,又能避免由于统计指标之间的信息重复而导致的综合结果难以反映客观实际的问题。

### (六)可比性原则

指标选取的可比性是一切定量比较方法都必须考虑的问题和遵循的原则,不同单位之间存在着各种各样的差异,因此,指标体系的设计必须充分考虑到各单位间统计指标的差异，在具体指标选择上，各单位所有的评价指标必须在指标含义、统计口径和范围上保持一致，以保证指标的可比性。

### （七）可操作性原则

确定为评价指标体系中的指标，要尽可能地考虑其收集资料的可能性，并尽可能地利用已有的统计资料。如果搜集不到指标的数据，即使指标确定方法再客观、再科学，也是没有意义的。

## 二、评价指标确定方法

根据评价指标的确定原则，评价指标的确定方法主要有两类。

### （一）定性方法

定性方法是根据社会现象或事物所具有的属性和在运动中的矛盾变化，从事物的内在规定性来研究事物的一种方法或角度。它以普遍承认的公理、事物内在的逻辑性和大量的历史事实为分析基础，从事物的矛盾性出发，描述、阐释所研究的事物。定性方法主要包括综合法和分析法。

**1. 综合法**

综合法，也称专家意见法，是指通过向专家发函以征求意见的方法。评价者根据评价目标和评价对象的特点，在所设计的评价表中列出一系列评价指标，分别征询专家对所设计的评价指标的意见，然后进行综合处理，并反馈咨询结果，经过几轮咨询后，如果专家意见趋于一致，则依据最后一次咨询结果，确认评价指标体系。

**2. 分析法**

分析法，是将评价对象分为若干个组成部分或不同的侧面，明确各个部分或侧面所要评价的问题的内涵和外延，在此基础上，对每个侧面分别选用一个或几个指标，以反映被评价对象的特征。如何把握各个侧面或各个部分的重点指标是分析法的关键。这种方法的运用与人们的工作经验和求真务实的科学态度密切相关。

### （二）定量方法

定量方法是依据统计数据，建立数学模型，并用数学模型计算，确定分析对象的各项指标及其数值的一种方法。常用的定量方法包括试算法、系统聚类法以及主成分分析法。这里只介绍试算法和系统聚类法。

**1. 试算法**

试算法是通过对历史数据的试算来判断指标有效性的方法。例如，要分析2019年全国耕地可持续利用的实施效果，可以用2018年的数据进行试算，通过试算结果判断所选指标是否适合，然后对相关指标进行科学比较分析，把代表性强的指标确定下来，不断筛选，直到满意为止。

## 2. 系统聚类法

系统聚类法是指通过判断指标之间的相似程度来筛选指标的方法。例如，假设有 $N$ 个指标，将每个指标作为一类，根据指标之间的相似程度，通过各类之间距离的比较，把距离最小的两类指标进行合并，然后在 $N-1$ 类中再选择各类之间距离最小的进行合并，如此连续地进行，逐步选择所需要的评价指标。被研究总体中所有指标的亲疏关系和并类选择的情况可以绘制成一张系统聚类图，这样我们可以选择评价指标体系中所需的各个指标。系统聚类法的步骤如下。

第一步，计算指标（或类）之间的相似程度。

计算各类指标之间的相似程度常用的方法是相关系数法或判定系数法。其过程是：根据 $N$ 个指标的历史数据，分别计算各个指标中两两之间的相关系数或判定系数，并形成相关系数矩阵 $r$ 或判定系数矩阵 $R^2$，以此表示各个指标之间的相关关系。

第二步，计算指标（或类）之间的距离。

利用相关系数矩阵 $r$ 或判定系数矩阵 $R^2$ 表示指标（或类）之间的相似程度时，也可以将其转换为指标距离 $d$，$d$ 值越小，表示两个指标（或类）之间的关系越密切，在统计评价中就表示两者之间具有可替代性。

第三步，根据聚类情况确定指标（或类）的个数。

所选指标的多少可以根据相关系数的大小来确定。如果指标之间的相关系数较大，表示具有显著的相关性，则在不影响科学评价的条件下，可以适当少选取一些评价指标；反之，如果指标（或类）之间的相关系数较小，就需要选取更多评价指标（或类）构成评价的指标体系。

第四步，选择最具有代表性的评价指标。

在具有显著相关的指标中，判断选择哪个指标更加合适，首先要分析选择指标的科学性，再考虑人们对指标的理解和可接受程度，选择那些科学合理，同时又能被人们理解和接受的指标作为评价指标。

系统聚类法的具体操作见下例。

例如，有 6 个指标，根据历史资料计算每两个指标的相关系数并建立相关系数矩阵 $r$，如表 10-1 所示。

表 10-1 相关系数矩阵 $r$

| 指标 | 1 | 2 | 3 | 4 | 5 | 6 |
| --- | --- | --- | --- | --- | --- | --- |
| 1 | 1.00 | 0.85 | 0.55 | 0.63 | 0.58 | 0.42 |
| 2 | | 1.00 | 0.78 | 0.54 | 0.40 | 0.66 |
| 3 | | | 1.00 | 0.90 | 0.72 | 0.38 |
| 4 | | | | 1.00 | 0.70 | 0.80 |
| 5 | | | | | 1.00 | 0.82 |
| 6 | | | | | | 1.00 |

根据相关系数矩阵 $r$，计算距离矩阵，如表 10-2 所示。

表 10-2　距离矩阵表

| 指标 | 1 | 2 | 3 | 4 | 5 | 6 |
| --- | --- | --- | --- | --- | --- | --- |
| 1 | 0.00 | 0.15 | 0.45 | 0.37 | 0.42 | 0.58 |
| 2 |  | 0.00 | 0.22 | 0.46 | 0.60 | 0.34 |
| 3 |  |  | 0.00 | 0.10 | 0.38 | 0.62 |
| 4 |  |  |  | 0.00 | 0.30 | 0.20 |
| 5 |  |  |  |  | 0.00 | 0.18 |
| 6 |  |  |  |  |  | 0.00 |

在距离矩阵表中找到距离最小的两个指标。距离最小的两个指标是第三个指标和第四个指标，其距离为 0.1，由此可知，指标 3 和指标 4 的关系最密切，可以聚为一类。然后在距离矩阵中找到距离第二小的两个指标。从距离矩阵表中可以看出，数值第二小的是 0.15，意味着指标 1 和指标 2 的关系第二密切，也可以聚为一类。依此类推，到指标聚为一类为止。

通过定性和定量分析，根据评价的目的、实际的可操作性及各个指标之间相关的密切程度确定指标体系的容量，即评价指标体系中指标的个数。

例如，在本例中，如果研究该现象需要选择 4 个评价指标，可以在指标 3 和指标 4 之间选择一个，并将其确定为评价指标中的一个，在指标 1 和指标 2 之间选择一个，也将其确定为评价指标中的一个，再确定第 5 个指标为一个评价指标，第 6 个指标为一个评价指标，这样 4 个评价指标就确定了。如果需要确定 5 个评价指标，则在第 3 个指标和第 4 个指标中选择一个，再将其他 4 个指标作为评价指标，这样就确定了 5 个评价指标。

### 🔑 同步思考 10-2

1. 为什么在确定评价指标时，需要考虑敏感性原则？
2. 指标相似程度高，可以少选择一些指标来构建评价指标体系，对吗？

## 第三节　评价指标权重的确定方法

指标权重是指被评价对象的各个评价指标在评价指标体系中相对重要的程度，表示评价指标在总体中所起的作用大小。权重大，说明该指标在评价总体中的作用就大；权重小，说明该指标在评价总体中的作用就小。

### 一、权重的种类

可以从不同的角度划分为不同的权重。

**1. 按照权重的表现形式不同，可以分为绝对数权重和相对数权重**

如果权重是以绝对数的形式确定的，权重就是绝对数权重；如果权重是以相对数的形式出现的，那么权重就是相对数权重。相对数相对于绝对数权重来说，能更加直接地反映权重在评价中的作用。

**2. 按照权重的确定方式分,可分为人工权重和自然权重**

人工权重也称主观权重,它是根据研究目的和评价指标的内涵状况,通过主观分析、判断来确定各个指标重要程度的权数。自然权重是根据变换统计资料的表现形式和统计指标的合成方式而得到的权重,也称客观权重。

**3. 按照权重与评价指标数值的相关程度分,可分为独立权重和相关权重**

独立权重是指评价指标的权重与该指标数值的大小无关,在综合评价中较多地使用独立权重,以此权重建立的综合评价模型被称为"定权综合模型"。相关权重是指评价指标的权重与该指标的数值具有函数关系,例如,当某一评价指标数值达到一定水平时,该指标的重要性相应地减弱,或者当某一评价指标的数值达到另一个水平时,该指标的重要性相应地增加。相关权重适用于评价指标的重要性随着指标取值的不同而发生变化的情况,基于相关权重建立的综合评价模型被称为"变权综合模型"。

## 二、权重的确定方法

权重的确定方法很多,归纳起来可以分为两类,一是主观赋权法,二是客观赋权法。主观赋权法包括专家调查法、层次分析法、环比评分法、最小平方法等;客观赋权法包括最大熵权技术法、主成分分析法、变异系数法、简单关联函数法等。这里只介绍两种简单的权重确定方法:专家调查法和变异系数法。

### (一) 专家调查法

专家调查法也称统计平均数法,是根据所选择的各位专家对各评价指标所赋予的相对重要性系数分别求其算术平均值,将计算出的平均数作为各项指标的权重的方法。其基本步骤如下所示。

第一步,确定专家。一般选择本行业或本领域中既有实际工作经验,又有扎实理论基础,并且公平、公正的专家。

第二步,专家初审。将待定权的指标提交给各位专家,并请专家在不受外界干扰的前提下独立地给出各项指标的权数值。

第三步,回收专家意见。将各位专家的数据收回,并计算各项指标的权数均值和标准差。

第四步,分别计算各项指标权重的平均数。

如果第一轮的专家意见比较集中,并且均值的标准差在控制的范围之内,即可以用均值确定指标权数。如果第一轮的专家意见比较分散,可以把第一轮的计算结果反馈给专家,并请他们重新给出自己的意见,直至各项指标的权重的标准差不超过预先设定的标准,即各位专家的意见基本一致,才能将各项指标权数的均值作为相应指标的权数。

### (二) 变异系数法

变异系数法是直接利用各项指标所包含的信息,通过计算得到指标权重的方法,是一种客观的方法。此方法的基本原理是：在评价指标体系中，取值差异越大的指标，也就是越难实现的指标。这样的指标更能反映被评价单位的差距。例如，在评价各个国家的经济发展水平时，选择人均国民生产总值作为评价的标准之一，是因为人均国内生产总值不仅能反映各个国家的经济发展水平，还能反映一个国家的现代化程度。如果各个国家的人均国内生产总值没有多大区别，那么这个指标用来衡量经济发展水平和现代化程度就失去了意义。

反映现象差异程度的指标是标志变异指标，而其中最重要的指标是标准差，但由于标准差是一个绝对量，不适合用来反映指标体系中的各项量纲不同的指标的差异程度，因此需要用标准差系数来反映各项指标的差异程度。各项指标的标准差系数计算公式如下：

$$V_i = \frac{\sigma_i}{\bar{x}_i} \quad (i=1, 2, 3, \cdots, n)$$

式中　$V_i$——第 $i$ 项指标的变异系数，也称为标准差系数；
　　　$\sigma_i$——第 $i$ 项指标的标准差；
　　　$\bar{x}_i$——各项第 $i$ 项指标的平均数。

指标的权重为：

$$W_i = \frac{V_i}{\sum_{i=1}^{n} V_i}$$

美国社会学家亚历克斯·英克尔斯（Alex Inkeles）提出，在综合评价一个国家或地区的现代化程度时，其各项指标的权重确定方法就是变异系数法。

例如，评价 50 个国家的现代化程度时，我们首先确定 10 个指标作为评价指标，现需确定这 10 个指标的权重系数。经过计算，这 50 个国家在这 10 项指标上的平均数和标准差以及各指标的变异系数计算如表 10-3 所示。

表 10-3　现代化程度评价指标权重计算表

| 指标 | 人均国内生产总值（美元） | 农业占GDP比重（%） | 第三产业占GDP比重（%） | 非农劳动力比重（%） | 城市人口比重（%） | 人口自然增长率（%） | 平均预期寿命（岁） | 成人识字率（%） | 大学生占适龄人口比重（%） | 每千人拥有医生（人） | 合计 |
|---|---|---|---|---|---|---|---|---|---|---|---|
| 平均数 | 11 938.4 | 9.352 | 54.86 | 0.826 | 69.792 | 0.721 4 | 72.632 | 93.34 | 36.556 | 2.446 | — |
| 标准差 | 7 966.27 | 7.316 | 12.94 | 0.17 | 19.339 | 0.831 9 | 5.375 | 9.05 | 20.477 | 1.314 | — |
| 变异系数 | 0.667 | 0.782 | 0.236 | 0.206 | 0.277 | 1.153 | 0.074 | 0.097 | 0.56 | 0.537 | 4.59 |
| 权重 | 0.145 | 0.17 | 0.051 | 0.045 | 0.06 | 0.251 | 0.016 | 0.021 | 0.122 | 0.117 | 1 |

资料来源：曾五一，庄赞．中国现代化进行的统计考察[J]．中国统计，2003（1）．

其具体计算过程如下。

第一步，根据各个国家的指标数据，计算这些国家在每个指标上的均值和标准差。

第二步，根据均值和标准差，计算这些国家在各项指标的变异系数，即标准差系数。

例如，人均国内生产总值变异系数：

$$V_i = \frac{\sigma_i}{\bar{x}_i} = \frac{7\,966.27}{11\,938.4} = 0.667$$

其他依此类推，分别得到 10 个指标的标准差系数，如表 10-3 所示。

第三步，将各项指标的变异系数相加总：

0.667+0.782+0.236+0.206+0.277+1.153+0.074+0.097+0.56+0.537=4.589

第四步，计算构成评价指标体系的这 10 个指标的权重，如人均国内生产总值的权重为：

$$W_i = \frac{V_i}{\sum_{i=1}^{n} V_i} = \frac{0.667}{4.589} = 0.145$$

依此类推，得到各个指标的权重系数，如表 10-3 所示。

### 同步思考 10-3

1. 专家调查法确定权重系数时，为什么要计算标准差？
2. 为什么标准差系数的比重可以用来作为权重系数？

## 第四节　评价指标的同度量处理方法

在评价指标体系建立后，有可能因为各个指标的计量单位不同而不能直接进行比较。因此，一般在搜集到相关数据后，还需要进一步进行无量纲化处理，即同度量处理。

在统计综合评价的指标中，有些指标是定性指标，有些指标是定量指标。定性指标有两类数据：定类数据和定序数据。定类数据是无法真正量化的，而定序数据可以通过一定的形式进行量化，其量化的方法主要有两种，一种是名次序数百分比法，另一种是统计综合评分法。

评价指标的同度量处理，主要是对定量数据的处理，其同度量的方法主要有三种：相对化处理方法、功效系数法、标准化处理方法。

### 一、相对化处理方法

相对化处理的基本原理是：先为待评价的指标确定一个比较标准，并作为比较的标准值，然后用各指标的实际值和相应的标准值进行比较，这样可将不同性质、不能同度量的各种指标换算成可以进行同度量的抽象化指标。

标准值的确定，可以采用以下几种标准。

**1. 计划标准**

计划标准是以计划指标、定额指标作为综合评价的尺度，将各项指标的实际数值与相应的计划水平等进行比较。采用计划标准，有利于在制订计划时综合考虑各方面的因素，全面检查计划执行情况。

### 2. 时间标准

时间标准，也称历史标准，是以考查对象的历史水平，如本单位的前期、上年同期、历史最好水平、某一基期水平作为综合评价的尺度，将各项指标报告期的实际水平与相应的历史水平进行比较。采用时间标准，有利于全面反映现象的历史发展过程和进步速度，揭示现象的运行规律。

### 3. 空间标准

空间标准是将所研究的经济现象置于相似或更广泛的空间范围中考察而建立的统一的评判尺度。它将具体评价对象的各项指标的实际值与同行业、同地区、全国或国际同一指标的平均水平、先进水平、平均先进水平进行比较。采用空间标准，有利于找出实际水平与先进水平的差距，考核参评单位水平的高低，为全面采取赶超措施提供依据。

在进行综合评价时，应注意从实际出发，根据具体的研究目的及各种评价标准的特点，选用合适的评价标准。

在将实际值与标准值进行比较时，要将"正指标"和"逆指标"区别对待。正指标是指实际值越大越好的指标，如产值、劳动生产率等；逆指标是指实际值越小越好的指标，如单位成本、万元产值能耗等指标。

正指标相对化处理的公式为：

$$x_{ij}' = \frac{x_{ij}}{x_{im}}$$

逆指标相对化处理的公式为：

$$x_{ij}' = \frac{x_{im}}{x_{ij}}$$

式中　$x_{ij}'$——第 $i$ 个指标第 $j$ 个单位的相对化处理数值；

　　　$x_{ij}$——第 $i$ 个指标第 $j$ 个单位的实际值；

　　　$x_{im}$——第 $i$ 个指标的标准值。

下面我们以某地区平均水平作为标准值，来对四个企业的四个指标进行相对化处理，如表 10-4 所示。

表 10-4　四个企业的经济效益指标数据

| 企业名称 | 全员劳动生产率（元/人） | 百元净资产增加值（元） | 销售收入（万元） | 销售收入利税率（%） |
| --- | --- | --- | --- | --- |
| 行业平均水平 | 8 000 | 55 | 10 000 | 20 |
| A | 12 000 | 68 | 15 000 | 16.5 |
| B | 8 500 | 65.1 | 7 000 | 12.6 |
| C | 6 000 | 66.2 | 6 500 | 13.5 |
| D | 11 000 | 70.1 | 16 000 | 17 |

表 10-4 中的指标都是正指标，相对化处理都采用正指标的计算公式。在上例中，四个指标的计量单位不同，而且数值大小也不一，因此需要进行同度量处理，这里我们

采用相对化处理方法来进行指标的同度量。经过计算，我们得到如下相对化处理后的数值，见表10-5。

表 10-5 四个企业相对化处理数据

| 企业名称 | 全员劳动生产率（元/人） | 百元净资产增加值（元） | 销售收入（万元） | 销售收入利税率（%） |
|---|---|---|---|---|
| 行业平均水平 | 8 000 | 55 | 10 000 | 20 |
| A | 1.5 | 1.24 | 1.5 | 0.83 |
| B | 1.06 | 1.18 | 0.7 | 0.63 |
| C | 0.75 | 1.2 | 0.65 | 0.68 |
| D | 1.38 | 1.27 | 1.6 | 0.85 |

## 二、功效系数法

功效系数法又称函数化处理方法，是指各项评价指标的实际值在该指标允许变动范围的相对位置。其特点是：利用特定的方法将每一指标的实际值转化为百分制的数值。这种方法不仅可以对每个指标的好坏优劣做出直观的判断，还可以解决不同性质的指标综合汇总问题，因此，无论是正指标还是逆指标，利用同一公式均可得到合理的分值。功效系数法一般可分为两个步骤。

第一步，对每个指标确定一个满意值和一个不满意值，如企业研制开发一种新产品，规定其使用寿命的满意值为 10 000 小时，不满意值为 6 000 小时；该种产品的单位成本的满意值为 5 元，不满意值为 8 元。

第二步，以满意值与不满意值的差额作为分母来计算功效系数。

功效系数公式如下：

$$x_{ij}' = \frac{x_{ij} - x_i^s}{x_i^h - x_i^s} \times 40 + 60$$

式中　$x_{ij}'$——第 $i$ 个指标第 $j$ 个单位的功效系数；

　　　$x_{ij}$——第 $i$ 个指标第 $j$ 个单位的实际值；

　　　$x_i^h - x_i^s$——第 $i$ 个指标的满意值与不满意值之差，表明在现有条件下指标所能允许的变化范围，是用来衡量指标所达到满意程度的尺度；

　　　$\times 40+60$——为了使计算结果不为 0，同时也符合人们百分制的习惯。

我们仍以表10-4 的四个企业的四个指标为例，来计算各指标的功效系数，见表10-6。

表 10-6 四个企业的功效系数

| 企业名称 | 全员劳动生产率（元/人） | 百元净资产增加值（元） | 销售收入（万元） | 销售收入利税率（%） |
|---|---|---|---|---|
| 满意值 | 12 000 | 70.1 | 16 000 | 17 |
| 不满意值 | 6 000 | 65.1 | 6 500 | 12.6 |
| A | 100.00 | 83.20 | 95.79 | 95.46 |
| B | 76.67 | 60.00 | 62.10 | 60.00 |
| C | 60.00 | 68.80 | 60.00 | 68.18 |
| D | 93.33 | 100.00 | 100.00 | 100.00 |

## 三、标准化处理方法

标准化处理方法是在需要进行标准化处理的指标服从正态分布的前提下，将各指标转化为数学期望值为 0、方差为 1 的标准化数值，从而达到同度量效果的方法。

标准化处理方法的步骤如下所示。

第一步，计算各指标的平均数 $\bar{x}_i$ 及标准差 $\sigma_i$；

第二步，根据下面的计算公式，将各指标进行标准化处理；

$$x_{ij}' = \frac{x_{ij} - \bar{x}_i}{\sigma_i}$$

式中  $x_{ij}'$——标准化数值。

第三步，如果指标中有逆指标，需要改变将进行标准化处理的数值的正负号，即正号变为负号，负号变为正号。

仍以表 10-4 的四个企业的四个指标为例来进行标准化处理，如表 10-7 所示。

表 10-7　四个企业的标准化数值

| 企业名称 | 全员劳动生产率（元/人） | 百元净资产增加值（元） | 销售收入（万元） | 销售收入利税率（%） |
|---|---|---|---|---|
| 平均值 | 9 375 | 67.35 | 11 125 | 14.9 |
| 标准差 | 2 328.49 | 1.9 | 5 072.39 | 18.85 |
| A | 1.127 3 | 0.342 1 | 0.763 9 | 0.084 9 |
| B | -0.375 8 | -1.184 2 | -0.813 2 | -0.122 |
| C | -1.449 4 | -0.605 3 | -0.911 8 | -0.074 3 |
| D | 0.697 9 | 1.447 4 | 0.961 1 | 0.111 4 |

标准化后的数值将围绕着 0 上下波动，数值大于 0 的说明高于平均水平，数值小于 0 的说明低于平均水平。

标准化处理的优点是，它建立在科学的统计分布理论之上，不用人为地凭经验选择满意值和不满意值，同时，目前许多计算机软件中都带有标准化处理的功能，为这一方法的应用提供了便利条件。

### 同步思考 10-4

功效系数法为什么不必考虑指标的方向问题，即不必考虑指标的正逆问题？

## 第五节　评价指标的综合方法

评价指标的综合是把经过消除量纲影响后的各指标的数值综合在一起的过程。综合汇总的方法有许多，这里只介绍一种比较简单有效的方法，即直接综合法。

直接综合法是指直接将进行过消除量纲影响后的指标用平均的方法进行综合，形成一个总值，再按照总值的高低排出名次，从而进行综合比较和评价。

平均的方法有算术平均法和几何平均法，可根据指标的重要性程度是否相等采用简单平均法或加权平均法。如果消除量纲影响后的各指标数值中有零值或负值，则不能采用几何平均法。

简单算术平均法的计算公式为：

$$\bar{x}_j = \frac{\sum x_{ij}'}{n}$$

式中　$n$——评价指标的个数。

加权算术平均法的计算公式为：

$$\bar{x}_j = \frac{\sum x_{ij}' w_i}{\sum w_i}$$

简单几何平均法的计算公式为：

$$\bar{x}_j = \sqrt[n]{\Pi x_{ij}'}$$

加权几何平均法的计算公式为：

$$\bar{x}_j = \sqrt[\sum w_i]{\Pi x_{ij}'^{w_i}}$$

例如，我们根据表10-5的相对化处理方法，对相对化处理后的数值进行汇总，然后对四个单位进行排序。

如果各个指标的重要程度相同，则可采用简单算术平均法，其综合计算得到的平均分及排序情况见表10-8。

表10-8　四个企业效益综合排名计算表

| 企业名称 | 全员劳动生产率（元/人） | 百元净资产增加值（元） | 销售收入（万元） | 销售收入利税率（%） | 合计 | 平均 | 排序 |
|---|---|---|---|---|---|---|---|
| A | 1.5 | 1.24 | 1.5 | 0.83 | 5.07 | 1.267 5 | 2 |
| B | 1.06 | 1.18 | 0.7 | 0.63 | 3.57 | 0.892 5 | 3 |
| C | 0.75 | 1.2 | 0.65 | 0.68 | 3.28 | 0.82 | 4 |
| D | 1.38 | 1.27 | 1.6 | 0.85 | 5.1 | 1.275 | 1 |

表中，A企业的综合值为：

$$\bar{x}_j = \frac{\sum x_{ij}'}{n} = \frac{1.5+1.24+1.5+0.83}{4} = \frac{5.07}{4} = 1.267\ 5$$

其他三个企业综合值的计算方法与此一致。

根据计算结果，我们可以看到，四个企业中，排名从第一到第四分别是：D、A、B、C。

我们再利用表10-7中标准化处理不同指标量纲不同的方法，对不同的评价指标进行综合，然后对四个单位进行排序。计算结果及排序见表10-9。

表10-9　四个企业效益综合排名计算表

| 企业名称 | 全员劳动生产率（元/人） | 百元净资产增加值（元） | 销售收入（万元） | 销售收入利税率（%） | 合计 | 平均 | 排序 |
|---|---|---|---|---|---|---|---|
| A | 1.127 3 | 0.342 1 | 0.763 9 | 0.084 9 | 2.318 2 | 0.579 6 | 2 |
| B | −0.375 8 | −1.184 2 | −0.813 2 | −0.122 | −2.495 2 | −0.623 8 | 3 |

(续)

| 企业名称 | 全员劳动生产率（元/人） | 百元净资产增加值（元） | 销售收入（万元） | 销售收入利税率（%） | 合计 | 平均 | 排序 |
|---|---|---|---|---|---|---|---|
| C | −1.449 4 | −0.605 3 | −0.911 8 | −0.074 3 | −3.040 8 | −0.760 2 | 4 |
| D | 0.697 9 | 1.447 4 | 0.961 1 | 0.111 4 | 3.217 8 | 0.804 5 | 1 |

在不考虑权重的情况下，利用标准化处理方法和与相对化处理方法进行同度量处理，并进行综合计算后，排名从第一到第四分别是：D、A、B、C。

如果各个指标的重要程度不一样，则需采用加权算术平均法来确定综合排名。设按全员劳动生产率、百元净资产增加值、销售收入、销售收入利税率四个指标的权重系数分别为：0.35、0.15、0.20、0.30，则按相对化处理后的指标数值经过加权后，得到的四个企业的综合排名计算如表 10-10 所示。

表 10-10　四个企业效益综合排名计算表

| 企业名称 | 评价指标 | | | | 平均 | 排序 |
|---|---|---|---|---|---|---|
| | 全员劳动生产率（元/人） | 百元净资产增加值（元） | 销售收入（万元） | 销售收入利税率（%） | | |
| 权重系数 | 0.35 | 0.15 | 0.20 | 0.30 | — | — |
| A | 0.525 | 0.248 | 0.225 | 0.249 | 0.340 65 | 1 |
| B | 0.371 | 0.236 | 0.105 | 0.189 | 0.242 95 | 3 |
| C | 0.262 5 | 0.24 | 0.097 5 | 0.204 | 0.208 575 | 4 |
| D | 0.483 | 0.254 | 0.24 | 0.255 | 0.331 65 | 2 |

表中 A 企业的综合值为：

$$\bar{x}_j = \frac{\sum x'_{ij} w_i}{\sum w_i} = \frac{0.525 \times 0.35 + 0.248 \times 0.15 + 0.225 \times 0.20 + 0.249 \times 0.30}{0.35 + 0.15 + 0.20 + 0.30} = 0.340\ 65$$

经过加权后，四个企业综合排名发生了一定的变化，A 企业排在第一位，D 企业排在第二位，第三和第四位的排名没有变化。这个变化的原因在于，A 企业的第一个指标数值在四个企业中排在第一位，而其权重系数为 0.35，是最大的，所以导致了其平均数值的增大和排名的上升。

我们再利用标准化处理方法同度量后的指标数值，加权后进行综合，计算结果及排名如表 10-11 所示。

表 10-11　四个企业效益综合排名计算表

| 企业名称 | 评价指标 | | | | 平均 | 排序 |
|---|---|---|---|---|---|---|
| | 全员劳动生产率（元/人） | 百元净资产增加值（元） | 销售收入（万元） | 销售收入利税率（%） | | |
| 权重系数 | 0.35 | 0.15 | 0.2 | 0.3 | — | — |
| A | 1.127 3 | 0.342 1 | 0.763 9 | 0.084 9 | 0.624 12 | 2 |
| B | −0.375 8 | −1.184 2 | −0.813 2 | −0.122 | −0.508 4 | 3 |
| C | −1.449 4 | −0.605 3 | −0.911 8 | −0.074 3 | −0.802 74 | 4 |
| D | 0.697 9 | 1.447 4 | 0.961 1 | 0.111 4 | 0.687 015 | 1 |

按标准化处理方法与按相对化处理方法，最后得到的排名结果不一致，这也说明了若采用不同的评价方法，其评价结果也未必相同。

通常来说，各指标的重要程度是不一样的，所以通常对各指标都要进行加权处理，但其加权处理的方法有两种，一是加权算术平均法，二是加权几何平均法。如何在这两种方法中选择，主要根据两种方法的特点来选择。

加权算术平均法具有如下特点：各项指标互相独立；各项指标之间可以相互补偿；评价的结果主要体现项目各自的功能性。

加权几何平均法具有如下特点：各项指标间关系较强；对于指标值的变动，特别是较小值的变动反应更为敏感，且比加权算术平均法更敏感；评价的结果主要体现各个项目之间的均衡性；各个标准化后的数值不能是零或负值，只能是正值。

### 同步思考 10-5

统计综合评价中，各指标的综合的加权算术平均法和加权几何平均法有什么不同？

## 思考与练习

### ● 知识题

1. 单项选择题

（1）确定评价指标的原则不包括　　　　　　　　　　　　　　　　　　（　　）
　　A. 目的性原则　　B. 客观性原则　　C. 全面性原则　　D. 相关性原则

（2）评价指标的确定方法不包括　　　　　　　　　　　　　　　　　　（　　）
　　A. 综合法　　　　B. 分析法　　　　C. 系统聚类法　　D. 变异系数法

（3）通过判断指标之间的相似程度来筛选指标的方法是　　　　　　　　（　　）
　　A. 试算法　　　　B. 层次分析法　　C. 系统聚类法　　D. 综合评分法

（4）权重的确定方法是　　　　　　　　　　　　　　　　　　　　　　（　　）
　　A. 变异系数法　　B. 功效系数法　　C. 相对数法　　　D. 标准化法

（5）$x'_{ij} = \dfrac{x_{ij} - \bar{x}_i}{\sigma_i}$ 是什么方法的公式　　　　　　　　　　　　　　　（　　）

　　A. 指标同度量的相对化处理方法公式
　　B. 指标同度量的标准化处理方法公式
　　C. 指标同度量的功效系数法公式
　　D. 确定指标权重系数方法中的变异系数法公式

2. 多项选择题

（1）统计综合评价包括三个要素，这三个要素包括　　　　　　　　　　（　　）
　　A. 评价客体　　　B. 评价标准　　　C. 评价模型
　　D. 评价主体　　　E. 评价方法

（2）以下对统计综合评价描述错误的是　　　　　　　　　　　　　　　（　　）

A. 单指标评价
B. 多指标评价
C. 对评价指标体系中的指标逐个进行评价
D. 评价具有一定的局限性
E. 需要确定评价指标的权重系数

（3）权重按表现形式分，包括 （  ）
A. 绝对权重　　B. 相对权重　　C. 人工权重
D. 自然权重　　E. 相关权重

（4）评价指标同度量的处理方法包括 （  ）
A. 变异系数法　　B. 层次分析法　　C. 相对化方法
D. 功效系数法　　E. 标准化方法

（5）统计综合评价的类型包括 （  ）
A. 纵向评价　　B. 横向评价　　C. 实绩评价
D. 预测评价　　E. 空间评价

3. 判析题

（1）在评价指标体系中，尽可能地选择相关程度较高的指标。 （  ）
（2）定序数据可以通过一定的形式进行量化。 （  ）
（3）在进行统计综合评价时，不仅需要保证评价指标的客观性，同时可考虑评价指标的可操作性。 （  ）
（4）试算法是通过对实际数据的试算来判断指标有效性的方法。 （  ）
（5）利用相关系数矩阵或判定系数矩阵 $R^2$，表示指标（或类）之间的相似程度时，可以将其转换为指标距离 $d$，$d$ 值越大，表示两个指标（或类）之间的关系越密切。 （  ）

4. 简答题

（1）统计综合评价的作用是什么？
（2）统计综合评价的特点是什么？
（3）说明统计综合评价的步骤。
（4）在统计综合评价中，为什么要确定评价指标的权重系数？权重系数的确定方法有哪些？
（5）在统计综合评价中，为什么要对各指标进行同度量处理？同度量处理的方法都有哪些？

● 实务题

实务一：某医院统计了 2017 年度和 2018 年度 18 个经济效益指标，具体见下表：

**某医院 2017 年度和 2018 年度经济效益指标表**

| 指标 | 2017 年 | 2018 年 | 标准化值 |
| --- | --- | --- | --- |
| 存货周转率 | 21.50 | 22.20 | 21.50 |
| 应收账款周转率 | 6.68 | 6.55 | 6.50 |
| 流动资产周转率 | 1.26 | 1.20 | 1.30 |
| 固定资产周转率 | 1.07 | 1.25 | 1.20 |

(续)

| 指标 | 2017年 | 2018年 | 标准化值 |
|---|---|---|---|
| 总资产周转率 | 0.49 | 0.52 | 0.50 |
| 人均收入（万元） | 17.20 | 18.50 | 17.00 |
| 人均收支结余（万元） | 0.80 | 0.95 | 1.00 |
| 净资产增值率 | 5.00 | 6.00 | 5.00 |
| 资产收益率 | 2.30 | 2.40 | 2.20 |
| 净资产收益率 | 4.85 | 4.90 | 5.00 |
| 医疗毛利率 | 14.00 | 14.50 | 15.00 |
| 新技术应用收益（万元） | 95.00 | 120.00 | 100.00 |
| 材料占医疗收入比率 | 19.67 | 19.42 | 19.50 |
| 管理费用率 | 15.00 | 15.20 | 15.00 |
| 非正常损失率 | 0.62 | 0.56 | 0.50 |
| 资产负债率 | 0.48 | 0.47 | 0.48 |
| 流动比率 | 2.50 | 2.56 | 3.00 |
| 速动比率 | 2.10 | 2.20 | 2.50 |

根据上表资料，现利用相对化处理方法，将两个年度的指标数值进行同度量处理。

实务二：下表为3个地区的经济效益情况表。

**3个地区的经济效益情况表**

| 指标名称 | | 计量单位 | 实际值 | | |
|---|---|---|---|---|---|
| | | | 甲地区 | 乙地区 | 丙地区 |
| 产品销售率 | $x_1$ | % | 75 | 85 | 60 |
| 百元产值实现利税 | $x_2$ | 元 | 25 | 28 | 13 |
| 全员劳动生产率 | $x_4$ | 千元/人 | 9 | 12 | 6 |
| 万元产值能耗 | $x_5$ | 吨 | 45 | 25 | 22 |

根据以上资料，利用变异系数法计算各指标的权重系数。

● **实训题**

**实训一**

（1）实训目的：使学生掌握统计综合评价指标的同度量处理方法。

（2）实训资料：衡量企业经济效益的指标为年人均收入增加值、流通费用率、中间消耗率、资金利润率、流动资金周转次数。

以上各项指标的权数为：0.2、0.18、0.22、0.25、0.15。

甲、乙、丙3个企业的经济效益指标如下表所示。

| 评价指标 | 单位 | 权数$W$(%) | 不容许值 | 满意值 | 甲企业 | 乙企业 | 丙企业 |
|---|---|---|---|---|---|---|---|
| 年人均收入增加值 | 万元/人 | 20 | 9.6 | 11.6 | 11.2 | 9.6 | 10.4 |
| 流通费用率 | % | 10 | 14 | 12 | 13.6 | 12.4 | 14 |
| 中间消耗率 | % | 15 | 35 | 25 | 28 | 30 | 32 |
| 资金利润率 | % | 35 | 7.5 | 17.5 | 12.5 | 12 | 11 |
| 流动资金周转次数 | 次/年 | 20 | 2.5 | 5 | 4 | 3.5 | 3 |

（3）实训要求：利用功效系数法对甲、乙、丙3个企业的指标值进行同度量处理。同时，利用加权算术平均法对评价指标进行综合计算，并对3个企业进行排序。

**实训二**

（1）实训目的：使学生掌握综合评价的方法。

（2）实训资料：3个地区的经济效益考核指标情况如下表所示。

| 指标名称 | | 计量单位 | 实际值 | | |
|---|---|---|---|---|---|
| | | | 甲地区 | 乙地区 | 丙地区 |
| 产品销售率 | $x_1$ | % | 75 | 85 | 60 |
| 百元产值实现利税 | $x_2$ | 元 | 25 | 28 | 13 |
| 可比产品成本降低率 | $x_3$ | % | −3 | −2 | 1 |
| 全员劳动生产率 | $x_4$ | 千元/人 | 9 | 12 | 6 |
| 万元产值能耗 | $x_5$ | 吨 | 45 | 25 | 22 |

（3）实训要求：根据上面的资料，利用标准化处理方法对3个地区的经济效益情况进行综合评价。若5个指标的重要程度一致，综合计算后排出名次；若5个指标的权重系数不一致，其权重系数分别为0.2、0.18、0.22、0.25、0.15，利用加权算术平均法进行综合计算后排出名次。

本章部分习题参考答案及知识拓展可扫右侧二维码获得。

# 第十一章

# Excel 在统计分析中的应用

作为美国微软公司推出的 Office 套装办公软件中的主要成员，Excel 是一种运行在 Windows 环境下的电子表格系统。Excel 因其具有电子表格管理、数据清单管理、统计图表处理以及数据分析与决策功能，在统计应用中占有举足轻重的地位，得到了广泛的应用。本书以 Excel 2016 为工具进行统计分析。

## 实验一　Excel 在统计数据处理中的功能概述

### 一、Excel 数据分析工具的加载及其使用

作为 Office 电子表格文件处理工具的 Excel 不仅具有进行相关电子表格处理的功能，而且带有一个可以用来进行统计数据处理分析的宏程序库——"分析工具库"。通常计算机安装了 Office 后，其 Excel 电子表格系统并不能直接使用"分析工具库"来进行统计数据的处理分析，需要通过加载宏，启动"数据分析"宏"分析工具库"系统后，才能运行统计数据的数理分析工具。

打开 Excel 2016 电子表格系统后，如果在"数据"选项卡中没有"分析"组，则说明 Excel 电子系统尚未加载分析工具宏程序，必须在 Excel 中加载并启动"分析工具库"宏程序。

打开 Excel 2016 后，单击"文件"选项卡，选择"选项"命令，打开"Excel 加载项"对话框。在"管理"下拉列表中，选择"Excel 加载项"，然后单击"转到"按钮。此时将显示"加载宏"对话框。在"可用加载项"列表框中，勾选"分析工具库"复选框，然后单击"确定"按钮（见图 11-1）。

完成了 Excel 数据分析程序宏的加载后，单击"数据"选项卡"分析"功能组中的"数据分析"命令，即会弹出 Excel 的统计分析工具对话框（见图 11-2），如果选中其中的某一个统计分析工具，并单击"确定"按钮，就会弹出该分析工具的运行对话框，然后通过运行对话框的提示，可以进入该统计分析工具宏程序的运行过程。在整个分析工具宏程序库中设有各种数据处理分析的工具宏程序，包括用于进行描述统计分析的描述统计和直方图分析工具宏等，也包括可以进行推断统计分析的方差分析、相关和回归分析、统计推断和检验，以及时间序列指数平滑法等分析工具宏，具体的统计分析工具所包含的内容如表 11-1 所示。

图 11-1　加载"分析工具库"

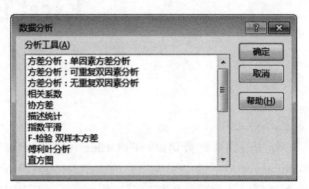

图 11-2　数据分析工具

表 11-1　Excel 统计分析工具

| 序号 | 分析工具 | 类别 | 序号 | 分析工具 | 类别 |
|---|---|---|---|---|---|
| 1 | 方差分析：单因素方差分析 | 方差分析 | 11 | 抽样 | 抽样设计 |
| 2 | 方差分析：可重复双因素方差分析 | | 12 | 随机数发生器 | |
| 3 | 方差分析：无重复双因素分析 | | 13 | 排位与百分比排位 | 参数估计 |
| 4 | 相关系数 | 相关与回归 | 14 | 描述统计 | |
| 5 | 协方差 | | 15 | F-检验 双样本方差 | 假设检验 |
| 6 | 回归 | | 16 | t-检验：平均值的成对双样本分析 | |
| 7 | 直方图 | 数据整理 | 17 | t-检验：双样本等方差假设 | |
| 8 | 移动平均 | 时间序列预测 | 18 | t-检验：双样本异方差假设 | |
| 9 | 傅利叶分析 | | 19 | Z-检验：双样本平均差检验 | |
| 10 | 指数平滑 | | | | |

## 二、Excel 统计函数及其使用

Excel 具有大量的内置函数，例如财务函数、日期和时间函数、数学和三角函数以及统计函数。其中统计类函数的功能简介，请参见附录 C。通常在应用 Excel 进行数据处理分析时，应尽量使用这些内置函数，它一方面可以减少因计算公式的输入带来的麻烦，另一方面可以根据处理分析的需要，在电子表格上编辑出由多种内置函数组合而成的复杂运算公式，以适应某些多步骤运算过程的特殊处理分析需要。

在 Excel 运行过程中调用统计函数主要采用两种方法，其一，是在工作簿的单元格中直接输入统计函数的函数名称（必须在统计函数名称前加"="号），立即就会弹出该函数的初始输入对话框，只要在有关的参数选项内填入确定的参数，就能得到函数的计算结果值。其二，在工作簿的单元格内输入"="号后，在"公式"选项卡的"函数库"功能组中显示了各类函数名称，单击选择某个函数名称，同样会弹出该函数的初始输入对话框（见图 11-3）。

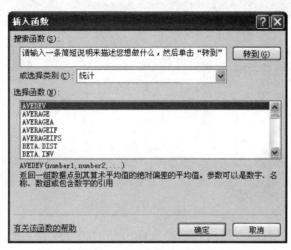

图 11-3　插入函数对话框

## 实验二　Excel 在统计整理中的应用

统计整理的主要内容包括如何进行统计分组，编制分配数列以及编制统计表和绘制统计图等。这里主要介绍如何进行统计分组，并根据分组结果编制统计表，绘制统计图。

例如，收集 A 餐馆某日前 50 位顾客晚餐的消费额如下所示（单位：元）。

| | | | | | | | | | |
|---|---|---|---|---|---|---|---|---|---|
| 14 | 22 | 23 | 25 | 26 | 27 | 30 | 31 | 31 | 32 |
| 33 | 34 | 34 | 35 | 35 | 35 | 36 | 36 | 37 | 37 |
| 38 | 38 | 38 | 39 | 39 | 39 | 39 | 40 | 41 | 42 |
| 43 | 44 | 44 | 44 | 44 | 45 | 45 | 48 | 48 | 49 |
| 50 | 50 | 50 | 50 | 51 | 51 | 53 | 53 | 56 | 63 |

根据以上数据进行统计分组，并编制统计表和绘制统计图。

### 一、进行统计分组

用 Excel 进行统计分组有两种方法，一是利用统计函数中的"FREQUENCY"函数，二是利用"数据分析"中的"直方图"工具。这里我们仅介绍利用"FREQUENCY"函数进行统计分组。

函数向导"FREQUENCY"可用来对一系列数据进行分组，并自动计算各级的分配次数。"FREQUENCY"的两个参数"Data_array"和"Bins_array"，其中"Data_ array"为待分组的数据的单元地址，存在方式为一个向量区域；"Bins_array"为用于对前述数据系列进行分组间隔点的单元地址，存放方式也为一个向量区域。其具体分组步骤如下所示。

第一步，启动 Excel 2016，新建一个工作簿，并将上面的数据资料输入到表格中，如图 11-4 所示。

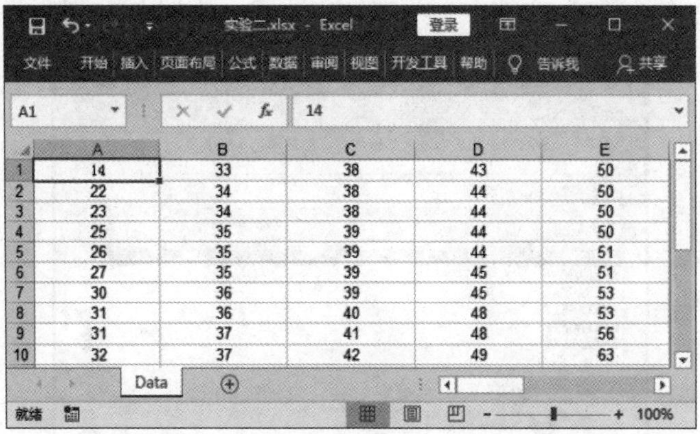

图 11-4　输入实验一数据

第二步，确定每一组的上限值。确定上限值是编制分配数列的关键，确定了每一组的上限，即确定了每一组的组限和组距。本例中，输入的上限值分别是：20、30、40、50、60、70，并把这些值输入到 G2:G7 中，将选取的结果存放在单元格区域 H2:I7 中。

第三步，将光标移至拟存放首组频数的单元格 H2:I7 上，启动函数向导"FREQUEN-CY"，如图 11-5 所示。然后单击"确定"按钮。

第四步，在"Data_array"中输入"A1:E10"，或单击"折叠对话框"按钮选择数据区域。在"Bins_array"中输入"G2:G7"，或单击"折叠对话框"按钮选择数据区域，如图 11-6 所示。

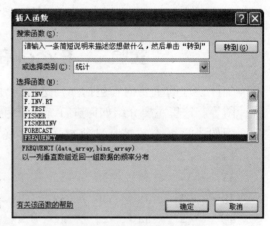

图 11-5　FREQUENCY 函数

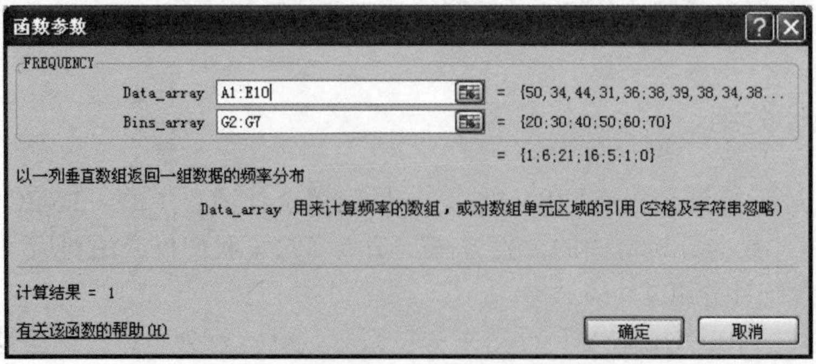

图 11-6　输入 FREQUENCY 函数参数

第五步，按住“Ctrl+Shift+Enter”组合键，即可获得各组相应的次数，即 50 名顾客晚餐消费额的分配数列，如图 11-7 所示。

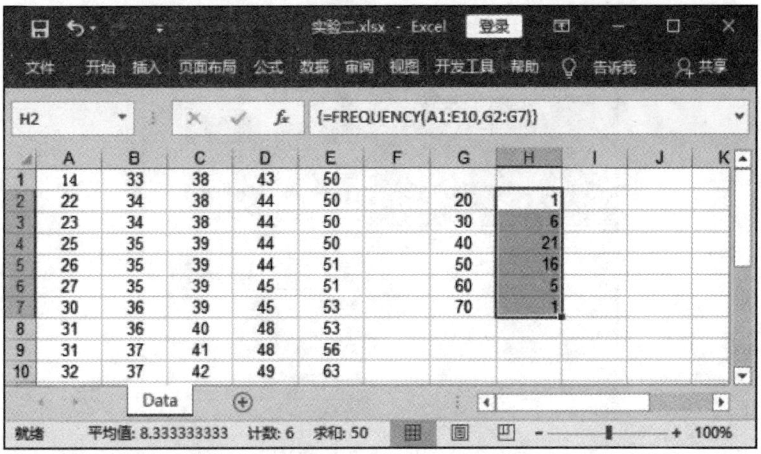


| | A | B | C | D | E | F | G | H |
|---|---|---|---|---|---|---|---|---|
| 1 | 14 | 33 | 38 | 43 | 50 | | | |
| 2 | 22 | 34 | 38 | 44 | 50 | | 20 | 1 |
| 3 | 23 | 34 | 38 | 44 | 50 | | 30 | 6 |
| 4 | 25 | 35 | 39 | 44 | 50 | | 40 | 21 |
| 5 | 26 | 35 | 39 | 44 | 51 | | 50 | 16 |
| 6 | 27 | 35 | 39 | 45 | 51 | | 60 | 5 |
| 7 | 30 | 36 | 39 | 45 | 53 | | 70 | 1 |
| 8 | 31 | 36 | 40 | 48 | 53 | | | |
| 9 | 31 | 37 | 41 | 48 | 56 | | | |
| 10 | 32 | 37 | 42 | 49 | 63 | | | |

图 11-7　50 名顾客晚餐消费额的分配数列

## 二、编制统计表

将图 11-7 中形成的统计分组重新进行整理后，形成统计表，如图 11-8 所示。

重新编制的统计表采用了上下限重叠的方法，并按“上限不在内原则”进行了分组。

| 晚餐消费额(元) | 人数（人） |
|---|---|
| 20以下 | 1 |
| 20-30 | 6 |
| 30-40 | 21 |
| 40-50 | 16 |
| 50-60 | 5 |
| 60以上 | 1 |
| 合计 | 50 |

图 11-8　统计分组表

## 三、绘制统计图

根据图 11-8 所编制的统计表，我们来绘制统计图（以柱形图为例）。

第一步，选中数据区域 A1:B7，单击“插入”选项卡，在功能组中单击柱形图，选择簇状柱形图，如图 11-9 所示。

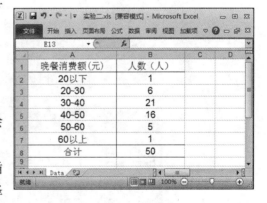

第二步，单击鼠标，即可初步形成该餐馆 50 名顾客晚餐消费情况的柱形图，如图 11-10 所示。

第三步，利用“图表工具”选项卡中的图表标题，修改柱形图的标题为“50 名顾客晚餐消费情况分布统计图”，如图 11-11 所示。

第四步，利用“图表工具”选项卡中的坐标轴标题，增加该图表的横纵坐标标题，如图 11-12 所示。

第五步，形成最终的统计柱形图，如图 11-13 所示。

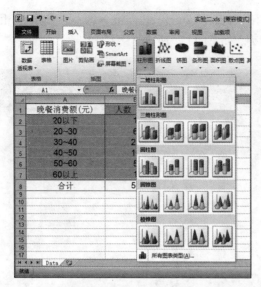

图 11-9　插入柱形图

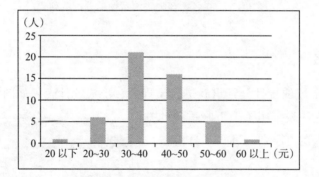

图 11-10　初步形成柱形图

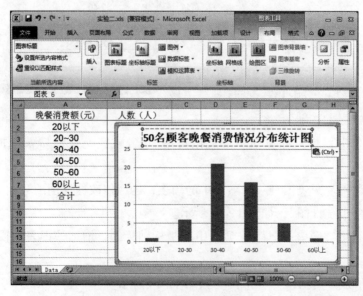

图 11-11　修改柱形图标题

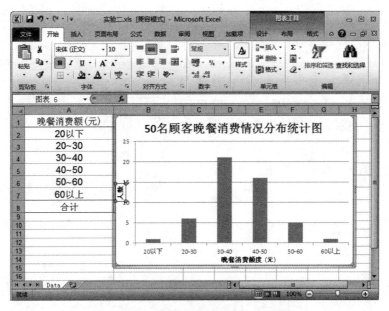

图 11-12　增加柱形图横纵坐标标题

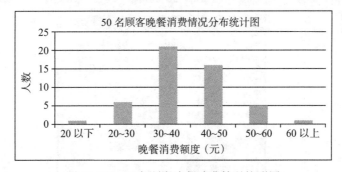

图 11-13　50 名顾客晚餐消费情况柱形图

## 实验三　Excel 在数据描述中的应用

常用的描述统计指标有算术平均数、调和平均数、几何平均数、中位数、众数、全距、标准差和标准差系数等。我们这里以某高校的 30 名学生的统计学成绩为例，计算各描述统计指标，数据资料如下。

50　54　62　65　68　70　72　72　75　75　76　76　76　77　78
78　80　80　81　82　82　83　85　86　86　88　88　90　90　95

利用 Excel 来计算各种描述统计指标，有两种方法，一种方法是利用"数据分析"中的"描述统计"工具来计算各种描述统计指标，另一种是利用函数方法来计算各种描述统计指标。

### 一、利用"描述统计"分析工具来计算

第一步，将 30 名学生的统计学成绩录入一个新建的工作簿中，如图 11-14 所示。

第二步，单击"数据"选项卡，在"分析"功能组中选择"数据分析"选项，从其对话框中选择"描述统计"选项，单击"确定"按钮后，打开"描述统计"对话框，在"输入区域"中选择30名学生统计学成绩所在的单元格，即"$A$1:$A$30"。在"输出区域"中可选择"$D$5"，其他复选项可根据需要选定，如图11-15所示。

第三步，单击"确定"按钮，得到输出结果，如图11-16所示。

图11-14 输入实验二数据

图11-15 描述统计分析工具

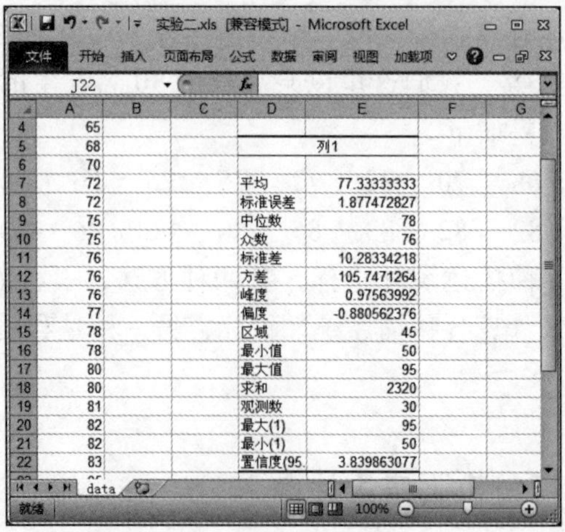

图11-16 输出结果

输出结果中,"平均"表示的是算术平均数,"区域"表示的是全距。

## 二、利用统计函数来计算

第一步,将描述统计量输入任意单元格,本例中输入区域为 C4:C11,如图 11-17 所示。

第二步,在 D4 单元格中插入算术平均数的函数"=AVERAGE",然后单击"确定"按钮,如图 11-18 所示。

第三步,在弹出的对话框中,在"Number"中输入"A1:A30",如图 11-19 所示。

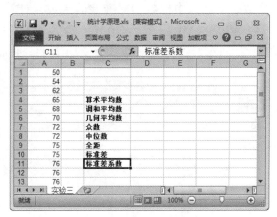

图 11-17　输入各种统计指标

图 11-18　插入 AVERAGE 函数

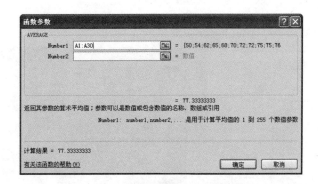

图 11-19　设置 AVERAGE 函数参数

第四步,单击"确定"按钮后便得到了算术平均数的数值,如图 11-20 所示。

按照以上步骤，分别在 D5、D6、D7、D8、D10 中输入计算调和平均数、几何平均数、众数、中位数、标准差的函数，计算出对应值。在 D9 单元格中，输入"=MAX（A1:A30）-MIN（A1:A30）"，然后回车，得到全距。在 D11 单元格中输入"= D10/D4"，回车后得到标准差系数，如图 11-21 所示。

图 11-20　平均数计算结果

图 11-21　标准差系数

如果是利用分组资料计算平均数或标准差，则需要在相应的单元格中输入相应的计算公式来计算其数值，这里不再介绍了。

## 实验四　Excel 在参数估计中的应用

实验资料：仍以某校 30 名学生统计学的成绩为例，在 95% 的概率保证程度下，利用 30 名学生统计学平均成绩估计该校全体学生统计学平均成绩的置信区间。

第一步，将资料的数据输入到一个新的工作簿中，同时以 C5 单元格为起始位置，在列中输入相关的指标名称，如图 11-22 所示。

第二步，计算总体个数。在 D5 单元格中，插入统计函数"COUNT"，单击"确定"按钮后，在弹出的对话框的"Value1"中输入"A1:A30"，如图 11-23 所示。单击"确定"按钮，得到总体个数，如图 11-24 所示。

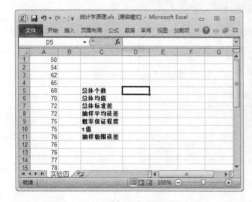

图 11-22　输入各种指标名称

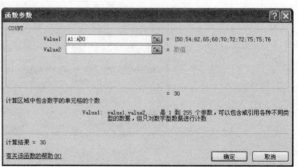

图 11-23　设置 COUNT 函数参数

图 11-24　COUNT 函数计算结果

第三步，计算总体均值。在 D6 单元格内插入统计函数"AVERAGE"，单击"确定"按钮后，在弹出的对话框的"Number 1"中输入"A1:A30"，如图 11-25 所示。单击"确定"按钮，得到总体均值，如图 11-26 所示。

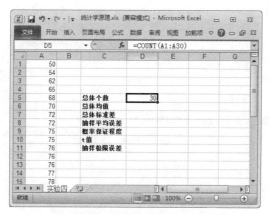

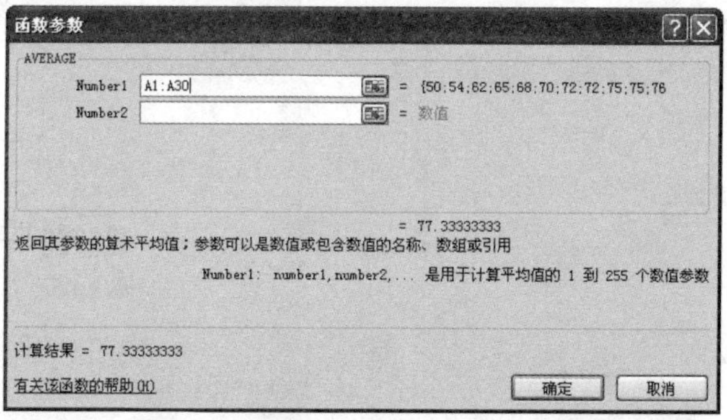

图 11-25　设置 AVERAGE 函数参数

图 11-26　AVERAGE 函数计算结果

第四步，计算总体标准差。在 D7 单元格内插入统计函数"STDEV.P"，单击"确定"按钮后，在弹出的对话框的"Number1"中输入"A1:A30"，如图 11-27 所示。单击"确定"按钮，得到总体标准差，如图 11-28 所示。

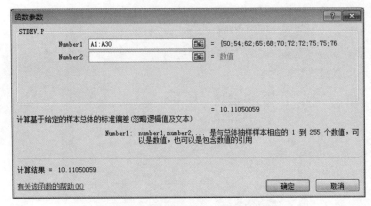

图 11-27　设置 STDEV.P 函数参数

第五步，计算抽样平均误差。在 D8 单元格内输入"=D7/SQRT（D5）"后回车，就得到了抽样平均误差，如图 11-29 所示。

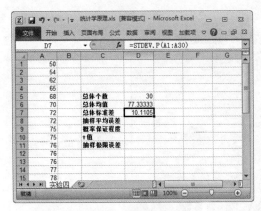

图 11-28　总体标准差

图 11-29　抽样平均误差

第六步，输入概率保证程度。在 D9 单元格内输入"95%"，如图 11-30 所示。

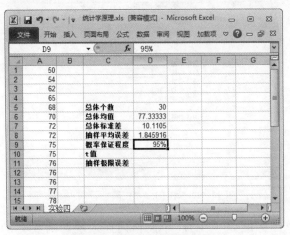

图 11-30　输入概率保证程度

第七步，计算 $t$ 值。在 D10 单元格中插入统计函数"NORM.S.INV"，打开该函数的对话框，在“ Probability”的空格处输入“0.975”，如图 11-31 所示。回车后得到 *t* 值，如图 11-32 所示。

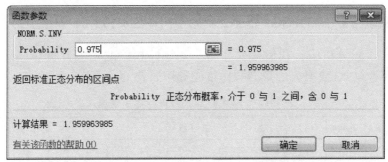

图 11-31　设置 NORM.S.INV 函数参数

第八步，计算抽样极限误差。在 D11 单元格内输入“ =D10*D8”，回车后得到抽样极限误差，如图 11-33 所示。

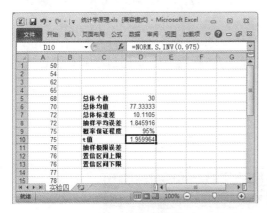

| | A | B | C | D |
|---|---|---|---|---|
| 1 | 50 | | | |
| 2 | 54 | | | |
| 3 | 62 | | | |
| 4 | 65 | | | |
| 5 | 68 | | 总体个数 | 30 |
| 6 | 70 | | 总体均值 | 77.33333 |
| 7 | 72 | | 总体标准差 | 10.1105 |
| 8 | 72 | | 抽样平均误差 | 1.845916 |
| 9 | 75 | | 概率保证程度 | 95% |
| 10 | 75 | | t 值 | 1.959964 |
| 11 | 76 | | 抽样极限误差 | |
| 12 | 76 | | 置信区间上限 | |
| 13 | 76 | | 置信区间下限 | |
| 14 | 77 | | | |
| 15 | 78 | | | |

图 11-32　*t* 值计算结果

| | A | B | C | D |
|---|---|---|---|---|
| 1 | 50 | | | |
| 2 | 54 | | | |
| 3 | 62 | | | |
| 4 | 65 | | | |
| 5 | 68 | | 总体个数 | 30 |
| 6 | 70 | | 总体均值 | 77.33333 |
| 7 | 72 | | 总体标准差 | 10.1105 |
| 8 | 72 | | 抽样平均误差 | 1.845916 |
| 9 | 75 | | 概率保证程度 | 95% |
| 10 | 75 | | t 值 | 1.959964 |
| 11 | 76 | | 抽样极限误差 | 3.61793 |
| 12 | 76 | | 置信区间上限 | |
| 13 | 76 | | 置信区间下限 | |
| 14 | 77 | | | |
| 15 | 78 | | | |

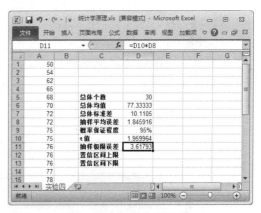

图 11-33　抽样极限误差

第九步，计算置信区间上、下限。在 D12 单元格内输入“ =D6+D11”，回车后得到置信区间的上限；在 D13 单元格内输入“ =D6−D11”，回车后得到置信区间的下限，如图 11-34 所示。

| | A | B | C | D |
|---|---|---|---|---|
| 1 | 50 | | | |
| 2 | 54 | | | |
| 3 | 62 | | | |
| 4 | 65 | | | |
| 5 | 68 | | 总体个数 | 30 |
| 6 | 70 | | 总体均值 | 77.33333 |
| 7 | 72 | | 总体标准差 | 10.1105 |
| 8 | 72 | | 抽样平均误差 | 1.845916 |
| 9 | 75 | | 概率保证程度 | 95% |
| 10 | 75 | | t 值 | 1.959964 |
| 11 | 76 | | 抽样极限误差 | 3.61793 |
| 12 | 76 | | 置信区间上限 | 80.95126 |
| 13 | 76 | | 置信区间下限 | 73.7154 |
| 14 | 77 | | | |
| 15 | 78 | | | |

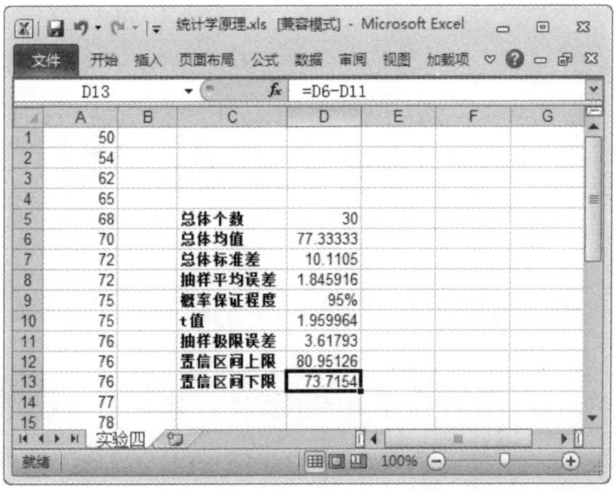

图 11-34　置信区间的上下限计算结果

通过 Excel 的计算，得到该校学生统计学平均成绩的置信区间为 73.72～80.95 分。

## 实验五　Excel 在相关分析和回归分析中的应用

在相关和回归分析中，我们主要介绍一元线性相关的相关分析和一元线性回归分析。例如，现有 12 名成年人的身高与体重的资料如表 11-2 所示。

表 11-2　12 名成年人身高与体重情况

| 身高（cm） | 165 | 168 | 172 | 172 | 174 | 175 | 175 | 176 | 178 | 179 | 181 | 184 |
|---|---|---|---|---|---|---|---|---|---|---|---|---|
| 体重（kg） | 62 | 69 | 67 | 68 | 70 | 70 | 74 | 78 | 80 | 86 | 82 | 85 |

根据上表资料绘制散点图，并计算身高和体重的相关系数，建立以体重为因变量、身高为自变量的回归方程。

### 一、相关分析

相关分析主要是确定现象的相关形式和相关的密切程度，主要通过绘制相关图和计算相关系数来分析。

#### (一) 绘制相关图

第一步，将资料输入到一个新的工作簿中，如图 11-35 所示。

图 11-35　输入实验五数据

第二步，插入散点图。选择数据源 A1:B13，在"插入"选项卡的"图表"功能组中选择散点图，如图 11-36 所示。

第三步，单击鼠标，得到身高与体重的散点图，如图 11-37 所示。

第四步，利用"布局"选项卡"标签"功能组中的"图表标题"，修改散点图的标题为"12 名成年人的身高与体重散点图"，如图 11-38 所示。

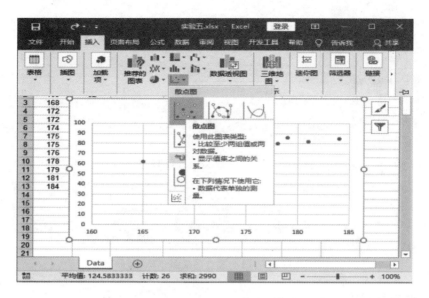

图 11-36　插入散点图

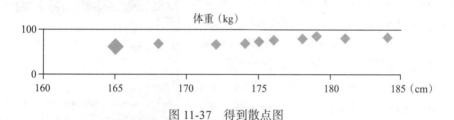

图 11-37　得到散点图

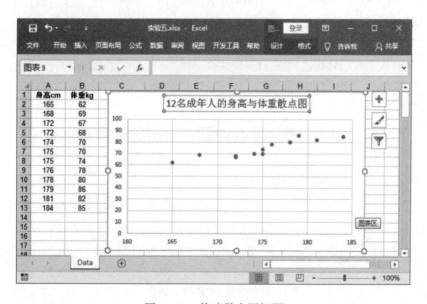

图 11-38　修改散点图标题

第五步，利用"布局"选项卡"标签"功能组中的"坐标轴"标题，增加统计散点图的横纵坐标标题，如图 11-39 所示。

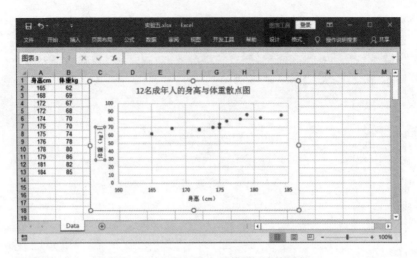

图 11-39　增加散点图横纵坐标标题

## （二）计算相关系数

利用 Excel 计算相关系数，有两种方法可以选择，一是利用统计函数"CORREL"来进行计算，二是利用"数据分析"工具进行计算。

### 1. 利用统计函数"CORREL"进行计算

第一步，在"公式"选项卡的"函数库"功能组中，单击"插入函数"后，在"选择函数"下拉列表中选择"CORREL"函数，如图 11-40 所示，单击"确定"按钮，弹出 CORREL 函数参数对话框。

第二步，在"Array1"中输入"A2:A13"，在"Array2"中输入"B2:B13"，如图 11-41 所示。单击"确定"按钮后，得到相关系数，如图 11-42 所示。

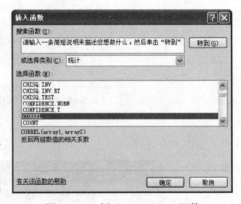

图 11-40　插入 CORREL 函数

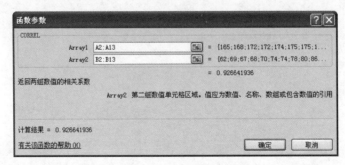

图 11-41　设置 CORREL 函数参数

### 2. 利用"数据分析"工具进行计算

第一步，在"数据"选项卡的"分析"功能组中选择"数据分析"选项，在分析工具中选择"相关系数"，如图 11-43 所示。单击"确定"按钮。

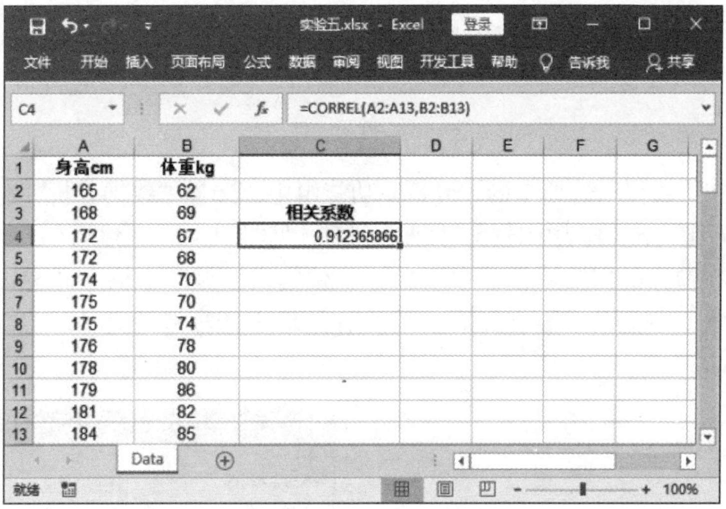

图 11-42  实验结果

第二步,在"输入区域"中输入"$A$1:$B$13","分组方式"中选中"逐列",同时勾选"标志位于第一行",在"输出区域"输入"$D$5",如图 11-44 所示。单击"确定"按钮,输出结果如图 11-45 所示。

图 11-43  选择"相关系数"

图 11-44  设置相关系数分析工具参数

图 11-45  输出结果

从相关系数的计算结果来看，两种方法计算的结果是一致的。

## 二、回归分析

第一步，在"数据"选项卡的"分析"功能组中，选择"数据分析"选项，在弹出的对话框"分析工具"下拉列表中选择"回归"选项（见图11-46）。然后单击"确定"按钮。

第二步，在弹出的回归对话框中，在"Y值输入区域"中输入"$B$2:$B$13"，在"X值输入区域"中输入"$A$2:$A$13"。在"输出选项"中选中"新工作表组"，如图11-47所示。

图11-46 选择"回归"选项

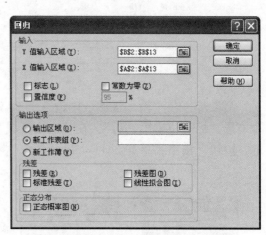

图11-47 设置回归分析工具的参数

第三步，单击"确定"按钮，得到回归分析结果，如图11-48所示。

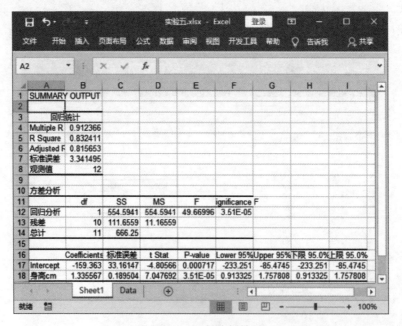

图11-48 回归分析结果

上图结果可以分为三个部分，第一部分是回归统计的结果，包括多元相关系数、可决系数 $R^2$、调整之后的相关系数、回归标准差以及样本个数。第二部分是方差分析的结果，包括可解释的离差、残差、总离差和它们的自由度以及由此计算出的 $F$ 统计量和相应的显著水平。第三部分是回归方程的截距和斜率的估计值，以及它们的估计标准误差、$t$ 统计量大小、双边拖尾概率值和估计值的上下界。根据这部分的结果可知回归方程为 $Y=-159.217+1.337X$。

## 实验六　Excel 在时间数列分析中的应用

在时间数列分析中，主要是分析计算时间数列分析中的常用指标，如增长量、发展速度、增长速度，增长 1% 绝对值、平均增长量、平均发展速度和平均增长速度等。

根据我国 2012～2018 年的国内生产总值数据（见表 11-3），计算逐期增长量、累计增长量、环比发展速度、定基发展速度、增长百分之一绝对值、平均增长量、平均发展速度和平均增长速度等指标。

表 11-3　我国 2012～2018 年的国内生产总值数据　　　　（单位：亿元）

| 年度 | 2012 | 2013 | 2014 | 2015 | 2016 | 2017 | 2018 |
|---|---|---|---|---|---|---|---|
| 国内生产总值 | 538 580 | 592 963 | 641 281 | 685 993 | 740 061 | 820 754 | 900 310 |

因为平均发展水平指标的计算比较复杂，公式也比较多，这里就不再计算了。

第一步，在一个新建的工作簿中输入资料，并将各指标输入到表格中，如图 11-49 所示。

图 11-49　输入各指标

第二步，在"B3:B7"中，以文本的方式输入"—"。

第三步，计算逐期增长量。在"C3"单元格内输入"= C2-B2"，回车后，得到 2013 年相对于 2012 年的逐期增长量。用拖曳鼠标的方式，将"C3"单元格的公式复制到"D3:H3"区域中，松开鼠标后，即得到 2012～2018 年的逐期增长量，如图 11-50 所示。

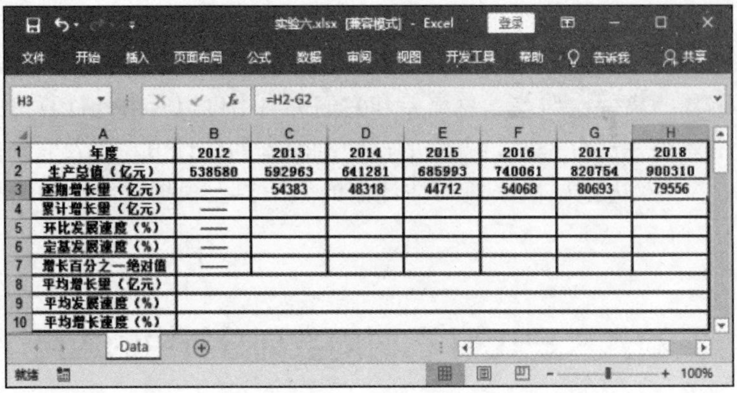

图 11-50　2012～2018 年逐期增长量

第四步，计算累计增长量。在"C4"单元格内输入"=C2−$B$2"，回车后，得到 2013 年相对于 2012 年的累计增长量。用拖曳鼠标的方式，将"C4"单元格的公式复制到"D4:H4"区域中，松开鼠标后，即得到 2012～2018 年的累计增长量，如图 11-51 所示。

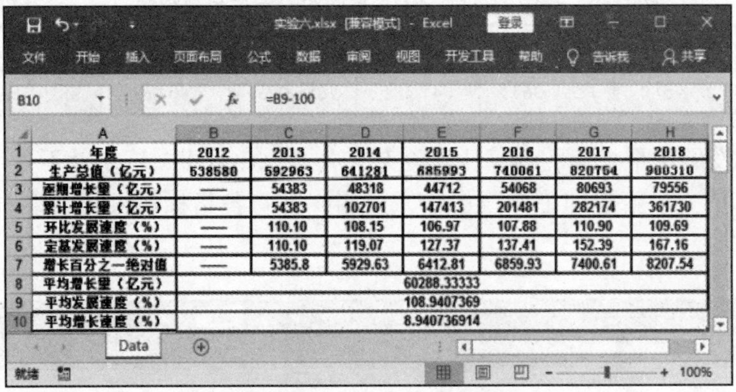

图 11-51　2012～2018 年累计增长量

第五步，计算环比发展速度。在"C5"单元格内输入"=C2/B2*100"，回车后，得到 2013 年相对于 2012 年的环比发展速度。用拖曳鼠标的方式，将"C5"单元格的公式复制到"D5:H5"区域中，松开鼠标后，即得到 2012～2018 年的环比发展速度，如图 11-51 所示。

第六步，计算定基发展速度。在"C6"单元格内输入"=C2/$B$2*100"，回车后，得到 2013 年相对于 2012 年的定基发展速度。用拖曳鼠标的方式，将"C6"单元格的公式复制到"D6:H6"区域中，松开鼠标后，即得到 2012～2018 年的定基发展速度，如图 11-51 所示。

第七步，计算增长百分之一绝对值。在"C7"单元格内输入"=B2/100"，回车后，得到 2013 年相对于 2012 年的增长百分之一绝对值。用拖曳鼠标的方式，将"C7"单元格的公式复制到"D7:H7"区域中，松开鼠标后，即得到 2012～2018 年的增长百分之一绝对值，如图 11-51 所示。

第八步，计算平均增长量。在"B8"单元格内输入"=H4/6"，回车后，得到平均增长量,如图 11-51 所示。

第九步,计算平均发展速度。在"B9"单元格内输入"=GEOMEAN(C5:H5)",单击"确定"后,便得到了平均发展速度,如图 11-51 所示。

第十步,计算平均增长速度。在"B10"单元格内输入"=B9–100",回车后,得到平均增长速度,如图 11-51 所示。

## 实验七　Excel 在指数分析中的应用

指数分析主要包括综合指数的编制、平均指数的编制和利用指数体系进行因素分析等内容。其方法基本一致,所以这里只介绍如何利用指数体系进行因素分析的内容。例如,某地区四种主要工业品出厂价格及产量资料如表 11-4 所示。

利用 Excel 工具,对该地区产值变化情况进行因素分析。

表 11-4　某地区四种主要工业品出厂价格及产量

| 工业产品 | 单位 | 单位产品出厂价格(元) | | 产量 | |
|---|---|---|---|---|---|
| | | 基期 | 报告期 | 基期 | 报告期 |
| 甲 | 吨 | 100 | 230 | 1 200 | 1 270 |
| 乙 | 辆 | 600 | 470 | 2 300 | 2 400 |
| 丙 | 台 | 200 | 310 | 3 100 | 4 010 |
| 丁 | 件 | 700 | 1 210 | 300 | 420 |

第一步,在一个新建的工作簿中,输入实验资料,如图 11-52 所示。

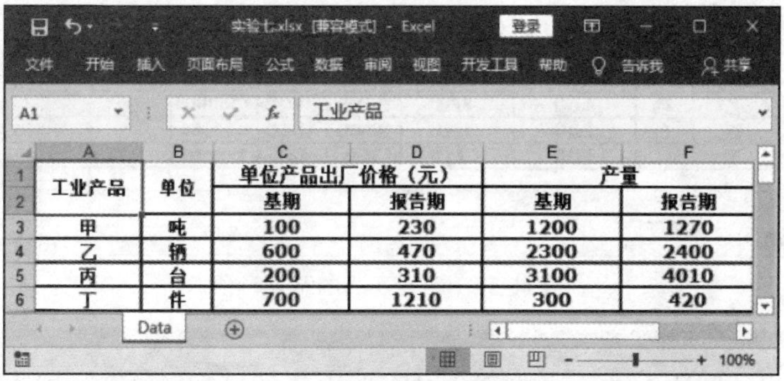

图 11-52　输入实验资料

第二步,按利用指数体系进行因素分析的需要,绘制统计分析表,如图 11-53 所示。

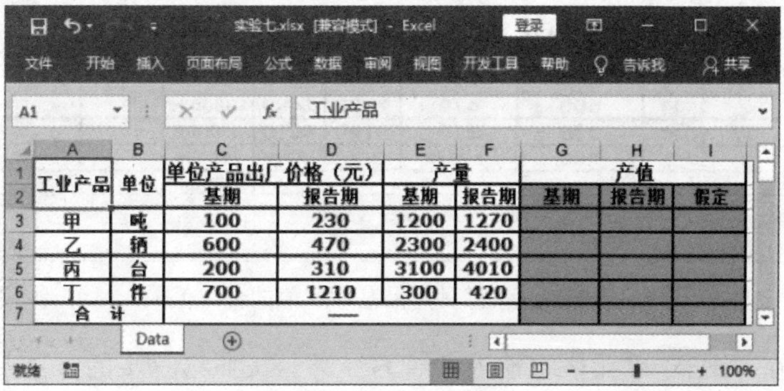

图 11-53　统计分析表

第三步，计算利用指数体系进行因素分析所需要的各价值指标数值。在"G3"单元格中输入"=C3*E3"，如图11-54所示。回车后得到甲产品的基期产值，用拖曳鼠标的方式将"G3"单元格的公式复制到"G4:G6"区域中，松开鼠标后得到乙、丙、丁三种产品的基期产值，如图11-55所示。在"G7"单元格中输入"=SUM（G3:G6）"，回车后则在"G7"单元格内得到四种产品基期产值的合计值，如图11-56所示。

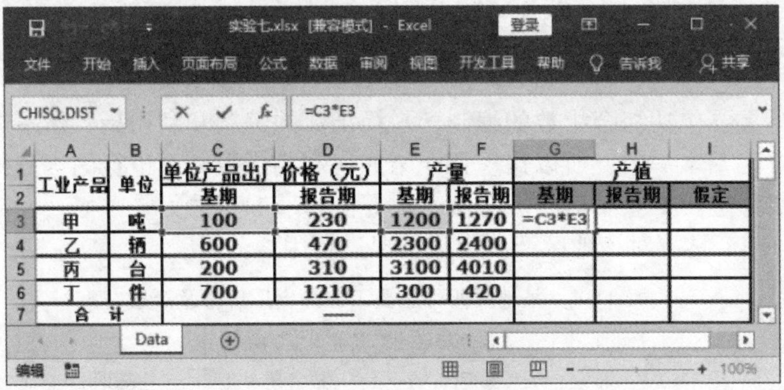

图11-54　计算甲产品的基期产值

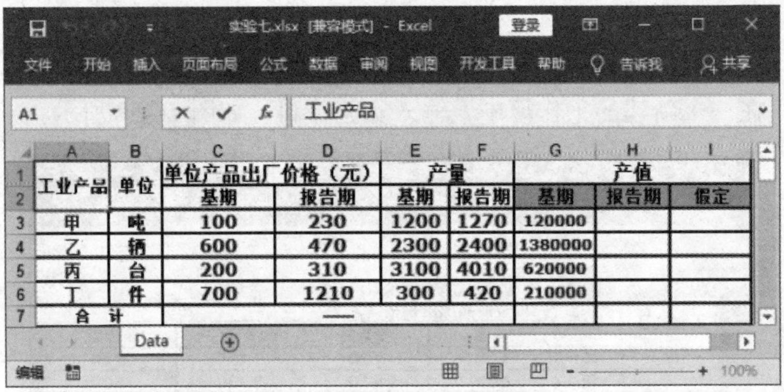

图11-55　四种产品的基期产值

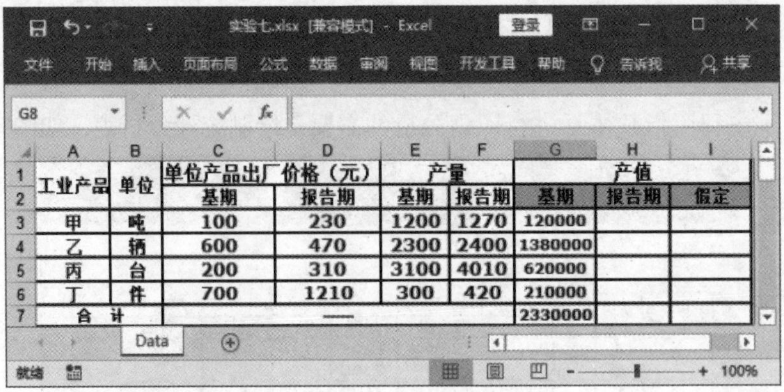

图11-56　四种产品基期产值的合计值

第四步，在"H3"单元格中输入"=D3*F3"，按照第三步的方法求得报告期四种产品的报告期产值及其合计值，如图11-57所示。

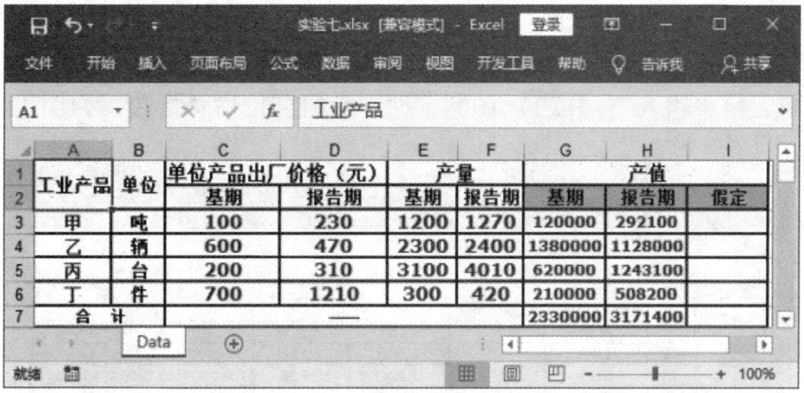

图 11-57  四种产品的报告期产值及其合计值

第五步，在"I3"单元格中输入"=C3*F3"，按照第三步的方法求得报告期四种产品的以基期价格计算的报告期的假定产值及其合计值，如图 11-58 所示。

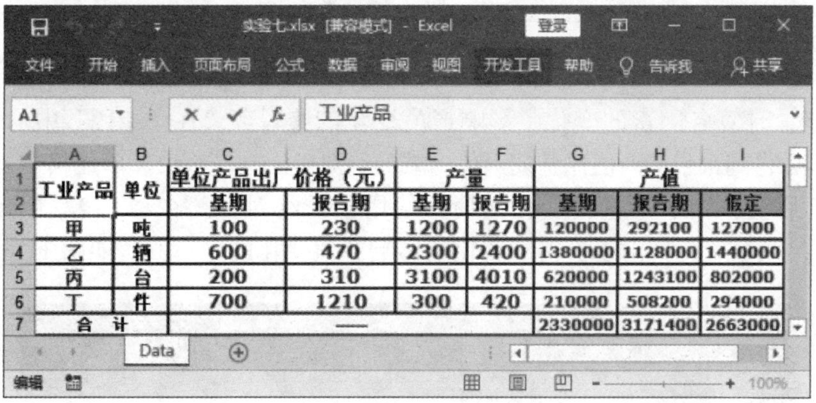

图 11-58  四种产品的假定产值及其合计值

第六步，计算产值、产量、出厂价格总指数，并计算其变化对产值的影响。在相应的单元格中输入各指数名称及影响的绝对额，如图 11-59 所示。

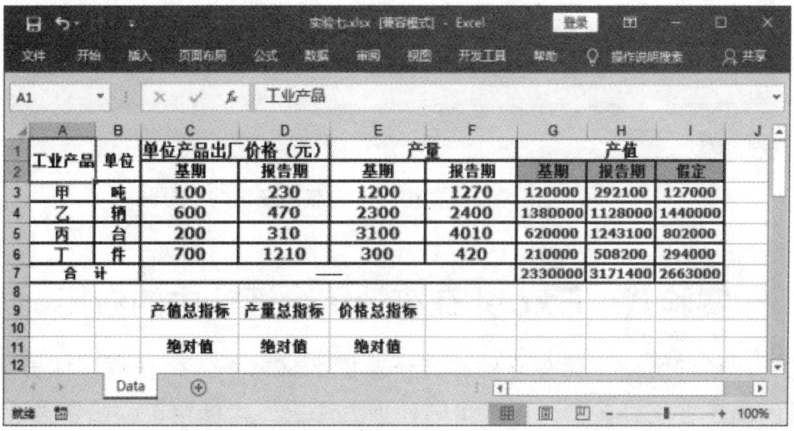

图 11-59  输入各指数名称及影响的绝对额

第七步，计算各总指数。在“C10”单元格中输入“=H7/G7*100”，回车后，得到产值总指数。 在“D10”单元格中输入“=I7/G7*100”，回车后，得到产量总指数。在“E10”单元格中输入“=H7/I7*100”，回车后得到价格总指数，如图 11-60 所示。

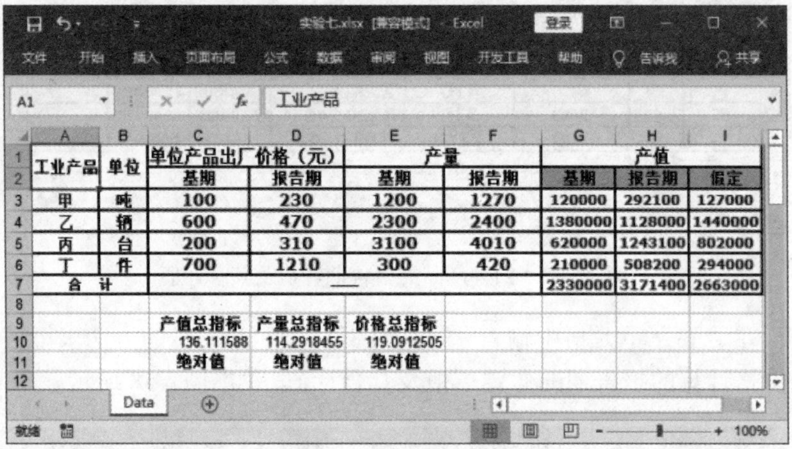

| 工业产品 | 单位 | 单位产品出厂价格（元） | | 产量 | | 产值 | | |
|---|---|---|---|---|---|---|---|---|
| | | 基期 | 报告期 | 基期 | 报告期 | 基期 | 报告期 | 假定 |
| 甲 | 吨 | 100 | 230 | 1200 | 1270 | 120000 | 292100 | 127000 |
| 乙 | 辆 | 600 | 470 | 2300 | 2400 | 1380000 | 1128000 | 1440000 |
| 丙 | 台 | 200 | 310 | 3100 | 4010 | 620000 | 1243100 | 802000 |
| 丁 | 件 | 700 | 1210 | 300 | 420 | 210000 | 508200 | 294000 |
| 合　计 | | — | | | | 2330000 | 3171400 | 2663000 |
| | | 产值总指标 | 产量总指标 | 价格总指标 | | | | |
| | | 136.111588 | 114.2918455 | 119.0912505 | | | | |
| | | 绝对值 | 绝对值 | 绝对值 | | | | |

图 11-60　价格总指数

第八步，计算各因素的变化，影响产值变化的绝对额。在“C12”中输入“=H7−G7”，回车后得到报告期产值比基期产值增减的绝对额。在“D12”单元格中输入“=I7−G7”，回车后得到由于产量的变化而使产值增减的绝对额。在“E12”单元格中输入“=H7−I7”，回车后得到由于价格的变化而影响产值变化的绝对额，如图 11-61 所示。

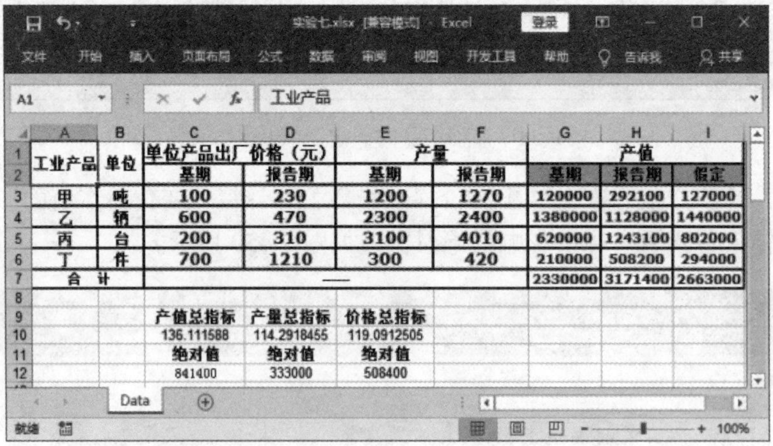

| 工业产品 | 单位 | 单位产品出厂价格（元） | | 产量 | | 产值 | | |
|---|---|---|---|---|---|---|---|---|
| | | 基期 | 报告期 | 基期 | 报告期 | 基期 | 报告期 | 假定 |
| 甲 | 吨 | 100 | 230 | 1200 | 1270 | 120000 | 292100 | 127000 |
| 乙 | 辆 | 600 | 470 | 2300 | 2400 | 1380000 | 1128000 | 1440000 |
| 丙 | 台 | 200 | 310 | 3100 | 4010 | 620000 | 1243100 | 802000 |
| 丁 | 件 | 700 | 1210 | 300 | 420 | 210000 | 508200 | 294000 |
| 合　计 | | — | | | | 2330000 | 3171400 | 2663000 |
| | | 产值总指标 | 产量总指标 | 价格总指标 | | | | |
| | | 136.111588 | 114.2918455 | 119.0912505 | | | | |
| | | 绝对值 | 绝对值 | 绝对值 | | | | |
| | | 841400 | 333000 | 508400 | | | | |

图 11-61　由于价格变化而影响产值变化的绝对额

## 实验八　Excel 在统计综合评价中的应用

统计综合评价的方法，体现在综合评价不同的环节上，包括指标体系的确定方法、各指标权重的确定方法、各指标同度量的处理方法等。指标权重的确定方法很多，其中变异系数法直接利用各项指标所包含的信息，通过计算得到指标的权重，是一种简单易行的客观赋权方法。这里介绍如何利用 Excel 2016 采用变异系数法确定指标的权重。例如，某地医院 2009～2018 年相关指标资料如表 11-5 所示。

**表 11-5　某地医院 2009～2018 年相关指标资料**

| 年度 | 有效率（%） | 病死率（%） | 平均住院日（天） | 病床使用率（%） | 出入院诊断符合率（%） | 甲级病案率（%） |
|---|---|---|---|---|---|---|
| 2009 | 96.2 | 2.1 | 19.5 | 73.3 | 96.4 | 77.6 |
| 2010 | 95.6 | 1.8 | 21.0 | 70.9 | 97.8 | 79.2 |
| 2011 | 95.5 | 1.9 | 20.1 | 59.7 | 96.8 | 71.4 |
| 2012 | 95.6 | 1.7 | 16.4 | 74.2 | 98.6 | 86.3 |
| 2013 | 96.8 | 1.5 | 15.2 | 75.1 | 98.9 | 92.2 |
| 2014 | 96.9 | 1.2 | 16.3 | 76.3 | 99.1 | 95.8 |
| 2015 | 97.1 | 1.3 | 15.6 | 75.9 | 99.3 | 96.7 |
| 2016 | 97.2 | 1.1 | 16.4 | 78.6 | 99.8 | 98.2 |
| 2017 | 97.1 | 1.1 | 17.1 | 76.2 | 99.7 | 98.1 |
| 2018 | 96.8 | 0.9 | 16.8 | 77.1 | 99.5 | 97.5 |

利用 Excel 工具，确定医院各项指标的权重，以作为统计综合评价的依据。

第一步，在一个新建的工作簿中输入实验资料，如图 11-62 所示。

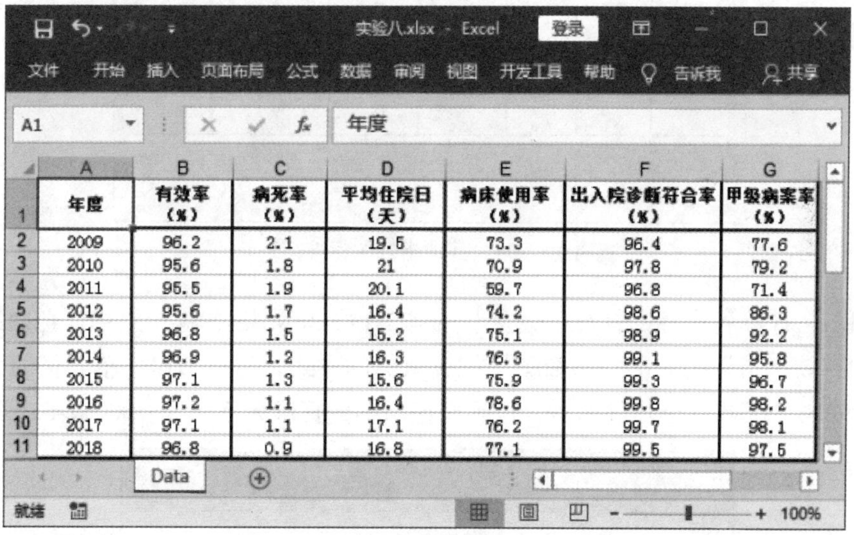


| | A | B | C | D | E | F | G |
|---|---|---|---|---|---|---|---|
| 1 | 年度 | 有效率（%） | 病死率（%） | 平均住院日（天） | 病床使用率（%） | 出入院诊断符合率（%） | 甲级病案率（%） |
| 2 | 2009 | 96.2 | 2.1 | 19.5 | 73.3 | 96.4 | 77.6 |
| 3 | 2010 | 95.6 | 1.8 | 21 | 70.9 | 97.8 | 79.2 |
| 4 | 2011 | 95.5 | 1.9 | 20.1 | 59.7 | 96.8 | 71.4 |
| 5 | 2012 | 95.6 | 1.7 | 16.4 | 74.2 | 98.6 | 86.3 |
| 6 | 2013 | 96.8 | 1.5 | 15.2 | 75.1 | 98.9 | 92.2 |
| 7 | 2014 | 96.9 | 1.2 | 16.3 | 76.3 | 99.1 | 95.8 |
| 8 | 2015 | 97.1 | 1.3 | 15.6 | 75.9 | 99.3 | 96.7 |
| 9 | 2016 | 97.2 | 1.1 | 16.4 | 78.6 | 99.8 | 98.2 |
| 10 | 2017 | 97.1 | 1.1 | 17.1 | 76.2 | 99.7 | 98.1 |
| 11 | 2018 | 96.8 | 0.9 | 16.8 | 77.1 | 99.5 | 97.5 |

图 11-62　输入实验资料

第二步，计算各指标的均值。在“B12”单元格中输入“=AVERAGE(B2:B11)”，回车后，得到有效率指标的均值，用拖曳鼠标的方式，将“B12”单元格的公式复制到“C12:G12”区域，松开鼠标后，得到其他指标的均值，如图 11-63 所示。

第三步，计算各指标的标准。在“B13”单元格中输入“=STDEV.P(B2:B12)”，回车后，得到有效率指标的标准差，用拖曳鼠标的方式，将“B13”单元格的公式复制到“C13:G13”区域，松开鼠标后，得到其他指标的标准差，如图 11-64 所示。

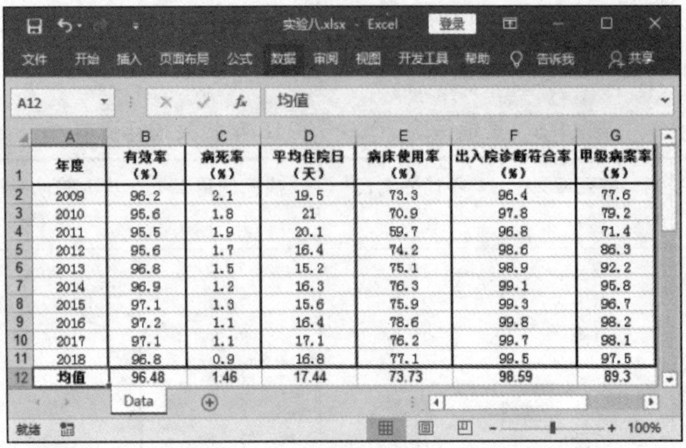

图 11-63　其他指标的均值

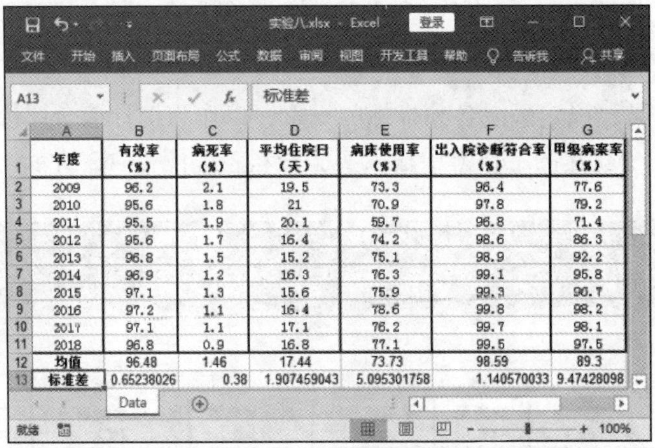

图 11-64　其他指标的标准差

第四步，计算各指标的标准差系数。在"B14"单元格中输入"=B13/B12"，回车后，得到有效率指标的标准差系数，用拖曳鼠标的方式，将"B14"单元格的公式复制到"C14:G14"区域，松开鼠标后，得到其他指标的标准差系数，如图 11-65 所示。

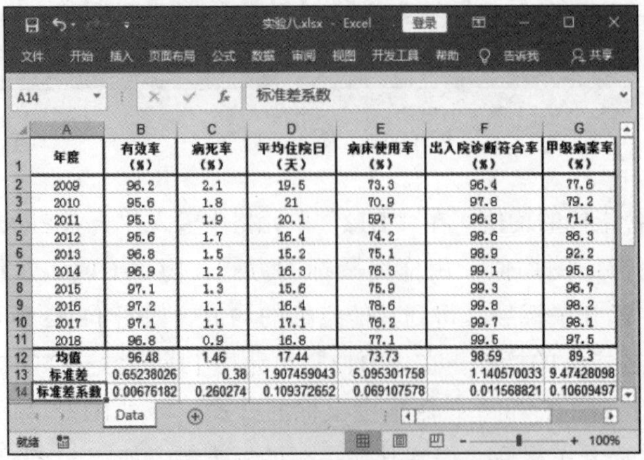

图 11-65　其他指标的标准差系数

第五步，计算标准差系数总和，即变异系数总和。在"B15"单元格中输入"=SUM(B14:G14)"，回车后，得到全部指标的变异系数总和，如图11-66所示。

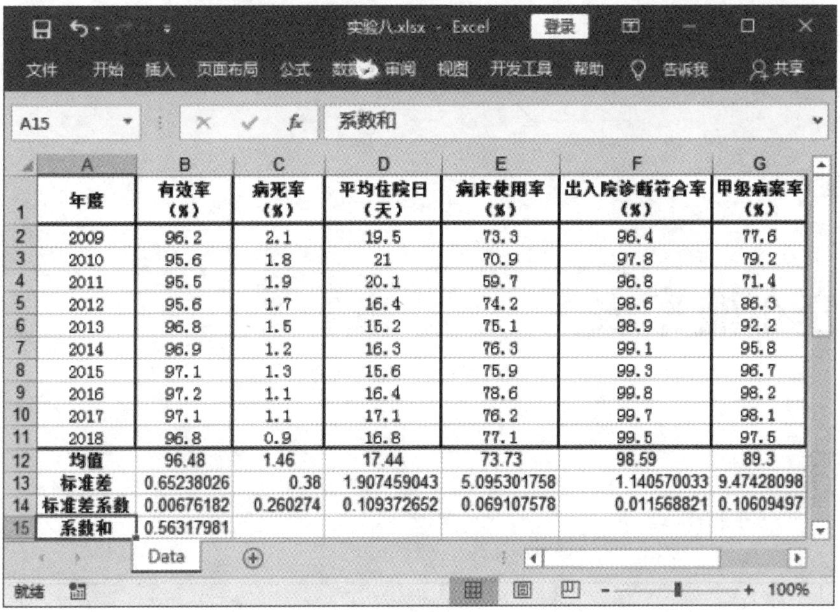

图 11-66　全部指标变异系数总和

第六步，计算各指标的权重系数。在"B16"单元格中输入"=B14/$B$15"，回车后，得到有效率指标的权重系数，用拖曳鼠标的方式，将"B16"单元格的公式复制到"C16:G16"区域，松开鼠标后，得到其他指标的权重系数，如图11-67所示。

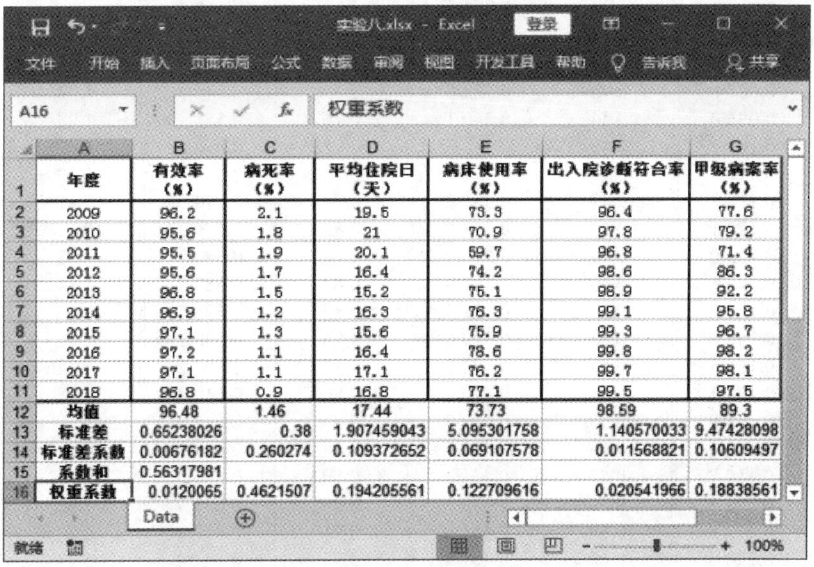

图 11-67　其他指标的权重系数

# 附录A

# 正态分布概率表

| t | F(t) | t | F(t) | t | F(t) | t | F(t) | t | F(t) |
|---|---|---|---|---|---|---|---|---|---|
| 0.00 | 0.000 0 | 0.32 | 0.251 0 | 0.64 | 0.477 8 | 0.96 | 0.662 9 | | |
| 0.01 | 0.008 0 | 0.33 | 0.258 6 | 0.65 | 0.484 3 | 0.97 | 0.668 0 | | |
| 0.02 | 0.016 0 | 0.34 | 0.266 1 | 0.66 | 0.490 7 | 0.98 | 0.672 9 | | |
| 0.03 | 0.023 9 | 0.35 | 0.273 7 | 0.67 | 0.497 1 | 0.99 | 0.677 8 | | |
| 0.04 | 0.031 9 | 0.36 | 0.281 2 | 0.68 | 0.503 5 | 1.00 | 0.682 7 | | |
| 0.05 | 0.039 9 | 0.37 | 0.288 6 | 0.69 | 0.509 8 | 1.01 | 0.687 5 | | |
| 0.06 | 0.047 8 | 0.38 | 0.296 1 | 0.70 | 0.516 1 | 1.02 | 0.692 3 | | |
| 0.07 | 0.558 0 | 0.39 | 0.303 5 | 0.71 | 0.522 3 | 1.03 | 0.697 0 | | |
| 0.08 | 0.063 8 | 0.40 | 0.310 8 | 0.72 | 0.528 5 | 1.04 | 0.701 7 | | |
| 0.09 | 0.717 0 | 0.41 | 0.318 2 | 0.73 | 0.534 6 | 1.05 | 0.706 3 | | |
| 0.10 | 0.797 0 | 0.42 | 0.325 5 | 0.74 | 0.540 7 | 1.06 | 0.710 9 | | |
| 0.11 | 0.087 6 | 0.43 | 0.332 8 | 0.75 | 0.546 7 | 1.07 | 0.715 4 | | |
| 0.12 | 0.096 0 | 0.44 | 0.340 1 | 0.76 | 0.552 7 | 1.08 | 0.719 9 | | |
| 0.13 | 0.103 4 | 0.45 | 0.347 3 | 0.77 | 0.558 7 | 1.09 | 0.724 3 | | |
| 0.14 | 0.111 3 | 0.46 | 0.354 5 | 0.78 | 0.564 6 | 1.10 | 0.728 7 | | |
| 0.15 | 0.118 2 | 0.47 | 0.361 6 | 0.79 | 0.570 5 | 1.11 | 0.733 0 | | |
| 0.16 | 0.127 1 | 0.48 | 0.368 8 | 0.80 | 0.576 3 | 1.12 | 0.737 3 | | |
| 0.17 | 0.135 0 | 0.49 | 0.375 9 | 0.81 | 0.582 1 | 1.13 | 0.741 5 | | |
| 0.18 | 0.142 8 | 0.50 | 0.382 9 | 0.82 | 0.587 8 | 1.14 | 0.745 7 | | |
| 0.19 | 0.150 7 | 0.51 | 0.389 9 | 0.83 | 0.593 5 | 1.15 | 0.749 9 | | |
| 0.20 | 0.158 5 | 0.52 | 0.399 6 | 0.84 | 0.599 1 | 1.16 | 0.754 0 | | |
| 0.21 | 0.166 3 | 0.53 | 0.403 9 | 0.85 | 0.604 7 | 1.17 | 0.758 0 | | |
| 0.22 | 0.174 1 | 0.54 | 0.410 8 | 0.86 | 0.610 2 | 1.18 | 0.766 0 | | |
| 0.23 | 0.181 9 | 0.55 | 0.417 7 | 0.87 | 0.615 7 | 1.19 | 0.768 0 | | |
| 0.24 | 0.189 7 | 0.56 | 0.421 5 | 0.88 | 0.621 1 | 1.20 | 0.769 9 | | |
| 0.25 | 0.119 7 | 0.57 | 0.431 3 | 0.89 | 0.626 5 | 1.21 | 0.773 7 | | |
| 0.26 | 0.205 1 | 0.58 | 0.438 1 | 0.90 | 0.631 9 | 1.22 | 0.777 5 | | |
| 0.27 | 0.212 8 | 0.59 | 0.444 8 | 0.91 | 0.637 2 | 1.23 | 0.781 3 | | |
| 0.28 | 0.220 5 | 0.60 | 0.451 5 | 0.92 | 0.642 4 | 1.24 | 0.785 0 | | |
| 0.29 | 0.228 2 | 0.61 | 0.458 1 | 0.93 | 0.647 6 | 1.25 | 0.788 7 | | |
| 0.30 | 0.235 8 | 0.62 | 0.464 7 | 0.94 | 0.652 8 | 1.26 | 0.792 3 | | |
| 0.31 | 0.233 4 | 0.63 | 0.471 3 | 0.95 | 0.657 9 | 1.27 | 0.795 9 | | |

(续)

| $t$ | $F(t)$ | $t$ | $F(t)$ | $t$ | $F(t)$ | $t$ | $F(t)$ |
| --- | --- | --- | --- | --- | --- | --- | --- |
| 1.28 | 0.799 5 | 1.61 | 0.892 6 | 1.94 | 0.947 6 | 2.52 | 0.988 3 |
| 1.29 | 0.803 0 | 1.62 | 0.894 8 | 1.95 | 0.948 8 | 2.54 | 0.988 9 |
| 1.30 | 0.806 4 | 1.63 | 0.896 9 | 1.96 | 0.950 0 | 2.56 | 0.989 5 |
| 1.31 | 0.809 8 | 1.64 | 0.899 0 | 1.97 | 0.951 2 | 2.58 | 0.990 1 |
| 1.32 | 0.813 2 | 1.65 | 0.901 1 | 1.98 | 0.952 3 | 2.60 | 0.990 7 |
| 1.33 | 0.816 5 | 1.66 | 0.903 1 | 1.99 | 0.953 4 | 2.62 | 0.991 2 |
| 1.34 | 0.819 8 | 1.67 | 0.905 1 | 2.00 | 0.954 5 | 2.64 | 0.991 7 |
| 1.35 | 0.823 0 | 1.68 | 0.907 0 | 2.02 | 0.956 6 | 2.66 | 0.992 2 |
| 1.36 | 0.826 2 | 1.69 | 0.909 0 | 2.04 | 0.958 7 | 2.68 | 0.992 6 |
| 1.37 | 0.829 3 | 1.70 | 0.910 9 | 2.06 | 0.960 6 | 2.70 | 0.993 1 |
| 1.38 | 0.832 4 | 1.71 | 0.912 7 | 2.08 | 0.962 5 | 2.72 | 0.993 5 |
| 1.39 | 0.835 5 | 1.72 | 0.914 6 | 2.10 | 0.964 3 | 2.74 | 0.993 9 |
| 1.40 | 0.838 5 | 1.73 | 0.916 4 | 2.12 | 0.966 0 | 2.76 | 0.994 2 |
| 1.41 | 0.841 5 | 1.74 | 0.918 1 | 2.14 | 0.967 6 | 2.78 | 0.994 6 |
| 1.42 | 0.844 4 | 1.75 | 0.919 9 | 2.16 | 0.969 2 | 2.80 | 0.994 9 |
| 1.43 | 0.847 3 | 1.76 | 0.922 6 | 2.18 | 0.954 5 | 2.82 | 0.995 2 |
| 1.44 | 0.850 1 | 1.77 | 0.923 3 | 2.20 | 0.972 2 | 2.84 | 0.995 5 |
| 1.45 | 0.852 9 | 1.78 | 0.924 9 | 2.22 | 0.973 6 | 2.86 | 0.995 8 |
| 1.46 | 0.855 7 | 1.79 | 0.926 5 | 2.24 | 0.974 9 | 2.88 | 0.996 0 |
| 1.47 | 0.858 4 | 1.80 | 0.928 1 | 2.26 | 0.974 2 | 2.90 | 0.996 2 |
| 1.48 | 0.861 1 | 1.81 | 0.929 7 | 2.28 | 0.977 4 | 2.92 | 0.996 5 |
| 1.49 | 0.863 8 | 1.82 | 0.931 2 | 2.30 | 0.978 6 | 2.94 | 0.996 7 |
| 1.50 | 0.866 4 | 1.83 | 0.932 8 | 2.32 | 0.979 7 | 2.96 | 0.996 9 |
| 1.51 | 0.869 0 | 1.84 | 0.943 2 | 2.34 | 0.980 7 | 2.98 | 0.997 1 |
| 1.52 | 0.871 5 | 1.85 | 0.935 7 | 2.36 | 0.981 7 | 3.00 | 0.997 3 |
| 1.53 | 0.874 0 | 1.86 | 0.937 1 | 2.38 | 0.982 7 | 3.20 | 0.999 3 |
| 1.54 | 0.876 4 | 1.87 | 0.938 5 | 2.40 | 0.983 6 | 3.40 | 0.999 6 |
| 1.55 | 0.878 9 | 1.88 | 0.939 9 | 2.42 | 0.984 5 | 3.60 | 0.999 7 |
| 1.56 | 0.881 2 | 1.89 | 0.941 2 | 2.44 | 0.985 3 | 3.80 | 0.999 8 |
| 1.57 | 0.883 6 | 1.90 | 0.942 6 | 2.46 | 0.986 1 | 4.00 | 0.999 9 |
| 1.58 | 0.885 9 | 1.91 | 0.943 9 | 2.48 | 0.986 9 | 4.50 | 0.9999 9 |
| 1.59 | 0.888 2 | 1.92 | 0.945 1 | 2.50 | 0.987 6 | 5.00 | 0.9999 9 |
| 1.60 | 0.890 4 | 1.93 | 0.946 4 | | | | |

# 附录B

# $t$ 分布表

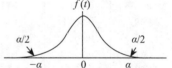

$P\{t(n) > t_\alpha(n)\} = \alpha$

| n | α=0.25 | 0.1 | 0.05 | 0.025 | 0.01 | 0.005 |
|---|---|---|---|---|---|---|
| 1 | 1.000 00 | 3.077 68 | 6.313 75 | 12.706 20 | 31.820 52 | 63.656 74 |
| 2 | 0.816 50 | 1.885 62 | 2.919 99 | 4.302 65 | 6.964 56 | 9.924 84 |
| 3 | 0.764 89 | 1.637 74 | 2.353 36 | 3.182 45 | 4.540 70 | 5.840 91 |
| 4 | 0.740 70 | 1.533 21 | 2.131 85 | 2.776 45 | 3.746 95 | 4.604 09 |
| 5 | 0.726 69 | 1.475 88 | 2.015 05 | 2.570 58 | 3.364 93 | 4.032 14 |
| 6 | 0.717 56 | 1.439 76 | 1.943 18 | 2.446 91 | 3.142 67 | 3.707 43 |
| 7 | 0.711 14 | 1.414 92 | 1.894 58 | 2.364 62 | 2.997 95 | 3.499 48 |
| 8 | 0.706 39 | 1.396 82 | 1.859 55 | 2.306 00 | 2.896 46 | 3.355 39 |
| 9 | 0.702 72 | 1.383 03 | 1.833 11 | 2.262 16 | 2.821 44 | 3.249 84 |
| 10 | 0.699 81 | 1.372 18 | 1.812 46 | 2.228 14 | 2.763 77 | 3.169 27 |
| 11 | 0.697 45 | 1.363 43 | 1.795 88 | 2.200 99 | 2.718 08 | 3.105 81 |
| 12 | 0.695 48 | 1.356 22 | 1.782 29 | 2.178 81 | 2.681 00 | 3.054 54 |
| 13 | 0.693 83 | 1.350 17 | 1.770 93 | 2.160 37 | 2.650 31 | 3.012 28 |
| 14 | 0.692 42 | 1.345 03 | 1.761 31 | 2.144 79 | 2.624 49 | 2.976 84 |
| 15 | 0.691 20 | 1.340 61 | 1.753 05 | 2.131 45 | 2.602 48 | 2.946 71 |
| 16 | 0.690 13 | 1.336 76 | 1.745 88 | 2.119 91 | 2.583 49 | 2.920 78 |
| 17 | 0.689 20 | 1.333 38 | 1.739 61 | 2.109 82 | 2.566 93 | 2.898 23 |
| 18 | 0.688 36 | 1.330 39 | 1.734 06 | 2.100 92 | 2.552 38 | 2.878 44 |
| 19 | 0.687 62 | 1.327 73 | 1.729 13 | 2.093 02 | 2.539 48 | 2.860 93 |

（续）

| $n$ | $\alpha$=0.25 | 0.1 | 0.05 | 0.025 | 0.01 | 0.005 |
| --- | --- | --- | --- | --- | --- | --- |
| 20 | 0.686 95 | 1.325 34 | 1.724 72 | 2.085 96 | 2.527 98 | 2.845 34 |
| 21 | 0.686 35 | 1.323 19 | 1.720 74 | 2.079 61 | 2.517 65 | 2.831 36 |
| 22 | 0.685 81 | 1.321 24 | 1.717 14 | 2.073 87 | 2.508 32 | 2.818 76 |
| 23 | 0.685 31 | 1.319 46 | 1.713 87 | 2.068 66 | 2.499 87 | 2.807 34 |
| 24 | 0.684 85 | 1.317 84 | 1.710 88 | 2.063 90 | 2.492 16 | 2.796 94 |
| 25 | 0.684 43 | 1.316 35 | 1.708 14 | 2.059 54 | 2.485 11 | 2.787 44 |
| 26 | 0.684 04 | 1.314 97 | 1.705 62 | 2.055 53 | 2.478 63 | 2.778 71 |
| 27 | 0.683 68 | 1.313 70 | 1.703 29 | 2.051 83 | 2.472 66 | 2.770 68 |
| 28 | 0.683 35 | 1.312 53 | 1.701 13 | 2.048 41 | 2.467 14 | 2.763 26 |
| 29 | 0.683 04 | 1.311 43 | 1.699 13 | 2.045 23 | 2.462 02 | 2.756 39 |
| 30 | 0.682 76 | 1.310 42 | 1.697 26 | 2.042 27 | 2.457 26 | 2.750 00 |
| 31 | 0.682 49 | 1.309 46 | 1.695 52 | 2.039 51 | 2.452 82 | 2.744 04 |
| 32 | 0.682 23 | 1.308 57 | 1.693 89 | 2.036 93 | 2.448 68 | 2.738 48 |
| 33 | 0.682 00 | 1.307 74 | 1.692 36 | 2.034 52 | 2.444 79 | 2.733 28 |
| 34 | 0.681 77 | 1.306 95 | 1.690 92 | 2.032 24 | 2.441 15 | 2.728 39 |
| 35 | 0.681 56 | 1.306 21 | 1.689 57 | 2.030 11 | 2.437 72 | 2.723 81 |
| 36 | 0.681 37 | 1.305 51 | 1.688 30 | 2.028 09 | 2.434 49 | 2.719 48 |
| 37 | 0.681 18 | 1.304 85 | 1.687 09 | 2.026 19 | 2.431 45 | 2.715 41 |
| 38 | 0.681 00 | 1.304 23 | 1.685 95 | 2.024 39 | 2.428 57 | 2.711 56 |
| 39 | 0.680 83 | 1.303 64 | 1.684 88 | 2.022 69 | 2.425 84 | 2.707 91 |
| 40 | 0.680 67 | 1.303 08 | 1.683 85 | 2.021 08 | 2.423 26 | 2.704 46 |
| 41 | 0.680 52 | 1.302 54 | 1.682 88 | 2.019 54 | 2.420 80 | 2.701 18 |
| 42 | 0.680 38 | 1.302 04 | 1.681 95 | 2.018 08 | 2.418 47 | 2.698 07 |
| 43 | 0.680 24 | 1.301 55 | 1.681 07 | 2.016 69 | 2.416 25 | 2.695 10 |
| 44 | 0.680 11 | 1.301 09 | 1.680 23 | 2.015 37 | 2.414 13 | 2.692 28 |
| 45 | 0.679 98 | 1.300 65 | 1.679 43 | 2.014 10 | 2.412 12 | 2.689 59 |
| 46 | 0.679 86 | 1.300 23 | 1.678 66 | 2.012 90 | 2.410 19 | 2.687 01 |
| 47 | 0.679 75 | 1.299 82 | 1.677 93 | 2.011 74 | 2.408 35 | 2.684 56 |
| 48 | 0.679 64 | 1.299 44 | 1.677 22 | 2.010 63 | 2.406 58 | 2.682 20 |
| 49 | 0.679 53 | 1.299 07 | 1.676 55 | 2.009 58 | 2.404 89 | 2.679 95 |
| 50 | 0.679 43 | 1.298 71 | 1.675 91 | 2.008 56 | 2.403 27 | 2.677 79 |
| 51 | 0.679 33 | 1.298 37 | 1.675 28 | 2.007 58 | 2.401 72 | 2.675 72 |
| 52 | 0.679 24 | 1.298 05 | 1.674 69 | 2.006 65 | 2.400 22 | 2.673 73 |
| 53 | 0.679 15 | 1.297 73 | 1.674 12 | 2.005 75 | 2.398 79 | 2.671 82 |
| 54 | 0.679 06 | 1.297 43 | 1.673 56 | 2.004 88 | 2.397 41 | 2.669 98 |
| 55 | 0.678 98 | 1.297 13 | 1.673 03 | 2.004 04 | 2.396 08 | 2.668 22 |
| 56 | 0.678 90 | 1.296 85 | 1.672 52 | 2.003 24 | 2.394 80 | 2.666 51 |
| 57 | 0.678 82 | 1.296 58 | 1.672 03 | 2.002 47 | 2.393 57 | 2.664 87 |
| 58 | 0.678 74 | 1.296 32 | 1.671 55 | 2.001 72 | 2.392 38 | 2.663 29 |
| 59 | 0.678 67 | 1.296 07 | 1.671 09 | 2.001 00 | 2.391 23 | 2.661 76 |
| 60 | 0.678 60 | 1.295 82 | 1.670 65 | 2.000 30 | 2.390 12 | 2.660 28 |

（续）

| $n$ | $\alpha=0.25$ | 0.1 | 0.05 | 0.025 | 0.01 | 0.005 |
|---|---|---|---|---|---|---|
| 61 | 0.678 53 | 1.295 58 | 1.670 22 | 1.999 62 | 2.389 05 | 2.658 86 |
| 62 | 0.678 47 | 1.295 36 | 1.669 80 | 1.998 97 | 2.388 01 | 2.657 48 |
| 63 | 0.678 40 | 1.295 13 | 1.669 40 | 1.998 34 | 2.387 01 | 2.656 15 |
| 64 | 0.678 34 | 1.294 92 | 1.669 01 | 1.997 73 | 2.386 04 | 2.654 85 |
| 65 | 0.678 28 | 1.294 71 | 1.668 64 | 1.997 14 | 2.385 10 | 2.653 60 |
| 66 | 0.678 23 | 1.294 51 | 1.668 27 | 1.996 56 | 2.384 19 | 2.652 39 |
| 67 | 0.678 17 | 1.294 32 | 1.667 92 | 1.996 01 | 2.383 30 | 2.651 22 |
| 68 | 0.678 11 | 1.294 13 | 1.667 57 | 1.995 47 | 2.382 45 | 2.650 08 |
| 69 | 0.678 06 | 1.293 94 | 1.667 24 | 1.994 95 | 2.381 61 | 2.648 98 |
| 70 | 0.678 01 | 1.293 76 | 1.666 91 | 1.994 44 | 2.380 81 | 2.647 90 |
| 71 | 0.677 96 | 1.293 59 | 1.666 60 | 1.993 94 | 2.380 02 | 2.646 86 |
| 72 | 0.677 91 | 1.293 42 | 1.666 29 | 1.993 46 | 2.379 26 | 2.645 85 |
| 73 | 0.677 87 | 1.293 26 | 1.666 00 | 1.993 00 | 2.378 52 | 2.644 87 |
| 74 | 0.677 82 | 1.293 10 | 1.665 71 | 1.992 54 | 2.377 80 | 2.643 91 |
| 75 | 0.677 78 | 1.292 94 | 1.665 43 | 1.992 10 | 2.377 10 | 2.642 98 |

# 附录C

# Excel 统计函数

| 函　数 | 说　明 |
|---|---|
| AVEDEV 函数 | 返回数据点与它们平均值的绝对偏差平均值 |
| AVERAGE 函数 | 返回其参数的平均值 |
| AVERAGEA 函数 | 返回其参数的平均值，包括数字、文本和逻辑值 |
| AVERAGEIF 函数 | 返回区域中满足给定条件的所有单元格的平均值（算术平均值） |
| AVERAGEIFS 函数 | 返回满足多个条件的所有单元格的平均值（算术平均值） |
| BETA.DIST 函数 | 返回 Beta 累积分布函数 |
| BETA.INV 函数 | 返回指定 Beta 分布的累积分布函数的反函数 |
| BINOM.DIST 函数 | 返回二项式分布的概率值 |
| BINOM.INV 函数 | 返回使累积二项式分布小于或等于临界值的最小值 |
| CHISQ.DIST 函数 | 返回累积 Beta 概率密度函数 |
| CHISQ.DIST.RT 函数 | 返回 $\chi^2$ 分布的单尾概率 |
| CHISQ.INV 函数 | 返回累积 Beta 概率密度函数 |
| CHISQ.INV.RT 函数 | 返回 $\chi^2$ 分布的单尾概率的反函数 |
| CHISQ.TEST 函数 | 返回独立性检验值 |
| CONFIDENCE.NORM 函数 | 返回总体平均值的置信区间 |
| CONFIDENCE.T 函数 | 返回总体平均值的置信区间（使用学生的 $t$ 分布） |
| CORREL 函数 | 返回两个数据集之间的相关系数 |
| COUNT 函数 | 计算参数列表中数字的个数 |
| COUNTA 函数 | 计算参数列表中值的个数 |
| COUNTBLANK 函数 | 计算区域内空白单元格的数量 |
| COUNTIF 函数 | 计算区域内符合给定条件的单元格的数量 |
| COUNTIFS 函数 | 计算区域内符合多个条件的单元格的数量 |
| COVARIANCE.P 函数 | 返回协方差（成对偏差乘积的平均值） |
| COVARIANCE.S 函数 | 返回样本协方差，即两个数据集中每对数据点的偏差乘积的平均值 |

(续)

| 函　数 | 说　明 |
|---|---|
| DEVSQ 函数 | 返回偏差的平方和 |
| EXPON.DIST 函数 | 返回指数分布 |
| F.DIST 函数 | 返回 $F$ 概率分布 |
| F.DIST.RT 函数 | 返回 $F$ 概率分布 |
| F.INV 函数 | 返回 $F$ 概率分布的反函数 |
| F.INV.RT 函数 | 返回 $F$ 概率分布的反函数 |
| F.TEST 函数 | 返回 $F$ 检验的结果 |
| FISHER 函数 | 返回 Fisher 变换值 |
| FISHERINV 函数 | 返回 Fisher 变换的反函数 |
| FORECAST 函数 | 返回沿线性趋势的值 |
| FREQUENCY 函数 | 以垂直数组的形式返回频率分布 |
| GAMMA.DIST 函数 | 返回 $\gamma$ 分布 |
| GAMMA.INV 函数 | 返回 $\gamma$ 累积分布函数的反函数 |
| GAMMALN 函数 | 返回 $\gamma$ 函数的自然对数，$\Gamma(x)$ |
| GAMMALN.PRECISE 函数 | 返回 $\gamma$ 函数的自然对数，$\Gamma(x)$ |
| GEOMEAN 函数 | 返回几何平均值 |
| GROWTH 函数 | 返回沿指数趋势的值 |
| HARMEAN 函数 | 返回调和平均值 |
| HYPGEOM.DIST 函数 | 返回超几何分布 |
| INTERCEPT 函数 | 返回线性回归线的截距 |
| KURT 函数 | 返回数据集的峰值 |
| LARGE 函数 | 返回数据集中第 $k$ 个最大值 |
| LINEST 函数 | 返回线性趋势的参数 |
| LOGEST 函数 | 返回指数趋势的参数 |
| LOGNORM.DIST 函数 | 返回对数累积分布函数 |
| LOGNORM.INV 函数 | 返回对数累积分布的反函数 |
| MAX 函数 | 返回参数列表中的最大值 |
| MAXA 函数 | 返回参数列表中的最大值，包括数字、文本和逻辑值 |
| MEDIAN 函数 | 返回给定数值集合的中值 |
| MIN 函数 | 返回参数列表中的最小值 |
| MINA 函数 | 返回参数列表中的最小值，包括数字、文本和逻辑值 |
| MODE.MULT 函数 | 返回一组数据或数据区域中出现频率最高或重复出现的数值的垂直数组 |
| MODE.SNGL 函数 | 返回在数据集内出现次数最多的值 |
| NEGBINOM.DIST 函数 | 返回负二项式分布 |
| NORM.DIST 函数 | 返回正态累积分布 |
| NORM.INV 函数 | 返回标准正态累积分布的反函数 |
| NORM.S.DIST 函数 | 返回标准正态累积分布 |
| NORM.S.INV 函数 | 返回标准正态累积分布函数的反函数 |
| PEARSON 函数 | 返回 Pearson 乘积矩相关系数 |
| PERCENTILE.EXC 函数 | 返回区域中数值的第 $k$ 个百分点的值，其中 $k$ 为 0 到 1 之间的值，不包含 0 和 1 |
| PERCENTILE.INC 函数 | 返回区域中数值的第 $k$ 个百分点的值 |
| PERCENTRANK.EXC 函数 | 将某个数值在数据集中的排位作为数据集的百分点值返回，此处的百分点值的范围为 0 到 1（不含 0 和 1） |

(续)

| 函　　数 | 说　　明 |
|---|---|
| PERCENTRANK.INC 函数 | 返回数据集中值的百分比排位 |
| PERMUT 函数 | 返回给定数目对象的排列数 |
| POISSON.DIST 函数 | 返回泊松分布 |
| PROB 函数 | 返回区域中的数值落在指定区间内的概率 |
| QUARTILE.EXC 函数 | 基于百分点值返回数据集的四分位，此处的百分点值的范围为 0 到 1（不含 0 和 1） |
| QUARTILE.INC 函数 | 返回一组数据的四分位点 |
| RANK.AVG 函数 | 返回一列数字的数字排位 |
| RANK.EQ 函数 | 返回一列数字的数字排位 |
| RSQ 函数 | 返回 Pearson 乘积矩相关系数的平方 |
| SKEW 函数 | 返回分布的不对称度 |
| SLOPE 函数 | 返回线性回归线的斜率 |
| SMALL 函数 | 返回数据集中的第 $k$ 个最小值 |
| STANDARDIZE 函数 | 返回正态化数值 |
| STDEV.P 函数 | 基于整个样本总体计算标准偏差 |
| STDEV.S 函数 | 基于样本估算标准偏差 |
| STDEVA 函数 | 基于样本（包括数字、文本和逻辑值）估算标准偏差 |
| STDEVPA 函数 | 基于总体（包括数字、文本和逻辑值）计算标准偏差 |
| STEYX 函数 | 返回通过线性回归法预测每个 $x$ 的 $y$ 值时所产生的标准误差 |
| T.DIST 函数 | 返回学生的 $t$ 分布的百分点（概率） |
| T.DIST.2T 函数 | 返回学生的 $t$ 分布的百分点（概率） |
| T.DIST.RT 函数 | 返回学生的 $t$ 分布 |
| T.INV 函数 | 返回作为概率和自由度函数的学生 $t$ 分布的 $t$ 值 |
| T.INV.2T 函数 | 返回学生的 $t$ 分布的反函数 |
| TREND 函数 | 返回沿线性趋势的值 |
| TRIMMEAN 函数 | 返回数据集的内部平均值 |
| T.TEST 函数 | 返回与学生的 $t$ 检验相关的概率 |
| VAR.P 函数 | 计算基于样本总体的方差 |
| VAR.S 函数 | 基于样本估算方差 |
| VARA 函数 | 基于样本（包括数字、文本和逻辑值）估算方差 |
| VARPA 函数 | 计算基于总体（包括数字、文本和逻辑值）的标准偏差 |
| WEIBULL.DIST 函数 | 返回 Weibull 分布 |
| Z.TEST 函数 | 返回 $Z$ 检验的单尾概率值 |

# 参考文献

[1] 曾五一，肖红叶. 统计学导论 [M]. 北京：科学出版社，2007.
[2] 曾五一，朱平辉. 统计学：在经济管理领域的应用 [M]. 北京：机械工业出版社，2010.
[3] 李金昌，苏为华. 统计学 [M]. 北京：机械工业出版社，2009.
[4] 向蓉美，王青华，马丹. 统计学 [M]. 北京：机械工业出版社，2015.
[5] 贾俊平，何晓群，金勇进，等. 统计学 [M]. 7版. 北京：中国人民大学出版社，2018.
[6] 李金林，马宝龙. 管理统计学应用与实践 [M]. 北京：清华大学出版社，2007.
[7] 田海霞，景刚. 统计学：原理与EXCEL应用 [M]. 北京：机械工业出版社，2016.
[8] 朱胜. 统计学原理 [M]. 北京：中国统计出版社，2009.
[9] 杨厚学，等. 应用统计分析 [M]. 成都：西南交通大学出版社，2009.
[10] 张泽滨. 统计学 [M]. 北京：电子工业出版社，2011.
[11] 贾俊平，谭英平，等. 应用统计学 [M]. 2版. 北京：中国人民大学出版社，2008.
[12] 万哨凯，冯亮能，贺银娟，等. 新编统计学 [M]. 北京：北京理工大学出版社，2009.
[13] 金勇进，杜子芳，蒋妍. 抽样技术 [M]. 3版. 北京：中国人民大学出版社，2012.
[14] 杨晶，等. 统计学基础 [M]. 北京：机械工业出版社，2015.
[15] 李洁明，祁新娥. 统计学原理 [M]. 4版. 上海：复旦大学出版社，2007.
[16] 刘春英. 应用统计 [M]. 北京：中国金融出版社，2005.
[17] 宫春子，等. 应用统计学 [M]. 大连：大连出版社，2011.
[18] 肖智明，陆晔. 统计学原理 [M]. 上海：同济大学出版社，2006.
[19] 肖智明，等. 经济统计学 [M]. 3版. 北京：清华大学出版社，2018.
[20] 孙山泽. 抽样调查 [M]. 北京：北京大学出版社，2007.
[21] 茆诗松，吕晓玲. 数理统计学 [M]. 2版. 北京：中国人民大学出版社，2016.
[22] 宋延山，等. 应用统计学：以Excel为分析工具 [M]. 2版. 北京：清华大学出版社，2018.
[23] 莱文，等. 以Excel为决策工具的商务统计（原书第5版）[M]. 张建同，等译. 北京：机械工业出版社，2009.